Le français vivant 2

About the authors

Alfred G. Fralin has a B.A. degree from Randolph-Macon College with a major in French and a minor in foreign language education. He received his M.A. and Ph.D. degrees in Romance languages from the University of North Carolina. The recipient of a NDEA Language Institute grant, Fralin has taught French using most of the modern foreign language methodologies. After teaching French at E. C. Glass High School in Lynchburg, Virginia, and Spanish at Southern High School in Durham, North Carolina, he is currently an associate professor of Romance languages at Washington and Lee University.

Fralin coauthored a French textbook used at Washington and Lee which he wrote specifically for intermediate-level students. He also developed materials for two mystery thrillers, *Poursuite inattendue* and *Drôle de mission*, written by his wife Christiane. As a participant in various foreign language workshops and conferences, Fralin has spoken on topics such as multi-media materials, integrating culture and language, literary studies in the classroom and advanced language courses.

For many years Fralin has traveled, lived and studied extensively in France and other French-speaking European countries. He periodically takes students to France for a semester of study in Paris and the Loire Valley. Recently he and his wife toured France, Switzerland, Belgium and Luxembourg, taking many of the pictures and gathering information for *Le français vivant*.

Christiane Szeps-Fralin is a native of Paris, France. She received a B.A. degree from Mary Baldwin College, her M.A. from Middlebury College and her Ph.D. from the University of Virginia. For many years Szeps-Fralin has taught French at all levels using various instructional techniques. She has taught in the elementary and junior high schools of Ashland, Lynchburg and Lexington, Virginia, and at Southern Seminary Junior College, Randolph-Macon Woman's College, Hollins College, Mary Baldwin College and the University of Virginia. She is currently an assistant professor of French at James Madison University in Harrisonburg, Virginia.

Szeps-Fralin is the author of two mystery thrillers, *Poursuite inattendue* and *Drôle de mission*. At foreign language workshops and conferences she has spoken about France, the French people, French literature, and culture as an incentive for reading.

Firmly attached to her native land, Szeps-Fralin returns to France at least once a year for an extended visit. In her role as director of foreign study programs, she sometimes takes students with her. She also travels to Martinique where her grandmother lives. Szeps-Fralin and her husband have returned from a tour of all the French-speaking European countries where they took pictures and did research for *Le français vivant*.

Le français vivant 2

Teacher's Edition

Alfred G. Fralin

Christiane Szeps-Fralin

Consultants

Marsha L. Davis
Greeley Central High School
Greeley, Colorado

Dianne B. Hopen
Humboldt Senior High School
St. Paul, Minnesota

Michael I. Mixson
Neptune High School
Neptune, New Jersey

Krueger G. Normand
Supervisor of Foreign Languages
New Orleans Public Schools
New Orleans, Louisiana

Izolda D. Rosenthal
McLean High School
McLean, Virginia

Editor and Consultant

Sarah Vaillancourt

EMC Publishing, Saint Paul, Minnesota

ISBN 0-8219-0605-4

Published by EMC Publishing
300 York Avenue
St. Paul, Minnesota 55101

Printed in the United States of America
0 9 8 7 6 5 4 3 2 1

CONTENTS

SCOPE AND SEQUENCE CHART

UNITÉ	LEÇON	FONCTIONS DE COMMUNICATION	DIALOGUE
	préliminaire	expressing ownership naming items of clothing and their colors talking about family relationships expressing cardinal and ordinal numbers talking about age asking prices naming days, months, seasons talking about the weather	*Où parle-t-on français?*
1 *Sports et loisirs*	**1** *Les sportifs*	naming sports offering invitations accepting invitations comparing people and things expressing what has just happened talking about playing sports or games	*Qui est plus fort, Paul ou les filles?*
	2 *Divertissements*	making a phone call talking about going out accepting or refusing an invitation making plans talking about TV and movies describing a soccer game	*Étienne est fauché*
	3 *Les vacances*	talking about summer vacation saying what you have done asking about someone's activities talking about recreational activities talking about camping naming musical instruments	*Des vacances super*
	4 *Passe-temps*	saying what you have done making a date expressing likes and dislikes accepting and refusing an invitation talking about what you do in your free time describing a Monopoly game	*Pierre voudrait sortir avec Élise*
2 *En ville*	**5** *Arrivée à Paris*	asking for and giving directions talking about driving talking about cars expressing what you need talking about the post office asking for information	*Joël demande des directions*
	6 *Un touriste à Paris*	buying a newspaper asking for and giving directions giving commands expressing likes or dislikes expressing what you need at the bank talking about art museums, painters and paintings	*Au kiosque et à la banque*

EXPANSION	STRUCTURE ET USAGE	ACTUALITÉ CULTURELLE	LECTURE
numbers 1-1000 ordinal numbers days of the week months seasons dates weather	present tense of *-er* verbs present tense of *-cer, -ger, -e-er* and *-é-er* verbs present tense of *-ir* verbs present tense of *-re* verbs present tense of irregular verbs possessive adjectives demonstrative adjectives		*Paris la nuit*
sports prepositions	*faire de* vs. *jouer à* present tense of *venir* *venir de* + infinitive comparative of adjectives stress pronouns	Sports	
movies TV	present tense of *dormir, partir* and *sortir* negative expressions direct object pronouns: *le, la, l', les* verbs + direct objects direct object pronouns + *voici* and *voilà*		*Quel match!*

camping
musical
  instruments
	present tense of *savoir* and *connaître*
	direct object pronouns: *me, te, nous,*
	  vous
	passé composé of regular *-er* verbs
	passé composé of regular *-re* verbs
	passé composé of *avoir, être* and *faire*
	jouer de + musical instruments
		Free Time and Vacations	

theater
pastimes
	present tense of *lire* and *courir*
	adverbs and adverbial expressions of
	  time in the *passé composé*
	negative expressions in the *passé composé*
	passé composé of regular *-ir* verbs
	passé composé of irregular verbs
	agreement of past participles with
	  direct object pronouns
			Une partie de Monopoly

driving
  expressions
makes of cars
	present tense of *conduire, dire* and
	  écrire
	indirect object pronouns: *lui, leur*
	que
	present tense of *-yer* verbs
		On the Street	

banking
  expressions
license plates
city map
  (Kaysersberg)
	present tense of *offrir* and *ouvrir*
	indirect object pronouns: *me, te, nous, vous*
	present tense of *plaire*
	imperative
	imperative with object pronouns
			*Une visite au musée
			  d'Orsay*

EXPANSION	STRUCTURE ET USAGE	ACTUALITÉ CULTURELLE	LECTURE
shopping jewelry clothing	present tense of *mourir* present tense of *tenir* *passé composé* with *être* *tout* *y*	A Boatride through Paris	
facial features illnesses pharmacy	reflexive verbs present tense of *s'asseoir* and *se sentir* imperative of reflexive verbs present tense with *depuis*		*Quelle journée!*

floors of a building
rooms of a house
farm expressions
animals
  (domestic)
	present tense of *construire, suivre*
	  and *vivre*
	irregular nouns and adjectives
	verbs + *à/de/-* + infinitive
	en
		La Provence	

furniture objects in a bathroom grooming articles	*passé composé* of reflexive verbs regular adverbs irregular adverbs comparative of adverbs present participle		*Nadine découvre la Bretagne.*

parts of a car
gas station
  vocabulary
	present tense of *-cevoir* verbs
	interrogative pronouns as subjects:
	  qui, qui est-ce qui, qu'est-ce qui
	interrogative pronouns as objects:
	  qui, que (qu')
	superlative of adjectives
	double object pronouns
		Castles	

café menu physical descriptions	descriptions with *être* and *avoir* imperfect imperfect with descriptions *passé composé* vs. imperfect *si* + imperfect		*"Suivez le guide!"*

INTRODUCTION

Le français vivant is a three-level basic French program. These three texts together contain the fundamental structures and vocabulary of the French language. The program covers three years instead of the traditional two years to allow more in-class opportunities for students to actively engage in communicative, small-group activities as they work towards mastering the instructional objectives for each *Leçon.* Based on considerable research involving experienced educators throughout the country and state-of-the-art methods in contemporary foreign language instruction, *Le français vivant* has evolved as a practical, proficiency-based text designed to meet the needs of both students and teachers.

A variety of communicative activities after the *Expansion* and each section of the *Structure et usage* makes practice with vocabulary and structures meaningful. These exercises are based on typical situations that occur frequently in the everyday life of French-speakers. The *Interaction et application pratique* section in each lesson allows students to practice speaking French with their classmates in pairs or in small groups. Because structure, vocabulary and culture have been interrelated, students will communicate in French using authentic expressions. In the *Leçon préliminaire* teachers may pick and choose from material selected to review some of the concepts and vocabulary presented in *Le français vivant 1.* This systematic review of structure (including both regular and irregular verbs) and vocabulary contains no new words but bridges the gap between levels one and two. Each level of *Le français vivant* has been designed to be completed in one school year. In *Le français vivant 2* this allows three weeks for the *Leçon préliminaire,* about 13 days (including testing) for each *Leçon* and three days for each *Révision.* After each unit (four *Leçons),* the *Révision* permits a systematic review and reentry of structures and vocabulary previously introduced.

Supplementary materials may be used with the textbook for enrichment, additional practice, reinforcement or for individualization. These additional program components include an annotated Teacher's Edition, workbook, testing program, tape program, teacher's resource binder with additional written and listening comprehension activities, live-action videos, overhead transparencies and microcomputer software. One of the greatest challenges we encounter in education today is reaching a large number of students, all with different abilities and various interests. The comprehensive instructional program of *Le français vivant* anticipates and provides for these differences.

ABOUT THIS TEACHER'S EDITION

The front section of this Teacher's Edition contains

- a complete overview of *Le français vivant 2* (including Communicative Functions) in the Scope and Sequence Chart
- a description of each section of the textbook along with a list of the other program components
- a suggested step-by-step approach to teaching one *Leçon*
- a phonetic representation of the French alphabet (*L'alphabet phonétique*)
- a summary of items included in each review unit (*Révision*)
- additional games and activities for each lesson
- background information about the photos in the pictorial essay on francophone countries
- sources for additional information

This Teacher's Edition also includes an annotated version of the student textbook, printed in blue type for easy identification, which contains

- teaching suggestions
- suggestions for modifying activities
- suggestions for additional activities
- ideas for realia
- cultural notes (information that may be useful to teachers and interesting to students)
- additional background information
- linguistic notes
- help in pronunciation
- a list of the passive vocabulary words in each lesson
- answers to both oral and written activities (except where answers are personalized)
- a cassette symbol indicating which material is recorded as part of the cassette program
- the letters "Wkbk." suggesting at what point in the textbook there is a related workbook activity

MAIN FEATURES OF THE PROGRAM

The following features have been incorporated into *Le français vivant 2*.

- Students **communicate** in French using authentic expressions. Exercises and activities where students practice what they have learned are situationally based. Interaction exercises allow students to communicate with their classmates in meaningful contexts.

- The program is **proficiency-based**. Students become able to use French in realistic situations in the four skill areas of listening and understanding, speaking, reading and writing.

- The **manageable size** of the textbook makes it realistically possible to finish each level of the program in one year. Each of the 12 regular *Leçons* in *Le français vivant 2* can be covered and tested in about 13 days.

- **Cultural awareness** is interwoven into each *Dialogue, Expansion* and *Activité* as well as highlighted in the *Actualité culturelle*. Students notice similarities as well as differences between themselves and French-speakers.

- The program is **comprehensive** since it includes the student textbook, Teacher's Edition, workbook, testing program, tape program, teacher's resource binder, live-action videos, overhead transparencies and micro-computer software.

- Although photos and illustrations show people of all age groups and differing walks of life, the main emphasis is on **young people**. Students become more enthusiastically involved when they see and read about French-speakers whose interests and activities are similar to theirs.

- The **flexibility** of the program makes it adaptable to a variety of needs and teaching situations. For example, the *Leçon préliminaire* can be covered only orally or both orally and in writing with varying degrees of detail, and the final written activity in each *Leçon* is optional. Needs of both slower and faster learners can be met by the appropriate use of ancillary materials such as the workbook, tape program, videos, transparencies and computer software.

COMPONENTS

Le français vivant is a three-level French language series written to meet the needs of today's language student. *Le français vivant 2*, the second-level textbook program, includes the following components:

- textbook
- Teacher's Edition
- workbook
- workbook—Teacher's Edition
- testing program
- tape program
- teacher's resource binder
- live-action videos
- overhead transparencies
- microcomputer software

Textbook

The textbook contains a preliminary lesson, 12 numbered lessons, three review lessons (designated by the letters A, B and C), a Grammar Summary, a French-English Vocabulary, an English-French Vocabulary and an Index. The lessons provide students with the vocabulary, structures and cultural understandings necessary to communicate in authentic French about a range of practical, everyday situations. The active vocabulary has been limited to less than one thousand words, and grammatical structures are regularly reintroduced to further insure student mastery of the material.

Dialogue—Each lesson (regular and review) begins with a dialogue which follows a natural format and dramatizes a situation typical of everyday life in French-speaking countries. The activities of young adults are emphasized, although speakers represent various age groups. On-location, full-color photographs precede each dialogue to reinforce the cultural content and make each situation more meaningful. Previously learned words and structures are regularly reintroduced. Each dialogue contains at least one instance in which each of the various grammar points presented in the lesson is used. The majority of new vocabulary words is active; that is, students will be expected to produce these words in *Activités* and recall them in later lessons. Following the dialogue a series of carefully structured comprehension questions reviews its content. You may choose to have your students respond orally or in writing. After the comprehension questions is a section entitled *À propos* where students answer personalized questions dealing with the dialogue's theme.

Notes culturelles—Directly after a *Dialogue* or *Expansion*, a series of brief notes informs students of subtle cultural realities in the French-speaking world. These comments are intended to heighten students' interest in and appreciation of the foreign culture and to provide insight into the daily life of French speakers.

Expansion—As its name suggests, this section expands upon the vocabulary and grammar topics introduced in the *Dialogue*. Additional words relating to the theme of the Introductory Dialogue are presented in dialogue form to create an authentic, practical situation. Since students' vocabulary will increase, they will be able to vary the content of the *Dialogue* and may create in class original conversations based on these topics.

Activités—There are two groups of exercises. The first set appears after the *Expansion*. These activities check comprehension of the content of the *Dialogue* and *Expansion* as well as new vocabulary words and expressions. These exercises are written situationally to make them more realistic and relevant to students. They can also be based on visual cues (illustrations). Another series of activities follows the presentation of each grammar topic in the *Structure et usage*. Usually several exercises illustrate each point. Again, most of these activities are put in context to make students' communication more meaningful. You may choose whether students respond orally, in writing, or both. For easy identification, exercises with answers that have been recorded on tape are indicated in the Teacher's Edition with the cassette symbol. The final activity in each lesson, *Comment dit-on en français?* is optional and may be used at your discretion.

Structure et usage—Grammar explanations in English are presented in a practical and logical manner. English equivalents for the examples in French aid students' comprehension. Charts graphically reinforce the material wherever possible. Potential interference between the English and French structures is also mentioned.

Rédaction—This guided composition may be used at your discretion to give students the opportunity to practice their writing skills. Each composition's theme relates to that of the *Leçon*.

Actualité culturelle (odd-numbered *Leçons*)—This section, written in English, offers important cultural information about the French-speaking world. It differs from the *Notes culturelles* because the topics are more general and are presented in greater depth. On-location photography reinforces the cultural content. To further expand the topic and to add variety to your presentation, you may use the corresponding live-action video segment. The content of this section of the text is thus enhanced by additional visuals allowing you to appeal to students with a variety of learning styles.

Lecture (even-numbered *Leçons*)—This French reading selection presents a situation that is thematically tied to the rest of the *Leçon*. These additional cultural situations occur often in everyday French life. New words and expressions are introduced as passive vocabulary and glossed in the margin for easy reference. Cognates appear in the End Vocabulary but are not glossed. Questions in the *Compréhension* section following each *Lecture* offer students the opportunity to practice expressing their thoughts in French as they demonstrate comprehension of the reading.

Proverbe—A well-known French proverb, which has been chosen because of its thematic or linguistic relationship to the *Leçon*, appears with its English equivalent.

Interaction et application pratique—This section actively involves students in using French as a tool for communication. There are segments devoted to pair work *(À deux)*, small-group activities *(En groupes)* and those in which the whole class participates *(Tous ensemble)*. The pair activities may take the form of creating and learning a dialogue, completing a survey or conducting an interview. Small-group activities may include completing or creating sentences, making lists/plans or giving descriptions. The whole class together may conduct a search for information or play a game. All these activities may require students to move around in the classroom while searching for information or performing some other thoughtful action to complete a task. Practice based on authentic models helps students internalize what they have learned in the *Leçon*. Each activity also includes a suggestion on how to check students' learning. You are encouraged to add your own ideas to this section allowing for even more oral practice and active involvement in learning French.

Vocabulaire actif—The vocabulary section at the end of the *Leçon* gives students a handy reference to the new, active vocabulary words introduced in the *Leçon*. Words are listed by category: nouns, adjectives, verbs and various expressions. The listing for each adjective includes both the masculine and feminine forms. There is a separate category for popular expressions.

Révision (after *Leçons 4, 8* and *12*)—Each review lesson consists of a dialogue and activities, both designed to reenter the vocabulary and various grammatical structures learned in the four previous *Leçons*. The *Dialogue* contains no new active words and recombines previously learned vocabulary and structures. The exercises offer additional oral and written practice. Continuous review provides reinforcement and guarantees retention and mastery of concepts. Review exercises also stress the communicative aspects of the language and are an important part of a proficiency-based curriculum. From these activities you may choose the ones that best fulfill your students' needs.

Grammar Summary—This useful reference section summarizes for students' convenience the grammar introduced in *Le français vivant 1* and *2*. Present tense forms of all irregular verbs are also included.

Vocabulary—Both active and passive vocabulary words have been listed here in a French to English section and an English to French section that serve as a quick reference for use with this textbook series. The number following the meaning of a word or an expression indicates the lesson in *Le français vivant 2* where it appears for the first time.

Index—This thorough index contains a list of all the grammar points, major vocabulary headings and cultural topics covered in *Le français vivant 2* along with their location.

Teacher's Edition

This Teacher's Edition contains the following sections:

- Scope and Sequence Chart
- description of all the program's components
- teaching approaches (model lesson)
- phonetic alphabet
- summary of review units
- games and activities
- photo description of francophone countries
- sources for additional information
- annotated version of the student textbook

Workbook

The workbook expands upon the textbook material. Exercises in the workbook are carefully coordinated with the text, and the text contains notations that tell where each workbook activity fits in. It includes additional written exercises that reinforce the language skills and the cultural content presented in the text. Again, many of these activities are written situationally to make them more realistic and relevant to students.

Workbook—Teacher's Edition

An answer key for all exercises contained in the workbook is available.

Testing Program

Teaching for proficiency necessitates a means of evaluating to what degree students are attaining the program's goals and objectives. The testing program accompanying *Le français vivant* includes the test booklet, the test cassettes and the Teacher's Edition of the test booklet. The test booklet contains 12 lesson tests, a comprehensive achievement test covering lessons one through six (first semester test) and another covering lessons seven through 12 (second semester test). The test booklet also includes student answer sheets for the listening comprehension and written tests.

Listening comprehension tests have been recorded for each lesson and are a part of the testing program. They measure overall comprehension of the material with special emphasis placed on comprehension of the recorded material, sound discrimination and understanding of the cultural content.

Written tests have been prepared for use after the completion of each regular lesson.

The Teacher's Edition of the test booklet contains the text of the material recorded for the listening comprehension tests and answer keys to both the listening comprehension and written tests.

Tape Program

The tape program is an integral part of *Le français vivant*. The following material has been recorded on cassettes and is marked in this Teacher's Edition by a cassette symbol:

Dialogue—recorded first as a listening experience and then broken into manageable phrases for student repetition.
Expansion—for student repetition.
Activités—selected exercises for student response.
Lecture—recorded as a listening experience.
Proverbe—for student repetition.

Teacher's Resource Binder

The Teacher's Resource Binder contains the following parts:

- additional activities (written and listening comprehension with audio-cassettes) to supplement those in the textbook and in the workbook
- Teacher's Edition of the additional activities (written and listening comprehension with the complete tape script)
- Teacher's Edition of the workbook
- Teacher's Edition of the test booklet
- complete manual of the tape program
- two poster-sized full-color maps (France and the French-speaking world)

Live-action Videos

A series of live-action videos filmed on location is part of *Le français vivant 2*. These videos reinforce the content of each *Leçon* as well as expand upon its vocabulary, structure and cultural material. Each lesson presented on the videocassettes reviews, reinforces and expands the vocabulary and structures of the *Dialogue, Expansion* and *Actualité culturelle* (alternating lessons) all in an authentic format. Students will see and hear other situations which make use of the basic vocabulary and structures in each lesson. Additional, up-to-date cultural information aids understanding of the French-speaking world. A manual containing the complete script of each video, cultural notes, comprehension exercises and activities based on realia is also available.

Overhead Transparencies

A set of colorful overhead transparencies provides additional opportunities to teach and reinforce vocabulary in a creative, communicative manner. You may use them to review and expand upon the topics covered in the lessons. In this way students can apply their knowledge of vocabulary and culture using different visual stimuli.

Microcomputer Software

A set of diskettes is available. This software, coordinated with the textbook, includes lessons that interrelate the vocabulary, structure and cultural material from *Le français vivant 2.* Practical exercises, tutorials, games, simulations and other various activities challenge and stimulate students as they learn French. You may also use this software to review, reinforce and expand upon the material presented in each lesson in the text. The software has the dual purpose of serving the needs of students who seek additional help as well as those who want challenges.

TEACHING APPROACHES

Model Lesson (*Leçon 4*)

Because instructional approaches and the length of class periods vary greatly among teachers and schools, it is difficult to provide a detailed lesson plan for each individual lesson that would apply to all students using this textbook series.

We have, however, selected one lesson from *Le français vivant 2* to provide some suggested guidelines for effective use of the materials. You may find this information helpful but may not want to follow each individual suggestion as presented. This section proposes how you might go about using this textbook if you schedule about 13 days for each lesson (including testing). Our suggested activities would take about 50 minutes daily. Assuming a schedule of 170 to 180 class days, *Le français vivant* can be covered entirely (12 regular lessons and three review lessons) in one year at the high school level. We have chosen *Leçon 4* as our model—a lesson that includes all the different sections of a typical lesson (excluding the cultural reading in English).

No specific reference is made here to additional written and listening comprehension activities, videos, transparencies and software since some schools may not have access to these ancillary materials. If you do have them, use the specific transparency, segment or activity that is coordinated with the topic you are teaching. These materials can also be effectively used to provide for students with individual differences.

Note: The Teacher's Edition contains notations (beginning with the letters "Wkbk.") that tell where there is a related workbook activity. These notations come at the point in the text where all information necessary to complete a specific activity has been presented. They are numbered consecutively in the textbook. However, the model lesson plan (written with attention to variety and reentry) does not refer to these activities in the sequence in which they appear in the text.

Day 1

1. Warm-up

   —Review the verbs *savoir* and *connaître* (previously introduced in *Leçon 3*).

2. Introduce *Leçon 4* by explaining the lesson's objectives. (You may want to use the Scope and Sequence Chart in the Teacher's Edition and give special emphasis to the Communicative Functions.)

3. Introduce the dialogue *Pierre voudrait sortir avec Élise.*

   —Play the recorded dialogue to acquaint your students with the sounds of native voices.

   —Practice pronunciation and intonation of the dialogue. Model the correct pronunciation for full group repetition, half group repetition and finally individual repetition. You may want to use the cassette tape which breaks the sentences into manageable phrases or words. Have students repeat these segments and then entire sentences.

   —Practice the dialogue orally using the textbook. Students can read individual parts while they relate sounds to the printed words.

   —Ask simple comprehension questions about the dialogue as soon as your students have a good understanding of the material. (*Où est-ce qu'Alex a vu Élise hier soir? Quel roman est-ce qu'Élise lit? Pourquoi le père de Pierre ne peut-il pas utiliser les billets ce soir?*) Later you may also want to use the questions appearing after the dialogue in the textbook. They are intended to elicit responses that use vocabulary from the dialogue.

   —Have students work in pairs to practice the dialogue for presentation before the class.

4. Read and discuss the *Note culturelle*. Ask if any students have ever read these two Hugo novels or have seen the play and the movie that are based on them.

5. Play the game described in the Additional Games and Activities section of this Teacher's Edition (*Leçon 9*) where you write a key phrase from this lesson, such as *Les Misérables*, and then have students form as many familiar French words as they can from the letters found in this expression.

6. Present the present tense of the verb *lire*. Relate this to the forms of *lire* that students have encountered in the dialogue.

   —Do *Activité 5*. As with nearly all activities in the textbook, you may have students complete the assignment in writing, orally or both. The book was designed to allow this flexibility. Try to maintain an adequate balance. Afterwards, go over the material in class.

Assignment:

1. Read the dialogue for meaning.

2. Answer the questions (*Compréhension*) following the dialogue.

3. Do Exercise 5 in the workbook.

Day 2

1. Warm-up

   —Review the present tense of *lire*.

2. Review Exercise 5 in the workbook.

3. Review the dialogue.

   —Model the sentences for full group repetion, half group repetition and finally individual repetition. You may want to use the cassette tape.

   —Review the answers to the questions (*Compréhension*) following the dialogue.

   —Ask students to make simple sentences in French about the dialogue. (*Alex trouve Élise énervante. Ce soir le père de Pierre va jouer au bridge avec ses voisins.*) Encourage students to say anything they can about the dialogue situation, and correct errors if they occur.

   —Have students work in pairs to practice the dialogue for presentation before the class on Day 4.

4. Review the *passé composé* of regular *-er* and *-re* verbs (previously introduced in *Leçon 3*).

5. Present the *passé composé* of regular *-ir* verbs.

   —Do *Activités 11* and *12*. Afterwards, go over the material in class.

6. Play the game "Concentration" described in the Additional Games and Activities section of this Teacher's Edition (*Leçon 3*) to practice forming the *passé composé* of regular verbs.

Assignment:

1. Answer the questions in the *À propos* section.

2. Do Exercise 9 in the workbook.

Day 3

1. Warm-up

   — Review the *passé composé* of regular *-ir* verbs.

2. Review Exercise 9 in the workbook.

3. Review the dialogue. You may want to use the cassette tape.

   — Review the answers to the questions in the *À propos* section following the dialogue.

   — Have students work in pairs to practice the dialogue for presentation before the class tomorrow.

4. Review the *passé composé* of *avoir, être* and *faire* (previously introduced in *Leçon 3*).

5. Present the *passé composé* of irregular verbs. Relate this to verb forms that students have previously learned and to the verb forms in the dialogue of this lesson.

   — Do *Activité 13*. Afterwards, go over the material in class.

6. Have students work in pairs to complete *Interaction et application pratique 5*.

7. Play the verb game described in the Additional Games and Activities section of this Teacher's Edition (*Leçon 12*) to practice forming the *passé composé* of irregular verbs.

Assignment:

1. Prepare the dialogue with a partner for class presentation.

2. Prepare for a *dictée* on the dialogue.

3. Do Exercise 10 in the workbook.

Day 4

1. Warm-up

   —Play the cassette tape of the dialogue.
   —Quickly review the dialogue, having students repeat full sentences chorally, in small groups and finally individually.

2. Use this time for written and/or oral testing. You may try one or more of the following suggestions:

   —Have students present the dialogue with a partner in front of the classroom. (Grade on presentation, intonation, fluency and grammatical accuracy.)
   —Give a *dictée* on the dialogue. Choose lines that you feel your class has covered well and that illustrate structural items/vocabulary you have already covered.
   —Question your students orally basing your questions on the dialogue. See if students can give accurate responses. Do this as rapidly as possible, giving all students the opportunity to answer successfully if they have prepared well, regardless of their ability level. Begin with simple questions so that students will hear how easy communicating in French can be if they have prepared adequately.
   —(Optional) If your class is creative and highly motivated, have students rewrite the dialogue using vocabulary words and verb forms that they have previously learned or just studied recently. Allow about ten minutes for them to produce this new dialogue. It may be presented orally to the class or handed in. If presented orally, grade on presentation, pronunciation, intonation, fluency, grammatical accuracy and integration of new vocabulary/structure. If handed in, grade on the last two categories mentioned.

3. Review Exercise 10 in the workbook.

4. Present the proverb.

   —Have students practice saying it aloud.
   —Ask students if they can find a structural difference between the French and the English versions of the proverb. See whether they can find an English proverb similar to the French one.

5. Expand the vocabulary and structures presented in the dialogue by introducing the first half of the *Expansion (une réponse inattendue)*.

   —Have students work in pairs to practice sentences in the dialogue.
   —While students are still in pairs, have them complete *Interaction et application pratique 1*.

Assignment:

1. Read the dialogue in the *Expansion* for meaning.

2. Do Exercise 1 in the workbook.

Day 5

1. Warm-up

    — Repeat the proverb.
    — Review Exercise 1 in the workbook.

2. Review the names of sports and games previously introduced in this unit to prepare for the *Expansion*.

3. Expand the vocabulary and structures presented in the dialogue and the first half of the *Expansion* by introducing the second half of the *Expansion (les passe-temps de Pierre)*.

    — Present pastimes. You may want to use the cassette tape as a model for student repetition.
    — After students have practiced pronouncing these expressions and sentences, you may ask them individually *Quel est votre passe-temps préféré?* to see how they would answer.
    — Do *Activité 1*. Afterwards, go over the material in class.

4. Present the present tense of the verb *courir*. Relate this to the forms of *courir* that students have encountered in the *Expansion*.

    — Do *Activités* 6 and 7. Afterwards, go over the material in class.

5. Present adverbial expressions of time in the *passé composé*. Relate the *Structure et usage* to the dialogue and *Expansion*.

    — Have students complete Exercise 7 in the workbook. Afterwards, go over the material in class.

Assignment:

1. Read the second half of the *Expansion* for meaning.

2. Do Exercise 6 in the workbook.

3. Do *Activités* 2 and 3.

Day 6

1. Warm-up

    —Review the present tense of *courir*.
    —Review Exercise 6 in the workbook.

2. Present the *passé composé* of the verbs *lire* and *courir*. Relate this to the forms of *lire* and *courir* that students have encountered in the *Expansion*.

    —Do *Activité 7* again, this time in the *passé composé*. Afterwards, go over the material in class.

3. Review *Activités 2* and *3*.

4. Have students complete Exercise 3 in the workbook. Afterwards, go over the material in class.

5. Have students work in pairs to complete *Interaction et application pratique 2*.

6. Review adverbial expressions of time in the *passé composé*.

7. Present the position of adverbs in the *passé composé*.

    —Relate the *Structure et usage* to the *Expansion*.
    —Have students work in pairs to complete *Interaction et application pratique 4*.

Assignment:

1. Do Exercise 2 in the workbook.

2. Do *Activité 4*.

Day 7

1. Warm-up
   —Review Exercise 2 in the workbook.
   —Review *Activité 4*.

2. Review the position of adverbs in the *passé composé*.

3. Present negative expressions in the *passé composé*.
   —Relate the *Structure et usage* to the dialogue.
   —Do *Activités* 8 and 9. Afterwards, go over the material in class.
   —Have students work in pairs to complete *Interaction et application pratique 7*.

4. Review games and pastimes introduced in the dialogue and *Expansion*.

5. Introduce the first half of the *Lecture*.
   —Play the cassette recording of the first half of the *Lecture* and have students listen and follow along in their textbooks.
   —Have students practice reading the first half of the *Lecture* orally after you model the correct pronunciation.
   —Ask simple comprehension questions about the first half of the *Lecture* as soon as your students have a good understanding of the material. (*Qui joue au Monopoly ce soir? Pourquoi est-ce que Patrick est fauché? Au Monopoly français, quelle avenue est-ce que tout le monde veut avoir?*) Later you may also want to use the questions appearing after the *Lecture* in the textbook. They are intended to elicit responses that use vocabulary from the *Lecture*.

Assignment:

1. Read the first half of the *Lecture* for meaning.

2. Answer questions 1-7 (*Compréhension*) following the *Lecture*.

3. Do Exercise 8 in the workbook.

Day 8

1. Warm-up

   —Review negative expressions in the *passé composé*.

   —Review Exercise 8 in the workbook.

2. Present the agreement of past participles with a preceding direct object.

   —Relate the *Structure et usage* to the dialogue and *Expansion*.

   —Do *Activités 15* and *16*. Afterwards, go over the material in class.

3. Review the *passé composé* of irregular verbs.

   —Have students work in pairs to complete *Interaction et application pratique 3*.

4. Play the dice game described in the Additional Games and Activities section of this Teacher's Edition (*Leçon 7*) to practice the *passé composé* of irregular verbs.

5. Review the first half of the *Lecture*. You may want to play the cassette recording again so students can follow along and practice what they have read.

   —Ask comprehension questions 1-7 to see if students understand this section.

   —Have students ask each other simple questions.

Assignment:

1. Do *Activités 17* and *18*.

Day 9

1. Warm-up

   — Review the agreement of past participles with a preceding direct object.
   — Review *Activités 17* and *18*.

2. Introduce the second half of the *Lecture*.

   — Play the cassette recording of the second half of the *Lecture* and have students listen and follow along in their textbooks.
   — Have students practice reading the second half of the *Lecture* orally after you model the correct pronunciation.
   — Ask simple comprehension questions about the second half of the *Lecture* as soon as your students have a good understanding of the material. (*Qui a attrapé Grégory? Combien est-ce qu'Hélène doit donner à Grégory pour l'avenue des Champs-Élysées? Qui a gagné?*) Later you may also want to use the questions appearing after the *Lecture* in the textbook. They are intended to elicit responses that use vocabulary from the *Lecture*.

3. Review the dialogue. Relate the dialogue to the *Structure et usage*.

   — Have students ask each other questions based on the vocabulary and structures introduced in the dialogue.

4. Review the present tense of the verbs *lire* and *courir*.

   — Play the verb game described in the Additional Games and Activities section of this Teacher's Edition (*Leçon 10*) to practice forming the present tense of *lire* and *courir*.

5. Review the *passé composé* of irregular verbs.

   — You may want to give students a worksheet or quiz on these irregular verbs in the *passé composé*. After students complete this sheet, they will know how much more work they must do on their own to be ready for the exam in four days.

Assignment:

1. Read the second half of the *Lecture* for meaning.

2. Answer questions 8-12 (*Compréhension*) following the *Lecture*.

Day 10

1. Warm-up

   —Have students complete *Interaction et application pratique 8.*

2. Review the *Expansion.* Relate the *Expansion* to the dialogue and the *Structure et usage.* You may try one or more of the following suggestions:

   —Have students read orally the first half of the *Expansion* in pairs in front of the class. Some more capable students may be able to come up with an original dialogue substituting different expressions for those given in the original.
   —Students may stand and tell their favorite pastimes.
   —Have students ask each other questions about their favorite pastimes.

3. Review the new vocabulary introduced in the dialogue and *Expansion.*

   —Have students complete Exercise 4 in the workbook. Afterwards, go over the material in class.

4. Review the second half of the *Lecture.* You may want to play the cassette recording again so students can follow along and practice what they have read.

   —Ask comprehension questions 8-12 to see if students understand this section.
   —Have students ask each other simple questions.
   —Have students complete Exercise 12 in the workbook. Afterwards, go over the material in class.

Assignment:

1. Do *Activité 19.*
2. Do Exercise 11 in the workbook.

Day 11

1. Outline for students the material to be tested on Day 13 and explain how it will be tested. Students may use this time to ask for help with specific problems they have encountered during the last ten days and may help you prepare specifically for tomorrow's review.

2. Warm-up

   —Review *Activité 19*.

3. In groups have students complete *Interaction et application pratique 6*.

4. Review the agreement of past participles with a preceding direct object.

   —Review Exercise 11 in the workbook.

   —You may want to give students a worksheet or quiz on the agreement of past participles with a preceding direct object. After students complete this sheet, they will know how much more work they must do on their own to be ready for the exam in two days.

5. Play the question and answer game described in the Additional Games and Activities section of this Teacher's Edition (*Leçon 4*) to review the material covered in this lesson.

Assignment:

1. Do *Activités 10* and *20*.

2. (Optional) If you have the computer software, this would be a good time to allow students access to the diskette for this lesson for review or enrichment or to offer capable students the opportunity to move ahead at their own pace.

Day 12

1. Collect *Activité 20*. (Some students may volunteer to read their translations to the class before handing them in.)

2. Warm-up

    —Review the *passé composé* of regular -*ir* verbs.

3. Review adverbial expressions of time in the *passé composé,* position of adverbs in the *passé composé* and negative expressions in the *passé composé*.

    —Review *Activité 10*.

    —You may want to give students a worksheet on these expressions in the *passé composé*. After students complete this sheet, they will know how much more work they must do on their own to be ready for the exam tomorrow.

4. Play the game "Jeopardy" described in the Additional Games and Activities section of this Teacher's Edition (*Leçon 8*) to review the material covered in this lesson.

5. Review the *passé composé* of irregular verbs.

    —Do *Activité 14*. Afterwards, go over the material in class.

6. (Optional) If you are going to divide the *Leçon 4* exam into two parts, administer the listening comprehension test today. The oral section of the exam is recorded and is part of the cassette program. A written tape script with all exam questions and an answer key are available also.

7. (Optional) If you have the computer software, this would be a good time to allow students access to the diskette for this lesson for review or enrichment or to offer capable students the opportunity to move ahead at their own pace.

Assignment:

1. Prepare for test on *Leçon 4*.

Day 13

1. Test students on *Leçon 4* using the testing program that accompanies *Le français vivant 2*.

    — Play the recorded test material as your students mark their answer sheets.

    — After your students have completed the listening comprehension test, they are now ready to begin the written test.

L'ALPHABET PHONÉTIQUE

A [a]
B [be]
C [se]
D [de]
E [ə]
F [ɛf]
G [ʒe]
H [aʃ]
I [i]
J [ʒi]
K [ka]
L [ɛl]
M [ɛm]
N [ɛn]
O [o]
P [pe]
Q [ky]
R [ɛr]
S [ɛs]
T [te]
U [y]
V [ve]
W [dubləve]
X [iks]
Y [igrɛk]
Z [zɛd]

REVIEW LESSONS

This is a summary of the items (excluding the *Dialogue, Compréhension* and *À propos* sections) found in each *Révision* (Review):

Révision A
> *faire de* vs. *jouer à*
> *venir de* + infinitive
> comparative of adjectives
> prepositions before stress pronouns
> direct object pronouns
> *savoir* vs. *connaître*
> *jouer de* + musical instruments
> vocabulary
> *passé composé*
> agreement of past participles with direct object pronouns
> negative expressions in the *passé composé*
> adverbs and adverbial expressions of time in the *passé composé*

Révision B
> vocabulary
> indirect object pronouns
> *passé composé* of *plaire*
> imperative with object pronouns
> *passé composé* of *obtenir* with direct object pronouns
> *passé composé* of *aller*
> *passé composé* with *avoir* or *être*
> *tout*
> *y*
> *passé composé* with preceding object pronouns
> present tense of *conduire, écrire* and *ouvrir*
> reflexive verbs
> imperative of reflexive verbs
> present tense with *depuis*

Révision C
> present tense of *construire* and *conduire*
> *en*
> *passé composé* of reflexive verbs
> position of adverbs in the *passé composé*
> comparative of adverbs
> present participle
> formation of questions with interrogative pronouns
> superlative of adjectives
> double object pronouns with the *passé composé*
> answering questions in the imperfect
> sentence construction in the imperfect
> vocabulary
> sentence construction in the *passé composé* and in the imperfect
> making suggestions with *si* + imperfect

ADDITIONAL GAMES AND ACTIVITIES

Leçon 1

A. You might play this game after your students have learned the vocabulary in *Leçon 1. Machine à écrire* checks spelling accuracy in French. To set up the game, divide the class into two teams. Then assign a letter of the alphabet to individual members of each team. Assign accent marks, too. In doing this, be sure each team has members that represent the whole alphabet and all accent marks. (If the class is small, then assign several letters or accent marks to single players.)

Start the game by giving one team a word from the lesson to spell orally. They must do this so fast that they sound like a typewriter; hence, the name of the game. (You may set a time limit for calling out letters, say one or two seconds.) Let's take one example. The word is *un bateau.* The student who has the letter *b* calls out that letter in French, and teammates with the appropriate letters complete in turn the spelling of *bateau.* By doing this, the team earns one point. Then the other team gets their shot at a word. Whenever a team fails, its rival gets a chance to spell the word and win another point. The game can last as long as you like, depending on the goal of the game.

B. Divide the class into two teams. Each team writes out a list of nouns learned in *Leçon 1.* The first team says the first noun on its list, and the first member of the opposite team replies with the correct definite article plus the noun. Give one point for each correct answer. The team with the greatest number of points wins.

Leçon 2

A. *Le Pendu:* After your students have learned the vocabulary in this *Leçon,* you might play this game which resembles "Hangman." The object of *Le Pendu* is to spell out words before the figure of a hanged man takes shape. The game calls for some sheer guesswork, but it also reinforces spelling skill. A student at the blackboard writes a set of broken lines corresponding to the letters of a word he/she chooses from the lesson vocabulary. The class, one at a time, tries to guess the word by calling out letters. The student at the board writes a letter on the appropriate line if a right call is made. For every wrong call, this student draws elsewhere on the board a line that would become part of a hanged man. Drawing begins with a line-by-line sketch of a gallows. The number of lines needed to form the whole image should be predetermined.

B. Vocabulary review: Dictate a letter of the alphabet to the class, and then give students time to write any words they have previously learned in French which begin with that letter. After calling time (you can decide how long is appropriate), ask students to read their lists to the class. The student with the longest list of correct words wins.

Leçon 3

A. "Concentration": To review the conjugations of certain verbs in the *passé composé,* you might play this game. For each student write out a different verb conjugated with *avoir* in the *passé composé* on an 8½" x 11" sheet of paper. (The game can also be played with the present tense of *-er* verbs, *-ir* verbs, *-re* verbs, irregular verbs or a combination of verb types.) Tape one of the sheets to the desk top of each student. It must hang over the desk edge. Students move their desks into a circle, allowing them full view of the sheets.

The game begins as all students hit the tops of their desks with the palms of their hands twice and clap their hands twice. One assigned student (or you) then calls out one of the posted verbs plus a subject in this basic "1-2" rhythm (e.g., *nager—tu*). Keeping to the "1-2" beat, all students hit their desk twice, clap twice and the student who has the verb *nager* calls out *tu as nagé.* Then all students again hit their desk twice, clap twice and the student with the verb *nager* calls out another verb and subject (e.g., *jouer—nous*). This sets off another round of desk-tapping, hand-clapping and verb-calling. If a student misses his/her turn, mispronounces the verb or responds out of rhythm, the student flips his/her verb sheet up to signify he/she is out of the game. Continue playing, at as lively a pace as possible, until one student remains. (This game may strike senior high students as infantile, but it's a challenge to play it right, especially when it moves at a fast pace.)

B. Divide the class into two teams, each with a captain. Each team forms a list of words to be spelled in French by the other team. The captain of one team says the first word on the team's list, and the first member of the other team must spell the word correctly in French. If the team member cannot spell the word, his/her captain can earn half a point for the team by spelling it correctly. Each correct spelling is worth one point. The captain of the second team then gives the first player on the opposing team a word to spell and so on. The team with the greatest number of points wins.

Leçon 4

A. Questions and answers: Make a list of questions relating to the material covered in *Leçon 4.* (The number of questions and answers should be equal to the number of students in your class.) Each question and answer should be written on a separate sheet of paper or 3" x 5" card. You may want to use colored cards so that all the questions will be on one color and the answers on another. Put all questions and answers in a small box or bag and mix them. Have each student take a paper. If the student has a question on his/her card, he/she will try to find the person who has its answer. If the student has an answer, he/she will try to find the person who has the question. Students perform this task speaking only French. Have the students stand by the person with their question or answer, and set a time limit (example: three minutes) for the activity. (Example: *Avec qui est-ce que Pierre voudrait sortir? Il voudrait sortir avec Élise.*)

B. To check spelling of French words, you might have your students play this game. Divide the class into two teams and write a different French word on the board for each team. Then have a student from each team come to the board and write a new French word beginning with the last letter of the word you wrote. For example, if the first word is *journal*, the next one must begin with *l*. The game proceeds in this vein, each player building up his/her team's word list on the basis of the previous word. Let students know from the start that misspelled words will not count when it comes time to see who has the longer list.

Leçon 5

A. Nationalities: After your students have learned the nationality terms in *Leçon* 5 and reviewed those they have learned previously, you might give them this activity to do. After passing out old issues of French magazines, have students find and clip out photos of people from a variety of countries. Next, students could write French captions for the photos. Besides naming the nationality and homeland of the photo subject, captions might cite a trait or two of the country in question. If the added facts are linked to the picture, all the better. A caption could read like this: *Il est mexicain. Il habite au Mexique. Le Mexique est au sud des États-Unis.* (Note that the sample makes heavy use of the language of nationality. To foster this kind of focus, tell students to draw upon words learned in class.) Finally all students should be ready to present their work to the class.

B. Sentence construction: Make up sentences of equal length and difficulty and print them on construction paper. Cut each sentence apart into separate words and mix them up. Divide students into relay teams having the same number of students as the number of words in the sentences. Give one word card to each student. When you give the signal to begin, students look at their words. The first team to arrange themselves into a correct sentence is the winner.

Leçon 6

A. *Jacques dit....:* After your students have been introduced to commands and practiced them, you might play the French version of "Simon says." First give your students a command in the *vous* form. If before the command you say *Jacques dit,* they should perform the action ordered. If you do not say *Jacques dit,* however, they should ignore your command. Keep giving orders till you spot someone who either performs incorrectly or makes a motion when you have not said *Jacques dit.* He/She then comes to the front of the room and gives orders until someone else slips up. Some command forms that you might practice with students before beginning the game include *Levez-vous, Restez, Tournez..., Ouvrez..., Marchez..., Allez..., Regardez..., Indiquez..., Gardez..., Couvrez..., Enlevez..., Jetez..., Prenez..., Touchez..., Sautez..., Levez..., Baissez..., Fermez..., Asseyez-vous, droit(e)* and *gauche.*

B. Dictate a French word to your students. Have them list nouns (verbs, adjectives or all the words they know) that begin with each of the letters contained in that word. After calling time, have students read these lists to the entire class. The student with the most words wins.

Leçon 7

A. After your students have been introduced to verbs conjugated with *être* in the *passé composé* and have practiced using at least six of them, they might play this dice game. (The game can be used to drill any group of regular or irregular verbs in any tense.) First divide the class into groups of two, pairing off students with the understanding that each group member plays against his/her partner. Then give all groups two dice, each a different color, say green and red. Next, show the class a transparency you have made, with two columns, one green and the other red. The green column will read: 1 = *je*, 2 = *tu*, 3 = *il/elle*, 4 = *nous*, 5 = *vous* and 6 = *ils/elles*. The red column will read: 1 = *aller*, 2 = *descendre*, 3 = *mourir*, 4 = *naître*, 5 = *partir* and 6 = *venir* (or any other series of six infinitives conjugated with *être* in the *passé composé*).

Call for the roll of the dice. With each roll, two colors and two sets of dots appear. Four dots on a green die and six dots on a red die mean, for example, that the roller must say the corresponding subject and verb shown on the transparency (i.e., *nous sommes venu(e)s*). If done correctly, he/she earns the total point value of the dice (i.e., 4 + 6 = 10). Players take turns at the dice and keep a running count of their own score. They can build up their scores quickly by rolling doubles. In the case of two twos, the roller should respond *tu es descendu(e)*, and so earn four points. The lucky roller can go on to double his/her score by giving the corresponding plural or singular form of this subject and verb, i.e., *vous êtes descendu(e)(s)(es)*. When time runs out, the winners are, of course, the students with the highest score in their group.

B. After your students have learned the terms for certain accessories and items of jewelry and have reviewed clothing items and colors, you might have them do this activity. Pass out fairly recent issues of French fashion magazines (e.g., *Elle, Vogue*) and tell students to find and clip out photos of the latest styles. The pictures they collect should display a wide variety of accessories, jewelry and clothes in various colors. Next, they could write captions in French that name the items and colors depicted. (For example, *Elle porte un imper beige et des bottes marron.*) Finally, you might have the students present their work to the class, both showing their pictures and reading their captions.

Leçon 8

A. "Jeopardy": After your students have read and studied *Leçon 8,* they might play this game as a review before the exam at the end of the lesson. The game resembles the TV program by the same name. The teacher constructs a game board out of cardboard, cloth or similar material. It should be large enough to accommodate five rows of pockets vertically and five rows of pockets horizontally. Making and lining up the pockets is the next step in setting up the game. The five pockets in each vertical row should each contain a question, all in the same category. (This makes for a total of 25 questions representing five different categories.) Above the top row of each set of vertical pockets, attach (with paper clips or pins) a card labeling each category.

Your next job is to write up questions from areas that you want to quiz. (For *Leçon 8* you might fix on such categories as *le visage, les maladies, s'asseoir, les verbes réfléchis* and *le vocabulaire*.) Note that the questions should be in French, except for those in any information area covered by an *Actualité culturelle*. For every category, try to write questions along a scale of increasing difficulty and place them accordingly in the pockets. Customarily, the question at the top of any row is the easiest of the five of its kind.

Equipped with the tools of the game, the class should be divided into two teams. Before playing, all students should know that the questions have a degree of difficulty corresponding to their location on the board. A correct answer could earn them from one to five points, depending on the level of difficulty of the question. Have a student from one team choose a category and whichever question from it that he/she wants to try. Then do the same for the other team. Whenever a question is missed, give the next player in line on the opposing team a shot at it. A correct answer increases the team's point total. As the questions begin to run out, a lot of strategy comes into play. For example, a team trailing far behind will take a chance on the tougher but more valuable questions.

B. Dictate a relatively long word in French. Give students time to use the letters in this word to form other French words. The student with the longest list of correct words wins. Be sure to check these lists orally with the class so all can benefit from the correctly formed words.

Leçon 9

A. *Qui suis-je?:* This game is a good warm-up activity and encourages students to speak French while it improves their listening skills and reviews question formation. Put an information grid on the board or overhead projector. It is composed of 12 boxes, each of which includes five items. In each box the first line has a French first name (e.g., Bernard). The second line has a descriptive adjective that relates to this person (e.g., *heureux*). The third line tells what the person likes (e.g., *aime les animaux*). The fourth line tells this person's occupation (e.g., *agriculteur*). The last line tells where this person lives (e.g., *habite à la campagne*). Review the grid vocabulary with the students. Then lead them into the formation of questions that would evoke this information as an answer. The next step is to rephrase the question until it can be answered by *oui* or *non*. The student who leads off the game chooses one name from the grid but gives no hint as to whom he/she has chosen. He/She calls on classmates to ask questions which can be answered by only *oui* or *non*. A student continues to ask questions until he/she receives a *non* answer. The student who is first to guess *Qui est-ce?* is the winner. He/She may be the next to lead the game.

B. Write on the board a key phrase in the *Leçon,* such as *chambre à coucher.* Then have students form as many familiar French words as they can from the letters found in this expression. (From our example one can form *cher, rue, heure, marche, chercher, coca, Maroc, cour, ramer, morceau, rhume,* etc.) The student who compiles the longest list of correctly formed and spelled words within the time allowed wins the game.

Leçon 10

A. Verb Tic Tac Toe: To practice the *passé composé* of reflexive verbs (or the *passé composé* or present tense of any verbs), have students work in pairs. Each of the two students plays with a different-colored pen. Pass out a copy of the Tic Tac Toe worksheet to each pair. The heading of the worksheet is the infinitive of the verb to be conjugated. In the grid each of the nine boxes contains one subject pronoun (*je, tu, il, elle, on, nous, vous, ils, elles*). Students proceed as in the English game and write the correct verb form in the box to match the given pronoun. If a student makes a mistake, his/her opponent can correct the mistake, steal the square and proceed with his/her regular turn. Two evenly matched students will have no winner, only a draw.

B. *D'où es-tu?:* Prepare an index card for each student that contains a name and a location (e.g., Nadine—Saint-Malo, France) and pass the cards out to the students. Tell them that they are going to assume the identity of the person on their card, and that they are from whatever city and country is written on the card. They must learn their name and hometown because the cards will be collected before the activity begins. Next, pass out a list of all the names. Students take these lists with them as they move about the classroom asking each other *Tu t'appelles comment?* and *D'où es-tu?* As they learn where their classmates are from, they write down the hometown next to the correct name. The activity ends when the majority of the students have their lists completed (in approximately ten to 15 minutes depending on the size and level of the class).

Leçon 11

A. *Pictionnaire:* In this French version of the American game, students will orally identify in French, through sketched clues, as many words as possible in a designated time period. Divide the class into three or four equal teams. Roll the die to determine the order of play. The highest roller starts. Each team selects an order for picturists (the ones who will draw clues on the board). Each student must participate in drawing. The picturist position must rotate every time a team sketches. There are six categories: Pe = Person, Pl = Place, O = Object, V = Verb, Ph = Phrase and AP = All Play. (The All Play is sketched simultaneously by picturists of all respective teams at the start of the timer. Some slips of paper in each category have a star on them. The words on these slips of paper become an All Play.)

A roll of the die determines the category (i.e., Pe = 1, Pl = 2, etc.). The timer is turned on and the picturist begins sketching clues for the team. The picturist may not use verbal or physical communication to teammates during the round. He/She may not use letters or numbers in the drawings. Sketching and guessing continue until the word is identified in the foreign language or until time is up. If the team guesses the word correctly, a point is awarded. Whether the word is identified or not, rotate to the next team. At the end of the designated time period the team with the most points wins.

B. *Devinettes:* To review geography, students can prepare riddles in French asking about France's regions, cities, rivers, seas, mountains, neighbors and other French-speaking countries. Here are several examples: *C'est la région au nord-ouest de la France. Qu'est-ce que c'est?* (Answer: *C'est la Bretagne.*) *C'est le fleuve qui est très connu pour ses châteaux. Qu'est-ce que c'est?* (Answer: *C'est le Loire.*)

Leçon 12

A. To practice the vocabulary for foods, dishes or beverages at a café you can play this memory game. Start by saying *Je vais au café et je prends un croque-monsieur.* The first student repeats what you have said and adds another item: *Je vais au café et je prends un croque-monsieur et une limonade.* Every time a student is unable to repeat what has gone before, he/she is eliminated. If this game is played with teams, the team with the most players at the end of the time allotted for this activity is the winner. (To begin, students may write down the items as they are said and read them off, adding their own contribution at the end. After students have become familiar with the material, they can also work from memory.)

B. To review the present tense, *passé composé* or *imparfait*, play this game by dividing the class into two teams. Give the first person on the first team an infinitive; he/she must respond with a specified form or forms in one or more tenses. If the student is unable to do this, the turn passes to the first person on the other team until a correct answer is given. Keep score of the total number of correct answers for each team. The team with the greatest number of correct answers wins.

PHOTO DESCRIPTION

The following notes provide additional information about the photos shown on pages xxii-xxxi.

On parle français...en Europe

page xxii, top right: The Alps are the most extensive mountain range in Europe, with snow permanently covering most of the mountains above 9,000 feet. The highest peak in the Alps, Mont Blanc, rises to over 15,000 feet. This breathtaking mountain range covers 60 percent of Switzerland as well as parts of Italy, France, Germany, Austria and Yugoslavia. The Alps attract tourists year-round, offering excellent ski conditions in the winter and wonderful hiking in the summer. A second mountain range, the Jura Mountains, covers an additional ten percent of the Swiss land.

In addition to its famous Alps, Switzerland has many other "claims to fame." The country, known throughout the world for its watch industry, manufactures almost one-half of all wristwatches. This industry produces high-quality watches ranging from the very inexpensive to the extremely high-priced. Swiss chocolates are just as well-known, considered by many to be the finest in the world. In economic circles, Switzerland is synonymous with banking. The Swiss franc remains so stable that it brings in funds from countries all over the globe, making the country a major world banking center.

page xxii, bottom right: Switzerland has many famous lakes, most of which are glacial in origin. Their beauty makes them a great tourist attraction. Of all the Swiss lakes, Lake Geneva, also called *lac Léman*, is probably the most well-known. Seventy kilometers long, it flows from the southwest part of Switzerland to the northern part of the department of Haute-Savoie in France. Near Geneva a large waterspout shoots a jet of water over 120 meters into the air. The *barre de Promenthoux* divides the lake into two parts: the *Grand Lac* lies to the east and the *Petit Lac*, which includes the basin at Geneva, lies to the west.

Switzerland's 16,000 square miles are bordered by France, Italy, West Germany, Austria and Liechtenstein. The country is politically divided into 20 cantons and six demicantons. Each canton possesses strong, independent governmental powers. Typical Swiss citizens tend to be more fiercely loyal to their cantons of origin than they are to the country as a whole and hold a strong attachment to the institutions of their cantons. However, in recent years the federal government has begun to take a more active role in almost every aspect of Swiss life. The executive body of government has seven members elected to four-year terms by the national legislature. Each year one of the seven members is chosen to act as the country's president, but there are no special powers which accompany that position. Switzerland has been militarily neutral since 1815 and has not participated in a foreign war since 1515. Because of this neutrality Switzerland chose not to join the United Nations, but it did allow the UN to build its European headquarters in Geneva.

page xxii, left: About 50 percent of Swiss soil is agriculturally productive, with cattle breeding and dairy production using four-fifths of that land. Although agriculture employs less than ten percent of Switzerland's population, almost half of the people choose to live in the country, many in beautiful rustic houses.

Switzerland has virtually no natural resources, owing its prosperity mainly to the industriousness and skills of its people. One of the few European countries to have been completely bypassed by both world wars, Switzerland boasts one of the highest standards of living in Europe and is one of the most prosperous countries in the world.

The six and a half million Swiss people have a reputation for industriousness, efficiency and business savvy. There are four very distinct cultural groups. The people in these groups live in different areas of the country and speak different languages, all official languages of Switzerland, but somehow manage to join together peacefully to form a united people. The French Swiss, most of whom live in the areas around Lake Geneva, speak French and make up one-fifth of the country's population. The German Swiss, who speak a Swiss dialect of German, are the country's largest cultural group and constitute two-thirds of Switzerland's population. The Italian Swiss speak Italian and account for about one-tenth of the Swiss population. The Rhaeto-Roman Swiss speak Romansh, an offshoot of Latin, and comprise three percent of the national population or about one-third of the population in the canton of Graübunden.

page xxiii, top left: Brussels is the capital of Belgium and the royal residence of its king. Known for its lively boulevards lined with charming buildings, restaurants and shops, as well as for its small residential streets full of quaint gabled houses, *Bruxelles* has earned its reputation as one of the most beautiful cities in all of Europe. Both tourists and residents alike wander along the picturesque streets, visit tiny boutiques and shop. Many people buy delicate, handmade lace, *la dentelle*. Not only a city for tourists and sightseers, Brussels is also a large political, administrative and cultural center currently in the process of becoming a "modern" city. It has a clean, rapid *métro* system which serves the various quarters of the city, and skyscrapers are being constructed in many different districts. The people of Brussels, numbering close to two and a half million, would like to see their city become "the capital of Europe."

Belgium, a triangular-shaped country bordered by the North Sea and the Netherlands to the north, the Netherlands, West Germany and Luxembourg to the east and France to the southwest, remains one of the last constitutional monarchies in Europe and one of the most highly industrialized nations on the continent. In addition, it is one of the smallest and most densely populated countries in Europe, with a population of almost ten million people living in an area of slightly under 12,000 square miles. Flemish, a dialect of Dutch known in Belgium simply as Dutch, and French are the country's two official languages, although some *Belges* do speak German. The Belgians have a policy aimed at selling more than half of everything that they manufacture abroad in order to maintain a high standard of living. This explains why Belgium's annual per capita export rate is five times that of the United States.

page xxiii, top right: The Ardennes region of Belgium was once part of an ancient central European mountain range gradually leveled by erosion, leaving a flattened plateau. Rivers, especially the Meuse, cut through this beautiful forest-covered area, creating the many hills and valleys which typify the Ardennes. These highlands extend from France through Belgium and up into the Netherlands, and their basin continues under the North Sea to include England. The Ardennes highlands experience the most extreme variations in weather in Belgium, with winter temperatures falling below freezing and summer temperatures rising to an average of 61 degrees Fahrenheit. The Ardennes receive more rain than the rest of the country, up to 55 inches annually. Though scenically beautiful, the Ardennes are agriculturally poor due to their colder climate, heavy precipitation and rocky soil.

Rural and urban life in Belgium are closely related. In fact, certain rural communities have experienced complete urbanization. Almost 95 percent of the Belgians now live in what are termed urban areas. Main highways run through many rural communities, providing their residents with transportation to work at nearby industrial centers. Much of Belgium's rural land, at least 60 percent, is under cultivation. Large Belgian horses still help some farmers to plow their fields, although modern farming equipment is widely used.

page xxiii, bottom: Ghent, known as *Gand* in French and as *Gent* in Flemish, is a city located in northwest Belgium. Ghent, Belgium's largest seaport, boasts the most historical buildings of any city in the country. The Saint Bavon Cathedral dates back to the twelfth century, and its architecture combines characteristics of Romanesque, Gothic and Baroque styles. The Royal Flemish Theater, also located in Ghent, stages performances in both French and Flemish. The *Quai aux Herbes*, the most picturesque quarter of the city, features beautiful old guild houses of Romanesque, Gothic and Renaissance styles built between the twelfth and the seventeenth centuries. Pedestrian streets lined with flowers, located in the heart of the old city, are popular strolling areas.

Belgium is divided geographically and politically into three administrative regions according to language. The first region, Brussels, is officially bilingual, meaning that both French and Flemish are the official languages of the city, although most people who live there speak French. The second section of Belgium, Flanders, includes the area north of Waterloo. Its inhabitants are known as Flemings, and Flemish serves as the region's official language. This area of the country accounts for 57 percent of the population of Belgium, and most of its inhabitants resemble the Dutch with their fair complexions. The third section of Belgium south of Waterloo is called Wallonia. Here the residents, called Walloons, speak French, that region's official language. The Wallonian population comprises 32 percent of the country's total, and most Walloons ressemble the French with their dark hair. Friction between the Flemings and the Walloons has caused many social and political problems. Although the Flemings outnumber the Walloons, French has dominated the country until just recently, when Belgium agreed to recognize the significance of Flanders as well as Wallonia, and the Flemish language in addition to French.

page xxiv, top: The *Palais du Prince,* located in Monaco-ville, is the royal residence of Prince Rainier III, ruling monarch of Monaco since 1949. This hereditary principality has been governed by the Grimaldi family since the fourteenth century. In order to remain a sovereign, independent state, the monarch must marry and have children. Rainier III married the American film actress Grace Kelly in 1956. She died in an automobile accident in 1982. They had three children, Princess Caroline, Prince Albert and Princess Stéphanie, ensuring the monarchy's continued existence. With no male heir, Monaco, by treaty, would become an autonomous state under a French protectorate. The second smallest sovereign state in the world after Vatican City, Monaco covers merely seven-tenths of a square mile, an area 70 times smaller than that of Paris. France borders the small principality on three sides, with the Mediterranean Sea forming the fourth border.

Over the centuries Monaco has belonged in turn to Spain, France and Sardinia (an island to the south of Corsica) and was placed under the protectorate of France in 1861. The principality's independence was guaranteed in a 1918 treaty made with France, yet it remains closely linked culturally, economically and linguistically to its neighboring country. The prince does not rule the principality alone; he has a minister of state to assist him. This minister must be a French citizen, not a citizen of Monaco. Although the principality operates as an independent state, having its own flag, postage stamps and government, it uses the French franc as its national currency. Monaco, a favorite spot of the wealthy, serves as a haven for those trying to escape income taxes. Of the principality's 25,000 or so residents only one out of six is a native Monacan, or *Monégasque,* while one out of every two is a French native. French is the official language of Monaco, although many Monacans also speak a *patois* which combines French and Italian.

page xxiv, bottom: Three separate areas combine to form the Principality of Monaco: La Condamine, Monaco-ville and Monte-Carlo. La Condamine includes the commercial section along the port, frequented by pleasure boats, cruise ships and many beautiful yachts. Monaco-ville, known as "the Rock" because it rests on a steep rock extending 800 meters into the Mediterranean, resembles a medieval village. Among the sights to see in Monaco-ville, the principality's capital, are the *Palais du Prince,* the Museum of Prehistoric Anthropology and the late nineteenth-century Romanesque-

Byzantine cathedral. The world-famous Oceanographic Museum, boasting some of the most beautiful aquariums in Europe, attracts more visitors to Monaco than does its casino. Opened in 1910 by Prince Albert I, the museum, also a center of scientific research, is devoted to all the sciences of the sea. Monte-Carlo, the principal residential and resort area of Monaco, has very high-priced property—beautiful homes, luxury hotels, such as the famed Hôtel de Paris, elegant shops and the Monte-Carlo Casino. Fontvieille, an industrial area at the foot of the Rock in La Condamine, is sometimes considered a fourth section. Some of the land in Fontvieille has been reclaimed from the sea.

page xxiv, center: The Monte-Carlo Casino, founded in 1858, offers games such as roulette, craps, black jack and slot machines in both public and private gaming rooms lavishly decorated to give them an old-world charm. Only people over 21 years of age are permitted in the casino, and no *Monégasques* are admitted. Until the early 1960s, black-tie attire for males was *de rigueur*. Although many people assume that the casino supports the Monacan economy, it supplies only three percent of the government's revenue and in recent years has failed to make a profit.

In addition to its casino, Monaco offers many other sights and diversions to attract the one and a half million tourists who visit the principality each year. Monaco's sunny climate and natural beauty help to encourage year-round tourism, its chief industry. Visitors may play golf or tennis, ski at one of the many resorts in the vicinity, go pigeon shooting or yachting, swim in the sea or any of the beautiful swimming pools or attend a play, concert, opera or ballet. Many visitors come to watch the annual International Monaco Grand Prix, one of the world's leading sports car events held on the streets of Monte-Carlo.

...en Afrique

page xxv, top: Fès, known in English as Fez, is the oldest city in Morocco. During the fourteenth century it served as the country's capital as well as the royal residence of the king. Although modern-day Fez holds little political significance, it remains the country's most important religious center.

Fez, Morocco's third largest city, has a population of almost 600,000 people. Its largest city, Casablanca, is home to nearly 2,500,000 Moroccans, more than ten percent of the country's 24 million citizens. The commercial center of Morocco and the hub of its transportation system as well, Casablanca possesses the nation's major seaport as well as its principal airport. The residence of the king and the headquarters of the country's government are located in Rabat, the national capital. The second largest Moroccan city, Rabat boasts a population of more than 850,000 people.

Fez, like most Moroccan cities, is made up of very diverse and separate communities. The *médina*, or old quarter of the city, reflects the North African culture of its residents. The people of the *médina* live in "row houses" of two or more stories grouped around narrow, dead-end alleys closed to all but the families who live there. Made up of a maze of streets which seems impossible to follow, most visitors to the *médina* would not be able to find their way through the old quarter without a local guide to assist them. The most modern and rapidly expanding quarter of the city is known as the *ville nouvelle*. Strikingly similar to the contemporary cities of France, this "new city" reflects a very strong European influence. On the outskirts of Fez lie the impoverished *bidonvilles*, or shantytowns, which contrast sharply with the affluent *ville nouvelle*.

page xxv, center: The majority of Moroccans are descendants of the Berbers who were, at the beginning of recorded history, clans of white nomadic agriculturalists who lived off the land. Today most Moroccans identify themselves with one of two cultural groups: traditional Berbers or Arabized Berbers. Some Berbers still follow the traditional lifestyle and live in the mountains of Morocco, although others have chosen to live in urban or rural areas. These modern-day Berbers have maintained many of the customs and values of their predecessors and have tried to adapt their traditions to fit into today's society. On the other hand, the Moroccans who classify themselves as Arabized Berbers have rejected most of the traditional customs and culture of their Berber ancestors and have adopted more modern practices.

This distinction between traditional and modern lifestyles carries over into the languages Moroccans choose to speak. Three languages are prominent: Arabic, Berber and French. Arabic, spoken by the majority of the population, is the country's official language as well as the language spoken in most Moroccan homes. Roughly one-third of the population speak Berber, many of whom are those who follow the traditional Berber lifestyle. Many different Berber dialects exist which vary from region to region and from group to group. French, initially introduced for administrative and educational purposes, remains as the language most often used in business and government and also as the preferred language of those people who wish to be associated with modern European culture.

page xxv, bottom: In general, Morocco has a very young population, with 80 percent of its citizens being under the age of 40 and the median age of its residents being just 18. Although some people live long lives, the life expectancy of a Moroccan is only 53 years. Very few children ever receive any extensive schooling. Whereas 60 percent of them attend elementary school, only 14 percent continue on to high school. And just three percent of the population ever go on to attend college.

Although some Moroccans, mainly those who live or work in the city, have chosen to replace their Moroccan-style clothing with more modern, Western-style dress, many continue to wear the customary apparel. The *djellaba* is the traditional garment worn by both men and women. This long robe, hooded for men, has long sleeves and an embroidered front seam. For some people, such as Berbers who travel throughout the countryside and the mountains, it serves as both a coat and as a sleeping bag. In addition to the *djellaba*, women wear a long veil which covers the face. Some women have broken tradition and no longer wear the concealing veil, although that choice often depends on their husbands' approval. On religious holidays colorful garments are left at home, and the majority of Moroccans wear only white.

page xxvi, bottom: The Republic of Senegal, a beautiful country in West Africa, has slightly more than seven million people. Senegal's area of 75,750 square miles is close in size to that of South Dakota. Senegal surrounds Gambia on three sides and is itself surrounded by Mauritania, Mali, Guinea, Guinea-Bissau and the Atlantic Ocean. Senegal has had a long association with France. The first French settlement in Senegal was at the city of Saint-Louis in about 1650. The French took possession of Senegal in 1840, and in 1946, along with other parts of French West Africa, it became an overseas territory of France with representation in the French Parliament. In 1960 Senegal became an independent nation but retained close ties with France. Even today Senegal's international relations are oriented toward France and other West European countries as well as toward countries in French-speaking Africa. The country has many special agreements with the French government and is a major recipient of French aid.

Dakar, the capital and largest city in Senegal, has close to one and a half million people. Located on Cape Verde on the Atlantic coast, it is the most important seaport in West Africa with its excellent natural harbor. Many aircraft traveling from Europe to South America stop off at Dakar's international airport. Because of its geographical location and transatlantic air and maritime routes, Dakar occupies one of the most important strategical positions in Africa. The city also serves as a gateway to the underdeveloped areas of neighboring Mali and Mauritania. The University of Dakar with its faculties of law, science, liberal arts, medicine and pharmacy, and IFAN (the internationally acclaimed center for African studies) attracts students from all over the world.

page xxvi, center: Senegal's population consists mainly of members of the Senegambian, Fulani and Nuclear Mande ethnic groups. The Senegambians, the first inhabitants of the coastal area, account for almost two-thirds of the country's population. The Fulani originated in the valley of the Senegal River, although they now live in various regions of the country and account for about one-fourth of the population. Many of the Fulani are nomadic pastoralists. The people of the Nuclear Mande group began as the agricultural and political leaders in the interior of the country and now constitute almost ten percent of the population. Diversity in Senegal has prevented any single group from controlling an entire region. There are very few Europeans residing in Senegal, less than two percent of the country's population, but those who do are mainly French and live in Dakar.

More than two-thirds of all *Sénégalais* reside in rural areas, many in *les savanes*, or the grassy plains. Even today many people in these plains live in huts consisting of mud-brick walls and thatched roofs. Each adult family member has his or her own hut. Daughters live in their mothers' huts, while sons live with their fathers. Many inhabitants of these regions cultivate millet,

Senegal's principal food crop and a staple used to make bread. But about one-half of all cultivated land in Senegal is devoted to growing peanut plants. Peanuts are Senegal's livelihood, accounting for almost 80 percent of the country's export earnings. In times of drought the peanut harvest suffers, as does the nation's economy.

page xxvi, top: Almost 90 percent of the Senegalese are of the Islamic faith, although Islam wasn't introduced in Senegal until the late nineteenth century. This Muslim majority actively seeks converts, as does the five percent Christian minority. Initially, Islamization led to the rise of a rigid caste system, restricting people of various trades to low positions in society. But these divisions are now being replaced by ones based on wealth, education and a growing regionalism.

Language differences between ethnic groups as well as between individuals in Senegal create fewer problems than do religious differences. French is the country's official language and the one used in the schools. Wolof, however, serves as Senegal's national language. Other languages exist as well, such as Serer and Lebu, yet these are closely related to Wolof and do not hinder communication. In fact, this mutual understanding has contributed to the growing dominance of Wolof as the most widely spoken language.

Senegal's educational system is modeled after the one in France with some slight variations due to cultural differences between the two countries. Although French remains the dominant language in education, they now teach Wolof in teacher-training schools. Despite advances made in the educational system and the increasing enrollment in institutions of higher learning, the dropout rate remains extremely high, with only about 58 percent of primary-age children attending school. In *les savanes* children normally attend school from the ages of seven to 11. After the age of 11, boys often stay in school while girls return home to help their mothers. About one-third of the country's adult population is illiterate.

page xxvii, bottom: Abidjan, the capital and largest city in the Ivory Coast, has a population of close to two million people. (Yamoussoukro, a relatively small city north of Abidjan with fewer than 100,000 people, became the national capital in 1983 but is not recognized as such by the United States.) Since it has the country's major seaport as well as an international airport with links to most major European and African cities and New York, Abidjan is the hub of the Ivory Coast's transportation system and the heart of its import and export business. Other major cities in the Ivory Coast include Bouaké, the second largest city and a commercial center situated in the country's interior, and Man-Danané located in the west.

The Ivory Coast, known in French as *la Côte-d'Ivoire*, is an independent republic in West Africa. Occupying an area of about 124,000 square miles, the country has a population of almost 11 million people. Its neighboring countries are Ghana to the east, Burkina-Faso (formerly called Upper Volta) and Mali to the north, and Guinea and Liberia to the west. Situated on the Gulf of Guinea, the Ivory Coast was once an overseas department of France but gained its independence in 1960. It has become one of the wealthiest and most politically stable countries in former French West Africa. The Ivory Coast has retained extremely close ties with France, and its foreign policy remains staunchly pro-French and pro-European.

page xxvii, top right: Although the population of the Ivory Coast is composed of people from a variety of backgrounds, five major ethnic groups exist, each residing in a certain region of the country. The Kru group inhabits the southwest, the Mande group lives mainly in the north, the Senufo group occupies the northern savanna, the Dan-Guro group lives in the central part of the country and the Akan group is concentrated in the southeastern forests and adjoining savannas. About one-fourth of the Ivory Coast's population are immigrants from other countries, mainly migrant farm workers from neighboring African nations. The Ivorian government tries to restrict the influx of these immigrants, but even so they now make up about one-third of the wage-earning population. Some Europeans do reside in the Ivory Coast, mainly French citizens who live in Abidjan. One of the government's main goals is to reduce the number of foreigners actively working in the country.

French is the official language in the Ivory Coast and the one used in the schools, yet most *Ivoiriens* speak the language of their particular ethnic group. About two-fifths of the population practice ethnic religions, while one-third are Christians living in the south near Catholic missions established at the end of the nineteenth century. One-fourth of the population practice Islam, mainly those residing in Abidjan.

The Ivory Coast has made significant advances in education during the past few decades. In 1947 primary school enrollment averaged under ten percent, a figure which more than quadrupled by 1980. The country sets aside almost 30 percent of its budget for educational purposes, funding, for example, some modern programs which utilize television in the classroom. During its period as part of French West Africa, the Ivory Coast followed the French model of education and prepared students for post-secondary schooling at a university. But since gaining its independence, the government has stressed technical training so that Ivorians can begin to replace the foreign population in the country's work force. The Ivory Coast opened the University of Abidjan in 1963, the country's first institution of higher learning.

page xxvii, top left: The principal business in the Ivory Coast is agriculture, which provides jobs for about eight percent of the country's population. The major cash crops are coffee beans, cocoa beans and bananas. These three crops, combined with timber, especially mahogany, make up almost 75 percent of the country's exports. Raising cattle, goats, sheep and poultry plays a secondary role since much of the Ivory Coast is infested with the tsetse fly, an insect which transmits the parasites that cause sleeping sickness. Industry and diamond mining have developed rapidly since the Ivory Coast's independence, although the economy, the most stable of those in the former French West African countries, remains primarily agricultural.

The Ivory Coast consists of three geographical zones with varying climates and terrain. Closest to the ocean, the narrow coastal zone extends almost 340 miles along the Gulf of Guinea. A series of sandbars separates the lagoons of the zone from the ocean, while the remainder of the land farther from the shoreline is flat and sandy. The coastal zone experiences consistently high temperatures, very high humidity levels and a heavy annual rainfall. Precipitation averages 90 inches during June and July. Beyond the coastal zone lies the forest zone, consisting of a tall, dense rain forest that tapers off farther inland. This forest has some of the best hardwood supplies in Africa, such as mahogany, teak and ironwood. The temperatures and humidity levels of the forest zone are not as high as those of the coastal zone, and the rainfall remains lower, averaging less than 60 inches per year. The Sudanese zone in the northern regions of the country includes grasslands dotted with trees that become barren plains farther north. Temperatures vary in the Sudanese zone, which has only two seasons: wet and dry. In December the weather turns cool, due to a northeast wind which blows from the Sahara.

...aux Antilles

page xxviii, top left: Martinique, a tropical island in the West Indies, has been an overseas department of France with the same status as the country's mainland departments since 1946. Most of the population of about 329,000 people are French citizens. The island's scenery ranges from rugged mountains to lush vegetation and includes the well-known beaches on the Atlantic Ocean. One of the island's mountains, the volcano Mont Pelée, erupted in 1902, killing almost 30,000 people and destroying the city of Saint-Pierre. Most of the residents of Martinique, *les Martiniquais*, are of African descent and speak *créole*, a mixture of French and numerous West African languages. French was first brought to the island in 1635 and is the official language of the government. The school system and the media both make widespread use of French. French and African influences have combined to form not only the island's spoken language but its culture as well. Martinique's music, food and traditions have characteristics that draw from the country's European and West African roots.

The West Indies, a group of thousands of islands extending from Florida to Venezuela, were discovered beginning in 1492 by Christopher Columbus, who thought he had reached the coast of India. Known in French as *les Antilles*, the West Indies are made up of chains of islands composed of 13 independent countries, a commonwealth of the United States, overseas departments of France, islands forming a part of the Kingdom of the Netherlands, and British islands. Because of this political fragmentation and geographical separateness, the islands in the West Indies rarely unite and prefer to remain separate. The islands' residents never refer to themselves as West Indians; rather, they proclaim their allegiance to their individual islands by calling themselves Martiniquans, Jamaicans, Barbadians, etc. Terminology, however, joins Martinique and Guadeloupe to form *les Antilles françaises*, which are more closely linked than the other islands in the group.

page xxviii, top right: Fort-de-France is the capital and largest city in Martinique. Just as in other French-speaking countries, there are fruit and vegetable markets held in the streets of the city. Martiniquans grow vegetables and many tropical fruits, such as bananas and pineapples. Sugar cane plantations produce the island's main crop, *la canne à sucre.*

Most *Martiniquais* are descendants of the more than 60,000 black slaves brought to the West Indies from Africa by white plantation owners to work in the sugar cane fields during the seventeenth century. Slavery was abolished on the island in 1848. Even today much of the color division present in the early days of Martinique's history still exists, with a small, elite group of local white families, the affluent, socially secure and educated *grands blancs*, wielding a great amount of economic power. Martinique's middle class includes people of different races, while the large lower class is made up of primarily black, *patois*-speaking Martiniquans. By accepting assimilation into France rather than autonomy, Martinique has received financial benefits which most of the autonomous islands have not, such as funding for better roads, schools and health services. Despite this aid, the island's population continues to grow rapidly, resulting in a high unemployment rate and a low standard of living.

page xxviii, bottom: Another overseas department in the French Antilles, the islands of Guadeloupe cover 687 square miles. A narrow channel spanned by a drawbridge separates its two main islands, Basse-Terre and Grande-Terre. The former, on the west, has a volcanic origin and the later, on the east, has a limestone base. Six small island dependencies complete the department of Guadeloupe. Pointe-à-Pitre, the largest city and chief port in Guadeloupe, is located on the island of Grande-Terre, but the city of Basse-Terre on the island of Basse-Terre serves as the departmental capital. Christopher Columbus named the department after a Spanish monastery in 1493, but Europeans did not settle there until the French arrived in the seventeenth century.

Guadeloupe, like the rest of the islands in the West Indies, is located in the tropics, where the sun passes high overhead every day. On these islands the hours of sunrise and sunset rarely vary. The sun acts as the clock, regulating life from morning to night, with "sun up" time at dawn and "sun hot" time at high noon. The Atlantic Ocean and the trade winds, which blow throughout the year but with exceptional force from January until April, moderate the sun's heat. Sharply marked changes in the seasons do not exist, with green foliage present year-round, but the islanders differentiate the seasons according to harvest time and sowing time. For example, *Guadeloupéens* consider April "crop time," while they call the following six or seven months "dead time," during which the unemployed wait for the next "crop time." Summer and winter are not discernible. However, wet and dry seasons are markedly different, with periods of drought, the coming of the rains and the hurricane season. Hurricanes, a part of life in the West Indies, arrive in the summer, and with their approach the following jingle comes to mind: June too soon; July stand by; August come it must; September remember; October all over. Fortunately, on the average each island in the West Indies is hit infrequently. But memories of past hurricanes do remain in the minds of the islanders, who fix dates by whether or not that was the year of "Flora," "Debbie" or some other disastrous hurricane.

page xxix, top: Guadeloupe produces a wide variety of fruits and vegetables, as well as other crops such as coffee, cacao (the source of cocoa and chocolate) and vanilla. But over one-half of its arable land is devoted entirely to growing sugar cane. Producing sugar, the main export of the department, is always risky, due to the ever-present threat of the hurricane, which did severe damage to Guadeloupe in 1928 and again in 1960. Since all of the islands in the West Indies have similar climates and terrain, they produce many of the same crops, thus creating economic competition among themselves. Until the 1950s all the West Indian islands depended almost wholly on agriculture. But it became increasingly clear that the islands had larger populations than agriculture alone could support, and other jobs unrelated to the land had to be found. In Guadeloupe furniture and glass are manufactured, and the growing tourist trade provides income for the department as well as jobs for its citizens.

Guadeloupe and Martinique initially began as colonies of white smallholders (landowners) and white indentured servants who grew tobacco, indigo and cotton. After West Africans had been imported, the French Antilles became known for their prosperous sugar-and-slave plantations. During the French Revolution the British occupied Guadeloupe, supporting its use of slaves to work the sugar cane fields, but French forces expelled the British and put an end to slavery in 1794. During this conflict between the British and the French, the planters sided with the English, relying on slaves to run their plantations. This proved to be a fatal mistake as the French brought in the guillotine and executed hundreds of the planters who had been British supporters. Ironically, Napoleon restored slavery on the islands of Guadeloupe in 1802, but it was finally abolished in 1848. Guadeloupe became an official overseas department of France in 1946.

page xxix, bottom: Port-au-Prince, Haiti's capital and largest city, is also the nation's most important seaport. The country's leading commercial and industrial center, the city has many sugar refineries and rum distilleries. More than 700,000 *Haïtiens* live in Port-au-Prince, slightly less than ten percent of Haiti's entire population. In the past Port-au-Prince has fallen victim to earthquakes on numerous occasions.

Haiti is an independent nation located in the western part of Hispaniola, an island in the West Indies it shares with the Dominican Republic. Haiti means "land of mountains," due to the fact that two-thirds of the country is mountainous. Although French serves as Haiti's official language, many *Haïtiens* speak a regional *créole* combining French, Spanish, English and various African languages. *Créole* was initially born out of the practical necessity for communication between masters and their transported slaves from Africa but remains widely spoken today. The country's slave population became the first group of African people in the Americas to win independence, one of the high points in Haiti's history. The country's exports include coffee, sugar, bananas, rice, tobacco and rum. These products can be found in open-air markets throughout Haiti. The poorest country in the Western Hemisphere, Haiti suffers from unemployment ranging up to 50 percent, and of those Haitians who are employed, 70 percent are involved in agriculture.

page xxix, center: In general, *Haïtiens* are either very rich or very poor. Essentially, Haiti has no middle class. The rich live comfortably in modern houses in the city, while the poor live in sprawling neighborhoods filled with small shanties that have no running water. These shantytowns are called *bidonvilles*, a word which comes from *le bidon*, a large can used to repair the roofs of these shanties. The women and girls who live in the *bidonvilles* must go to the wells to get water and to the markets to buy or sell food or wares, carrying their containers or goods on their heads. This burden may even be a heavy pitcher or a large, cumbersome basket. Besides being a poor nation, Haiti is also an illiterate one, with only one in ten *Haïtiens* knowing how to read and write.

The history of Haiti and its people is full of conflict and hard times. In 1791 the 500,000 slaves of Saint-Domingue, the name the French previously gave to Haiti, staged an insurrection. The former slave Pierre-Dominique Toussaint l'Ouverture, their leader, declared Haiti's independence from the French in 1801. Napoleon stifled the independence movement for a time and ordered the capture and imprisonment of Toussaint l'Ouverture, who eventually died in a French prison. The French were finally driven from the country in 1804. The United States controlled Haiti from 1915 to 1930, the nation's economic chaos having prompted political and economic intervention. Dr. François Duvalier became Haiti's president in 1957 and ruled until his death in 1971. Presenting himself as a father figure to the Haitian people, "Papa Doc" was actually a dictator who brought about terrorism, assassinations and economic disaster. Duvalier's son, Jean-Claude, assumed the presidency at the age of 19 upon his father's death. "Baby Doc" ruled Haiti until he was driven into exile by the United States in 1986 due to the injustices begun during his father's regime which he continued to inflict on the citizens of Haiti.

...et au Canada.

page xxx, bottom right: Every winter the city of Quebec, located in Quebec Province in Canada, hosts the *Carnaval d'Hiver de Québec*. The city becomes the "Mardi Gras of the North" during the two weeks preceding Lent, and its population of about 200,000 people almost doubles. This annual festival began in 1894 when the city officials decided to plan a celebration "to enliven the monotony of our dull season." The wide variety of activities includes ice constructions, parades, dances and sporting events. Tobogganists zoom down a 1,400 foot runway ending near the Château Frontenac Hotel, often reaching speeds of 60 miles an hour. Ice canoe racing attracts both professional and amateur participants. Teams of five start the competition by heading up the river's icy shore. To cross the ice floes, the competitors push or carry their canoes. As they approach the water, the person on each team nearest the bow quickly hops in first. Split-second timing is essential, for one false step could plunge a racer into the frigid river. Once in open water, the crews must row or paddle furiously. When they arrive at the next icy obstacle, the racers again prepare to jump out at the critical moment. Continuing to maneuver their canoes in this fashion, the teams finally reach the finish line. For those who prefer calmer activities, ice skating to recorded music is one possible alternative to the fast-paced and somewhat dangerous ice canoe racing.

Le Bonhomme Carnaval is the symbol of the *Carnaval d'Hiver de Québec*. A seven-foot-tall French-speaking snowman who dresses in a red cap and flowing sash, *le Bonhomme* parades through the city until he reaches his palace to mark the start of the celebration. Ruling over the entire Carnival, he orders everyone to enjoy the festivities and even has the power to arrest anyone not showing the proper spirit.

page xxx, left: The *palais de glace* is the home of the *Bonhomme Carnaval* as well as the festival's major ice construction. The palace, built with ice blocks cemented together with water, rises to a height of 60 feet and is a spectacular sight both by day and by night. In addition to the ice palace, other constructions can be found throughout Quebec City, especially on St. Theresa Street, christened "Carnival Street" during the celebration. Here neighbors compete with neighbors and cities compete with cities to see who can build the most impressive ice sculpture.

In addition to the *Carnaval d'Hiver*, Quebec Province, the largest of Canada's ten provinces, offers other diversions as well. At harvest time *les cabanes à sucre*, sugar shanties, are surrounded by festivities. The crop, the sap from maple trees, becomes the center of attention, and the activities include watching the sap turn into a number of different maple products and then tasting them. Cooking the sap produces an increasingly syrupy liquid, which is treated in various ways. Sometimes the syrup is poured on top of snow-filled troughs to be eaten with spatulas. French Canadians sweeten many dishes with maple syrup—baked beans, ham, scrambled eggs and numerous desserts. Visitors may opt for taffy-pulling, another popular diversion at the *cabanes*.

page xxx, top right: The *château Frontenac*, dominating the skyline of *le Vieux Québec*, is an elegant hotel owned and operated by the Canadian Pacific Railway Company. It stands on a historic site, that of the first *château Saint-Louis*, built by Samuel de Champlain between 1620 and 1624. Erected in 1892, the *château Frontenac* may be considered a latecomer to the city, but nonetheless has an old-world charm with its imitation of Gothic castles on the European continent.

Quebec City, situated on a huge rock called *Cap Diamant*, overlooks the St. Lawrence River. One of the oldest cities in North America, it was founded by the French explorer Samuel de Champlain in 1608. The only walled city in North America north of Mexico, Quebec City has two distinct "towns," Upper Town and Lower Town, linked by an elevator which transports pedestrians between the two. Whereas Montreal, another city in Quebec Province, has become an ethnic kaleidoscope, Quebec City has remained solidly French. French-speakers, most of whom speak fluent English as well, constitute more than 95 percent of Quebec City's residents.

page xxxi, bottom: Montreal, called *Montréal* by most of the people who live there, is the largest city in Canada and the second largest French-speaking metropolis in the world. Known as the "American Paris," Montreal has the reputation of being one of the most cosmopolitan cities in North America. Located in the Canadian province of Quebec on a 30-mile-long by nine-mile-wide island, the city occupies about 64 square miles, 30 percent of the island's area. Some 16 bridges link the island to mainland Canada. Even though Montreal lies 1,000 miles from the Atlantic Ocean, it is the second largest seaport in North America after New York and the largest inland seaport in the world, helping to make it the industrial, commercial and transportation hub of Canada.

Since about 1958 the city of Montreal has been caught up in a fast-paced process of modernization whose center is the underground city located in the midtown area. This complex includes numerous *places*, such as the *Place Ville-Marie* and the *Place Bonaventure*, which are connected by underground passages. Its upper and lower levels have a variety of shops, restaurants, theaters, offices, exhibits and hotels. Above ground concrete and glass skyscrapers top the complex. Some of them rise to more than 40 stories and are linked by covered promenades. Crucial to this underground city is the *métro*, a subway system built between 1962 and 1967. Its four lines interconnect the downtown area and serve numerous stations, each designed by a different architect. These stations feature stained glass, murals and ceramic artworks. This midtown area, often compared to New York's Rockefeller Center, makes the commercial and artistic life of the city of Montreal one of the most advanced in the world.

page xxxi, top right: Old Montreal, also known as *le quartier*, is a fairly small district nearly four blocks deep that runs for roughly 14 blocks along the waterfront. This quarter occupies virtually all of the area that made up the city of Montreal at the beginning of the nineteenth century. Although many of the historical sites in the midtown area of Montreal have been destroyed or replaced during the city's quest for modernization, practically all of *le Vieux Montréal* has been preserved. In this neighborhood, a charming combination of an old European city and a bohemian quarter, you can take a nostalgic stroll or carriage ride and be reminded of the city's historic past, a sharp contrast to the rest of its present modernity.

Whereas the city of Montreal may be divided along the lines of old and new, its residents, *les Montréalais*, are divided along the lines of language, religion and ethnic origin. Although the majority of its inhabitants can speak both languages, a sharp division exists between the French-speaking community and the English-speaking one. More than 65 percent of Montrealers have a French origin and speak French, while about 20 percent are of British ancestry and speak English. People of other various ethnic origins make up the remainder of the city's population. For the most part, the great mass of working people and some city officials are French-speaking Canadians, while the economic upper class is composed of mostly old Montreal-bred, English-speaking families. Montrealers tend to live in separate communities according to the language they prefer to speak and often have little social or cultural contact with those who live in communities other than their own. Separation occurs in Montreal's educational system as well. Since Canada does not have a free department of education, each province dictates its own educational policies. Quebec Province has two distinct school systems—one for French-speaking Roman Catholics and one for English-speaking Protestants and other non-Catholics. Montreal's Catholic schools greatly outnumber the Protestant ones. The media is also divided by language: two of Montreal's television stations broadcast in French and two in English. Likewise, two of its major newspapers are written in French, with one written in English. This drastic sociolinguistic separateness combined with the economic differences between the two language groups has led to tension and conflict in Montreal and in the entire province of Quebec.

English and French are Canada's two official languages. However, since 1974 French has been the sole "official" language of Quebec Province. That year's Official Languages Act drastically altered the situation in Montreal, where English has been and often continues to be the primary language in commerce and industry. Many of the large companies based in Montreal had difficulty transforming their business dealings into French. English-speaking Montrealers and immigrant groups angrily protested against the law as well. Oddly enough, in many areas of Montreal, English must still be used if you wish to be fully understood. This reflects the English-speaking minority's continued dominance over Montreal's economic community.

page xxxi, top left: The city of Montreal surrounds and is built on Mount Royal, known in French as *Mont Royal*. As the story goes, the discovery of the mountain dates back to 1535, the year the French explorer Jacques Cartier set foot on the *île de Montréal* and exclaimed "Ah, what a royal mount!" Cartier then claimed the mountain for the king of France. Mount Royal, a rocky and forest-covered volcanic mass, rises to a height of 763 feet at its top two peaks. Mount Royal Park covers the mountain's upper slopes. Full of meadows and wooded areas, the park is the scene of different activities depending on the season, such as horse-drawn carriage rides, concerts and plays held outdoors, skiing and sleigh rides.

Les Montréalais are avid fans of both outdoor and indoor sports. Hockey and baseball enjoy widespread popularity due in part to the success of the city's professional sports teams. Its famous hockey team, the Canadiens, was founded in 1909 and boasts more world championships than any other professional hockey team. Montreal's professional baseball team, the Expos, was the first franchise awarded to a city outside of the United States. The city offers other sports attractions as well, such as two popular racetracks and the ski slopes of Mount Royal. Montrealers and their passion for sports may be part of the reason why Montreal became the first Canadian city to host the Summer Olympics in 1976. Among the buildings constructed for this international event were a sports stadium with seating for more than 70,000 spectators and a sports complex containing six swimming pools.

In addition to the Olympics, Montreal also played host to the 1967 International World Exposition. Not only did Expo 67 serve as a center of universal culture, it also marked the celebration of Canada's one hundredth anniversary as one nation under a federal parliamentary system. Expo 67 covered a 1,000-acre peninsula and several adjacent islands. Part of the exposition, called "Man and His World" (*Terre des Hommes*), became a permanent exhibit. It includes several science and art museums, a marina, an aquarium, numerous restaurants and a midway which continue to attract visitors each summer.

SOURCES FOR INFORMATION

Teachers interested in obtaining realia such as brochures and posters as well as other pedagogical aids may contact the agencies listed below.

Tourist offices

— French Government Tourist Office
  610 Fifth Avenue
  New York, NY 10020
  tel: (212) 757-1125

— French Government Tourist Office
  645 North Michigan Avenue
  Chicago, IL 60611
  tel: (312) 337-6301

— French Government Tourist Office
  4 Burnett North
  San Francisco, CA 94131
  tel: (415) 986-4161

— French Government Tourist Office
  9401 Wilshire Boulevard
  Beverly Hills, CA 90211
  tel: (213) 272-2661

— Canadian General Tourist Division
  1251 Avenue of the Americas
  Sixteenth Floor
  New York, NY 10020
  tel: (212) 586-2400

— Tourisme Québec
  Ministère du Tourisme
  CP 20000
  Québec, Québec G1K 7X2
  tel: (418) 643-5959

— Office de Tourisme de la communauté urbaine de Québec
  60, rue d'Auteuil
  Québec, Québec G1R 4C4
  tel: (418) 692-2471

— Office des congrès et du tourisme du Grand Montréal
  1010 St. Catherine West
  Montréal, Québec
  tel: (514) 871-1129

— Belgian Tourist Office

745 Fifth Avenue, Room 714
New York, NY 10151
tel: (212) 758-8130

— Luxembourg National Tourist Office

801 Second Avenue
New York, NY 10017
tel: (212) 370-9850

— Swiss National Tourist Office

608 Fifth Avenue
New York, NY 10020
tel: (212) 757-5944

— Monaco Government Tourist Office

845 Third Avenue
New York, NY 10022
tel: (212) 759-5227

— Caribbean Tourism Association

20 East 46th Street
New York, NY 10017
tel: (212) 682-0435

— Moroccan National Tourist Office

P.O. Box 22663
Lake Buena Vista, FL 32830
tel: (407) 827-5337

Embassies

— French Embassy

4101 Reservoir Road NW
Washington, DC 20007
tel: (202) 944-6000

— Canadian Embassy

3006 Massachusetts Avenue NW
Washington, DC 20008
tel: (202) 797-0200

Consulates

(Each consulate gives information only for its district.)

— French Consulate

737 North Michigan Avenue
Chicago, IL 60611
tel: (312) 787-5359

— French Consulate

540 Bush Street
San Francisco, CA 94108
tel: (415) 397-4330

— French Consulate

Wilshire Tower
48350 Wilshire Boulevard
Third Floor
Beverly Hills, CA 90211
tel: (213) 653-3120

— Canadian Consulate

630 Fifth Avenue, Suite 2720
New York, NY 10111
tel: (212) 757-3080

Cultural services

— French Cultural Services

972 Fifth Avenue
New York, NY 10021
tel: (212) 439-1400

Audio-visual materials, such as documentary and language teaching films as well as feature-length films, radio and television programs on cassettes, are available through FACSEA (Society for French-American Cultural Services and Educational Aid) at the French Cultural Services in New York.

Call the French Cultural Services for catalogues of traveling exhibits your school may borrow.

Also contact this agency for information on *au pair* positions in France. These are arrangements where young women (and occasionally young men) perform various household duties and care for children in France in exchange for a monthly allowance and the experience of living with a French family.

— Cultural Services of the French Consulate

737 North Michigan Avenue, Suite 2020
Chicago, IL 60611
tel: (312) 664-3525

The above service provides information on France as well as study programs in France.

— French Cultural Service

126 Mount Auburn Street
Cambridge, MA 02138
tel: (617) 354-3464

— French Cultural Service
3305 St. Charles Avenue
New Orleans, LA 70115
tel: (504) 897-6385

— French Cultural Service
1 Biscayne Tower, Suite 1710
PO Box 11-1435
2 South Biscayne Boulevard
Miami, FL 33111
tel: (305) 372-1376

— French Cultural Service
Wortham Tower
2727 Allen Parkway, Suite 951
Houston, TX 77019
tel: (713) 528-2231

Airlines

— Air France
888 Seventh Avenue
New York, NY 10106
tel: (212) 830-4000

— Air Canada
488 Madison Avenue
New York, NY 10033
tel: (212) 869-1900

— Air Afrique
666 Fifth Avenue
New York, NY 10103
tel: (212) 247-0100

— Swissair
608 Fifth Avenue
New York, NY 10020
tel: (718) 481-4500

Commercial sources

— Food and Wines from France, Inc.
24 East 21st Street
New York, NY 10010
tel: (212) 477-9800

— French-American Chamber of Commerce
509 Madison Avenue, Suite 1900
New York, NY 10022
tel: (212) 371-4466

French language newspaper

—Journal Français d'Amérique
1051 Divisadero Street
San Francisco, CA 94115
tel: 1-800-272-0620 or
    (415) 921-5100

French language radio broadcasts

—Radio Canada International
CP 6000, Succursale A
Montréal, Québec H3C 3A8
tel: (514) 597-7825

News, weather and sports broadcasts in French are aired on shortwave frequencies 5960, 9755 and 11955 (kHz).

Pen pals

—American Association of Teachers of French
Bureau de Correspondance Scolaire
57 East Armory Avenue
Champaign, IL 61820
tel: (217) 333-2842

National offices in France

Contact the following three organizations for pedagogical information, teaching materials and arranging visits to French schools.

—Centre régional de Documentation Pédagogique (C.R.D.P.)
37-39, rue Jacob
75270 Paris Cédex 06
tel: 42.60.37.01

—Institut National de la Recherche Pédagogique (I.N.R.P.)
29, rue d'Ulm
75005 Paris
tel: 43.29.21.64

—Centre International d'Études Pédagogiques (C.I.E.P.)
1, avenue Léon Journault
92310 Sèvres
tel: 45.34.75.27

Contact the following organization to purchase posters and slides.

—Documentation Française
29-31 quai Voltaire
75430 Paris Cédex 07
tel: 42.61.50.10

For audio-visual materials from France, contact

—Centre National de Documentation Pédagogique (C.N.D.P.)
29, rue d'Ulm
75005 Paris
tel: 43.29.21.64

The final two offices supply information on teaching French as a foreign language, teaching materials and information about French civilization and daily life. (The second office also has slides and tapes.)

—Bureau pour l'Enseignement de la Langue et de la Civilisation française à l'Étranger (B.E.L.C.)
9, rue Lhomond
75005 Paris
tel: 47.07.42.73

—Centre de Recherche et d'Étude pour la Diffusion du Français (C.R.E.D.I.F.)
11, avenue Pozzo di Borgo
92211 Saint-Cloud
tel: 46.02.63.01

Le français vivant 2

Le français vivant 2

Alfred G. Fralin

Christiane Szeps-Fralin

Consultants

Marsha L. Davis
Greeley Central High School
Greeley, Colorado

Dianne B. Hopen
Humboldt Senior High School
St. Paul, Minnesota

Michael I. Mixson
Neptune High School
Neptune, New Jersey

Krueger G. Normand
Supervisor of Foreign Languages
New Orleans Public Schools
New Orleans, Louisiana

Izolda D. Rosenthal
McLean High School
McLean, Virginia

Editor and Consultant

Sarah Vaillancourt

EMC Publishing, Saint Paul, Minnesota

Acknowledgments

The authors wish to express their gratitude to the many people in French-speaking countries who assisted in the photography used in the textbook. The authors also would like to thank the following professionals who contributed to the creative effort beyond the original manuscript: Chris Wold Dyrud (illustrations), Ned Skubic (layout), Cyril John Schlosser (design) and William Salkowicz (maps at the beginning of the book). Finally, the authors would like to thank their children, Sharyn and Nicolas, for their understanding and patience during the development of this textbook series.

ISBN 0-8219-0604-6

©1991 by EMC Corporation

Published by EMC Publishing
300 York Avenue
St. Paul, Minnesota 55101

Printed in the United States of America
0 9 8 7 6 5 4 3 2 1

Introduction

Rebonjour! Hello again!

Since you have successfully completed *Le français vivant 1*, you have acquired a basic foundation for communicating in French. You have developed skills in listening, speaking, reading and writing as well as cultural understandings. You already know how to ask and answer questions about classroom activities, traveling, vacations and buying food and clothing. You can talk about yourself, your friends, your family and personal experiences. In short, you can make yourself understood and react appropriately in simple social interactions. You have also gained insight into how people live in many of the French-speaking countries. Your cultural understandings include France, the French-speaking world, shopping, meals and holidays.

Le français vivant 2, the second-level textbook, will expand the communicative skills you have already acquired. You will be able to talk about sports, leisure-time activities and health matters as well as to describe people, things and events. You will learn to interact with others about various aspects of life in a big city: asking and giving directions, driving, using various means of public transportation and shopping in a variety of stores. You will increase your cultural insights by learning about Paris and its major attractions and about Parisians. And you will also heighten your awareness of other regions in France as you learn to describe life in the country.

The format of this book is similar to *Le français vivant 1*. The preliminary lesson reviews verbs, structure and vocabulary from the first-level textbook. You will again have the opportunity to interact with your classmates as you apply your knowledge about interesting topics that you might encounter if you travel to a French-speaking environment. As you continue your journey in the francophone world, we wish you all the best. Or, as we say in French, *Bonne continuation!*

Table of Contents

Unité 1
Leçon 1

Leçon 3

Leçon 7

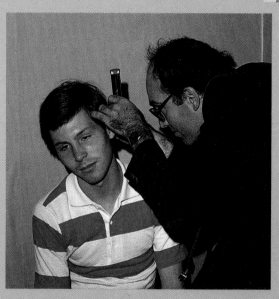

Unité 3
Leçon 9

Leçon 10

Leçon 11

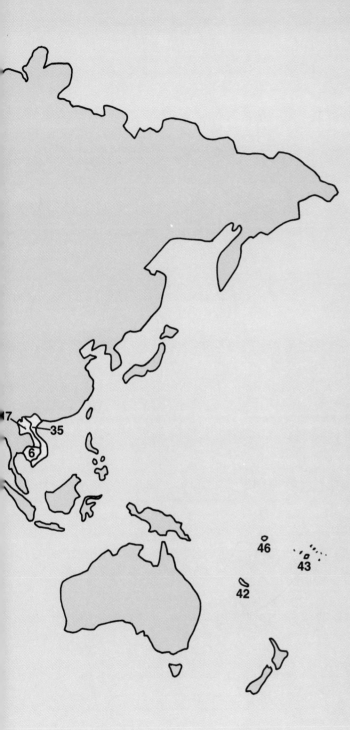

Les pays francophones

It's not only in France that people speak French. In more than 30 countries of the world, there are about 200 million people who speak French either as their mother tongue or as an unofficial second language. These countries are called *les pays francophones* (French-speaking countries). They are very different. There are European countries, of course, like France and Switzerland, and there is Canada, but there are also African countries and tropical islands.

1. l'Algérie
2. la Belgique
3. le Bénin
4. le Burkina-Faso
   (la république du...)
5. le Burundi
   (la république du...)
6. le Cambodge
7. le Cameroun
   (la république du...)
8. Centrafricaine
   (la république...)
9. le Congo
   (la république du...)
10. la Côte-d'Ivoire
11. Djibouti
    (la république de...)
12. la France
13. le Gabon
    (la république du...)
14. la Guinée
15. Haïti
    (la république d'...)
16. l'île Maurice
17. le Laos
18. le Liban
19. la Louisiane, la Nouvelle-Angleterre
20. le Luxembourg
21. Madagascar
    (la république de...)
22. le Mali
    (la république du...)
23. le Maroc
24. la Mauritanie
    (la république de...)
25. Monaco
26. le Niger
27. le Québec
28. le Ruanda
29. le Sénégal
    (la république du...)
30. les Seychelles
31. la Suisse
32. le Tchad
33. le Togo
34. la Tunisie
35. le Viêt-nam
36. le Zaïre
    (la république du...)

La France d'outre-mer

Did you know that the islands of *Martinique* and *Guadeloupe* (more than 6,000 kilometers from Paris) are, in fact, French? They are overseas departments or *départements d'outre-mer (les DOM)*. There are four in all. The others are *la Guyane française* and *la Réunion*.

The inhabitants of these islands have the same rights as the mainland French. They have the same government with the same president and the same system of education, and they often take trips to France.

There are also overseas territories or *territoires d'outre-mer (les TOM)*, which are more independent and have their own system of government.

les départements
37. la Guadeloupe
38. la Guyane française
39. la Martinique
40. la Réunion

les territoires
41. l'île Mayotte
42. la Nouvelle-Calédonie
43. la Polynésie française
44. Saint-Pierre-et-Miquelon
45. les Terres australes et antartiques françaises
46. Wallis-et-Futuna

On parle français
...en Europe

les Alpes à Leysin (Suisse)

le lac de Genève à Montreux (Suisse)

à la campagne (Suisse)

dans la rue à Bruxelles (Belgique)

les Ardennes (Belgique)

le Quai aux Herbes à Gand (Belgique)

le Palais du Prince à Monaco-ville (Monaco)

le casino à Monte-Carlo (Monaco)

le port (Monaco)

...en Afrique

l'entrée de la médina à Fès (Maroc)

une tente berbère (Maroc)

des Marocains (Maroc)

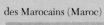

une mosquée (Sénégal)

des musiciens (Sénégal)

un marché aux habits (Sénégal)

la vie rurale (Côte-d'Ivoire)

une danse ethnique (Côte-d'Ivoire)

la ville d'Abidjan (Côte-d'Ivoire)

...aux Antilles

le marché aux fruits à Fort-de-France (Martinique)

la plage à Sainte-Anne (Martinique)

la Grande-Terre (Guadeloupe)

Pointe-à-Pitre (Guadeloupe)

une petite Haïtienne (Haïti)

une rue animée (Haïti)

...et au Canada.

le Château Frontenac (Québec)

le palais de glace (Québec)

le Bonhomme Carnaval (Québec)

l'automne au Mont Royal (Montréal)

une calèche (Montréal)

le "Paris américain" (Montréal)

"Les quatre saisons"

Leçon préliminaire

Communicative Functions

- expressing ownership
- naming items of clothing and their colors
- talking about family relationships
- expressing cardinal and ordinal numbers
- talking about age
- asking prices
- naming days, months, seasons
- talking about the weather

Aujourd'hui c'est l'anniversaire de Luc.

Où parle-t-on français?

Salut. Je m'appelle Luc Cortier, et je suis lycéen. J'habite 86, rue Lamartine à Bordeaux. Bordeaux est une grande ville sur la Garonne dans le sud-ouest de la France. Aujourd'hui c'est mon anniversaire et j'ai maintenant seize ans. Et vous, quel âge avez-vous?

Note culturelle

The river port of Bordeaux is one of France's largest cities. To the east lies the heart of the famous Bordeaux wine-producing region.

The grape harvest begins at the end of September. (Nerigean)

Compréhension

Répondez en français.

Like most of the exercises in *Le français vivant*, this one can be done orally or in writing.

1. Quelle est l'adresse de Luc Cortier?   C'est 86, rue Lamartine à Bordeaux.
2. Où est Bordeaux?   Bordeaux est dans le sud-ouest de la France.
3. Quand est-ce son anniversaire?   Aujourd'hui c'est son anniversaire.
4. Quel âge a Luc?   Il a seize ans.

Bonjour. Je m'appelle Aïsha Abdel. Je suis d'Alger, et je parle aussi français. Maintenant j'habite en France avec ma sœur Nassira parce que j'étudie à l'université. Vous voyez, Nassira est la fille qui porte un pull blanc, et moi, je porte un tee-shirt bleu marine. Et vous, qu'est-ce que vous portez aujourd'hui?

Aïsha et sa sœur Nassira sont d'Alger.

Compréhension

Répondez en français.

1. D'où est Aïsha?
2. Et sa sœur, elle s'appelle comment?
3. Est-ce qu'Aïsha est lycéenne?
4. Qu'est-ce qu'elle porte?

Elle est d'Alger.

Elle s'appelle Nassira.

Non, elle étudie à l'université.

Elle porte un tee-shirt bleu marine.

Aimez-vous les livres?

Salut. Je m'appelle Bernard Caron, et j'ai quinze ans. J'habite 25, rue Jasmin à Paris avec mes parents, ma sœur et mes deux frères. Mon petit frère Xavier et moi aimons les livres. Xavier adore Obélix, mais moi, je préfère Tintin. Et vous, quels livres préférez-vous?

Note culturelle

Obélix and **Tintin** are two of the best-known French comic strip characters. **Astérix** is another one.

Compréhension

Répondez en français.

1. Quelle est l'adresse de Bernard Caron?
2. Avec qui habite-t-il?
3. Qui aime beaucoup les livres d'Obélix?
4. Quels livres préfère Bernard?

C'est 25, rue Jasmin à Paris.

Il habite avec ses parents, sa sœur et ses deux frères.

Xavier aime beaucoup les livres d'Obélix.

Il préfère les livres de Tintin.

The **Panthéon** honors great Frenchmen. (Paris)

Le matin les Lasserre prennent le petit déjeuner ensemble.

Bonjour. Je suis Brigitte Lasserre. J'ai deux fils, Guillaume et Laurent. Je suis professeur d'anglais au Lycée Henri IV. Ce n'est pas loin du Panthéon. Mes élèves sont en première. Guillaume et Laurent vont aussi à Henri IV. Le matin nous prenons toujours le petit déjeuner ensemble. Et vous, avec qui est-ce que vous prenez le petit déjeuner?

Note culturelle

The **Panthéon**, one of Paris's most impressive buildings, imitates the style of the Pantheon in Rome. Originally a church, the **Panthéon** now is a monument to famous and admirable French politicians, thinkers and writers. Voltaire, Rousseau and Hugo, for example, are buried here.

Compréhension

Répondez en français.

1. Combien d'enfants a Brigitte Lasserre? — Elle a deux fils.
2. Où travaille-t-elle? — Elle travaille au Lycée Henri IV.
3. En quelle année sont ses élèves? — Ils sont en première.
4. Qu'est-ce que Brigitte et ses fils prennent ensemble? — Ils prennent toujours le petit déjeuner ensemble.

Bonjour. Je m'appelle Véronique Deschanel. Je suis secrétaire. Je suis française et j'habite à Annecy, une belle ville dans les Alpes. J'adore faire du ski. C'est mon sport préféré. Et vous, quel est votre sport préféré?

Compréhension

Répondez en français.

1. Quel est le métier de Mlle Deschanel? — Elle est secrétaire.
2. Où habite-t-elle? — Elle habite à Annecy.
3. Où est Annecy? — Annecy est dans les Alpes.
4. Quel est son sport préféré? — C'est le ski.

Voulez-vous faire du ski en France? (Cauterets)

Quand il fait beau, Michel aime travailler dehors. (Paris)

Bonjour. Je m'appelle Michel Dramé. Je suis sénégalais. Je suis de Dakar, mais j'habite à Paris. Je suis ingénieur. J'ai de la chance parce que je travaille beaucoup dehors, surtout au printemps et en été. En hiver je vais en vacances au Sénégal pour voir ma famille. Et vous, où allez-vous en vacances?

Compréhension

Répondez en français.

1. Est-ce que Michel Dramé est africain? — Oui, il est africain. Il est sénégalais.
2. Qu'est-ce qu'il fait? — Il est ingénieur.
3. Pourquoi a-t-il de la chance? — Parce qu'il travaille beaucoup dehors.
4. Quand travaille-t-il dehors? — Il travaille dehors surtout au printemps et en été.
5. Va-t-il au Sénégal en automne? — Non, il va au Sénégal en hiver.

Salut. Je suis Louis Sarde, et j'habite à Liège, une ville importante dans l'est de la Belgique. J'ai dix-sept ans, et je suis au lycée. Je réussis très bien en maths, alors je voudrais être informaticien. Quelquefois, le dimanche quand il fait beau, je fais un tour en vélo avec mes parents. Et vous, qu'est-ce que vous faites avec vos parents?

Au lycée Louis étudie l'informatique.

Compréhension

Répondez en français.

1. Liège est un fleuve important, n'est-ce pas?
2. Est-ce que Louis Sarde est français?
3. Qu'est-ce qu'il voudrait être?
4. Quand fait-il un tour en vélo avec ses parents?

1. Non, c'est une ville importante.
2. Non, il est belge.
3. Il voudrait être informaticien.
4. Il fait un tour en vélo avec ses parents quelquefois le dimanche quand il fait beau.

La boulangère vend du pain frais et chaud.

Names of French provinces will not appear as vocabulary words.

Bonjour. Je suis Claudine Montéran, et je suis française. J'habite à Étretat, un très joli petit village en Normandie dans le nord-ouest de la France. Je travaille dans une boulangerie où le pain est toujours frais. Nous avons aussi de beaux gâteaux. Le matin je dois aller au travail à six heures et demie. Et vous, à quelle heure allez-vous à l'école?

Compréhension

Répondez en français.

1. Où est Étretat?
2. Est-ce que c'est une grande ville?
3. Qu'est-ce qu'on peut acheter à la boulangerie?
4. À quelle heure Claudine doit-elle aller au travail?

À propos

1. Où habitez-vous?
2. Est-ce que c'est dans le nord, le sud, l'est ou l'ouest du pays?
3. Quel temps fait-il aujourd'hui?
4. Quelle saison préférez-vous?
5. Quelle est la date aujourd'hui?
6. Quelles langues parlez-vous?
7. Réussissez-vous bien en français?
8. Combien de frères et de sœurs avez-vous?
9. Quel âge ont-ils? Et vous, quel âge avez-vous?
10. Qu'est-ce que vous devez faire le soir?

1. Étretat est en Normandie dans le nord-ouest de la France.
2. Non, c'est un joli petit village.
3. On peut acheter du pain et des gâteaux à la boulangerie.
4. Elle doit aller au travail à six heures et demie.

The answers to the **À propos** section vary and do not appear here.

Préférez-vous le climat de la Belgique ou de la Guadeloupe?

Activités

As in *Le français vivant 1*, instructions to **Activités** are given in French. Any new words are translated only the first time they appear. In the second-year book, cognates will not be translated in the instructions.

1. Corrigez les fautes d'après le texte **Où parle-t-on français?**

1. Bordeaux est dans le nord-est de la France.
2. Aïsha Abdel habite à Alger avec son frère.
3. Bernard Caron aime beaucoup les livres de géographie.
4. Le Panthéon est à Étretat.
5. Annecy est un petit village en Normandie.
6. Michel Dramé est ouvrier.
7. Liège est au Canada.
8. Louis Sarde et ses parents font un tour en vélo quand il fait mauvais.

1. Bordeaux est dans le sud-ouest de la France.
2. Aïsha Abdel habite en France avec sa sœur.
3. Bernard Caron aime beaucoup les livres de Tintin.
4. Le Panthéon est à Paris.
5. Annecy est une ville dans les Alpes.
6. Michel Dramé est ingénieur.
7. Liège est en Belgique.
8. Ils font un tour en vélo quand il fait beau.

Il porte un drapeau.

Unlike the Preliminary Lesson in the first-level book, this lesson is optional. Teachers may pick and choose which sections of the lesson will benefit their students. During the first several weeks of French II, most teachers welcome a systematic review of structure before presenting new material. This lesson briefly reviews regular and irregular verbs from *Le français vivant 1* and the main structural points and vocabulary from its last unit.

Structure et usage

des verbes réguliers en *-er*

One group of regular French verbs has infinitives ending in **-er**. To form the present tense of a regular **-er** verb, find the stem of the verb by removing the **-er** ending from its infinitive. Then add the endings **-e**, **-es**, **-e**, **-ons**, **-ez** and **-ent** to the stem. Here is the present tense of **porter**.

porter		
je **porte**	Je **porte** une chemise.	I'm wearing a shirt.
tu **portes**	Qu'est-ce que tu **portes**?	What do you wear?
il/elle/on **porte**	**Porte**-t-elle un drapeau?	Is she carrying a flag?
nous **portons**	Nous ne **portons** pas de chaussettes.	We don't wear socks.
vous **portez**	Vous **portez** une cravate?	Do you wear a necktie?
ils/elles **portent**	Ils **portent** un costume.	They wear a suit.

Have students repeat after you the sentences in the chart. Then you may do some exercises from affirmative to negative and declarative to interrogative.

There are many other regular **-er** verbs. Here are some of them.

aider	to help	**écouter**	to listen (to)
aimer	to like, to love	**étudier**	to study
arriver	to arrive	**habiter**	to live
chercher	to look for	**montrer**	to show
compter	to count	**oublier**	to forget
coûter	to cost	**parler**	to speak, to talk
déjeuner	to eat lunch	**passer**	to spend (time); to pass by
demander	to ask (for)	**regarder**	to look (at), to watch
dîner	to eat dinner (supper)	**rentrer**	to come home, to return
donner	to give	**travailler**	to work

ATTENTION: **Aller** is the only **-er** verb that has an irregular stem and endings. (You can find the forms of **aller** and other irregular verbs in the Grammar Summary at the end of this book.)

2. Corinne veut savoir qui fait ou qui aime faire certaines choses. Répondez-lui en employant les sujets entre parenthèses.

Review all forms of **aller**. You may also do some subject substitution exercises. Remind students that each verb form in French has more than one meaning: **il va** (*he goes, he does go, he's going*).

MODÈLE: Qui écoute cette cassette? (je)
J'écoute cette cassette.

Words previously introduced as passive vocabulary will not be translated in the instructions.

1. Qui demande de l'argent? (tu)   Tu demandes de l'argent.
2. Qui travaille trop? (nous)   Nous travaillons trop.
3. Qui aime danser? (Jean-Luc)   Jean-Luc aime danser.
4. Qui regarde souvent la télé? (Anne et toi)   Anne et toi, vous regardez souvent la télé.
5. Qui étudie le week-end? (Marc et Michel)   Marc et Michel étudient le week-end.
6. Qui porte cette boîte? (l'employée)   L'employée porte cette boîte.
7. Qui arrive ce soir? (les copines)   Les copines arrivent ce soir.
8. Qui montre les habits aux clients? (je)   Je montre les habits aux clients.

Guy cherche un tee-shirt en solde.

3. Demandez si ces personnes font les choses suivantes. Posez des questions en employant l'inversion si possible.

> MODÈLE: tu / parler espagnol
> **Parles-tu espagnol?**

1. vous / aider vos amis — Aidez-vous vos amis?
2. nous / donner un cadeau à Julien — Donnons-nous un cadeau à Julien?
3. tu / déjeuner à midi — Déjeunes-tu à midi?
4. Mireille / porter une jupe — Mireille porte-t-elle une jupe?
5. Sabine et Sophie / habiter à Cannes — Sabine et Sophie habitent-elles à Cannes?
6. Arnaud et Charles / oublier tout — Arnaud et Charles oublient-ils tout?
7. Philippe / chercher ses skis — Philippe cherche-t-il ses skis?
8. je / dîner chez vous — Est-ce que je dîne chez vous?

4. Les employés de Nouvelles Frontières, où vous travaillez, voyagent beaucoup. Dites (*tell*) à votre assistant Jean-Louis où ils vont. Employez le verbe **aller.**

> MODÈLE: Marie-France / à Rouen
> **Marie-France va à Rouen.**

1. nous / en Amérique du Sud — Nous allons en Amérique du Sud.
2. Bruno et toi / au Brésil — Bruno et toi, vous allez au Brésil.
3. tu / à Montréal — Tu vas à Montréal.
4. Chantal / à Paris — Chantal va à Paris.
5. je / au Mexique — Je vais au Mexique.
6. mes amis / en Suisse — Mes amis vont en Suisse.
7. Jacqueline et Pierre / en Italie — Jacqueline et Pierre vont en Italie.
8. Paul / aux États-Unis — Paul va aux États-Unis.

Ils vont en Suisse. (Lucerne)

L'artiste ne va pas à Marseille parce qu'il travaille à Paris. (Montmartre)

5. Jean-Louis oublie les pays et les villes où vont ces personnes. Corrigez ses fautes.

MODÈLE: Marie-France va à Bordeaux? (Rouen)
Non, elle ne va pas à Bordeaux. Elle va à Rouen.

1. Toi et moi, nous allons en Amérique du Nord? (Amérique du Sud)
2. Bruno et moi, nous allons au Mexique? (Brésil)
3. Alors, moi, je vais à Ottawa? (Montréal)
4. L'artiste va à Marseille? (Paris)
5. Et toi, tu vas au Canada? (Portugal)
6. Tes amis vont en Belgique? (Suisse)
7. Jacqueline et Pierre vont en Allemagne? (Italie)
8. Paulette va au Maroc? (États-Unis)

1. Non, nous n'allons pas en Amérique du Nord. Nous allons en Amérique du Sud.
2. Non, vous n'allez pas au Mexique. Vous allez au Brésil.
3. Non, tu ne vas pas à Ottawa. Tu vas à Montréal.
4. Non, il ne va pas à Marseille. Il va à Paris.
5. Non, je ne vais pas au Canada. Je vais au Portugal.
6. Non, ils ne vont pas en Belgique. Ils vont en Suisse.
7. Non, ils ne vont pas en Allemagne. Ils vont en Italie.
8. Non, elle ne va pas au Maroc. Elle va aux États-Unis.

d'autres verbes en *-er*

Some **-er** verbs have spelling irregularities in the present tense.

* Verbs ending in **-cer** add a cedilla to the **c** before the ending **-ons**.

    Nous commençons la leçon.   *We're beginning the lesson.*

* Verbs ending in **-ger** add an **e** before the ending **-ons**.

    Nous voyageons ensemble.   *We're traveling together.*

* Verbs ending in **-e-er** and **-é-er** change the final **e** or **é** of the stem to **è** before the silent endings **-e**, **-es**, **-e** and **-ent**.

    —Achetez cette robe-ci.   *Buy this dress.*
    —Non, j'achète cette robe-là.   *No, I'm buying that dress.*
    —Préférez-vous le pull marron?   *Do you prefer the brown sweater?*
    —Non, je préfère le pull gris.   *No, I prefer the gray sweater.*

* The verb **appeler** doubles the final consonant of the stem before a silent ending.

    Lionel appelle la serveuse.   *Lionel calls the waitress.*

1. Oui, nous achetons les billets aujourd'hui.
2. Non, nous ne mangeons pas avant.
3. Non, nous n'emmenons pas d'amis avec nous.
4. Oui, nous appelons Maman.
5. Oui, nous préférons manger dans le train.
6. Non, nous ne commençons pas de régime demain.

6. Vous invitez votre sœur à faire une excursion. Répondez à ses questions en employant la forme **nous** à l'affirmatif ou au négatif. Soyez logique.

MODÈLE: Est-ce qu'on voyage en train?
Oui, nous voyageons en train.

Answers to this and the next **Activité** will vary. The ones given are models.

1. Est-ce qu'on achète les billets aujourd'hui?
2. Est-ce qu'on mange avant?
3. Est-ce qu'on emmène des amis avec nous?
4. Est-ce qu'on appelle Maman?
5. Est-ce qu'on préfère manger dans le train?
6. Est-ce qu'on commence un régime demain?

7. Votre patron (*boss*) veut savoir vos plans pour l'excursion. Répondez à ses questions en employant la forme **je** à l'affirmatif ou au négatif. Soyez logique.

MODÈLE: Voyagez-vous en train?
Oui, je voyage en train.

1. Achetez-vous votre billet aujourd'hui?   Oui, j'achète mon billet aujourd'hui.
2. Mangez-vous avant?   Non, je ne mange pas avant.
3. Emmenez-vous des amis avec vous?   Non, je n'emmène pas d'amis avec moi.
4. Appelez-vous Maman?   Oui, j'appelle Maman.
5. Préférez-vous manger dans le train?   Oui, je préfère manger dans le train.
6. Commencez-vous un régime demain?   Non, je ne commence pas de régime demain.

des verbes réguliers en *-ir*

Another group of regular verbs has infinitives ending in **-ir**. To form the present tense of a regular **-ir** verb, find the stem by removing the **-ir** ending from its infinitive. Then add the endings **-is**, **-is**, **-it**, **-issons**, **-issez** and **-issent** to the stem. Here is the present tense of **finir**.

finir		
je **finis**	Je **finis** avant midi.	I finish before noon.
tu **finis**	**Finis**-tu le travail?	Do you finish the work?
il/elle/on **finit**	Elle **finit** à l'heure.	She finishes on time.
nous **finissons**	Nous **finissons** le gâteau.	We do finish the cake.
vous **finissez**	Vous ne **finissez** pas?	You aren't finishing?
ils/elles **finissent**	Ils **finissent** leur repas.	They're finishing their meal.

ATTENTION: **Choisir** (*to choose*), **grossir** (*to gain weight*), **maigrir** (*to lose weight*) and **réussir** (*to succeed, to pass*) are other regular **-ir** verbs.

Ils finissent le travail à l'heure. (Ossès)

8. La semaine prochaine il faut rendre les projets du cours de science. Dites à Marie-Madeleine et aux autres élèves quand ils finissent les projets.

> MODÈLE: Christian / lundi
> **Christian finit lundi.**

1. je / mercredi   Je finis mercredi.
2. Michèle et Sophie / samedi   Michèle et Sophie finissent samedi.
3. tu / dimanche   Tu finis dimanche.
4. Christiane / mardi   Christiane finit mardi.
5. Robert et Hervé / jeudi   Robert et Hervé finissent jeudi.
6. toi et moi / lundi   Toi et moi, nous finissons lundi.
7. vous autres / vendredi   Vous autres, vous finissez vendredi.

9. Vous voyez les notes des élèves en histoire. Dites à Marc et aux autres qui réussit et qui ne réussit pas. En-dessous de (*below*) 10, on ne réussit pas.

> MODÈLE: Vincent / 6
> **Vincent a six. Il ne réussit pas.**

1. moi / 15   Moi, j'ai quinze. Je réussis.
2. tu / 13   Tu as treize. Tu réussis.
3. nous / 15 et 13   Nous avons quinze et treize. Nous réussissons.
4. Jeanne / 8   Jeanne a huit. Elle ne réussit pas.
5. Philippe et Valérie / 14 et 16   Philippe et Valérie ont quatorze et seize. Ils réussissent.
6. vous autres / 7 et 9   Vous autres, vous avez sept et neuf. Vous ne réussissez pas.
7. Christophe / 5   Christophe a cinq. Il ne réussit pas.
8. Danièle et Corinne / 11 et 12   Danièle et Corinne ont onze et douze. Elles réussissent.

10. Marie-Laure veut savoir si les personnes suivantes grossissent ou maigrissent en mangeant (*eating*) cinq des choses illustrées (*pictured*). Donnez votre opinion. Soyez logique.

MODÈLE: je

Je maigris si je mange cinq cerises.

1. tu

Tu maigris si tu manges cinq raisins.

2. Annie et toi

Annie et toi, vous grossissez si vous mangez cinq hamburgers.

3. Jacques

Jacques maigrit s'il mange cinq petits pois.

4. nous

Nous grossissons si nous mangeons cinq tartes.

5. nos parents

Nos parents maigrissent s'ils mangent cinq carottes.

6. je

Je maigris si je mange cinq fraises.

7. Catherine et Blanche

Catherine et Blanche grossissent si elles mangent cinq gâteaux.

8. ma sœur

Ma sœur grossit si elle mange cinq mousses au chocolat.

11. Caroline et vous faites des courses avec des amies. Demandez quel article les personnes suivantes choisissent d'après les images. Posez les questions en employant l'inversion si possible.

MODÈLE: Marie-Laure

Choisit-elle la robe rouge ou la robe bleue?

1. tu

Choisis-tu le chemisier bleu ou le chemisier jaune?

2. Élodie et Corinne

Choisissent-elles les tennis orange ou les tennis roses?

3. nous

Choisissons-nous le tee-shirt violet ou le tee-shirt vert?

4. François

Choisit-il les chaussures noires ou les chaussures marron?

5. Pauline et toi

Choisissez-vous les pommes rouges ou les pommes vertes?

6. Thierry et Jean-Luc

Choisissent-ils les cahiers beiges ou les cahiers gris?

7. je

Est-ce que je choisis la veste blanche ou la veste bleu marine?

8. Joëlle

Choisit-elle le pantalon noir ou le pantalon blanc?

des verbes réguliers en *-re*

One more group of regular verbs has infinitives ending in **-re**. To form the present tense of a regular **-re** verb, find the stem by removing the **-re** ending from its infinitive. Then add the endings **-s**, **-s**, **-**, **-ons**, **-ez** and **-ent** to the stem. Here is the present tense of **attendre**.

attendre		
j' **attends**	J'**attends** le bus.	I'm waiting for the bus.
tu **attends**	Tu n'**attends** pas?	You aren't waiting?
il/elle/on **attend**	**Attend**-il dehors?	Does he wait outside?
nous **attendons**	Nous **attendons** ici.	We wait here.
vous **attendez**	Qui **attendez**-vous?	Whom are you waiting for?
ils/elles **attendent**	Ils **attendent** Jean.	They wait for Jean.

Have students repeat after you the sentences in the chart. Then you may do some exercises from declarative to interrogative.

ATTENTION: **Descendre** (*to go down, to descend*), **perdre** (*to lose, to waste*), **rendre** (*to give back, to return*) and **répondre** (*to answer*) are other regular **-re** verbs.

12. Dites ce que (*what*) les personnes suivantes rendent.

Before beginning this **Activité**, you might review clothing vocabulary with your students.

MODÈLE: l'employée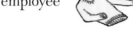

L'employée rend un pull.

1. je

Je rends des chaussures.

2. nous

Nous rendons des chaussettes.

3. papa

Papa rend une cravate.

4. tu

Tu rends une tenue de ski.

5. vous

Vous rendez un short.

6. ces dames

Ces dames rendent des chapeaux.

7. Virginie

Virginie rend un manteau.

8. les copains

Les copains rendent des jeans.

13. Demandez comment les personnes suivantes répondent en classe.

> MODÈLE: Thierry
> **Comment répond-il en classe?**

1. Georges et Catherine   *Comment répondent-ils en classe?*
2. tu   *Comment réponds-tu en classe?*
3. vous   *Comment répondez-vous en classe?*
4. je   *Comment est-ce que je réponds en classe?*
5. Danièle   *Comment répond-elle en classe?*
6. Denise et Mireille   *Comment répondent-elles en classe?*
7. nous   *Comment répondons-nous en classe?*
8. Éric   *Comment répond-il en classe?*

On va faire mon portrait?

des verbes irréguliers

Verbs whose forms do not follow a predictable pattern in the present tense are called irregular verbs. Here are some of the irregular verbs that you have already learned.

aller	to go
apprendre	to learn, to teach
avoir	to have
boire	to drink
comprendre	to understand
croire	to believe, to think
devoir	must, to have to, to owe
être	to be
faire	to do, to make
falloir	to be necessary, must, to have to
mettre	to put, to put on, to set, to turn on
pouvoir	to be able, can, may
prendre	to take, to have (referring to food or drink)
voir	to see
vouloir	to want

(To review all the present tense forms of these verbs, see the Grammar Summary at the end of this book.)

Qu'est-ce que ce monsieur
belge doit faire?

 14. Vos amis et vous devez faire des choses différentes aujourd'hui. Demandez à Catherine ce que vous devez faire.

MODÈLE: tu
Qu'est-ce que tu dois faire aujourd'hui?

1. Victor et Yves   Qu'est-ce qu'ils doivent faire aujourd'hui?
2. Carole   Qu'est-ce qu'elle doit faire aujourd'hui?
3. Mathieu et toi   Qu'est-ce que vous devez faire aujourd'hui?
4. je   Qu'est-ce que je dois faire aujourd'hui?
5. Denise et moi   Qu'est-ce que nous devons faire aujourd'hui?
6. Nicole et Marie   Qu'est-ce qu'elles doivent faire aujourd'hui?
7. Laurent   Qu'est-ce qu'il doit faire aujourd'hui?

 15. Voilà les réponses (*answers*) de Catherine de l'**Activité 14**. Dites-lui que les personnes en question ne veulent pas faire ce qu'elles doivent faire.

1. Mais ils ne veulent pas rester à la maison.
2. Mais elle ne veut pas dîner avec ses parents.
3. Mais vous ne voulez pas faire de gâteau.
4. Mais je ne veux pas finir le travail.
5. Mais nous ne voulons pas attendre.
6. Mais elles ne veulent pas aller à la gare.
7. Mais il ne veut pas acheter de cadeau.

MODÈLE: Je dois mettre la table.
Mais tu ne veux pas mettre la table.

1. Victor et Yves doivent rester à la maison.
2. Carole doit dîner avec ses parents.
3. Mathieu et moi, nous devons faire un gâteau.
4. Tu dois finir le travail.
5. Denise et toi, vous devez attendre.
6. Nicole et Marie doivent aller à la gare.
7. Laurent doit acheter un cadeau.

16. Catherine demande si les personnes de l'**Activité 15** font ce qu'elles doivent faire. Dites-lui qu'elles ne peuvent pas faire ces choses.

> MODÈLE: Est-ce que je mets la table?
> **Non, tu ne peux pas mettre la table.**

1. Victor et Yves restent-ils à la maison?   Non, ils ne peuvent pas rester à la maison.
2. Carole dîne-t-elle avec ses parents?   Non, elle ne peut pas dîner avec ses parents.
3. Mathieu et moi, faisons-nous un gâteau?   Non, vous ne pouvez pas faire de gâteau.
4. Finis-tu le travail?   Non, je ne peux pas finir le travail.
5. Denise et toi, attendez-vous?   Non, nous ne pouvons pas attendre.
6. Nicole et Marie vont-elles à la gare?   Non, elles ne peuvent pas aller à la gare.
7. Laurent achète-t-il un cadeau?   Non, il ne peut pas acheter de cadeau.

17. Arnaud veut savoir qui voit les personnes suivantes aujourd'hui parce qu'il veut leur (*to them*) donner un message. Dites-lui (*to him*) ce qu'il veut savoir.

> MODÈLE: je / Henri
> **Je vois Henri.**

1. Sophie et Isabelle / Bernard   Sophie et Isabelle voient Bernard.
2. Marie-Christine / Michel   Marie-Christine voit Michel.
3. Paul et moi / Jean-Luc   Paul et moi, nous voyons Jean-Luc.
4. tu / Colette   Tu vois Colette.
5. Carole et toi / Christian   Carole et toi, vous voyez Christian.
6. Roger et Brigitte / Danièle   Roger et Brigitte voient Danièle.
7. Nicolas / Lucie   Nicolas voit Lucie.

Qui voit-elle?

18. Arnaud ne sait pas si les personnes en question sont à l'école aujourd'hui. Dites-lui qui croit qu'elles sont là.

> MODÈLE: Est-ce qu'Henri est à l'école? (je)
> **Je crois que oui.**

1. Est-ce que Bernard est à l'école? (Laure)   Laure croit que oui.
2. Est-ce que Michel est à l'école? (Mireille et toi, vous)   Mireille et toi, vous croyez que oui.
3. Est-ce que Jean-Luc est à l'école? (Paul et moi, nous)   Paul et moi, nous croyons que oui.
4. Est-ce que Colette est à l'école? (le prof)   Le prof croit que oui.
5. Est-ce que Christian est à l'école? (mes amis)   Mes amis croient que oui.
6. Est-ce que Danièle est à l'école? (tu)   Tu crois que oui.
7. Est-ce que Lucie est à l'école? (ses copines)   Ses copines croient que oui.

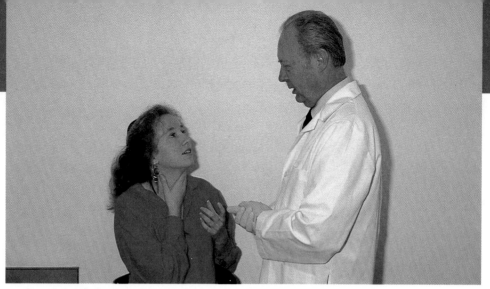

Roselyne a très mal à la gorge.

Before beginning this
Activité, you might
review parts of the body
with your students.

19. Quelques personnes sont chez le médecin aujourd'hui parce qu'elles ne vont pas bien. Dites où elles sont et où elles ont mal.

> MODÈLE: Jean-Pierre / au dos
> **Il est chez le médecin parce qu'il a mal au dos.**

1. nous / aux yeux   Nous sommes chez le médecin parce que nous avons mal aux yeux.
2. je / à la tête   Je suis chez le médecin parce que j'ai mal à la tête.
3. vous / aux jambes   Vous êtes chez le médecin parce que vous avez mal aux jambes.
4. les filles / à la gorge   Elles sont chez le médecin parce qu'elles ont mal à la gorge.
5. tu / aux pieds   Tu es chez le médecin parce que tu as mal aux pieds.
6. maman / à la main   Elle est chez le médecin parce qu'elle a mal à la main.
7. les Dupré / au ventre   Ils sont chez le médecin parce qu'ils ont mal au ventre.

20. À la station de ski on met des habits chauds parce qu'on va prendre le petit déjeuner sur la terrasse. Dites qui le (*it*) fait.

> MODÈLE: je
> **Je mets des habits chauds parce que je prends le petit déjeuner sur la terrasse.**

1. tu   1. Tu mets des habits chauds parce que tu prends le petit déjeuner sur la terrasse.
2. les copains   2. Ils mettent des habits chauds parce qu'ils prennent le petit déjeuner sur la terrasse.
3. Marc   3. Il met des habits chauds parce qu'il prend le petit déjeuner sur la terrasse.
4. nous   4. Nous mettons des habits chauds parce que nous prenons le petit déjeuner sur la terrasse.
5. Suzanne et Adèle   5. Elles mettent des habits chauds parce qu'elles prennent le petit déjeuner sur la terrasse.
6. vous   6. Vous mettez des habits chauds parce que vous prenez le petit déjeuner sur la terrasse.
7. ma sœur   7. Elle met des habits chauds parce qu'elle prend le petit déjeuner sur la terrasse.

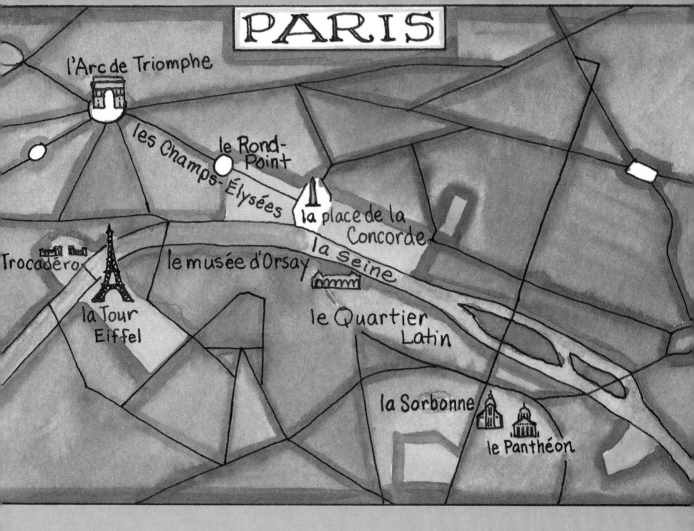

Lecture
Paris la nuit

Moi, j'aime Paris surtout la nuit. Regardez la Tour Eiffel, cette grande dame, vieille de cent ans. Elle est vraiment chic, vous ne croyez pas?

Et le Panthéon, pas loin de la Sorbonne[1] dans le Quartier latin, a l'air d'un grand monsieur. Quel beau monument!

Et maintenant, regardez la place de la Concorde. La nuit on peut bien voir sa jolie robe blanche.

L'Arc de Triomphe, l'avenue des Champs-Élysées et leur Rond-Point[2] ont aussi un air de fête.

This **Lecture** offers an introductory glimpse of some of the Parisian highlights. Many of the monuments shown here will be more thoroughly described in the following lessons.

As in the first-year book, cognates appearing in the **Lectures** are not glossed but are passive vocabulary words and appear in the End Vocabulary. These words may appear in the comprehension section following a **Lecture**.

Le Panthéon

La Tour Eiffel

La Sorbonne

La place de la Concorde

L'Arc de Triomphe

Un café parisien

Le musée d'Orsay

Le Trocadéro

Les cafés et les cinémas sont beaux aussi. Ils attendent leurs clients.

Maintenant, regardez cette vieille gare sur la Seine. C'est le nouveau musée° d'Orsay.³ Il est grand, n'est-ce pas?   museum

Mais il ne faut pas oublier le Trocadéro⁴ en face de la Tour Eiffel. Ce soir il fête la nuit avec l'eau et les couleurs du drapeau français.

Alors, vous aussi, vous aimez Paris la nuit?

Notes culturelles

1. The **Sorbonne** is the oldest French university.
2. Between the **Arc de Triomphe** at one end of the **Champs-Élysées** and the **place de la Concorde** at the other end lies the large **Rond-Point** intersection.
3. The **musée d'Orsay** used to be the Orsay Train Station before its recent transformation into an Impressionist art museum in 1986. It contains the paintings that used to be in the **musée du Jeu de Paume.**
4. The **Trocadéro**, also known as the **Palais de Chaillot**, contains museums and a theater. On the outside are spectacular fountains.

Répondez en français par des phrases complètes.

1. Quelle est la grande dame de Paris?
2. Où est le Panthéon?
3. De quelle couleur est la robe de la place de la Concorde?
4. Qui a aussi un air de fête?
5. Qui attend ses clients?
6. Où est le nouveau musée d'Orsay?
7. Où est le Trocadéro?
8. Quel monument de Paris préférez-vous?

The answer to this question will vary and does not appear here.

Structure et usage (suite)

les adjectifs possessifs

Possessive adjectives show ownership, possession or relationship and precede the nouns they describe. Here are the possessive adjectives.

		Singular		Plural
	Masculine	**Feminine Before a Consonant Sound**	**Feminine Before a Vowel Sound**	
my	**mon**	**ma**	**mon**	**mes**
your	**ton**	**ta**	**ton**	**tes**
his, her, one's, its	**son**	**sa**	**son**	**ses**
	frère	sœur	amie	parents
our	**notre**	**notre**	**notre**	**nos**
your	**votre**	**votre**	**votre**	**vos**
their	**leur**	**leur**	**leur**	**leurs**

ATTENTION: 1. The possessive adjective agrees in gender and number with the noun it describes, not with the owner.

—Où habite la tante d'Éric? *Where does Éric's aunt live?*

—**Sa** tante habite à Deauville. *His aunt lives in Deauville.*

2. **Son**, **sa** and **ses** may mean either "his," "her," "its" or "one's," depending on the gender of the owner.

Voilà Jeanne et **ses** frères. *There are Jeanne and her brothers.*

On étudie Paris et **son** histoire. *We're studying Paris and its history.*

21. Marianne veut savoir la couleur des habits des personnes suivantes. Répondez-lui, selon le cas.

MODÈLE: De quelle couleur est le costume du prof?
Son costume est beige.

1. De quelle couleur est la cravate du prof? Sa cravate est rouge.

2. De quelle couleur est mon chapeau? Ton chapeau est orange.

3. De quelle couleur sont les tennis d'Aurélie et de Marie-Ange? Leurs tennis sont blanches.

4. De quelle couleur sont tes pulls? Mes pulls sont jaunes.

5. De quelle couleur est le chemisier d'Éliane? Son chemisier est rose.

6. De quelle couleur sont les chaussures de Victor? Ses chaussures sont marron.

7. Caroline et moi, nous portons des chaussettes. De quelle couleur sont nos chaussettes? Vos chaussettes sont violettes.

8. Vincent et toi, vous portez une veste. De quelle couleur est votre veste? Notre veste est bleue.

De quelle couleur est la cravate de Paul?

le père, Jacques Perrin
la sœur, Hélène
le grand-père, M. Roud
la grand-mère, Mme Roud
Christian
la tante, Claire Géraud, sœur de Nathalie Perrin
la mère, Nathalie Perrin
l'oncle, Christophe Géraud
la cousine, Delphine
le cousin, Bruno

22. Voici la table pour le dîner d'anniversaire de Christian Perrin. Christian est déjà à table. Dites qui il attend d'après les images.

MODÈLE: **Il attend sa mère.**

1.

Il attend sa tante.

2.

Il attend ses grands-parents.

3.

Il attend son cousin.

4.

Il attend sa sœur.

5.

Il attend son oncle.

6.

Il attend son père.

7.

Il attend sa cousine.

 23. Comment les personnes suivantes sont-elles apparentées (*related*) à Christian?

MODÈLE: Jacques Perrin
C'est son père.

Le grand-père de Joëlle est inspecteur. (Nerigean)

1. M. Roud — C'est son grand-père.
2. Hélène — C'est sa sœur.
3. Bruno et Delphine — Ce sont ses cousins.
4. Claire Géraud — C'est sa tante.
5. Nathalie Perrin — C'est sa mère.
6. Mme Roud — C'est sa grand-mère.
7. Christophe Géraud — C'est son oncle.

24. Répondez aux questions suivantes.

> MODÈLE: Qui est la mère de Christian?
> **Sa mère est Nathalie.**

1. Qui sont les petits-enfants des Roud? — Leurs petits-enfants sont Hélène, Christian, Bruno et Delphine.
2. Qui sont les cousins de Christian? — Ses cousins sont Bruno et Delphine.
3. Qui est le fils de Jacques? — Son fils est Christian.
4. Qui est le père de Nathalie? — Son père est M. Roud.
5. Qui est la femme de Jacques? — Sa femme est Nathalie.
6. Qui est le mari de Claire? — Son mari est Christophe.
7. Qui sont les enfants des Géraud? — Leurs enfants sont Bruno et Delphine.

les adjectifs démonstratifs

The demonstrative adjectives **ce**, **cet**, **cette** (*this*, *that*); **ces** (*these*, *those*) agree in gender and number with the nouns they describe. Note how the forms vary.

	Masculine Before a Consonant Sound	**Masculine Before a Vowel Sound**	**Feminine**
Singular	**ce** printemps	**cet** hiver [t]	**cette** fois
Plural	**ces** jours	**ces** hôtels [z]	**ces** saisons

ATTENTION: 1. **Ce** becomes **cet** before a masculine singular word that begins with a vowel sound.

> On travaille cet été. — *We're working this summer.*
> [t]

Ce soir Roger étudie à la maison.

2. To make a clear distinction between things nearby and things farther away, add -**ci** after the noun to mean "this/these" and -**là** after the noun to mean "that/those."

Ce pull-ci est jaune.	*This sweater is yellow.*
Ce pull-là est bleu.	*That sweater is blue.*

25. Ces personnes font des choses différentes ce matin, cet après-midi, cette semaine, cette année, etc. Dites ce qu'elles font.

MODÈLE: soir / nous / danser
Ce soir nous dansons.

1. jours-ci / vous / perdre la tête — Ces jours-ci vous perdez la tête.
2. après-midi / je / descendre au village — Cet après-midi je descends au village.
3. week-end / on / travailler — Ce week-end on travaille.
4. semaine / tu / perdre ton temps — Cette semaine tu perds ton temps.
5. hiver / Stéphanie / aller à Avoriaz — Cet hiver Stéphanie va à Avoriaz.
6. matin / nous / attendre nos notes — Ce matin nous attendons nos notes.
7. année / Béatrice / réussir bien en maths — Cette année Béatrice réussit bien en maths.

26. Mme Tilliole, qui ne peut pas distinguer les couleurs, fait ses courses dans la boutique où vous travaillez. Dites les couleurs des choses près (*near*) ou loin de Mme Tilliole, selon les indications.

MODÈLE: pulls / gris / vert
Ces pulls-ci sont gris, et ces pulls-là sont verts.

1. pantalon / noir / beige — Ce pantalon-ci est noir, et ce pantalon-là est beige.
2. robe / marron / jaune — Cette robe-ci est marron, et cette robe-là est jaune.
3. chemisiers / orange /rose — Ces chemisiers-ci sont orange, et ces chemisiers-là sont roses.
4. manteaux / blanc / gris — Ces manteaux-ci sont blancs, et ces manteaux-là sont gris.
5. tee-shirt / rouge / bleu — Ce tee-shirt-ci est rouge, et ce tee-shirt-là est bleu.
6. jupes / vert / violet — Ces jupes-ci sont vertes, et ces jupes-là sont violettes.

les nombres cardinaux

1	un	11	onze
2	deux	12	douze
3	trois	13	treize
4	quatre	14	quatorze
5	cinq	15	quinze
6	six	16	seize
7	sept	17	dix-sept
8	huit	18	dix-huit
9	neuf	19	dix-neuf
10	dix	20	vingt

21	vingt et un
22	vingt-deux
30	trente
40	quarante
50	cinquante
60	soixante
70	soixante-dix
80	quatre-vingts
90	quatre-vingt-dix
100	cent
101	cent un
200	deux cents
1000	mille

ATTENTION: 1. **Et** is omitted in 81 and 91.

2. The **s** is dropped from **quatre-vingts** in 81-99.

3. Multiples of **cent** end in **-s** only when they are not followed by another number.

Have students count in French by ones and then by twos or threes from 0-100.

les nombres ordinaux

1er, 1ère	premier, première	6^e	sixième
2^e	deuxième	7^e	septième
3^e	troisième	8^e	huitième
4^e	quatrième	9^e	neuvième
5^e	cinquième	10^e	dixième

27. Quel âge ont les personnes suivantes?

> MODÈLE: M. Rousseau / 63
> **Il a soixante-trois ans.**

1. Mme Badeau / 81   Elle a quatre-vingt-un ans.
2. ta tante / 75   Elle a soixante-quinze ans.
3. ma copine / 16   Elle a seize ans.
4. nos cousins / 14 et 21   Ils ont quatorze et vingt et un ans.
5. M. Varte / 91   Il a quatre-vingt-onze ans.
6. ton père / 39   Il a trente-neuf ans.
7. ton oncle / 55   Il a cinquante-cinq ans.
8. ta mère / 44   Elle a quarante-quatre ans.

Quel âge a Madame Badeau?

28. M. et Mme Blassel sont dans la boutique où vous travaillez. Dites-leur combien coûtent les articles suivants.

> MODÈLE: Combien coûte cette cravate-là? (89 F)
> **Elle coûte quatre-vingt-neuf francs.**

1. Elles coûtent quatre cent soixante francs.
2. Il coûte mille francs.
3. Il coûte cent quatre-vingt-quinze francs.
4. Elles coûtent trois cent quatre-vingts francs.
5. Elle coûte cinq cent quatre-vingt-dix francs.
6. Elle coûte six cent soixante-dix francs.
7. Elle coûte deux cent soixante dix-neuf francs.
8. Elle coûte sept cents francs.

1. Combien coûtent ces chaussures-là? (460 F)
2. Combien coûte ce costume? (1000 F)
3. Combien coûte ce blue-jean? (195 F)
4. Combien coûtent ces tennis? (380 F)
5. Combien coûte cette veste-là? (590 F)
6. Combien coûte cette autre veste? (670 F)
7. Combien coûte cette robe-là? (279 F)
8. Combien coûte cette autre robe? (700 F)

You may give students various addition and subtraction problems.
Modèles:
a) Combien font cinq cent un et quatre cent quatre-vingt-dix-neuf?
   Mille.
b) Combien font mille moins cinq cents?
   Cinq cents.

29. Dites combien de chaque article vous avez vendu (*sold*) dans votre boutique aujourd'hui.

> MODÈLE: short / 10
> **C'est mon dixième short aujourd'hui!**

1. veste / 1   C'est ma première veste aujourd'hui!
2. manteau / 1   C'est mon premier manteau aujourd'hui!
3. robe / 9   C'est ma neuvième robe aujourd'hui!
4. tee-shirt / 11   C'est mon onzième tee-shirt aujourd'hui!.
5. pantalon / 5   C'est mon cinquième pantalon aujourd'hui!
6. tenue de ski / 4   C'est ma quatrième tenue de ski aujourd'hui!
7. chapeau / 13   C'est mon treizième chapeau aujourd'hui!
8. cravate / 7   C'est ma septième cravate aujourd'hui!

SÉLECTION DE LA SEMAINE

LUN
11 JAN.

20.30 FILM
LES AVENTURES DE BUCKAROO BANZAI
de W.D. Richter
avec Ellen Barkin,
John Lithtgow

22.15 SPORT
CANAL FOOT SPÉCIAL

MAR
12 JAN.

20.30 FILM
A LA POURSUITE DU DIAMANT VERT
de Robert Zemeckis
avec Michael Douglas

22.15 FILM
KAMIKAZE
de Didier Grousset

MER
13 JAN.

21.00 FILM
LE CINQUIÈME COMMANDO
d'Henry Hathaway
avec Richard Burton,
John Colicos

22.40 SPORT
BASKET

les jours, les mois et les saisons

les jours	les mois	les saisons
lundi	janvier	l'hiver
mardi	février	le printemps
mercredi	mars	l'été
jeudi	avril	l'automne
vendredi	mai	
samedi	juin	
dimanche	juillet	
	août	
	septembre	
	octobre	
	novembre	
	décembre	

ATTENTION: 1. Note that in French dates, the day precedes the month. **Mil** (rather than **mille**) means "one thousand" in dates.

31/10/95 = le trente et un octobre mil neuf cent quatre-vingt-quinze

2. Use **en** before **été**, **automne** or **hiver**. Use **au** before **printemps**.

En été on ne va pas à l'école. *In (the) summer we don't go to school.*

Au printemps il fait beau. *In (the) spring the weather's nice.*

30. Quelle est la date?

> MODÈLE: 4/7/1995
> **C'est le quatre juillet mil neuf cent quatre-vingt-quinze.**

1. 2/4/1961   C'est le deux avril mil neuf cent soixante et un.
2. 1/1/1993   C'est le premier janvier mil neuf cent quatre-vingt-treize.
3. 31/8/1870   C'est le trente et un août mil huit cent soixante-dix.
4. 11/2/1984   C'est le onze février mil neuf cent quatre-vingt-quatre.
5. 25/12/1957   C'est le vingt-cinq décembre mil neuf cent cinquante-sept.
6. 12/6/1942   C'est le douze juin mil neuf cent quarante-deux.
7. 14/7/1789   C'est le quatorze juillet mil sept cent quatre-vingt-neuf.

31. Vos amis et vous parlez de vos plans. Dites ce que vous allez faire, selon les indications.

> MODÈLE: être à Vars / février
> **On va être à Vars en février.**

1. rentrer à l'école / automne
2. faire un tour en vélo / printemps
3. être en vacances / août
4. avoir un appartement / 1999
5. acheter un manteau d'hiver / novembre
6. voyager / été
7. apprendre à faire du ski / décembre

1. On va rentrer à l'école en automne.
2. On va faire un tour en vélo au printemps.
3. On va être en vacances en août.
4. On va avoir un appartement en 1999.
5. On va acheter un manteau d'hiver en novembre.
6. On va voyager en été.
7. On va apprendre à faire du ski en décembre.

le temps

Here are some expressions used to describe the weather. Note that most of them use the verb form **fait**.

Quel temps fait-il?	How's the weather?
Il fait beau.	It's beautiful (nice).
Il fait chaud.	It's hot (warm).
Il fait du soleil.	It's sunny.
Il fait du vent.	It's windy.
Il fait frais.	It's cool.
Il fait froid.	It's cold.
Il fait mauvais.	The weather's bad.
Il fait ... (degrés).	It's ... (degrees).
Il fait moins ... (degrés).	It's ... below.
Il neige.	It's snowing.
Il pleut.	It's raining.

To say that someone is warm or cold, however, use the expressions **avoir chaud** or **avoir froid**.

—As-tu chaud?　　　　　　*Are you warm?*
—Non, j'ai froid.　　　　　　*No, I'm cold.*

32. Décrivez (*Describe*) le temps dans les villes suivantes. Employez la classification suivante.

très froid:	de -20° à -5°	frais:	de 11° à 20°
froid:	de -4° à 3°	chaud:	de 21° à 30°
très frais:	de 4° à 10°	très chaud:	de 31° à 40°

1.

À Dakar il fait du soleil, il fait beau et très chaud.

2.

À Paris il fait du vent, et il fait frais.

3.

À Boston il neige, et il fait froid.

4.

À Londres il fait mauvais. Il fait très frais, et il pleut.

5.

À Québec il fait du soleil, mais il fait très froid.

6.

À Rome il fait du vent, et il fait chaud.

33. Maintenant donnez la température qu'il fait à ces villes.

1. À Dakar il fait ___.　　　trente-cinq (degrés)
2. À Paris il fait ___.　　　douze (degrés)
3. À Boston il fait ___.　　　moins quatre (degrés)
4. À Londres il fait ___.　　　six (degrés)
5. À Québec il fait ___.　　　moins quinze (degrés)
6. À Rome il fait ___.　　　trente (degrés)

À propos

1. Quand fait-il froid chez vous?
2. Qu'est-ce que vous portez quand il fait froid?
3. Est-ce qu'il neige beaucoup en hiver chez vous?
4. Quand portez-vous un chapeau?
5. Quand avez-vous chaud?
6. Quel temps fait-il chez vous au printemps?
7. En quelle saison fait-il beaucoup de vent chez vous?
8. Quelle est votre saison préférée?

Ils font du camping au printemps.

Sports et loisirs

Unité 1

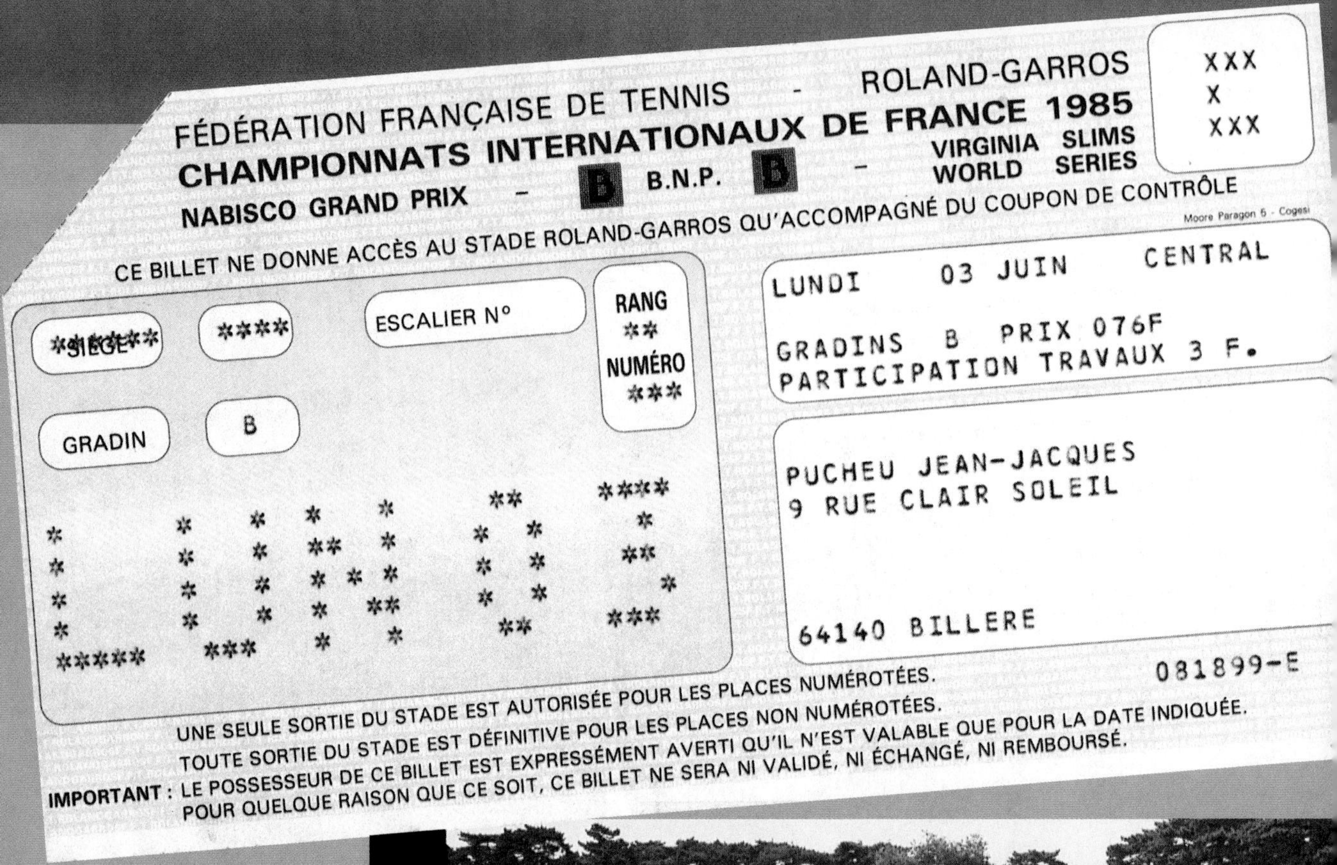

FÉDÉRATION FRANÇAISE DE TENNIS - ROLAND-GARROS

XXX
X
XXX

CHAMPIONNATS INTERNATIONAUX DE FRANCE 1985

NABISCO GRAND PRIX - B B.N.P. B - VIRGINIA SLIMS WORLD SERIES

Moore Paragon 6 - Cogesi

CE BILLET NE DONNE ACCÈS AU STADE ROLAND-GARROS QU'ACCOMPAGNÉ DU COUPON DE CONTRÔLE

SIÈGE **** ESCALIER N° RANG ** NUMÉRO ***

GRADIN B

LUNDI   03 JUIN   CENTRAL

GRADINS   B   PRIX 076F
PARTICIPATION TRAVAUX 3 F.

PUCHEU JEAN-JACQUES
9 RUE CLAIR SOLEIL

64140 BILLERE

081899-E

UNE SEULE SORTIE DU STADE EST AUTORISÉE POUR LES PLACES NUMÉROTÉES.
TOUTE SORTIE DU STADE EST DÉFINITIVE POUR LES PLACES NON NUMÉROTÉES.
IMPORTANT : LE POSSESSEUR DE CE BILLET EST EXPRESSÉMENT AVERTI QU'IL N'EST VALABLE QUE POUR LA DATE INDIQUÉE.
POUR QUELQUE RAISON QUE CE SOIT, CE BILLET NE SERA NI VALIDÉ, NI ÉCHANGÉ, NI REMBOURSÉ.

Les sportifs

Leçon 1

Communicative Functions

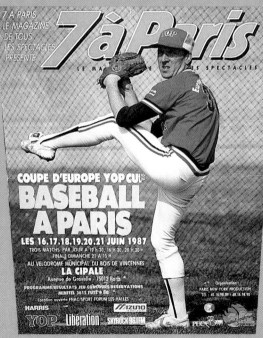

- naming sports
- offering invitations
- accepting invitations
- comparing people and things
- expressing what has just happened
- talking about playing sports or games

Qui est plus fort, Paul ou les filles?

All words in the dialogue and **Expansion** are active vocabulary.

You may point out that the verb **faire** (instead of **prendre** or **aller**) is used in certain idiomatic expressions like **faire une promenade**, **faire un tour** and **faire un voyage**. Uses of **faire** with sports are explained later in this lesson.

Explain that **comme** can mean *since*, *like* or *as*: **Tu n'es pas comme moi.** *You aren't like me.* **Comme tu viens avec nous, tu peux ramer.** *Since you're coming with us, you can row.*

PAUL: Salut, les* filles. Qu'est-ce que vous faites cet après-midi?

CLAIRE: Euh...on va peut-être jouer aux cartes ou au Monopoly ou alors faire une promenade au Jardin¹ du Luxembourg.

DELPHINE: Et toi, Paul, tu vas faire du volley?**

PAUL: Je vais au Bois de Boulogne² pour faire du bateau. Vous voulez venir avec moi?

Paul uses the **vous** form throughout the dialogue because he is speaking to both girls.

DELPHINE: Moi, je veux bien. Et toi, Claire?

CLAIRE: Moi aussi, je viens. Une promenade en bateau est plus amusante qu' une promenade à pied.

PAUL: Super! Comme je viens de faire du jogging, je suis fatigué. Vous pouvez ramer. The adjective **petit** is used as a noun in this exclamation: Poor little thing!

DELPHINE: Pauvre petit! Tu es bien moins fort que nous, hein?***

*The definite article **les** must be included in greetings to more than one person. **Salut, les filles** (*Hi, girls*) and **Bonjour, les copains** (*Hello, friends*) are typical greetings. **Salut, les mecs** (*Hi, guys*) is a common slang expression. (**Mecs** refers only to males.)

French speakers often use the abbreviations **volley for **volley-ball**, **basket** for **basket-ball** and **foot** for **football** (*soccer*).

***The word **hein?** (*huh? right?*) is used often among friends or family members but not among people who address each other as **vous**.

You can sail toy boats in the pond at **le Jardin du Luxembourg** near the **Sorbonne**. (Paris)

Notes culturelles

1. The word **jardin** literally means "garden." It can also mean a fenced-in lawn around a house or a municipal park (**jardin public**) where people go for rest or recreation. **Le Jardin du Luxembourg** is a large park on the Left Bank in Paris.

2. The two largest parks in Paris are called **bois** (*woods*). They are the **Bois de Boulogne** on the west side of the city and the **Bois de Vincennes** on the east side. Both have zoos, lakes and large wooded areas.

Compréhension

Répondez en français.

1. Pourquoi Claire et Delphine veulent-elles aller au Jardin du Luxembourg?
2. Où est le Jardin du Luxembourg?
3. Pourquoi est-ce que Paul va au Bois de Boulogne?
4. Qui va faire du bateau avec Paul?
5. Pourquoi Claire préfère-t-elle une promenade en bateau à une promenade à pied?
6. Pourquoi Paul ne peut-il pas ramer?
7. Alors, qui va ramer?
8. Selon Delphine, qui est moins fort que Claire et elle?

À propos

1. Êtes-vous plus fort(e) que vos copains (copines)?
2. Préférez-vous jouer aux cartes ou faire du volley?
3. Faites-vous des promenades à pied ou en vélo? Où?
4. Faites-vous du bateau?
5. Est-ce que le cours de français est amusant?
6. D'habitude, à quelle heure êtes-vous fatigué(e)?

Après leur promenade au jardin ils sont fatigués.

Voulez-vous faire du bateau? (Bois de Boulogne)

"Oh là là! Il y a deux bateaux près de nous!" (Bois de Boulogne)

Expansion
Sur le lac

Claire rame. Paul et Delphine sont derrière elle. Il y a d'autres bateaux près d'eux.

CLAIRE: Notre bateau est meilleur que les autres. Regarde, Paul, il va tout seul. *Notice that **autres** is used as a noun in this sentence.*

PAUL: Ouais,* c'est chouette, mais attention! Il y a un bateau près de nous!

CLAIRE: Où ça?

PAUL: Là. Attention! Rame avec la main gauche, et le bateau va aller à gauche.

CLAIRE: Tiens, ça marche!**

Plus tard, c'est Paul qui rame, et il est maintenant devant.

CLAIRE: Quelle promenade! Je suis vraiment fatiguée.

PAUL: Écoute, moi, je suis aussi fatigué que toi!

CLAIRE: Alors, Delphine, comme tu es plus forte que lui, tu peux ramer.

DELPHINE: D'accord. Tiens, nous sommes tout seuls maintenant.

Wkbk. 1   CLAIRE: Ah bon? Est-ce que tout le monde a peur de nous?

Didier habite à Annecy. Il fait beaucoup de sport, surtout en été. Il fait de la natation. Il nage chaque jour. Il fait aussi de la planche à voile. Sur le lac d'Annecy on fait souvent de la planche à voile. Le tennis est un autre sport que Didier aime beaucoup. Il joue quelquefois au tennis, mais comme il n'est pas très fort,*** il ne gagne pas beaucoup de matchs. Il fait aussi du basket. Mais le sport préféré de Didier, c'est le football. Il joue dans une bonne équipe, et il est très fort. En effet, il espère être joueur professionnel. Et comme beaucoup de jeunes Français, Didier fait du vélo. Mais il n'est pas très fort.

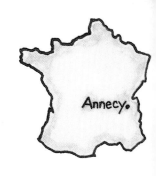

Annecy.

Wkbk. 2, Wkbk. 3, Wkbk. 4, Wkbk. 5 .

*The slang word **ouais**, used for **oui**, is very popular in France. It is used in informal situations.

The verb **marcher can mean either "to walk" or "to function (*work*)." The second meaning tells how an idea works out or a machine runs or performs. Don't confuse **marcher** and **travailler** (*to labor*).

Ce vélo **marche** bien.	*This bicycle works well.*
Je **marche** dans le Jardin du Luxembourg.	*I walk in the Luxembourg Gardens.*

***The adjective **fort(e)** means either "strong" or "good." The second meaning refers to skill or knowledge in a sport, art, occupation or school subject.

Vous êtes **forts** en français.	*You're good in French.*

Ils font un tour en vélo.

Note culturelle

In most French-speaking countries American football and baseball are not well known. Basketball and golf are becoming more popular in France, but, along with hockey, they are not major sports as they are in the United States and Canada.

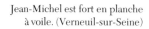

À propos

1. Êtes-vous plus ou moins sportif (sportive) que votre frère (sœur)?
2. Quels sports aimez-vous faire en été?
3. Quels sports faites-vous en hiver?
4. En quel sport êtes-vous fort(e)?
5. Jouez-vous dans une équipe de votre école?
6. Qui est votre joueur (joueuse) professionnel(le) préféré(e)?

Jean-Michel est fort en planche à voile. (Verneuil-sur-Seine)

Aimez-vous faire du ski en hiver? (Savoie)

Activités

1. Vous êtes Paul. Vous rencontrez Delphine et Claire dans la rue. Elles veulent savoir ce que vous faites. Répondez d'après le dialogue d'introduction.

   MODÈLE: Salut, Paul. Où vas-tu?
   Je vais au Bois de Boulogne.

   1. Qu'est-ce que tu vas faire au Bois de Boulogne?   Je vais faire du bateau.
   2. Pouvons-nous venir avec toi?   Oui, vous pouvez venir avec moi.

Est-il plus fort que vous? (Saint-Jean-de-Luz)

3. Mais une promenade en bateau est moins amusante qu'une promenade à pied?

4. Qu'est-ce que tu viens de faire?

5. Es-tu fatigué?

6. Qui va ramer?

7. Es-tu plus fort que nous?

3. Non, elle est plus amusante qu'une promenade à pied.
4. Je viens de faire du jogging.
5. Oui, je suis fatigué.
6. Vous allez ramer.
7. Non, je suis moins fort que vous.

2. Choisissez l'expression qui complète correctement chaque phrase d'après le dialogue d'introduction ou l'**Expansion**.

1. Salut, ___. Qu'est-ce que vous faites?

   a. Claire   b. les filles

   c. mes filles   d. filles

                                          b

2. —Moi, je viens. Et toi, Delphine?

   —Je ___.

   a. vais au Jardin du Luxembourg   b. suis amusante

   c. fais du jogging   d. veux bien

                                          d

3. Dans le bateau Paul et Delphine sont ___ Claire.

   a. derrière   b. sous

   c. devant   d. chez

                                          a

4. Sur le lac le bateau ___.

   a. va devant elles   b. a peur

   c. a raison   d. va tout seul

                                          d

5. Quand Paul rame, il est ___ les filles.

   a. chez   b. derrière

   c. devant   d. près

                                          c

6. Claire croit que Delphine est ___ forte que Paul.

   a. moins   b. super

   c. aussi   d. plus

                                          d

7. Didier fait de la ___ sur le lac d'Annecy.

   a. tennis   b. vélo

   c. planche à voile   d. foot

                                          c

8. Didier est fort en ___.

   a. tennis   b. ski

   c. foot   d. vélo

                                          c

3. Dans chaque phrase il y a une faute en italique. Corrigez-la en employant une des expressions de la liste suivante.

joueur	de la planche à voile
gagne	jour
équipe	le foot
été	du basket

1. Didier fait beaucoup de sport en *hiver*.   été
2. Didier nage chaque *semaine*.   jour
3. Didier fait *du bateau* sur le lac d'Annecy.   de la planche à voile
4. Il ne *perd* pas beaucoup de matchs de tennis.   gagne
5. Didier fait aussi *du jogging*.   du basket
6. Son sport préféré, c'est *le vélo*.   le foot
7. Didier joue dans une bonne *école* de foot.   équipe
8. Il espère être *chanteur* professionnel.   joueur

Structure et usage
faire de vs. *jouer à*

To say that you participate in or play a sport, use a form of the expression **faire de**:

> **faire + de la, de l', du, des** + name of sport

This expression means "to practice," "to play," "to participate in" or "to do," depending on the type of sport.

Remind students that after the negative, **de la, de l', du** and **des** become **de**.

Je **fais du** foot.	*I play (practice) soccer.*
Fait-il **de la** natation?	*Does he do any swimming?*
On ne **fait** pas **de** sport.	*We don't participate in sports.*

Ils aiment faire du foot.
(Hasparren)

To say you play a game or any sport considered to be a game, use a form of the expression **jouer à**.

> **jouer** + **à la**, **à l'**, **au** , **aux** + name of game (sport)

Marie **joue au** basket.   *Marie is playing basketball.*
Nous **jouons aux** cartes.   *We are playing cards.*
Joues-tu **au** Monopoly?   *Do you play Monopoly?*   Wkbk. 6

ATTENTION: Do not use **jouer à** before the names of activities like **la natation**, **le vélo**, **la planche à voile**, **le bateau**, **le ski** and **le jogging**. Since they are not games, only **faire de** can precede them.

> Marc **fait du** vélo.   *Marc does some bicycling.*   Wkbk. 7

4.   Sylvie est très sportive. Dites quels sports elle fait d'après les images.

MODÈLE:  **Elle fait du basket.**

1.
Elle fait du volley.

2.
Elle fait de la natation./Elle nage.

3.
Elle fait de la planche à voile.

4.
Elle fait du vélo.

5.
Elle fait du foot.

6.
Elle fait du tennis.

7.
Elle fait du bateau.

8.
Elle fait du jogging.

Faites-vous du ski nautique?

Martine fait de la natation.

1. Non, je ne fais pas de
   bateau. Je fais de la
   planche à voile.
2. Non, je ne fais pas de
   natation. Je fais du
   ski nautique.
3. Non, je ne fais pas de
   tennis. Je fais du
   vélo.
4. Non, je ne fais pas de
   foot. Je fais du
   basket.
5. Non, je ne fais pas de
   jogging. Je fais du
   ski.
6. Non, je ne fais pas de
   basket. Je fais de la
   natation.
7. Non, je ne fais pas de
   volley. Je fais du
   tennis.

5. Olivia veut savoir si vous faites certaines choses. Répondez que non, et
dites-lui ce que vous faites.

MODÈLE: Tu fais du ski? (volley)
   Non, je ne fais pas de ski. Je fais du volley.

1. Tu fais du bateau? (planche à voile)
2. Tu fais de la natation? (ski nautique)
3. Tu fais du tennis? (vélo)
4. Tu fais du foot? (basket)
5. Tu fais du jogging? (ski)
6. Tu fais du basket? (natation)
7. Tu fais du volley? (tennis)

6. Didier fait beaucoup cette semaine. Dites à quoi (*what*) il joue d'après les images.

MODÈLE: lundi

Lundi il joue au basket.

1. mardi

Mardi il joue au tennis.

2. mercredi

Mercredi il joue aux cartes.

3. vendredi

Vendredi il joue au Monopoly.

4. samedi

Samedi il joue au volley.

5. dimanche

Dimanche il joue au foot.

7. Complétez avec la forme convenable de **jouer à** si possible. Si ce n'est pas possible, employez **faire de**.

MODÈLE: Nous ___ football.
Nous jouons au football.

1. Ces filles-là ___ vélo.   font du
2. ___-vous ___ volley?   Jouez...au
3. Non, mais nous ___ jogging.   faisons du
4. Veux-tu ___ cartes maintenant?   jouer aux
5. Non, je dois ___ Monopoly.   jouer au
6. Alors, on ___ tennis demain?   joue au
7. Oui, et nous pouvons aussi ___ natation.   faire de la
8. Moi, je ___ basket.   joue au

le présent du verbe irrégulier *venir*

Here is the present tense of the verb **venir** (*to come*).

venir		
je **viens**	Je **viens** tout de suite.	I'm coming right away.
tu **viens**	Tu ne **viens** pas avec lui?	You aren't coming with him?
il/elle/on **vient**	Il **vient** chez elle.	He's coming to her place.
nous **venons**	Nous **venons** à midi.	We're coming at noon.
vous **venez**	**Venez**-vous au jardin?	Are you coming to the park?
ils/elles **viennent**	Elles **viennent** en France.	They're coming to France.

ATTENTION: 1. **Venir** may come right before an infinitive.

On **vient voir** les joueurs.   *We're coming to see the players.*

2. The two singular forms, **viens** and **vient**, have the nasal sound [jɛ̃] . The three plural forms, **venons**, **venez** and **viennent**, have no nasal sound.

3. The **t** in **vient** and **viennent** is pronounced only in the inverted forms.

Rachelle **vient** à Annecy.   Vient-elle à la fête?
[t]

Marc et Paul **viennent** à l'école.   Viennent-ils au cours?
[t]

8. Yvette et vous allez faire un tour en vélo avec d'autres amis. Yvette veut savoir qui vient. Répondez-lui.

MODÈLE: Martin
Martin vient.

1. tu
2. je
3. Thierry et toi, vous
4. Martin et Vincent

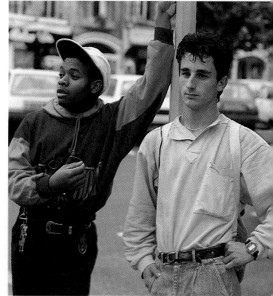

Martin et Vincent
ne viennent pas.

5. Marie-Claire   *Marie-Claire vient.*
6. toi et moi, nous   *Toi et moi, nous venons.*
7. Valérie et Claudine   *Valérie et Claudine viennent.*
8. alors, huit personnes   *Alors, huit personnes viennent.*

9. Mais vous oubliez que d'autres personnes veulent aussi faire le tour en vélo. Demandez à Yvette si ces personnes viennent.

> MODÈLE: les copines
> **Viennent-elles?**

1. Paul   *Vient-il?*
2. Delphine   *Vient-elle?*
3. Stéphane et Carole   *Viennent-ils?*
4. Nicole et Cécile   *Viennent-elles?*
5. le frère de Cécile   *Vient-il?*
6. la cousine de Nicole   *Vient-elle?* .
7. Barbara et sa sœur   *Viennent-elles?*
8. les copains de Thierry   *Viennent-ils?*

After students have done this activity, have them do it again giving affirmative and negative replies to the questions.
Modèle:
les copines
Viennent-elles?
Oui, elles viennent.
Non, elles ne viennent pas.
You may ask the questions yourself or have students do this activity in pairs. Stress the difference between the nasal sound in **vient** *and the non-nasal sound in* **viennent.**

10. Daniel a demandé (*asked*) à ses amis de venir aider à préparer une boum (*party*). Plus tard il apprend que ses amis ont changé (*changed*) d'heure. Donnez-lui les réponses de tout le monde.

> MODÈLE: Tu viens à deux heures? (trois heures)
> **Non, je ne viens pas à deux heures. Je viens à trois heures.**

1. Marceline et Agnès viennent à onze heures? (midi)
2. Simon vient à quatre heures? (une heure)
3. Adèle et Jérôme, vous venez à six heures? (deux heures)
4. Mathieu, Sébastien et Marc viennent à midi? (dix heures)
5. Sandrine vient à trois heures? (cinq heures)
6. Guillaume, tu viens à sept heures? (six heures)
7. Guy et toi, vous venez à dix heures? (neuf heures)
8. Carole, tu viens à onze heures? (huit heures)

1. *Non, elles ne viennent pas à onze heures. Elles viennent à midi.*
2. *Non, il ne vient pas à quatre heures. Il vient à une heure.*
3. *Non, nous ne venons pas à six heures. Nous venons à deux heures.*
4. *Non, ils ne viennent pas à midi. Ils viennent à dix heures.*
5. *Non, elle ne vient pas à trois heures. Elle vient à cinq heures.*
6. *Non, je ne viens pas à sept heures. Je viens à six heures.*
7. *Non, nous ne venons pas à dix heures. Nous venons à neuf heures.*
8. *Non, je ne viens pas à onze heures. Je viens à huit heures.*

venir de + **infinitif**

The verb **venir** followed by **de** and an infinitive means "to have just" and expresses action that has just occurred.

Paul **vient de manger**.   *Paul has just eaten.*
Nous **venons de voir** le prof.   *We have just seen the teacher.*

Wkbk. 8

11. Jean-Charles veut savoir si les personnes suivantes vont faire certaines choses. Dites-lui qu'elles viennent de faire ces choses.

> MODÈLE: Martine va nager?
> **Non, elle vient de nager.**

1. Tu vas faire du tennis?
2. Delphine et Claire vont faire une promenade?
3. Caroline et toi, vous allez jouer au Monopoly?
4. Sophie va étudier?
5. Tes parents vont dîner?
6. Le prof de maths va donner un contrôle?
7. Je vais manger du dessert?
8. Paul et moi, nous allons ramer?

1. Non, je viens de faire du tennis.
2. Non, elles viennent de faire une promenade.
3. Non, nous venons de jouer au Monopoly.
4. Non, elle vient d'étudier.
5. Non, ils viennent de dîner.
6. Non, il vient de donner un contrôle.
7. Non, tu viens de manger du dessert.
8. Non, vous venez de ramer.

Les copains viennent de jouer au Monopoly. (Nerigean)

12. Votre amie Emmanuelle croit que certaines choses vont arriver (*to happen*) demain, mais elle n'a pas raison. Dites-lui que ces choses viennent d'arriver.

1. Non, ils viennent d'arriver.
2. Non, je viens de finir les cours.
3. Non, elle vient de descendre à Nice.
4. Non, nous venons d'avoir un contrôle.
5. Non, tu viens de jouer au foot.
6. Non, vous venez de faire la cuisine.
7. Non, il vient d'appeler le médecin.
8. Non, elles viennent de prendre une leçon.

> MODÈLE: Je crois que le week-end commence demain.
> **Non, il vient de commencer.**

1. Je crois que mes grands-parents arrivent demain.
2. Je crois que tu finis les cours demain.
3. Je crois qu'Hélène descend à Nice demain.
4. Je crois qu'Henri et toi, vous avez un contrôle demain.
5. Je crois que je joue au foot demain.
6. Je crois que Thierry et moi, nous faisons la cuisine demain.
7. Je crois que Papa appelle le médecin demain.
8. Je crois que les copines prennent une leçon demain.

le comparatif des adjectifs

To compare people and things in French, use the following constructions:

> **plus** (*more*) + adjective + **que** (*than*)
> **moins** (*less*) + adjective + **que** (*than*)
> **aussi** (*as*) + adjective + **que** (*as*)

In the following examples notice the endings of the adjective **fatigué**.

Marc est **plus fatigué qu**'Anne.	*Marc's more tired than Anne.*
Anne est **moins fatiguée que** Lise.	*Anne is less tired than Lise.*
Lise est **aussi fatiguée que** Marc.	*Lise is as tired as Marc.*
Marc et Lise sont **plus fatigués qu**'Anne.	*Marc and Lise are more tired than Anne.*

ATTENTION:
1. In comparisons the adjective agrees in gender and number with the noun it describes.

2. The words **plus** and **moins** may have the meaning of the English suffix "-er."

   Ils sont **plus** grands que nous. *They are taller than we.*
   Il est **moins** grand qu'elle. *He's shorter than she.*

3. The adjective **bon(ne)** has the irregular comparative form **meilleur(e)** (*better*).

   —Cette équipe-ci est bonne. *This team is good.*
   —Elle est **meilleure** que cette équipe-là. *It's better than that team.*

Wkbk. 9, Wkbk. 10, Wkbk. 11, Wkbk. 12

13. Jean-Joseph croit que tout ce qu'il a est meilleur que ce qu'ont les autres. Vous croyez que ce que vous avez est meilleur. Dites-le-lui.

MODÈLE: J'ai de très beaux habits, hein?
Écoute, mes habits sont plus beaux que tes habits.

1. J'ai des parents très sympathiques, hein? *Écoute, mes parents sont plus sympathiques que tes parents.*
2. J'ai de très bons profs, hein? *Écoute, mes profs sont meilleurs que tes profs.*
3. J'ai de très bonnes idées, hein? *Écoute, mes idées sont meilleures que tes idées.*
4. Mes amis sont très amusants. *Écoute, mes amis sont plus amusants que tes amis.*
5. J'ai une très belle maison, hein? *Écoute, ma maison est plus belle que ta maison.*
6. Mes sœurs sont très gentilles. *Écoute, mes sœurs sont plus gentilles que tes sœurs.*
7. Mon frère est très sportif. *Écoute, mon frère est plus sportif que ton frère.*
8. J'ai une bonne planche à voile, hein? *Écoute, ma planche à voile est meilleure que ta planche à voile.*

Point out that **que** becomes **qu'** when the following word begins with a vowel sound.

There is **liaison** after **plus** and **moins** when the following word begins with a vowel sound.

Students may do this activity two more times, using **moins** and **aussi** to answer the model question.
Modèles:
Écoute, tes habits sont moins beaux que mes habits.
Écoute, mes habits sont aussi beaux que tes habits.

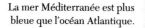

La mer Méditerranée est plus
bleue que l'océan Atlantique.

14. Votre petit frère a des problèmes en géographie. Répondez à ses questions.

MODÈLE: Est-ce que la France est plus grande que les États-Unis? (non)
Non, la France est moins grande que les États-Unis.

1. Est-ce que le Texas est aussi grand que la France? (oui)
2. Est-ce que l'océan Atlantique est aussi bleu que la mer Méditerranée? (non)
3. Est-ce que la ville de New York est plus vieille que la ville de Paris? (non)
4. Est-ce que Paris est plus au nord que Miami? (oui)
5. Est-ce que la France est plus petite que la Suisse? (non)
6. Est-ce que la ville de Marseille est aussi intéressante que la ville de Nice? (oui)
7. Est-ce que l'Italie est plus grande que le Luxembourg? (oui)

1. Oui, le Texas est aussi grand que la France.
2. Non, l'océan Atlantique n'est pas aussi bleu que la mer Méditerranée.
3. Non, la ville de New York est moins vieille que la ville de Paris.
4. Oui, Paris est plus au nord que Miami.
5. Non, la France est moins petite que la Suisse. Elle est plus grande.
6. Oui, la ville de Marseille est aussi intéressante que la ville de Nice.
7. Oui, l'Italie est plus grande que le Luxembourg.

15. Henri vient de passer trois jours au lycée de son cousin. Henri croit que son propre (*own*) lycée est meilleur. Dites ce qu'il dit (*says*) à son cousin en employant plus ou moins. Soyez logique.

> MODÈLE: le lycée / beau
> **Mon lycée est plus beau que ton lycée.**

1. le lycée / petit
2. les profs / gentil
3. le laboratoire de langues / nouveau
4. les salles de classe / grand
5. le prof de biologie / amusant
6. les contrôles / difficile
7. le prof de français / désagréable
8. l'école / bon

1. Mon lycée est moins petit que ton lycée.
2. Mes profs sont plus gentils que tes profs.
3. Mon laboratoire de langues est plus nouveau que ton laboratoire de langues.
4. Mes salles de classe sont plus grandes que tes salles de classe.
5. Mon prof de biologie est plus amusant que ton prof de biologie.
6. Mes contrôles sont moins difficiles que tes contrôles.
7. Mon prof de français est moins désagréable que ton prof de français.
8. Mon école est meilleure que ton école.

les pronoms accentués

In English we emphasize certain words in a sentence by putting stress on them with our voice. However, in French a special group of pronouns is used for emphasis. They are called "stress pronouns." Here are the stress pronouns with their corresponding subject pronouns.

Stress pronouns are also known as disjunctive pronouns.

Singular		Plural	
moi	*je*	**nous**	*nous*
toi	*tu*	**vous**	*vous*
lui	*il*	**eux**	*ils*
elle	*elle*	**elles**	*elles*

Point out that four of the stress pronouns are the same as their corresponding subject pronouns: **elle**, **nous**, **vous** and **elles**.

Stress pronouns are used

* to emphasize or put stress on the subject pronoun. The stress pronoun may come at the beginning or at the end of the sentence.

> —Tu vas au match, **toi**? *Are you going to the game?*
> —**Moi**, je dois travailler. *I have to work.*

* in an incomplete sentence that has no verb.

> —Qui fait du bateau? **Eux?** *Who's going boating? Them?*
> —Non, **lui** et **moi**. *No, he and I.*

* after a form of the verb **être**.

> —C'est **vous**? *Is it you?*
> —Non, ce sont **elles**. *No, it's they.* Wkbk. 13

* after a preposition such as **après**, **avant**, **avec**, **chez**, **comme**, **de**, **devant**, **derrière**, **loin de**, **près de** and **pour**.

—Tu viens avec Luc et Marie?   *Are you coming with Luc and Marie?*
—Oui, je viens avec **eux**.   *Yes, I'm coming with them.*
—Et tu restes chez Élodie?   *And you're staying at Élodie's?*
—Non, pas chez **elle**.   *No, not at her house.*   Wkbk. 14

* after **que** in a comparison.

—Delphine est plus forte que **nous.**   *Delphine is stronger than us.*
—Tu es plus sportif que **moi**.   *You are more athletic than I.*

Delphine est plus forte que nous.

* in a compound subject.

—Henri et **moi** marchons.   *Henri and I are walking.*
—**Lui** et **elle** font du tennis.   *He and she play tennis.*

ATTENTION: In these two preceding examples, **Henri et moi** could be followed by **nous**, and **lui et elle** could be followed by **ils**.

Je n'habite pas loin de chez toi.

16. Marie-Hélène est nouvelle en ville (*in town*). Elle veut savoir certaines choses. Répondez-lui en substituant les pronoms aux mots en italique.

> MODÈLE: Habites-tu chez *tes parents*? (non)
> **Non, je n'habite pas chez eux.**

1. Alors, habites-tu loin de chez *moi*? (non)
2. Travailles-tu pour *ton père*? (non)
3. Joues-tu souvent au tennis avec *Catherine et Martine*? (oui)
4. Jouent-elles comme *toi*? (oui)
5. Fais-tu du bateau avec *Anne*? (oui)
6. Parle-t-elle d'*Antoine*? (non)
7. Alors, tu viens dîner chez *moi* samedi? (oui)
8. Viens-tu avec *Michel et Denise*? (non)
9. Veux-tu une place près de *Charles et moi*? (oui)

Non, je n'habite pas loin de chez toi.
Non, je ne travaille pas pour lui.
Oui, je joue souvent au tennis avec elles.
Oui, elles jouent comme moi.
Oui, je fais du bateau avec elle.
Non, elle ne parle pas de lui.
Oui, je viens dîner chez toi samedi.
Non, je ne viens pas avec eux.
Oui, je veux une place près de vous/lui et toi.

17. Brigitte adore se disputer (*to argue*). Dites qu'elle n'a pas raison en employant les pronoms pour les mots en italique.

> MODÈLE: Je suis plus jeune que *toi*.
> **Non, Brigitte. Tu n'es pas plus jeune que moi.**

1. Je suis plus amusante que *Paul et toi*.
2. Patrick est moins sportif que *moi*.
3. Charles est aussi sympa que *mon frère*.
4. Je suis plus jolie que *Colette*.
5. Alors, je suis plus intéressante que *toi*.
6. Je suis aussi gentille que *Christine et Sophie*.
7. Je suis plus forte en maths que *Pierre et Jean*.
8. Tu es meilleur(e) en tennis que *Luc et moi*.

1. Non, Brigitte. Tu n'es pas plus amusante que nous/lui et moi.
2. Non, Brigitte. Patrick n'est pas moins sportif que toi.
3. Non, Brigitte. Charles n'est pas aussi sympa que lui.
4. Non, Brigitte. Tu n'es pas plus jolie qu'elle.
5. Non, Brigitte. Tu n'es pas plus intéressante que moi.
6. Non, Brigitte. Tu n'es pas aussi gentille qu'elles.
7. Non, Brigitte. Tu n'es pas plus forte en maths qu'eux.
8. Non, Brigitte. Je ne suis pas meilleur(e) en tennis que vous/lui et toi.

ROLAND GARROS
369.20.20
LES RÉSULTATS PAR TÉLÉPHONE
EN DIRECT
ROLAND GARROS
PARIS
LA LIGNE OFFICIELLE DU TOURNOI
RÉGION PARISIENNE ...3 TAXES DE BASE
GAGNEZ UN STAGE DE TENNIS.
014080

18. Que font les personnes suivantes ce week-end? Complétez avec le pronom convenable.

1. __, je vais faire du tennis. Moi
2. Marie et Louise, __, elles vont jouer aux cartes. elles
3. Paul va faire du bateau, __. lui
4. Sylvain et __, vous allez faire des courses. toi/vous
5. Mireille, Claudine, Bruno et Anatole, __, ils vont au Bois de Boulogne. eux
6. Marius et __, nous allons faire du vélo. moi
7. Audrey, __, elle va chez ses grands-parents. elle
8. __, nous allons étudier. Nous
9. __ et elle, ils vont jouer au volley. Lui
10. Toi et __, nous allons faire la cuisine. moi

Eux, ils vont faire du vélo.

19. Comment dit-on en français?

This is an optional activity.

ROBERT: I can't study. The weather's too nice. I'm going to Jean-Marc's.

Je ne peux pas étudier. Il fait trop beau. Je vais chez Jean-Marc.

MICHEL: I have a better idea. Sylvie and I are going to the Luxembourg Gardens today. Why don't you come with us, Robert?

J'ai une meilleure idée. Sylvie et moi, nous allons au Jardin du Luxembourg aujourd'hui. Pourquoi ne viens-tu pas avec nous, Robert?

ROBERT: What are you going to do?

Qu'est-ce que vous allez faire?

MICHEL: We're going to go for a walk, and afterwards we're going to Gérard's to play tennis.

Nous allons faire une promenade, et après nous allons chez Gérard pour faire du tennis.

ROBERT: OK, I'm coming if Jean-Marc comes too. He's very good (strong) at (in) tennis.

D'accord, je viens si Jean-Marc vient aussi. Il est très fort en tennis.

MICHEL: Is he as good as you, Robert?

Est-il aussi fort que toi, Robert?

ROBERT: He's maybe better than I.

Il est peut-être plus fort que moi.

Rédaction

Écrivez un dialogue en français de dix phrases. Les deux personnes parlent des choses qu'elles vont faire cet automne. Elles peuvent parler de leurs activités sportives, de leurs excursions et des personnes qui vont être avec elles. Employez le maximum de nouveaux mots et de nouvelles expressions de cette leçon.

Everyone can participate in sports in France.

Actualité culturelle
Sports

People in French-speaking countries tend to be a little less sports-minded than Americans are. They see sports mainly as a source of entertainment and a way to stay fit, not a national preoccupation. Nor is there the same emphasis on winning and competition. In

France, for instance, sports do not make up a major part of the educational experience. "School teams" as such do not exist in France; in most schools, students can join a national federation and compete with other schools in federation games. Still, physical education is required every year until graduation from the **lycée**, so French students do get two or three hours a week of track and field and various kinds of exercise. This means they may spend some time away from school at a stadium or swimming pool because such facilities are not always available at school.

French students take physical education every year.

Emphasis is placed on fitness, not competition.

School children, though, are not the only ones involved in sports in France. More and more city dwellers find that outdoor sports like skiing and tennis can help them escape from the routine and pressures of city life. France has many excellent ski resorts, especially in the Alps and Pyrenees, and has hosted the Winter Olympics twice recently: in 1968 in Grenoble and in 1992 in Albertville, both near the Swiss border. In international competitions like the Winter Olympics, France counts many ski champions.

Many ski resorts and ski schools are in the Pyrenees. (Cauterets)

To play tennis in France, you usually have to belong to a private club.

In tennis, too, France has had her share of champions both in Davis Cup competitions and in the French Open Tournament, including in recent years Yannick Noah. One of the Grand Slam (**le Grand Chelem**) tournaments, the French Open takes place every year at Roland Garros Stadium near the **Bois de Boulogne**. It seems only natural that tennis should be so popular in France since the sport originated there centuries ago. In fact, the word "tennis" comes from the French word **tenez**, which means "hold."

The French Open is played at Roland Garros Stadium. (Paris)

Le football is the most popular team sport in many French-speaking countries.

Sports as spectacle have always been important in France, especially on the soccer field and along bicycle race courses. The French take a keen interest in the World Cup soccer championship, one of the world's major sports events, second perhaps only to the Olympics. The World Cup is held every four years, and during the championship many French people spend the whole month getting together with family and friends for evening soccer parties to watch the games on TV. In 1986 when the French national team made it to the final four of the competition, interest ran especially high. Everywhere in French-speaking countries, soccer (known in most countries simply as "football") is the most widely practiced team sport, partially because it can be played in almost every village and at any time. There are also numerous private and national amateur clubs.

The **Tour de France** is an annual endurance test of bicycling skill. (Paris)

The best known of all distinctly French sports events is the long bicycle race, **le Tour de France**, that takes place every year in late June and July. One of the most grueling races in the world, the **Tour de France** lasts four weeks and tests the racers to their limits. Not just a tour of France, the race may also slip into Germany, Spain, Belgium, Luxembourg and Switzerland. The course is varied and always tough, especially in the Pyrenees and the Alps where climbs are long and slow and descents fast and dangerous. Often during the **Tour** fans wait for hours along country roads and city or village streets just to catch a glimpse of their favorite cyclists and to cheer them on. Some of the stragglers may occasionally receive an unsanctioned push to help them on their way.

Covering a total of 4,000 kilometers (about 2,500 miles), the race is divided into stages of varying distances, determined by difficulty of terrain. At the end of each stage, each racer's time is recorded, and the cyclist with the best overall time wears the leader's traditional yellow jersey (**le maillot jaune**) during the next stage. Before crossing the finish line at the end of the race in Paris, the racers must go up and down the **Champs-Élysées** several times. For this occasion most of the crowd of curious and sometimes almost delirious spectators have trouble finding a good place to watch the race. The French have traditionally been the victors in this race, but in the last few years, an American has worn the yellow jersey for the first time — Greg LeMond, who won the **Tour** in 1986 and again in 1989.

French students spend two or three hours a week in physical education classes.

International windsurfing competitions are often held in France. (Verneuil-sur-Seine)

Virtually all sports, including golf, gymnastics, water sports and basketball enjoy a measure of popularity in the French-speaking world. Rugby has long been popular in southern France, and in recent years even baseball and American football have also gained a toehold. The last decade has witnessed an overall rise in the number of French who participate in sports regularly, with a general trend that favors individual competition like skiing, tennis or windsurfing over team sports.

Wkbk. 15

 Proverbe The English equivalent of this proverb is "Nothing ventured, nothing gained" or "No pain, no gain."

Qui ne risque rien n'a rien. *Whoever risks nothing has nothing.*

Interaction et application pratique
À deux

1. Take turns with your partner asking each other what sports or games you like to play. Use the appropriate forms of **faire de** or **jouer à** and name as many sports or games as you can. Compare your answers and then with your classmates compile the results of this survey.

   MODÈLE: Aimes-tu faire de la planche à voile?
   Oui, j'aime faire de la planche à voile.

2. Along with your partner make separate lists in French of six things that you have just done in the last several hours. Then ask if your partner has just done the things on your list. Reverse roles and then report to the class what your partner has said.

   MODÈLE: Est-ce que tu viens d'avoir un contrôle de maths?
   Non, mais je viens d'avoir un contrôle d'histoire.

3. With your partner take turns comparing two well-known female tennis players (**joueuses de tennis**). Use **plus**, **moins** and **aussi**. Talk about size, strength, how good (**forte**) each is at tennis, and so on. Then compare two male football players (**joueurs de football américain**) or basketball players (**joueurs de basket**). Agree or disagree with your partner and then share your comparisons with the rest of the class.

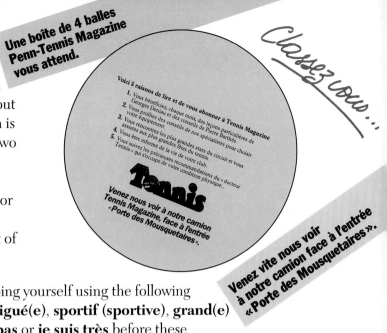

4. Take turns with your partner describing yourself using the following adjectives: **amusant(e)**, **fort(e)**, **fatigué(e)**, **sportif (sportive)**, **grand(e)** and **sympa**. Use **je suis**, **je ne suis pas** or **je suis très** before these adjectives. Then take turns making sentences comparing yourself to your partner using these adjectives and **plus**, **moins** or **aussi**. When you have finished, report your findings to the class.

MODÈLE: Je suis amusante.
Je suis aussi amusante que toi.

5. With your partner take turns telling each other what foods (fruit, vegetables, meat, dessert), types of cooking or things in general are better than (**meilleur(e)(s)(es) que**) or not as good as (**moins bon(ne)(s)(nes) que**) others. Agree or disagree with your partner and then share some of your opinions with the entire class.

MODÈLE: Les vélos français sont meilleurs que les vélos américains.
Mais non. Moi, je crois que les vélos français sont moins bons que les vélos américains.

En groupes

6. With your group take two minutes and create the longest sentence you can containing the expression **faire de**. Your sentence will list things that one can do, practice, play or study. Use only vocabulary words that you have learned so far. Have one person from the group write the sentence on a transparency. The longest sentence can be put on the overhead for all to correct.

In classrooms without an overhead projector, students can write their sentences on the board.

MODÈLE: **On peut faire du volley, de la biologie,....**

7. See how many different completions your group can think of for each of the following sentences. Have some person from the group list the possible completions on a transparency. Do one sentence at a time, spending not more than one minute on each sentence. Afterwards several transparencies can be put on the overhead for all to correct.

1. ___ marche très mal.
2. Tout le monde ___.
3. ___ tout seuls maintenant.
4. ___-ci sont aussi intéressants que ___-là.
5. Qui ___ chez ___?
6. Mes copains croient que je suis plus ___ que/qu' ___.

Son sport préféré est le jogging. (Hasparren)

Tous ensemble

8. Each student has a sheet of paper with the following statements written on it:

1. Mon sport préféré est le tennis.
2. Je fais du jogging chaque jour.
3. J'aime faire de la planche à voile.
4. Je joue dans une bonne équipe.
5. Je voudrais être joueur (joueuse) professionnel(le).

Now, as you walk around your classroom, find a different person who can answer each question affirmatively. You will say to someone, for example: **Est-ce que ton sport préféré est le tennis?** When you find a person who answers **Oui, mon sport préféré est le tennis,** this person will initial your sheet. The first student to have all five affirmative responses is the winner.

Vocabulaire actif

noms

le basket-ball (basket) basketball
un bateau boat
un bois woods; wood
une équipe team
le football (foot) soccer
un jardin garden, lawn, park
le jogging jogging
un joueur, une joueuse player
un lac lake

un match game, match
le Monopoly Monopoly
la natation swimming
la peur fear
la planche à voile windsurfing
une promenade walk, ride
un sportif, une sportive athletic person
le tennis tennis
le volley-ball (volley) volleyball

adjectifs

amusant(e) fun, amusing, funny
fatigué(e) tired
fort(e) strong; good

meilleur(e) better
professionnel, professionnelle professional

verbes

avoir peur (de) to be afraid (of)
faire de la natation to go swimming
faire de la planche à voile to go windsurfing
faire du basket-ball (basket) to play
   basketball
faire du bateau to go boating
faire du jogging to go jogging
faire du sport to play sports
faire du vélo to go bicycling
faire du volley-ball (volley) to play volleyball

faire une promenade to go for a walk (ride)
gagner to win; to earn
jouer to play
marcher to work, to function; to walk
nager to swim
ramer to row
venir to come
   venir de (+ infinitif) to have just
vouloir bien to be willing, to want to

expressions diverses

à pied on foot
Attention! Be careful! Watch out!
aussi as
comme since, like, as
derrière behind
elle her
elles them (f.)
eux them (m.)

lui him
moins less
peut-être maybe
près (de) near
que (qu') than, as
tout(e) seul(e) all by itself (oneself), all alone
tout le monde everybody

expressions courantes

chouette really neat, great
hein? huh? right?
Où ça? Where?
ouais yeah

Leçon 2

Communicative Functions

- making a phone call
- talking about going out
- accepting or refusing an invitation
- making plans
- talking about TV and movies
- describing a soccer game

Étienne est fauché*

À l'appareil is the passive vocabulary expression in this dialogue.

Étienne téléphone à Carole. Le téléphone sonne. C'est le père de Carole qui répond.

M. RENAUD: Allô,** oui?

ÉTIENNE: Bonjour, Monsieur, c'est Étienne à l'appareil. Est-ce que Carole est là?

M. RENAUD: Oui, je crois qu'elle écoute la radio. Ne quittez pas. Je vais la chercher.

The first part of this dialogue is a model for answering the telephone and beginning a phone conversation in French.

une minute après

CAROLE: Allô, Étienne, bonjour. Ça va?

ÉTIENNE: Ça va. Tu es occupée en ce moment?

CAROLE: Non, je ne fais rien, enfin, pas grand'chose. J'écoute le nouvel album de France Gall,[1] mais je dors à moitié.

ÉTIENNE: Écoute, le nouveau film d'Isabelle Adjani[2] sort aujourd'hui. Tu veux aller le voir?

CAROLE: Euh...oui, si tu viens me chercher. Tu as ta voiture?

ÉTIENNE: Non, je ne l'ai pas encore mais j'ai toujours ma moto. Je viens en moto, d'accord? Note that **en** precedes the names of most means of transportation.

CAROLE: C'est génial! On peut aller faire un tour*** après?

ÉTIENNE: Oui, si tu paies le cinéma. Moi, je suis fauché.

You might point out that the basic meaning of **chercher** is "to look for." In this dialogue, when preceded by a form of **aller** or **venir**, it means "to get."

The **y** in the verb **payer** changes to **i** in the **je, tu, il/elle** and **ils/elles** forms.

Wkbk. 1, Wkbk. 2

Étienne fait un tour en moto avec ses amis.

Quel film voulez-vous voir? (Montparnasse)

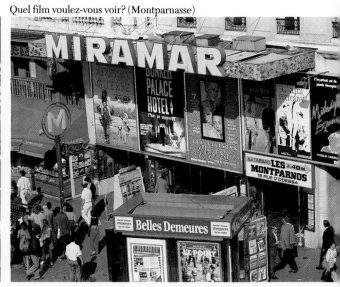

°The word **fauché(e)** (*broke*) is a slang expression used only among friends or family members.

°°**Allô** (not **bonjour**) is used for answering a phone or for restarting a telephone conversation that has been interrupted.

°°°In this context the expression **faire un tour** means "to go for a ride."

> ### Notes culturelles
> 1. France Gall, a well-known French singer, records mainly rock and pop music.
> 2. Isabelle Adjani is one of the most popular French movie stars.

Compréhension

Répondez en français.

1. Quand Étienne téléphone à Carole, qui répond au téléphone?
2. Qu'est-ce qu'Étienne demande à M. Renaud?
3. Est-ce que Carole est occupée?
4. Qu'est-ce qu'elle écoute?
5. Qu'est-ce qu'Étienne demande à Carole?
6. Est-ce qu'Étienne va venir chercher Carole en voiture ou en moto?
7. Qu'est-ce qu'ils vont faire après?
8. Pourquoi est-ce qu'Étienne ne peut pas payer le cinéma?

1. M. Renaud répond au téléphone.
2. Il demande à M. Renaud si Carole est là.
3. Non, elle ne fait pas grand'chose.
4. Elle écoute le nouvel album de France Gall.
5. Il demande à Carole si elle veut aller voir le nouveau film d'Adjani.
6. Il va venir chercher Carole en moto.
7. Ils vont faire un tour en moto.
8. Parce qu'il est fauché.

Quel divertissement préfère-t-il? (Paris)

À propos

1. Quel est votre divertissement préféré?
2. Combien de fois téléphonez-vous chaque jour?
3. Allez-vous souvent au cinéma?
4. Préférez-vous regarder un film à la télé ou aller au cinéma?
5. Faites-vous des tours en voiture ou en moto?
6. Êtes-vous souvent fauché(e)?

Point out that the preposition **à** means "on" in expressions like **à la télé** (*on TV*) and **à la radio** (*on the radio*). You also say **Elle est au téléphone.** (*She's on the phone.*)

Expansion

un film d'aventure

ROBERT: Qu'est-ce qu'il y a à la télé ce soir?

DIDIER: Un film d'aventure. C'est l'histoire d'un homme qui habite à New York et...

Didier aime bien les films d'aventure. (Lyon)

ROBERT: Euh...je pense que...

DIDIER: Une minute! Je continue. Alors, cet homme décide d'aller chercher un trésor...

ROBERT: Mais, moi, je veux...

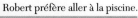

Robert préfère aller à la piscine.

DIDIER: Attends! Tu ne vas jamais deviner. Le trésor, il est dans la jungle de Colombie. Alors, cet homme vend sa maison, arrête son travail et part tout de suite pour Bogota. Puis,....

un peu plus tard

DIDIER: À la fin, le voilà tout seul dans la jungle. Il entend quelqu'un crier, mais il ne voit personne. Alors, il recommence...

ROBERT: Écoute, je vais à la piscine.

DIDIER: Quoi? Tu ne veux pas voir le film? Je vais inviter les copains, et...

ROBERT: Non, je n'ai plus envie de le voir.

DIDIER: Tant pis pour toi. C'est la troisième fois que je le vois.

Wkbk. 3, Wkbk. 4, Wkbk. 5, Wkbk. 6

TOUS LES FILMS

—A—

After hours de M. Scorcese (T 1896) 3-1, 6-18, 6-19, 8-17, 9-10, 11-2, 13-5, 14-11, 15-6, 77-9, 78-4, 78-8, 93-10 bis, 94-16.

Aigle de fer de S.J. Furie 2-8, 8-7, 9-8, 14-6, 77-4, 77-11, 78-2, 78-4, 78-6, 91-18, 91-23, 92-3, 93-13, 93-14, 93-15, 93-19, 94-20, 95-15.

Ailleurs l'herbe est plus verte de S. Donen (T 585)

5-3, 8-1 bis.

A l'Est d'Eden de E. Kazan (T 317) 6-1, 17-4.

Amadeus de M. Forman. (T 1816) 15-4, 17-1.

L'Amant magnifique de A. Isserman. (T 1900) 5-16, 8-2, 9-9, 14-15.

L'Amour à mort de A. Resnais (T 1808) 15-4.

Andréi Roublev de A. Tarkowski (T 1038) 11-3, 14-1.

Les anges sont pliés en dieux de E. Nofal (T 1903) 1-2 bis, 2-5, 5-11, 8-7, 9-7, 12-1, 13-3, 14-6, 15-2, 17-6, 18-4, 78-15, 78-19, 78-21, 92-13, 93-19, 94-8, 94-20, 95-7.

Angel de E. Lubitsch

(T 1783) 6-1 bis.

L'Année du dragon de M. Cimino. (T 1870) 15-4.

Another country de Kaniewska (T 1836) 11-4.

Apocalypse now de F. Ford Coppola (T 1550) 15-4.

L'Arrangement de E. Kazan (T 1062) 11-4.

L'Argent de poche de F. Truffaut (T 1366) 14-1.

Arsenic et vieilles dentelles de F. Capra (T 1480) 5-1, 91-2.

Au-dessous du volcan de J. Huston (T 1770) 3-2.

—B—

Le Baiser de la femme araignée de H. Babenco (T

1847) 11-4.

Le Bal des vampires de R. Polanski (T 944) 3-2.

Les Baliseurs du désert de N. Khemir (T 1894) 5-13.

Bananas de W. Allen (T 1166) 3-1, 6-18, 6-19, 8-16, 9-10.

Bandits, bandits de T. Gilliam (T 1679) 19-2.

Barry Lyndon de S. Kubrick (T 1744) 1-3, 2-3, 6-11, 8-12, 15-1, 15-6, 17-6.

La Belle et la bête de J. Cocteau (T 362) 9-9.

Birdy de A. Parker (T 1844) 2-6, 6-4.

Black mic mac de T. Gilou (T 1893) 2-4, 5-17, 8-6, 9-4, 13-4, 14-7, 77-1, 77-13, 91-11, 91-14, 92-14, 94-24.

Brazil de T Gilliam 5-6, 94-13.

Brubaker de S. (T 1618) 18-6.

—C—

Cabaret de B. F (1185) 1-1.

Camorra de L. W (T 1902) 8-18, 9-10, 93-10 bis.

Cash cash de R. Les 5-8, 6-18, 6-19, 8-10, 9-4 bis, 11-2, 13-5, 1, 19-3.

Cendrillon de W. (T 1903) 1-2 bis, 2-8, 8-3, 8-15, 9-4, 12-2, 14-5, 14-11, 15-3, 17-4, 20-1, 77-4, 77-11,

Activités

1. Dans chaque phrase il y a une faute en italique. Corrigez-la d'après le dialogue d'introduction.

1. Étienne demande à M. Renaud *s'il veut aller au cinéma*.
2. M. Renaud va *quitter* Carole.
3. Étienne demande à Carole si elle *écoute un album* en ce moment.
4. *Isabelle Adjani* sort aujourd'hui.
5. Étienne ne vient pas chercher Carole en *moto*.
6. Étienne a toujours *sa voiture*.
7. Après le film Carole et Étienne *ne font rien*.
8. Étienne ne peut pas payer le cinéma parce qu'il *oublie son argent*.

1. Étienne demande à M. Renaud si Carole est là.
2. M. Renaud va chercher Carole.
3. Étienne demande à Carole si elle est occupée en ce moment.
4. Le nouveau film d'Isabelle Adjani sort aujourd'hui.
5. Étienne ne vient pas chercher Carole en voiture.
6. Étienne a toujours sa moto.
7. Après le film Carole et Étienne vont faire un tour (en moto).
8. Étienne ne peut pas payer le cinéma parce qu'il est fauché.

2. Isabelle et Didier parlent du film dans l'**Expansion**. Isabelle oublie beaucoup de détails. Imaginez que vous êtes Didier et corrigez Isabelle.

MODÈLE: C'est la deuxième fois que tu vois ce film?
Non, c'est la troisième fois.

1. C'est l'histoire d'une femme?
2. Et il habite à Bogota?
3. Alors, il va chercher une femme?
4. Et il décide d'aller au Brésil?
5. Le trésor, il est dans un jardin?
6. Alors, le monsieur vend sa femme?
7. Et il part pour New York?
8. Mais à la fin, il voit quelqu'un?

Non, c'est l'histoire d'un homme.
Non, il habite à New York.
Non, il va chercher un trésor.
Non, il décide d'aller en Colombie.
Non, il est dans la jungle.
Non, il vend sa maison.
Non, il part pour l'Amérique du Sud (Bogota).
À la fin, il entend quelqu'un.

Elle achète de nouveaux albums. (Bruxelles)

3. Choisissez l'expression qui complète correctement chaque phrase d'après le dialogue d'introduction ou l'**Expansion**.

1. Carole a ___ de France Gall.
   a. une moto
   c. un album
   b. une voiture
   d. un film

2. Étienne ___ Carole en moto.
   a. vient chercher
   c. téléphone à
   b. arrête
   d. a peur de

3. Étienne et Carole vont voir ___.
   a. France Gall
   c. pas grand'chose
   b. les copains
   d. un nouveau film

4. Dans le film l'homme ___ pour l'Amérique du Sud.
   a. crie
   c. part
   b. travaille
   d. décide de quitter la France

5. Il y a un ___ dans la jungle.
   a. trésor
   c. téléphone
   b. cinéma
   d. album

6. Robert ne veut pas écouter ___.
   a. l'album de France Gall
   c. la piscine
   b. la fin du film
   d. la moto

7. Robert va ___ à la piscine.
   a. faire du volley
   c. regarder le film
   b. jouer aux cartes
   d. nager

8. Didier va ___ les copains.
   a. chercher
   c. inviter
   b. arrêter
   d. payer

4. Étienne cherche certaines choses. Dites ce qu'il cherche d'après les images.

 **Il cherche un trésor.**

1.

Il cherche un cinéma.

2.

Il cherche un film.

3.

Il cherche une moto.

4.

Il cherche une voiture.

5.

Il cherche une piscine.

6.

Il cherche une radio.

7.

Il cherche un téléphone.

8.

Il cherche un album.

Structure et usage

le présent des verbes irréguliers *dormir,* *partir* et *sortir*

The verbs **dormir** (*to sleep*), **partir** (*to leave*) and **sortir** (*to go out, to come out, to take out, to leave*) all follow the same pattern.

Snoopy aime dormir.

dormir		
je **dors**	Je ne **dors** pas en classe.	I don't sleep in class.
tu **dors**	Tu **dors** trop.	You sleep too much.
il/elle/on **dort**	Papa **dort** devant la télé.	Dad sleeps in front of the TV.
nous **dormons**	Nous **dormons** bien.	We sleep well.
vous **dormez**	**Dormez**-vous assez?	Do you sleep enough?
ils/elles **dorment**	Ils ne **dorment** pas.	They aren't sleeping.

partir		
je **pars**	Je **pars** tout de suite.	I'm leaving right away.
tu **pars**	**Pars**-tu aujourd'hui?	Are you leaving today?
il/elle/on **part**	On **part** pour Québec.	We're leaving for Quebec.
nous **partons**	Nous **partons** de Chicago.	We're leaving from Chicago.
vous **partez**	D'où **partez**-vous?	Where are you leaving from?
ils/elles **partent**	**Partent**-elles à l'heure?	Are they leaving on time?

ATTENTION: Note the use of a preposition after **partir** before the name of a place. **Partir de** means "to leave from," and **partir pour** means "to leave for."

sortir		
je **sors**	Je **sors** avec Mireille.	I go out with (date) Mireille.
tu **sors**	Tu ne **sors** pas ce soir?	You aren't going out tonight?
il/elle/on **sort**	On **sort** avec les copains.	We're going out with the guys.
nous **sortons**	**Sortons** en avance!	Let's leave early!
vous **sortez**	**Sortez**-vous de la piscine?	Are you coming out of the pool?
ils/elles **sortent**	Ils **sortent** leurs billets.	They take out their tickets.

ATTENTION: Note the use of **de** after **sortir** before the name of a place. Wkbk. 7

Have students repeat after you all these sentences. Then you may have students do some exercises from singular to plural, declarative to interrogative and affirmative to negative, or vice versa.
Modèles:
a) Elle part maintenant.
    Elles partent maintenant.
b) Tu dors bien.
    Dors-tu bien?
c) Il sort avec Annie?
    Non, il ne sort pas avec Annie.

5. Dites si les personnes suivantes dorment bien ou mal d'après leur situation ou activité.

MODÈLE: Jean-François boit trop de café.
Alors, il dort mal.

1. Moi, je fais beaucoup de sport.
2. Ma mère est toujours fatiguée.
3. Les enfants ont très peur la nuit.
4. Pauline et toi, vous buvez du lait chaud.
5. Mes amis et moi, nous avons quelquefois de gros problèmes.
6. Quelquefois on n'étudie pas assez pour un contrôle.
7. Quelquefois des élèves perdent la tête avant un contrôle.
8. Mais moi, j'ai de bonnes notes.

Alors, tu dors bien.
Alors, elle dort mal.
Alors, ils dorment mal.
Alors, nous dormons bien.
Alors, vous dormez mal.
Alors, on dort mal.
Alors, ils dorment mal.
Alors, tu dors bien.

Si on fait beaucoup de sport, on dort bien.

NOUS AIMONS NOUS BATTRE POUR ETRE LES MEILLEURS. **biS** TRAVAIL TEMPORAIRE

À quelle heure sortent-ils de l'école? (Martinique)

6. Avec un groupe d'élèves vous avez demandé à M. Bertier de vous aider à former un club. Il veut savoir quand tout le monde sort de l'école le lundi et le mardi. Dites-le-lui.

MODÈLE: vous / 6 h
Vous sortez de l'école à six heures.

le lundi
1. je / 5 h 45   Je sors de l'école à six heures moins le quart.
2. Henri / 4 h 15   Henri sort de l'école à quatre heures et quart.
3. Anne et Sophie / 5 h 00   Anne et Sophie sortent de l'école à cinq heures.
4. Isabelle / 4 h 30   Isabelle sort de l'école à quatre heures et demie.
le mardi
5. Henri / 4 h 45   Henri sort de l'école à cinq heures moins le quart.
6. Isabelle et moi / 5 h 30   Isabelle et moi, nous sortons de l'école à cinq heures et demie.
7. Anne et Sophie / 5 h 15   Anne et Sophie sortent de l'école à cinq heures et quart.

7. Tout le monde part en vacances. Dites d'où on part.
MODÈLE: Michel / Toulouse
Michel part de Toulouse.

1. Anne-Marie / Paris   Anne-Marie part de Paris.
2. je / Bruxelles   Je pars de Bruxelles.
3. les Dupont / Montréal   Les Dupont partent de Montréal.
4. tu / Genève   Tu pars de Genève.
5. Jean-Marc / Grenoble   Jean-Marc part de Grenoble.
6. vous / Lyon   Vous partez de Lyon.
7. on / Nice   On part de Nice.
8. nous / Lille   Nous partons de Lille.

On part de Disentis. (Suisse)

la négation

Ne...pas (*not*) is only one of the expressions used to make a sentence negative. Here are some others.

ne...jamais	Je **ne** vois **jamais** Hélène.	I never see Hélène.
ne...pas encore	Ils **ne** jouent **pas encore**.	They aren't playing yet.
ne...personne	Il **n'**y a **personne** ici.	There's no one here.
ne...plus	Tu **ne** fais **plus** de foot?	You no longer play soccer?
ne...rien	Nous **ne** faisons **rien**.	We don't do anything.

Il n'y a personne ici. (Paris)

ATTENTION: 1. Each negative expression has two parts: 1) **ne** (**n'**) before the verb and 2) **jamais**, **pas encore**, **personne**, **plus** or **rien** after the verb.

Nous **n'**entendons **rien**.   *We hear nothing.*

When a form of **aller** precedes an infinitive, **ne** (**n'**) comes before the form of **aller** and **jamais**, **pas encore**, **plus** and **rien** come after it. **Personne, however, follows the infinitive.**

Tu **ne** vas **jamais** deviner.   *You are never going to guess.*

Je **ne** vais croire **personne**.   *I'm not going to believe anyone.*

Emphasize that **pas** is never used with **jamais**, **personne**, **plus** or **rien**.

2. After a negative expression **un(e)**, **du**, **de la**, **de l'** and **des** change to **de (d')**.

—Bois-tu toujours **du** coca?

Do you still drink Coke?

—Non, je ne bois plus **de** coca.

No, I don't drink Coke anymore.

—Avez-vous déjà **des** idées?

Do you already have some ideas?

—Non, nous n'avons pas encore **d'**idées.

No, we still don't have any ideas.

Wkbk. 8

8. Jean-Paul vous pose des questions sur (*about*) Delphine. Répondez négativement.

MODÈLE: Comment va-t-elle? (ne...pas bien)
Elle ne va pas bien.

1. Qu'est-ce qu'elle fait? (ne...rien)
2. Est-elle toujours en vacances? (ne...plus)
3. Va-t-elle souvent au Jardin du Luxembourg? (ne...jamais)
4. Fait-elle des promenades? (ne...pas)
5. Joue-t-elle toujours au tennis? (ne...jamais)
6. Elle a déjà une voiture? (ne...pas encore)
7. Aime-t-elle tout le monde? (ne...personne)
8. A-t-elle toujours des amis? (ne...plus)

Mme Maurel n'est plus en vacances.

Ils n'achètent rien. (Paris)

9. Répondez négativement en employant **plus**, **pas encore**, **jamais**, **rien** ou **personne**. Soyez logique.

MODÈLE: Étienne a déjà une moto?
Non, il n'a pas encore de moto.

1. M. Charlot est toujours professeur?
2. Bruno invite tout le monde ce week-end?
3. Tu fais souvent du ski?
4. Denise vend quelque chose?
5. Sophie et Catherine vont-elles quelquefois à la piscine ensemble?
6. Tu entends quelqu'un?
7. Les Blanchard achètent-ils tout?
8. Vous partez déjà?

1. Non, il n'est plus professeur.
2. Non, il n'invite personne ce week-end.
3. Non, je ne fais jamais de ski.
4. Non, elle ne vend rien.
5. Non, elles ne vont jamais à la piscine ensemble.
6. Non, je n'entends personne.
7. Non, ils n'achètent rien.
8. Non, nous ne partons pas encore.

les pronoms compléments directs: *le, la, l', les*

The direct object of a verb is the person or thing that receives the action of the verb. The direct object answers the question "who" or "what" asked of the verb. In the sentence **Je vends ma voiture, ma voiture** is the direct object of the verb **vends**. Note that there is no preposition between the verb and the direct object.

Étienne a toujours **sa moto**.	*Étienne still has his motorcycle.*
Robert va inviter **les copains**.	*Robert is going to invite the guys.*

As in English, the direct object may be replaced by a pronoun. **Le**, **la**, **l'** and **les** are direct object pronouns.

Direct Object Pronouns			
	Masculine	**Feminine**	**Before a Vowel Sound**
Singular	le	la	l'
Plural	les	les	les

—Voilà Marc. Je **le** vois.	*There's Marc. I see him.*
—Et voilà Anne. **La** vois-tu?	*And there's Anne. Do you see her?*
—Oui. Est-ce qu'on **les** invite?	*Yes. Shall we invite them?*

You may point out that the direct object receives the action of the verb directly. For students already curious about the difference between a direct and an indirect object, give the sentence **Je vends ma voiture à Jean.** Say that the preposition à before **Jean** makes **Jean** an indirect object.

You may mention the similarity in form between definite articles and direct object pronouns.

The direct object pronoun usually comes right before the verb of which it is the object.

Je **le** vends. *I'm selling it.*

The direct object pronoun also precedes

* an infinitive.

Tu peux **l'**aider. *You can help him/her.*

There is **liaison** between **les** and a word beginning with a vowel sound.

* the verb in a question with inversion.

Les achètes-tu? *Are you buying them?*

* the verb in a negative sentence.

Je ne **la** vois plus. *I don't see her anymore.*

ATTENTION: **Le** (*him*, *it*), **la** (*her*, *it*) and **les** (*them*) can refer to people or to things. **Le** and **la** become **l'** before a verb beginning with a vowel sound.

Son nouvel album? On **l'**achète. *Her new album? We're buying it.*

Ma jupe rouge? Je **la** porte. *My red skirt? I'm wearing it.*

Les sœurs de Paul? Tu **les** aimes. *Paul's sisters? You like them.*

Wkbk. 9, Wkbk. 10

Le nouvel album de Julien Clerc? Elle l'adore.

SUR EURO-TOUTOU.

109F

10. Roger vous pose des questions. Répondez affirmativement et remplacez les mots en italique par **le**, **la**, **l'** ou **les**, selon le cas.

You may want students to repeat this **Activité** in the negative.

> MODÈLE: Le père de Carole prend *le téléphone*?
> **Oui, il le prend.**

1. Carole met *l'album* dans le sac?   Oui, elle le met dans le sac.
2. La mère d'Étienne a *la voiture*?   Oui, elle l'a.
3. Carole prend *les places*?   Oui, elle les prend.
4. Carole et Étienne aiment *le film d'Adjani*?   Oui, ils l'aiment.
5. Ils veulent *les trésors*?   Oui, ils les veulent.
6. Nous allons voir *notre cousine*?   Oui, nous allons la voir.
7. Crois-tu *cette dame*?   Oui, je la crois.
8. Paul achète *le bateau*?   Oui, il l'achète.

Il l'achète…mais elle ne l'achète pas. (Paris)

11. Vous ne savez jamais ce que vous voulez. Quand Martin fait des courses avec vous, il perd patience. Répondez-lui d'après le modèle.

> MODÈLE: Enfin, tu prends cette cravate?
> **Je la prends. Euh…non, je ne la prends pas.**

Encourage students to use object pronouns from now on when possible.

1. Enfin, tu prends ces pulls?   Je les prends. Euh…non, je ne les prends pas.
2. Enfin, tu prends la chemise?   Je la prends. Euh…non, je ne la prends pas.
3. Enfin, tu prends ce pantalon?   Je le prends. Euh…non, je ne le prends pas.
4. Enfin, tu prends cet album?   Je le prends. Euh…non, je ne le prends pas.
5. Enfin, tu achètes ces cartes?   Je les achète. Euh…non, je ne les achète pas.
6. Enfin, tu achètes l'ordinateur?   Je l'achète. Euh…non, je ne l'achète pas.
7. Enfin, tu achètes la moto?   Je l'achète. Euh…non, je ne l'achète pas.
8. Alors, tu veux cette affiche?   Je la veux. Euh…non, je ne la veux pas.

12. Denis pose toujours trop de questions. Répondez-lui négativement, et puis posez-lui la même question en employant **le**, **la**, **l'** ou **les** et l'inversion.

> MODÈLE: Entends-tu le prof quand il parle?
> **Non, je ne l'entends pas. L'entends-tu?**

1. Aimes-tu Catherine?
2. Vois-tu souvent Marguerite?
3. Invites-tu Luc à dîner?
4. Emmènes-tu tes parents au cinéma?
5. Comprends-tu tes parents?
6. Fais-tu le dîner?
7. Crois-tu toujours Mme Blot?
8. Finis-tu le travail?

1. Non, je ne l'aime pas. L'aimes-tu?
2. Non, je ne la vois pas souvent. La vois-tu souvent?
3. Non, je ne l'invite pas à dîner. L'invites-tu?
4. Non, je ne les emmène pas au cinéma. Les emmènes-tu?
5. Non, je ne les comprends pas. Les comprends-tu?
6. Non, je ne le fais pas. Le fais-tu?
7. Non, je ne la crois pas toujours. La crois-tu toujours?
8. Non, je ne le finis pas. Le finis-tu?

13. Répondez aux questions suivantes. Remplacez les mots en italique par **le**, **la**, **l'** ou **les**, selon le cas.

> MODÈLE: Qui va chercher *Delphine*? (son père)
> **Son père va la chercher.**

Vous venez les chercher.

Charlotte va la mettre.

Michel veut l'inviter.

Thérèse et Nadine peuvent les aider.

Nous devons le voir.

Je ne vais pas la deviner.

Claire et Sébastien peuvent le faire.

Tu ne dois pas l'apprendre.

1. Qui vient chercher *les copains*? (vous)
2. Qui va mettre *la radio*? (Charlotte)
3. Qui veut inviter *Sylvie*? (Michel)
4. Qui peut aider *les autres élèves*? (Thérèse et Nadine)
5. Qui doit voir *le prof*? (nous)
6. Qui ne va pas deviner *l'histoire*? (je)
7. Qui peut faire *le dîner*? (Claire et Sébastien)
8. Qui ne doit pas apprendre *la leçon*? (tu)

des verbes à complément direct

The verbs **attendre**, **chercher**, **demander**, **écouter**, **payer** and **regarder** have direct objects. These verbs do not take **à** or **pour** before a direct object because these prepositions are considered part of the infinitive. In English, however, the prepositions "to," "at" or "for" follow these verbs. Note the differences in construction between French and English.

You may check student comprehension of these verbs by doing this **Comment dit-on en français?** exercise.
—Are you looking for the movie theater? **Cherches-tu le cinéma?**
—Yes, I'm looking for it. **Oui, je le cherche.**

—Attendez-vous le bus? *Are you waiting for the bus?*
—Oui, nous **l'**attendons. *Yes, we're waiting for it.*

—Cherches-tu Corinne? *Are you looking for Corinne?*
—Non, je ne **la** cherche pas. *No, I'm not looking for her.*

—Demande-t-elle l'addition? *Is she asking for the bill?*
—Oui, elle **la** demande. *Yes, she's asking for it.*

—Écoutent-ils mes albums?   *Do they listen to my albums?*

—Oui, ils **les** écoutent.   *Yes, they listen to them.*

—Qui paie le billet?   *Who is paying for the ticket?*

—Je **le** paie.   *I'm paying for it.*

—Regardes-tu Éric?   *Are you looking at Éric?*

—Non, je ne **le** regarde pas.   *No, I'm not looking at him.*

—Are you waiting for your parents?
Attends-tu tes parents?
—Yes, I'm waiting for them.
Oui, je les attends.
—Do you listen to them?
Les écoutes-tu?
—No, I don't listen to them.
Non, je ne les écoute pas.

14. Vous apprenez à votre petite sœur de ne pas répéter le nom quand elle répond à vos questions. Corrigez-la.

     MODÈLE: —Tu regardes la télé?

                 —Oui, je regarde la télé.

                 Oui, je la regarde.

1. — Tu cherches ta chaussette?

   — Oui, je cherche ma chaussette.   Oui, je la cherche.

2. — Tu vas attendre Maman?

   — Oui, je vais attendre Maman.   Oui, je vais l'attendre.

3. — Tu écoutes la radio?

   — Oui, j'écoute la radio.   Oui, je l'écoute.

4. — Tu cherches la cassette?

   — Oui, je cherche la cassette.   Oui, je la cherche.

5. — Tu veux payer les places?

   — Oui, je veux payer les places.   Oui, je veux les payer.

6. — Tu dois demander le prix?

   — Oui, je dois demander le prix.   Oui, je dois le demander.

7. — Tu attends tes amies?

   — Oui, j'attends mes amies.   Oui, je les attends.

8. — Tu veux regarder mon livre?

   — Oui, je veux regarder ton livre.   Oui, je veux le regarder.

Ses amis? Il les attend. (Martinique)

15. Vous faites du baby-sitting pour vos parents. Comme votre petite sœur est gentille, elle peut faire ce qu'elle veut. Répondez-lui.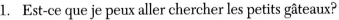

     MODÈLE: Est-ce que je peux écouter la radio?

                 Oui, tu peux l'écouter.

1. Est-ce que je peux aller chercher les petits gâteaux?   Oui, tu peux aller les chercher.

2. Est-ce que je peux écouter cet album?   Oui, tu peux l'écouter.

3. Est-ce que je peux regarder le match de foot?   Oui, tu peux le regarder.

4. Toi et moi, pouvons-nous aller chercher la glace ensemble?   Oui, nous pouvons aller la chercher ensemble.

5. Est-ce que je peux demander le prix de la glace?   Oui, tu peux le demander.

6. Et je peux payer la glace?   Oui, tu peux la payer.

7. Est-ce que je peux attendre Maman et Papa avec toi?   Oui, tu peux les attendre avec moi.

les pronoms compléments directs + *voici* et *voilà*

The direct object pronouns **le**, **la** and **les** may precede **voici** and **voilà**. When **le**, **la** and **les** refer to people, they mean "he," "she" and "they," respectively.

—Où est Rose?   *Where is Rose?*
—**La** voici.   *Here she is.*
—Et les copains?   *And the guys?*
—**Les** voilà.   *There they are.*
—Hervé ne vient pas?   *Hervé's not coming?*
—Si, **le** voilà.   *Yes, there he is.*

You may give an example of impersonal **le**, **la** or **les** before **voici** or **voilà**.
—**Où est ma voiture?**
  Where is my car?
—**La voilà.**
  There it is.

Wkbk. 11

16. Montrez à Daniel les personnes et les choses qu'il cherche. Alternez **voici** et **voilà** dans vos réponses.

    MODÈLE: Où est la piscine?
                La voici.

1. Où est le cinéma?   Le voilà.
2. Où sont les téléphones?   Les voici.
3. Montre-moi Véronique.   La voilà.
4. Où est Martin?   Le voici.
5. Montre-moi les deux vélos.   Les voilà.
6. Où est l'équipe?   La voici.
7. Où sont Carole et Étienne?   Les voilà.
8. Où est l'album?   Le voici.

17. Comment dit-on en français?   This is an optional activity.

FRANÇOIS:	Luc, there's a great movie on TV tonight.	Luc, il y a un film génial à la télé ce soir.
LUC:	I can't watch it. I'm busy.	Je ne peux pas le regarder. Je suis occupé.
FRANÇOIS:	What are you doing?	Que fais-tu?
LUC:	I'm going out.	Je sors.
FRANÇOIS:	Who are you going out with?	Avec qui sors-tu?
LUC:	With Sylvie. She has a new car.	Avec Sylvie. Elle a une nouvelle voiture.
FRANÇOIS:	Where are you going with her?	Où vas-tu avec elle?
LUC:	To the movie, and afterwards we're going to go for a ride.	Au cinéma, et après on va faire un tour.
FRANÇOIS:	I hope that you're paying for the movie.	J'espère que tu paies le cinéma.
LUC:	Yes, I'm paying for it.	Oui, je le paie.

Rédaction

À la fin du dialogue d'introduction Carole et Étienne font des plans. Écrivez deux ou trois paragraphes où vous décrivez leur tour en moto après le film. Dites où ils vont, qui et ce qu'ils voient et ce qu'ils font. Imaginez qu'ils ont une aventure intéressante. Employez de nouveaux mots et de nouvelles expressions de cette leçon, si possible.

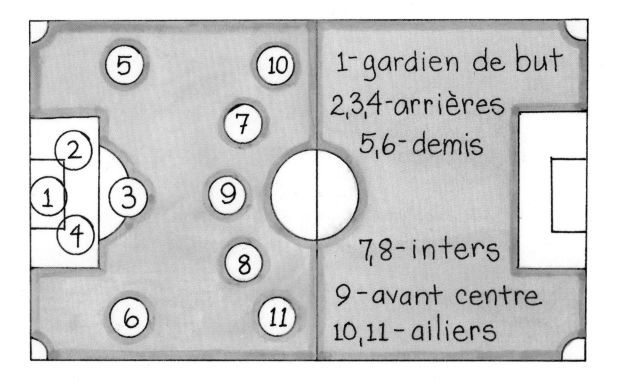

Lecture

The words for these soccer positions are passive vocabulary and appear in the End Vocabulary.

Quel match!

Nicolas adore le foot et son équipe préférée c'est **Paris-Saint-Germain (P.S.G.)**. Il pense qu'elle est plus forte que les autres équipes, et il a de la chance parce que son père l'emmène souvent voir les matchs du **P.S.G.** Comme il connaît les joueurs maintenant, il n'a plus peur de crier avec son père: "Allez, Dominique! Plus vite, Michel! Super, Thierry! Attention, Robert!"

L'équipe de Nicolas espère gagner le match de foot.

Aujourd'hui c'est samedi, et Nicolas va au match de foot, mais cette fois-ci, il ne va pas regarder, il va jouer. Son club sportif va jouer contre° une autre équipe. Les joueurs du club sont avec M. Cambier, leur entraîneur.° Qui va commencer le match? C'est M. Cambier qui décide, mais il ne choisit pas Nicolas. Pauvre Nicolas! Ses parents sont là et espèrent le voir jouer. Tant pis! Alors le match commence, et Nicolas regarde. La première mi-temps° est un désastre° pour son équipe qui perd par° trois buts° à un! À la fin de la première mi-temps, les joueurs sont fatigués, et M. Cambier n'est pas très content. Nicolas aide ses copains—il va chercher de l'eau.

against
coach

half/disaster
by/goals

Nicolas prend la place de Jean-Louis.

Nous sommes maintenant à la deuxième mi-temps, et le pauvre Nicolas, qui ne joue pas encore, regarde toujours et crie: "Attention, Roland, tu vas perdre le ballon!° Attention au gardien de but!° Oui, oui, continue, continue! Ah, un but! Ouais! Trois à deux!" Quoi? M. Cambier arrête le match? Mais pourquoi? C'est Jean-Louis qui a mal à la jambe, et il ne peut plus jouer. Alors, M. Cambier appelle Nicolas qui prend vite la place de Jean-Louis à l'avant-centre.° Le match recommence, et Roland a encore le ballon. Quoi? Un autre but? Oh là là! C'est chouette! Trois à trois maintenant! Un but de plus, et l'équipe de Nicolas va gagner! "Attention, Nicolas! Voilà le ballon!" crie son père. "Prends le ballon, Nicolas! Allez, plus vite, Nicolas! Continue! Oh! Oh! Le gardien de but ne peut pas l'arrêter! On va gagner! On va gagner! Quel but! Super! C'est mon fils, c'est mon fils! Quel match!"

ball

gardien de but = goalie

center forward

Wkbk. 12

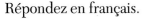

Répondez en français.

1. Quelle est l'équipe préférée de Nicolas?
   Paris-Saint-Germain est l'équipe préférée de Nicolas.
2. Qui emmène Nicolas voir les matchs du P.S.G.?
   Son père l'emmène voir les matchs du P.S.G.
3. Qui est l'entraîneur de l'équipe de Nicolas?
   M. Cambier est l'entraîneur de l'équipe de Nicolas.
4. Pourquoi Nicolas ne commence-t-il pas le match?
   Parce que M. Cambier ne le choisit pas.
5. Qui est là pour voir jouer Nicolas?
   Ses parents sont là pour le voir jouer.
6. Pourquoi est-ce que M. Cambier n'est pas content?
   Parce que la première mi-temps est un désastre.
7. Comment est-ce que Nicolas aide ses copains?
   Il va chercher de l'eau.
8. Pourquoi est-ce que Jean-Louis ne peut plus jouer?
   Parce qu'il a mal à la jambe.
9. Qui va prendre sa place?
   Nicolas va la prendre.
10. Qui ne peut pas arrêter Nicolas?
    Le gardien de but ne peut pas l'arrêter.
11. Qui va gagner le match?
    L'équipe de Nicolas va le gagner.
12. Qui est très, très content?
    Le père de Nicolas est très, très content.

Proverbe

The English equivalent of this proverb is "Let sleeping dogs lie" or "Leave well enough alone."

N'éveillez pas le chat qui dort. *Don't wake up the sleeping cat.*

Interaction et application pratique
À deux

1. With your partner create an interesting thirty-second telephone conversation in French. You may talk about what you're doing, music you like, a movie that you want to see or plans that you have together. Use only expressions you have learned so far. Rehearse your conversation and present it to the class on real phones if possible.

2. With your partner create a list of five things that you never do and another list of five things you don't do any more. Then compare your lists with those of another pair of students and share the most interesting sentences with the entire class.

> MODÈLES: **Nous, nous ne faisons jamais de jogging.**
> **Nous, nous n'allons plus à la piscine en automne.**

Moi, je ne vais plus à l'école à pied.

3. See how many different questions you and your partner can form that could be answered by each statement below. The pair of students with the most questions for each statement can read them to the class.

  1. Non, je ne suis pas encore là.
  2. Non, il ne fait rien.
  3. Non, nous ne le regardons plus.
  4. Non, elle ne voit personne.
  5. Non, on ne l'écoute jamais.

4. Take turns with your partner asking where things in the classroom are. Use a direct object pronoun and **voici** or **voilà** each time you answer. (**Voilà** is for objects that are farther away from you and **voici** is for those that are closer.) Point to the object or objects you locate.

   MODÈLES: a) Où est le tableau noir?
             Le voici.

             b) Où sont les dictionnaires?
             Les voilà.

On attend ses amis à la gare. (Bayonne)

En groupes

5. See how many questions your group can make for each of the following answers. Use a different noun in each question. Have some person from the group list all the possible questions on a transparency. Do one sentence at a time, spending not more than one minute on each sentence. The group with the most questions for each sentence can show them to the entire class.

  1. Oui, on l'attend.
  2. Oui, on les demande.
  3. Oui, on l'apprend.
  4. Oui, on peut le regarder.
  5. Oui, on les paie.
  6. Oui, on va la chercher.

6. With others in your group make a question using the **vous** form of each of the following verbs. Be sure that each verb has a direct object like **le téléphone** in the model.

> MODÈLE: avoir
> **Avez-vous le téléphone chez vous?**

1. croire
2. voir
3. regarder
4. entendre
5. mettre
6. comprendre
7. payer
8. chercher

Il n'a pas le téléphone
chez lui.

7. Now take turns with other groups, one at a time, asking and answering the questions you formed in the preceding activity. No group can answer its own questions, and each answer must contain the right direct object pronoun. See which group can correctly answer the most questions.

> MODÈLE: Avez-vous le téléphone chez vous?
> **Oui, nous l'avons.**
> **Non, nous ne l'avons pas.**

8. See how many different completions your group can think of for each of the following sentences. Have some person from the group list the possible completions on a transparency. Do one sentence at a time, spending not more than one minute on each sentence. Afterwards several transparencies can be put on the overhead for all to correct.

1. Est-ce que vous invitez ___?
2. Je ne peux pas sortir ce soir parce que ___.
3. Je n'ai pas encore ___.
4. On va faire ___ aujourd'hui.
5. Est-ce que vous avez envie de ___?
6. Qu'est-ce que vous pensez de ___?

Vocabulaire actif

noms

un album album
une aventure adventure
le cinéma movie theater; movies
la Colombie Columbia
un divertissement entertainment
l'envie: avoir envie (de) to feel like, to want
un film movie, film
la fin end

une jungle jungle
une moto motorcycle
une piscine swimming pool
une radio radio
un téléphone telephone
un trésor treasure
une voiture car

adjectifs

fauché(e) broke (out of money)
occupé(e) busy

verbes

arrêter to stop
avoir envie (de) to feel like, to want
chercher to get
continuer to continue
crier to scream, to shout
décider to decide
deviner to guess
dormir to sleep
entendre to hear
inviter to invite

partir to leave
payer to pay (for)
penser to think
quitter to leave
  Ne quitte(z) pas. Hold on (telephone).
recommencer to begin again, to start again
sortir to go out, to come out, to take out, to leave
téléphoner (à) to phone, to call
vendre to sell

expressions diverses

à on
à moitié half
allô hello (on telephone)
en ce moment right now, at the moment
enfin well
grand'chose: pas grand'chose not much
le, la, l' him, her, it
les them
me me, I

ne (n')...jamais never
ne (n')...pas encore not yet
ne (n')...personne not anyone, no one, nobody
ne (n')...plus not any longer, not anymore, no longer, no more
ne (n')...rien not anything, nothing
quelqu'un someone, somebody
quoi what

---

expression courante
tant pis too bad

LE CAMPING

AU PARC
DE LA GATINEAU

UNE EXPÉRIENCE
TOUTE NATURELLE!

Canadä

Les vacances

Leçon 3

Communicative Functions

- talking about summer vacation
- saying what you have done
- asking about someone's activities
- talking about recreational activities
- talking about camping
- naming musical instruments

METTEZ VOTRE APPÉTIT EN VACANCES

Des vacances super

All words in the dialogue and **Expansion** are active vocabulary.

Sophie, Louis et Audrey parlent des grandes vacances.* Sophie a passé ses vacances à la mer, près de Saint-Jean-de-Luz,[1] un port de pêche sur la côte Atlantique.

Notice that the noun **pêche** can mean either "fishing" or "peach."

Sophie a passé ses vacances à la plage. (Saint-Jean-de-Luz)

Louis a été chez sa grand-mère dans les Alpes. (Plan Peisey)

AUDREY: Sophie, où as-tu bronzé comme ça cet été?

SOPHIE: À la plage. J'ai été à Saint-Jean-de-Luz avec mes parents.

LOUIS: Vous avez pêché? *Past participles of irregular verbs, like **été**, will be listed only in the End Vocabulary.*

SOPHIE: Non, mais nous avons nagé et joué au volley et au ballon.**

AUDREY: Et tu as perdu du poids, n'est-ce pas?

SOPHIE: C'est vrai. J'ai perdu trois kilos. Je vous étonne, hein?

AUDREY: Et toi, Louis, qu'est-ce que tu as fait?

LOUIS: Moi, j'ai passé un mois à la montagne chez ma grand-mère.

AUDREY: Où ça?

LOUIS: À Plan Peisey, en Savoie.[2] Vous connaissez Plan Peisey?

SOPHIE: Je crois que oui. C'est une station de ski, n'est-ce pas?

LOUIS: Oui, c'est ça.

AUDREY: Mais, ce doit être triste en été.

LOUIS: Pas du tout, Madame.*** J'ai passé des vacances super.

*You may point out that "to gain weight" is **prendre du poids**, not **gagner du poids**.*

*Note that the adjective **super** is invariable.*

*°**Les grandes vacances** means "summer vacation."
°°**Un ballon** is an inflatable ball, for example, a beach ball or a soccer ball (**un ballon de foot**).
°°°When young people in France call each other **Monsieur** or **Madame**, they are only teasing about acting too much like snobs.*

Notes culturelles

1. Known as an important fishing village and popular seaside resort, Saint-Jean-de-Luz is just north of the Spanish border on the Atlantic coast.

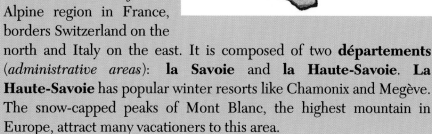

2. **La Savoie** (*Savoy*), an Alpine region in France, borders Switzerland on the north and Italy on the east. It is composed of two **départements** (*administrative areas*): **la Savoie** and **la Haute-Savoie**. **La Haute-Savoie** has popular winter resorts like Chamonix and Megève. The snow-capped peaks of Mont Blanc, the highest mountain in Europe, attract many vacationers to this area.

Compréhension

Répondez en français.

1. De quelles vacances Louis, Audrey et Sophie parlent-ils?
2. Ce sont des vacances d'hiver?
3. Où est le port de Saint-Jean-de-Luz?
4. Où est-ce que Sophie a bronzé?
5. Qu'est-ce que Sophie a fait à la plage?
6. Combien de kilos a-t-elle perdu?
7. Où est-ce que Louis a été?
8. Combien de temps a-t-il passé à Plan Peisey?
9. Est-ce que Louis a passé des vacances tristes en Savoie?

Ils parlent des grandes vacances.

Non, ce sont des vacances d'été.

Il est sur la côte Atlantique.

Elle a bronzé à la plage.

Elle a nagé et joué au volley et au ballon.

Elle a perdu trois kilos.

Il a été à la montagne chez sa grand-mère.

Il a passé un mois à Plan Peisey.

Non, il a passé des vacances super en Savoie.

À propos

1. Est-ce que vous allez à la plage en été?
2. Qu'est-ce que vous faites à la plage?
3. Préférez-vous nager dans la mer ou dans une piscine?
4. Aimez-vous pêcher?
5. Quand allez-vous à la montagne?
6. Qu'est-ce que vous faites à la montagne?

Expansion

les vacances de Louis

SOPHIE: Alors, Louis, et tes vacances?

LOUIS: Eh bien, j'ai pêché, et j'ai attrapé de gros poissons.

SOPHIE: C'est tout?

LOUIS: Non, j'ai aussi fait de la marche, et j'ai joué au tennis.

AUDREY: Tout seul?

LOUIS: Bien sûr que non. J'ai aussi rencontré une fille.

AUDREY: Une fille super, bien sûr.

On peut acheter des articles de pêche ici.

Au camp scout on fait souvent des excursions.

les vacances d'Audrey

SOPHIE: Et toi, Audrey, tu as eu de bonnes vacances aussi?

AUDREY: Oui, j'ai été monitrice dans un camp scout.

LOUIS: Je rêve!* Toi, avec des enfants, et en plein air?

AUDREY: Justement, Monsieur qui sait tout,** et ils m'adorent. Ça vous étonne, hein?

SOPHIE: Non, moi, je te crois. Alors, qu'est-ce que tu as fait?

  *The literal meaning of the expression **Je rêve** is "I'm dreaming." Here it implies that Louis can't believe what's happening or being said.

  The feminine equivalent of **Monsieur qui sait tout ("Mr. Know-it-all") is **Madame qui sait tout**.

Le camp d'Audrey

la fumée

les bois

une tente

une guitare

un feu

une canne à pêche

un sac de couchage

une rivière

un canoë

AUDREY: Eh bien, du camping et j'ai fait du canoë.

LOUIS: C'est tout?

AUDREY: Non, j'ai fait aussi de la musique pour les enfants.

SOPHIE: Franchement, Audrey, tu nous étonnes.

Wkbk. 1, Wkbk. 2, Wkbk. 3

Êtes-vous musicien ou musicienne?

Audrey est musicienne et chanteuse. Elle joue de la guitare et chante avec un groupe de rock. En effet, son groupe a donné un concert hier. Savez-vous jouer d'un instrument?

Point out the two adverbs **justement** and **franchement**. Their -**ment** ending means "-ly" in English. Students have already learned the words **vraiment** and **probablement**. Adverbs will be presented in more detail later in this book.

une batterie

une flûte

un piano

une clarinette

un saxophone (saxo)

un violon

une trompette

un synthétiseur (synthé)

Wkbk. 4, Wkbk. 5

Activités

1. Complétez chaque phrase d'après le dialogue d'introduction, l'**Expansion** ou les images.

la côte Atlantique

1. Saint-Jean-de-Luz est dans le sud-ouest de la France sur

2. Sophie n'a pas

pêché

3. Mais elle a joué

au ballon

4. Quand on maigrit, on perd

du poids

5. Louis a passé un mois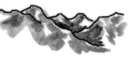

à la montagne

6. Louis a fait

de la marche

7. Audrey a été  dans un camp scout.

monitrice

8. Comme Sophie et Louis, Audrey a passé beaucoup de temps

en plein air

2. Jean-Michel parle des vacances de Louis et d'Audrey. Corrigez ses fautes en italique d'après l'**Expansion**.

1. Louis a joué au *basket*.
2. Il a aussi rencontré une fille *triste*.
3. *Sophie* pense que l'histoire d'Audrey n'est pas vraie.
4. Selon Audrey, Louis est un monsieur qui *fait* tout.
5. Audrey a fait du *jogging* dans les bois.
6. Elle a aussi fait du *ski nautique* sur la rivière.
7. Audrey est musicienne et elle joue de la *flûte*.
8. Son groupe a donné un concert *ce matin*.

tennis

super

Louis

sait

camping

canoë

guitare

hier

3. Répondez par des phrases complètes d'après le vocabulaire de l'**Expansion**.

1. Avec quoi peut-on attraper un poisson?
2. Où peut-on attraper des poissons?
3. Dans quoi peut-on dormir en plein air?
4. Si on fait du camping la nuit et on a froid, qu'est-ce qu'on peut faire?
5. Qu'est-ce qu'on voit quand il y a du feu?
6. Êtes-vous musicien ou musicienne?
7. De quel instrument jouez-vous?
8. Quel est votre groupe de rock préféré?

Answers to questions 6-8 will vary.

1. On peut attraper un poisson avec une canne à pêche.
2. On peut attraper des poissons dans une rivière, un lac ou la mer (l'océan).
3. On peut dormir dans un sac de couchage ou sous une tente.
4. On peut faire un feu.
5. On voit de la fumée.

Avez-vous un groupe de rock préféré?

4. Identifiez les objets suivants.

MODÈLE: Qu'est-ce que c'est?
Ce sont des instruments.

1. Qu'est-ce que c'est?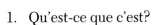

C'est une trompette.

2. Qu'est-ce que c'est?

C'est une batterie.

3. Qu'est-ce que c'est?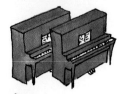

Ce sont des pianos.

4. Qu'est-ce que c'est?

C'est un synthé.

5. Qu'est-ce que c'est?

C'est un saxo.

6. Qu'est-ce que c'est?

C'est une clarinette.

7. Qu'est-ce que c'est?

Ce sont des flûtes.

8. Qu'est-ce que c'est?

C'est un violon.

9. Qu'est-ce que c'est?

C'est une guitare.

"Mais oui. Je sais où elle habite."

Structure et usage

le présent des verbes irréguliers *savoir* et *connaître*

The verbs **savoir** and **connaître** both mean "to know," but they are used differently. Here are their present tense forms.

savoir		
je **sais**	Je **sais** où ils habitent.	I know where they live.
tu **sais**	**Sais**-tu qu'il pleut?	Do you know it's raining?
il/elle/on **sait**	Elle ne le **sait** pas.	She doesn't know it.
nous **savons**	Nous **savons** pourquoi.	We know why.
vous **savez**	Vous **savez** tout.	You know everything.
ils/elles **savent**	Ils **savent** faire cela.	They know how to do that.

connaître		
je **connais**	Je **connais** ce moniteur.	I know that counselor.
tu **connais**	**Connais**-tu cette ville?	Do you know this city?
il/elle/on **connaît**	Il ne **connaît** pas Pascale.	He doesn't know Pascale.
nous **connaissons**	Nous **connaissons** ce film.	We know that movie.
vous **connaissez**	Vous **connaissez** la rue.	You know the street.
ils/elles **connaissent**	Ils **connaissent** la Savoie.	They know Savoy.

Have students repeat after you all these sentences. Then you may have students do some exercises from singular to plural, declarative to interrogative and affirmative to negative, or vice versa.
Modèles:
a) Il sait la date. (Anne et Marc) **Anne et Marc savent la date.**
b) Ils connaissent Paris. **Connaissent-ils Paris?**
c) Tu le sais. **Tu ne le sais pas.**

ATTENTION:

1. **Savoir** means to know factual information, for example,
   * the truth.
     C'est vrai. On le **sait**.   *It's true. We know it.*
   * a name or address.
     Savez-vous son adresse?   *Do you know her address?*
   * the time or date.
     Sais-tu l'heure?   *Do you know the time?*
   * that something is happening.
     Elle **sait** que tu viens.   *She knows you're coming.*
   * why things happen or where they are.
     Nous **savons** où ils vont.   *We know where they're going.*

2. **Savoir** before an infinitive means to know how to do something.
   —**Savez**-vous faire du ski?   *Do you know how to ski?*
   —Non, je ne **sais** pas faire du ski.   *No, I don't know how to ski.*

Wkbk. 6

Ils savent faire du ski. (Gavarnie)

Connaissez-vous ce garçon?

Wkbk. 7

3. **Connaître** means "to know" in the sense of being acquainted or familiar with
   * people.
     Connaissez-vous Mathieu?   *Do you know Mathieu?*
   * places.
     Ils **connaissent** cette plage.   *They know that beach.*
   * movies, songs, books and other works of art.
     Tu ne **connais** pas ce film.   *You don't know that movie.*

5. Audrey va être monitrice l'été prochain. Elle vous invite avec des amis. Maintenant elle veut savoir ce que vous savez sur le camp. Répondez-lui en employant le verbe **savoir**.

> MODÈLE: comment je m'appelle (tout le monde)
> **Tout le monde sait comment tu t'appelles.**

1. mon adresse (nos parents)
2. comment l'autre monitrice s'appelle (nous)
3. qu'on peut faire du canoë (je)
4. que c'est en Savoie (tu)
5. pourquoi on va à la montagne (vous)
6. que la cuisine est bonne (Diane)
7. pêcher (Bernard)
8. faire un feu (Sylvie et Carole)

Savez-vous que c'est en Savoie?

6. Maintenant Audrey veut savoir si vos amis et vous connaissez certaines personnes et certains endroits (*places*). Dites-lui qui les connaît.

> MODÈLE: Je voudrais savoir qui connaît la Savoie. (Marc)
> **Marc la connaît.**

1. Je voudrais savoir qui connaît ce camp. (mes copains)
2. Je voudrais savoir qui connaît les Alpes. (tout le monde)
3. Je voudrais savoir qui connaît la grand-mère de Louis. (nous)
4. Je voudrais savoir qui connaît la montagne où elle habite. (tu)
5. Je voudrais savoir qui connaît les parents de Louis. (Sophie et toi)
6. Je voudrais savoir qui connaît ce nouveau groupe de rock. (Jeanne)
7. Je voudrais savoir qui connaît le port de Saint-Jean-de-Luz. (je)
8. Je voudrais savoir qui connaît Monsieur et Madame Sarlat. (mes cousines)

7. Vous venez d'arriver à Saint-Jean-de-Luz et vous voulez qu'un agent de police vous renseigne. Posez-lui vos questions en employant **Savez-vous** ou **Connaissez-vous**, selon le cas.

MODÈLE: la rue du Port
Connaissez-vous la rue du Port?

1. la famille Marin   Connaissez-vous la famille Marin?
2. où ils habitent   Savez-vous où ils habitent?
3. le fils de Monsieur Marin   Connaissez-vous le fils de Monsieur Marin?
4. pourquoi il fait si chaud   Savez-vous pourquoi il fait si chaud?
5. l'heure   Savez-vous l'heure?
6. le Café du Port   Connaissez-vous le Café du Port?
7. aller à ce café   Savez-vous aller à ce café?
8. tout le monde ici   Connaissez-vous tout le monde ici?

8. Complétez les dialogues avec la forme convenable de **savoir** ou de **connaître**, selon le cas.

1. — ___-tu la date aujourd'hui?   Sais
   — Oui, je la ___.   sais
2. — ___-tu les Dupont?   Connais
   — Non, mais Marc les ___, et il ___ qu'ils viennent d'arriver.   connaît/sait
3. — ___-tu pourquoi on va à la montagne?   Sais
   — Oui, et vos amis le ___ aussi.   savent
4. — ___-ils la rivière où on pêche?   Connaissent
   — Non, mais Luc et toi, vous la ___.   connaissez
5. — ___-vous où habite Cécile?   Savez
   — Oui, mais nous ne la ___ pas bien.   connaissons
6. — ___-vous jouer de la guitare?   Savez
   — Oui, mais je ne ___ pas la musique africaine.   connais

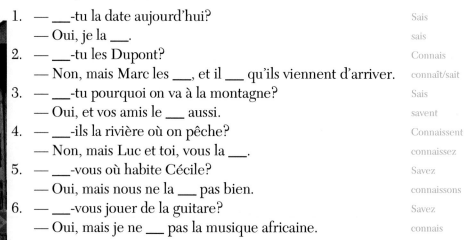

Connaissez-vous les Pyrénées? (Gavarnie)

les pronoms compléments directs: *me, te, nous, vous*

You have already learned how to use the direct object pronouns **le, la, l'** and **les**. To talk about the subjects **je, tu, nous** and **vous**, use the corresponding direct object pronouns **me, te, nous** and **vous**. The following chart shows their position, use and meaning.

Direct Object Pronouns		
me	Tout le monde **me** connaît.	Everybody knows me.
te	Elle **te** voit.	She sees you.
nous	Il **nous** invite à jouer.	He invites us to play.
vous	Je veux **vous** croire.	I want to believe you.

ATTENTION:

1. Like the other direct object pronouns, **me**, **te**, **nous** and **vous** come right before the verb of which they are the object. The sentence may be affirmative, negative, interrogative or have an infinitive.

Elle **nous** étonne. *She amazes us.*
Tu ne **m'**appelles jamais. *You never call me.*
Vous comprend-il? *Does he understand you?*
On vient **te** voir. *We're coming to see you.*

Point out that a pronoun may be the direct object of an infinitive. In this case the pronoun comes right before the infinitive and not before the conjugated verb.

"Tu m'appelles ce soir?"

You will want to review the direct object pronouns **le**, **la**, **l'** and **les** in **Leçon 2**.

There is **liaison** after **nous** and **vous** before a verb beginning with a vowel sound.

2. **Me**, **te**, **nous** and **vous** may precede **voici** and **voilà**. In this case **me** means "I" and **nous** means "us."
   —Où es-tu, Jean-Richard? *Where are you, Jean-Richard?*
   —**Me** voici. *Here I am.*
   —Et **nous** voici ensemble. *And here we are together.*

3. **Me** and **te** become **m'** and **t'** before a verb beginning with a vowel sound.
   —**M'**aimes-tu? *Do you love me?*
   —Oui, je **t'**aime. *Yes, I love you.*

4. Use **te** with people you address as **tu**; use **vous** with people you address as **vous**.
   Maman, je vais **t'**aider. *Mom, I'm going to help you.*
   Madame, on **vous** appelle. *Madam, they're calling you.*

Wkbk. 8

9. Votre amie Danièle pense que vous avez une attitude négative. Dites-lui qu'elle n'a pas raison.

> MODÈLE: Tu ne m'aides pas du tout.
> **Si, je t'aide.**

1. Tu ne m'écoutes pas du tout.   Si, je t'écoute.
2. Tu ne m'attends plus.   Si, je t'attends.
3. Tu ne m'appelles plus.   Si, je t'appelle.
4. Tu ne m'invites plus.   Si, je t'invite.
5. Tu ne viens plus me voir.   Si, je viens te voir.
6. Tu ne me crois pas du tout.   Si, je te crois.
7. Tu ne me comprends pas du tout.   Si, je te comprends.
8. Tu ne m'aimes pas du tout.   Si, je t'aime.

10. Maintenant c'est vous qui pensez que Danièle a une attitude négative. Répondez-lui négativement en employant **ne...plus**.

> MODÈLE: Moi, je t'aime encore.
> **Non, tu ne m'aimes plus.**

1. Mais je t'aide toujours.   Non, tu ne m'aides plus.
2. Mais je t'écoute toujours.   Non, tu ne m'écoutes plus.
3. Mais je t'attends toujours.   Non, tu ne m'attends plus.
4. Mais je t'appelle souvent.   Non, tu ne m'appelles plus.
5. Mais je t'invite toujours.   Non, tu ne m'invites plus.
6. Mais je viens toujours te voir. Non, tu ne viens plus me voir.
7. Mais je te crois toujours.   Non, tu ne me crois plus.
8. Mais je te comprends toujours. Non, tu ne me comprends plus.

11. Jean-François et Thierry sont nouveaux à l'école. Ils pensent que les autres élèves ne les aiment pas. Rassurez-les.

> MODÈLE: Ils ne nous connaissent pas.
> **Mais ils vont vous connaître.**

1. Ils ne nous renseignent pas.
2. Ils ne nous aident pas en classe.
3. Ils ne nous invitent pas chez eux.
4. Ils ne nous emmènent pas au match.
5. Quand on joue au foot, ils ne nous choisissent pas.
6. Ils ne nous écoutent pas.
7. Ils ne nous croient pas.
8. Ils ne nous comprennent pas.

1. Mais ils vont vous renseigner.
2. Mais ils vont vous aider en classe.
3. Mais ils vont vous inviter chez eux.
4. Mais ils vont vous emmener au match.
5. Mais ils vont vous choisir.
6. Mais ils vont vous écouter.
7. Mais ils vont vous croire.
8. Mais ils vont vous comprendre.

12. Votre sœur et vous allez faire du camping avec un club de votre école. Vos parents veulent savoir qui est responsable de (*for*) tout. Dites-le-leur.

> MODÈLE: Qui vous invite à ce camp? (M. et Mme Rouiller)
> **M. et Mme Rouiller nous invitent à ce camp.**

1. Qui vous choisit? (le moniteur)
2. Qui vous emmène à la gare? (vous)
3. Qui va vous voir à la gare? (la monitrice)
4. Qui vous renseigne à la gare? (les employés de la gare)
5. Qui vous attend au camp? (d'autres moniteurs)
6. Qui va vous aider au camp? (tout le monde)
7. Qui vient vous chercher après? (vous)

1. Le moniteur nous choisit.
2. Vous nous emmenez à la gare.
3. La monitrice va nous voir à la gare.
4. Les employés de la gare nous renseignent.
5. D'autres moniteurs nous attendent au camp.
6. Tout le monde va nous aider.
7. Vous venez nous chercher après.

On vous renseigne aux guichets de la gare Saint-Lazare. (Paris)

le passé composé des verbes réguliers en *-er*

The **passé composé** is a verb tense used to tell what has happened in the past. This tense is composed of two words: the auxiliary or helping verb and the past participle of the main verb. The auxiliary verb is usually a present tense form of **avoir**. To form the past participle of regular **-er** verbs, drop the **-er** of the infinitive and add **é**: **jouer** → **joué**. Here is the **passé composé** of **jouer**. Note that the past participle stays the same while the form of **avoir** changes according to the subject.

Here you might briefly review the forms of **avoir**.

jouer		
j'**ai joué**	J'**ai joué** au foot.	I have played soccer.
tu **as joué**	Tu n'**as** pas bien **joué**?	You didn't play well?
il/elle/on **a joué**	Elle **a joué** de la guitare.	She played the guitar.
nous **avons joué**	Nous **avons joué** au tennis hier.	We played tennis yesterday.
vous **avez joué**	**Avez**-vous **joué** aux cartes?	Did you play cards?
ils/elles **ont joué**	Ils **ont joué** au Monopoly.	They did play Monopoly.

Wkbk. 9

ATTENTION: 1. The **passé composé** has three possible meanings in English.

J'**ai passé** du temps avec eux.
{
I spent time with them.
I have spent time with them.
I did spend time with them.
}

2. To ask a question, invert the subject pronoun and the form of **avoir**.

Avez-vous crié?   *Did you scream?*
A-t-elle invité Sabine? *Has she invited Sabine?*

3. In a negative sentence in the **passé composé** the word order is:

subject + **n'** + present of **avoir** + **pas** + past participle

On **n'a pas** attrapé de poissons.   *We didn't catch any fish.*

13. Le week-end dernier (*last*) certaines personnes ont fait certaines choses. Dites ce qu'elles ont fait.

MODÈLE: Mireille / bronzer
Elle a bronzé.

1. Mireille et Denise / nager — Elles ont nagé.
2. tu / jouer au volley — Tu as joué au volley.
3. nous / regarder la télé — Nous avons regardé la télé.
4. vous / donner un concert — Vous avez donné un concert.
5. François / gagner son match — Il a gagné son match.
6. Philippe et Christian / pêcher — Ils ont pêché.
7. je / acheter une canne à pêche — J'ai acheté une canne à pêche.
8. on / dîner au restaurant — On a dîné au restaurant.

Ils ont déjeuné au café hier.
(Québec)

14. Martine veut savoir si certaines personnes font certaines choses aujourd'hui. Dites-lui qu'elles ont fait ces choses hier.

Before beginning this **Activité**, you may want students to give the infinitive and past participle of each verb.

> MODÈLE: Est-ce que tu étudies aujourd'hui?
> **Non, j'ai étudié hier.**

1. Olivier et toi, travaillez-vous aujourd'hui?
2. Est-ce qu'Audrey chante aujourd'hui?
3. Toi et moi, pêchons-nous aujourd'hui?
4. Est-ce que les copains jouent au ballon aujourd'hui?
5. Lise et moi, déjeunons-nous au café aujourd'hui?
6. Est-ce que je paie le déjeuner aujourd'hui?
7. Est-ce que tu achètes ton billet aujourd'hui?
8. Est-ce que tes cousines visitent Bruxelles aujourd'hui?

Non, nous avons travaillé hier.
Non, elle a chanté hier.
Non, nous avons pêché hier.
Non, ils ont joué au ballon hier.
Non, vous avez déjeuné au café hier.
Non, tu as payé le déjeuner hier.
Non, j'ai acheté mon billet hier.
Non, elles ont visité Bruxelles hier.

15. Vous pensez que Stéphane et d'autres amis ont fait certaines choses hier. Demandez si c'est vrai en employant l'inversion.

> MODÈLE: tu / étudier
> **As-tu étudié hier?**

1. Anne et Marie / parler à Carole
2. tu / emmener Annie au cinéma
3. Laurent / oublier ton anniversaire
4. tes parents / inviter tes grands-parents
5. Paul et toi / préparer un repas
6. la famille / dîner ensemble
7. tu / manger un bon gâteau
8. Richard et toi / jouer aux cartes

Ont-elles parlé à Carole hier?
As-tu emmené Annie au cinéma hier?
A-t-il oublié ton anniversaire hier?
Ont-ils invité tes grands-parents hier?
Avez-vous préparé un repas hier?
A-t-elle dîné ensemble hier?
As-tu mangé un bon gâteau hier?
Avez-vous joué aux cartes hier?

1. Non, elles n'ont pas parlé à Carole.
2. Non, je n'ai pas emmené Annie au cinéma.
3. Non, il n'a pas oublié mon anniversaire.
4. Non, ils n'ont pas invité mes grands-parents.
5. Non, nous n'avons pas préparé de repas.
6. Non, elle n'a pas dîné ensemble.
7. Non, je n'ai pas mangé de bon gâteau.
8. Non, nous n'avons pas joué aux cartes.

16. Les choses dans l'**Activité 15** ne sont pas arrivées (*didn't happen*) hier. Donnez les réponses de Stéphane.

> MODÈLE: As-tu étudié hier?
> **Non, je n'ai pas étudié.**

1. Anne et Marie ont-elles parlé à Carole hier?
2. As-tu emmené Annie au cinéma hier?
3. Laurent a-t-il oublié ton anniversaire hier?
4. Tes parents ont-ils invité tes grands-parents hier?
5. Paul et toi avez-vous préparé un repas hier?
6. La famille a-t-elle dîné ensemble hier?
7. As-tu mangé un bon gâteau hier?
8. Richard et toi avez-vous joué aux cartes hier?

le passé composé des verbes réguliers en *-re*

The **passé composé** of most regular **-re** verbs is composed of a present tense form of **avoir** and the past participle of the main verb. To form the past participle of regular **-re** verbs, drop the **-re** of the infinitive and add **u**: **attendre** → **attendu**. Here is the **passé composé** of **attendre**.

attendre		
j'**ai attendu**	Je n'**ai** pas **attendu** le bus.	I didn't wait for the bus.
tu **as attendu**	**As-**tu **attendu** à la gare?	Did you wait at the railroad station?
il/elle/on **a attendu**	Elle **a attendu** le dessert.	She waited for the dessert.
nous **avons attendu**	Nous **avons attendu** ici.	We waited here.
vous **avez attendu**	Vous **avez attendu**, hein?	You did wait, right?
ils/elles **ont attendu**	Ils **ont attendu** au jardin.	They waited in the park.

*After having students repeat these sentences after you, have them give the **passé composé** forms of **entendre**, **perdre**, **rendre**, **vendre** and **répondre** using complete sentences if possible.*

*You may want to review possessive adjectives before beginning this **Activité**.*

17. Tout le monde a perdu quelque chose. Dites à votre amie Rachèle ce que les personnes suivantes ont perdu d'après les images.

> MODÈLE: Alice

> **Elle a perdu son argent.**

1. tu

Tu as perdu ta guitare.

2. ces garçons

Ils ont perdu leur ballon.

110   Leçon 3

3. toi et moi

Nous avons perdu notre tente.

4. toi et ton frère

Vous avez perdu votre canoë.

5. Marie-France

Elle a perdu son vélo.

6. je

J'ai perdu mon sac de couchage.

7. mes copines

Elles ont perdu leurs skis.

8. papa

Il a perdu sa canne à pêche.

18. Les personnes suivantes ont fait certaines choses cet été. Dites à Rachèle ce qu'elles ont fait.

> MODÈLE: Sophie / perdre du poids
> **Elle a perdu du poids cet été.**

1. Audrey / attendre le concert de Gold — Elle a attendu le concert de Gold cet été.
2. nous / entendre le groupe Gold — Nous avons entendu le groupe Gold cet été.
3. tu / rendre le livre au prof — Tu as rendu le livre au prof cet été.
4. vous / vendre votre moto — Vous avez vendu votre moto cet été.
5. mes amies / attendre la rentrée — Elles ont attendu la rentrée cet été.
6. ton ami / répondre à ta carte — Il a répondu à ta carte cet été.
7. je / perdre mon argent — J'ai perdu mon argent cet été.
8. les Merlan / vendre leur maison — Ils ont vendu leur maison cet été.

le passé composé d'*avoir, être* et *faire*

The verbs **avoir**, **être** and **faire** have irregular past participles.

The **passé composé** of regular **-ir** verbs will be presented in **Leçon 4.**

Verb	Past Participle	Passé Composé	
avoir	eu	J'**ai eu** de bonnes vacances.	I've had a good vacation.
être	été	Nous **avons été** à Paris.	We've been in Paris.
faire	fait	**Avez**-vous **fait** le feu?	Have you made the fire?

Have students repeat these sentences after you. Ask them if they have already seen the word **été** with a different meaning.

Wkbk. 10

ATTENTION: The **passé composé** of **être** has two distinct meanings.

J'ai été moniteur.
> *I have been a counselor.*
> *I was a counselor.*

Qui a été à Saint-Jean-de-Luz?
> *Who has been in Saint-Jean-de-Luz?*
> *Who was in Saint-Jean-de-Luz?*

Ils ont été au port. (Saint-Jean-de-Luz)

19. Isabelle est très curieuse. Elle veut savoir ce que tout le monde a fait et comment ont été les choses. Répondez à ses questions.

MODÈLE: Qu'est-ce que vous avez fait cet été, Marc et toi?
(être dans un camp de foot)

Nous avons été dans un camp de foot.

1. Qu'est-ce que vous avez fait dans ce camp? (faire de la marche)
2. Et toi, qu'est-ce que tu as mangé le matin? (avoir du pain et du beurre)
3. Et tes parents ont été avec toi? (oui)
4. Avez-vous été sur la terrasse? (oui)
5. Est-ce que tes parents ont eu froid? (non)
6. Avez-vous été au village après? (oui)
7. Et toi, as-tu eu le temps de faire des courses? (non)
8. Qu'est-ce que tu as fait alors? (faire du ski)

1. Nous avons fait de la marche.
2. J'ai eu du pain et du beurre.
3. Oui, ils ont été avec moi.
4. Oui, nous avons été sur la terrasse.
5. Non, ils n'ont pas eu froid.
6. Oui, nous avons été au village après.
7. Non, je n'ai pas eu le temps de faire des courses.
8. J'ai fait du ski.

20. Changez l'histoire suivante du présent au passé composé.

MODÈLE: Pauvre David, il n'est pas content.
Pauvre David, il n'a pas été content.

1. Ses vacances sont tristes.
2. Il est moniteur dans un camp scout.
3. Il fait du camping dans les Alpes.
4. Un après-midi il décide de pêcher.
5. Mais le soir il commence à faire froid.
6. Et David n'attrape pas de poissons.
7. Il a froid, et il attrape mal à la gorge.
8. Avez-vous de bonnes vacances?

Ses vacances ont été tristes.

Il a été moniteur dans un camp scout.

Il a fait du camping dans les Alpes.

Un après-midi il a décidé de pêcher.

Mais le soir il a commencé à faire froid.

Et David n'a pas attrapé de poissons.

Il a eu froid, et il a attrapé mal à la gorge.

Avez-vous eu de bonnes vacances?

jouer de + instrument musical

To say that you play a musical instrument, use a form of the expression **jouer de**.

> **jouer + du/de la/de l'** + musical instrument

Je **joue de la** guitare.   *I play the guitar.*
Ce musicien **joue du** piano.   *That musician plays the piano.*

If the verb **jouer** is in the negative, **du**, **de la** and **de l'** do not change.

Nous ne jouons pas **du** saxo.   *We don't play the saxophone.*

Wkbk. 11

21. Vos amis et vous êtes musiciens. Dites de quel instrument vous jouez d'après les images.

MODÈLE: Martin **Il joue du piano.**

You may prefer to have students identify the instrument and its article before forming each sentence.

2. Vincent

Il joue de la flûte.

3. Catherine et Cécile

Elles jouent du violon.

1. Philippe et Sylvie

Ils jouent de la batterie.

4. tu

Tu joues du synthé.

5. Daniel et moi, nous

Nous jouons de la clarinette.

8. je

Je joue de la guitare.

6. Marguerite

Elle joue du saxophone.

7. Guillaume et toi, vous

Vous jouez de la trompette.

David a joué de la guitare au camp. (Les Saintes-Maries-de-la-Mer)

22. Comment dit-on en français?

This is an optional activity.

MICHEL:	Finally, there you are, David! Where's your guitar?	Enfin, te voilà, David! Où est ta guitare?
DAVID:	I don't know. I don't play the guitar anymore. I don't like rock music anymore.	Je ne sais pas. Je ne joue plus de la guitare. Je n'aime plus la musique rock.
MICHEL:	What? Then which instrument do you play now?	Quoi? Alors, de quel instrument joues-tu maintenant?
DAVID:	The trumpet. I like the music of Miles Davis a lot. Do you know him?	De la trompette. J'aime beaucoup la musique de Miles Davis. Le connais-tu?
MICHEL:	No, I don't know him. Do you play with a group?	Non, je ne le connais pas. Joues-tu avec un groupe?
DAVID:	Yes, and we gave our first concert yesterday.	Oui, et nous avons donné notre premier concert hier.
MICHEL:	And what did you do this summer, David?	Et qu'est-ce que tu as fait cet été, David?
DAVID:	I went camping. I was a musician in a music camp.	J'ai fait du camping. J'ai été musicien dans un camp de musique.
MICHEL:	Did you have a good vacation?	As-tu eu de bonnes vacances?
DAVID:	No, it wasn't very good. I lost my guitar at camp, but I did buy a trumpet.	Non, elles n'ont pas été très bonnes. J'ai perdu ma guitare au camp, mais j'ai acheté une trompette.
MICHEL:	Frankly, David, you amaze me.	Franchement, David, tu m'étonnes.

Rédaction

Écrivez deux paragraphes où vous parlez de ce que vous avez fait l'été dernier. Dites où vous avez été, combien de temps vous avez passé en vacances, si vous avez travaillé (quel travail vous avez fait, combien d'argent vous avez gagné, avec qui vous avez travaillé), si vous avez perdu quelque chose, quel sport vous avez fait (avec qui vous avez joué) et comment ont été en général vos vacances. Employez le passé composé et de nouvelles expressions de cette leçon.

This two-week music festival in Albi features classical compositions.

Many cities have **kiosques** which advertise upcoming events. (Paris)

Actualité culturelle
Free Time and Vacations

In France there are all kinds of leisure activities depending on locality. In the country, for example, young people spend much of their free time riding bicycles and mopeds (**une mobylette**) or going to the movies. They also enjoy attending local festivals (like American county fairs with dancing at night), soccer and rugby games or shows given by touring artists, including rock music groups, in a nearby town.

One of the most popular forms of entertainment for young people is the discotheque (**la discothèque**), often located well out in the country where high decibels pose no problem. In fact the increase in discotheques in rural France has been phenomenal. Almost every community has one, but they appeal mainly to younger people. These attractive (and sometimes expensive) discotheques often enforce a dress code for their patrons. The dance floors are almost always crowded because everybody seems to dance all the time. Many

Most French **discothèques** open late in the evening and do not close until early the next morning.

young people dance **le rock**, partner dancing between boys and girls similar to the jitterbug. These basic steps can be danced to many different styles of music, which can change several times during the course of an evening.

For many who live in the country, television has become an important source of entertainment, news and cultural information. Although quite a few American shows like "Dallas" and "Santa Barbara" are just as popular in France as elsewhere, French television is still similar to public television in the United States. There is greater emphasis on news and culture. Commercials used to be seen only in clusters between shows and only at certain hours of the day. They were never televised, for example, in the middle of a show or during a soccer or tennis match. This was possible in part because the government subsidized and operated all three television channels (**TF 1, Antenne 2** and **FR 3**). Since the mid-'80s, however, with the advent of several private television channels like **Canal Plus** (a cable channel), **La Cinq** and **M6**, and the privatization of **TF 1**, commercials now interrupt certain programs on some channels.

Though TV has gained an important place in leisure time activity, the favorite pastimes of older men in small towns are the traditional game of **boules** (also known as **pétanque**) on the village square or card games like **la belote** at a café nearby.

Players plot their strategies at **boules**, known as **pétanque** in southern France.   **Belote** is a popular card game in France.

The city offers the greatest variety in entertainment, and in terms of the number of spectators, movies are the most popular diversion in France. The French, especially young people, have traditionally been die-hard movie fans who are much more apt to see a movie in a theater than on TV. This has been changing in recent years because of television and VCRs, but Paris still holds the title of movie capital of the world, with more movies from every era and country running at theaters all over the city. France also hosts several film festivals, including the world-famous Cannes film festival (named after the Riviera city in which it is held), whose glamourous festivities draw international names from all areas of the industry. The festival's much-coveted "Golden Palm" award guarantees millions of viewers for the film that wins. Despite TV's recent gains, however, the French still love movies, and lower prices for students and the unemployed help theaters attract crowds.

American films are very popular in France, and most of them have been dubbed into French.

The **Chaillot** offers a variety of plays. (Paris)

Another attraction in French cities is an evening at the theater. Paris boasts a wealth of them, from the world-famous **Comédie-Française**, specializing in staging French classics, to experimental avant-garde theaters, plus everything in between. Avignon, in the south, also holds a well-known theater festival each summer. Though they tend to attract a somewhat older audience, most French theaters offer reduced rates for school groups as well as individual students, and high school students often go to the theater to see classics by French playwrights like Racine and Molière at special productions put on only for students.

As for music the choice is extremely varied, and there are concerts to suit all tastes: classical and contemporary music, recitals of all kinds, opera and street musicians. In general young French people are crazy about music. Rock music from England and America can be heard all over, but there are many popular

British rock groups are popular in France. (Lyon)

French singers and groups as well. Besides pop and rock music, more traditional performers like Jacques Brel, Georges Brassens, Claude Nougaro and Barbara are also popular with listeners of all ages. Like American teenagers, young people in France have favorite radio stations and know all the latest hits (**un tube**).

Although most French teenagers prefer rock performances, classical and contemporary concerts can be found as well. (Vienne)

French children look forward to seeing the puppet show at **le Guignol**. (Jardin du Luxembourg)

For many city dwellers Sunday afternoon is the time for a walk in the park, and for children especially, the park is an ideal playground. There they can sail toy boats in large fountain pools, roller skate, skateboard, ride bicycles and scooters, play frisbee, kickball and basketball. In some parks, like the **Jardin du Luxembourg** in Paris, there are even tennis courts, merry-go-rounds and puppet shows known as **le Guignol** that parents often enjoy as much as children do.

In general, for the French, vacations are sacred. French school days are among the longest and most tiring in the world, but the number of class attendance days, 158, is much lower than the typical 180 in the United States. Compared to American students, French students have more vacations. Besides numerous three-day weekends (**un pont,** meaning "bridge") for various religious holidays, they have one week off for All Saints' Day in November, two weeks for Christmas, a week in February, two weeks for Easter and two months of summer vacation. French workers also have much more time off from work than their American counterparts. They get five weeks of vacation per year with pay. In fact many French people find it hard to believe that the average American gets only two weeks of paid vacation per year.

Where do the French go on vacation? Many go to the Alps and Pyrenees during the winter for skiing or simply to enjoy the mountain scenery. Others try to get away on weekends at various times during the year. Almost all of the French, however, take an extended vacation (**les grandes vacances**), usually a month, during the summer. For this occasion the French begin to save money and make plans a whole year in advance. While waiting for their parents' vacation to begin, many young people go to summer camps (**camps d'été** or **colonies de vacances**). On the first of July and especially the first of August, the mass exodus from the cities begins. People leave the city in every possible

During their August vacation many French people go to the Mediterranean coast to enjoy water-related activities. (Nice)

way, most often by car, and usually head south toward sun and sand. They go mainly to seaside resorts on the Riviera, the Atlantic, in Spain and in Corsica as well as the mountains and the country. Of course the mass exit from Paris creates problems. There are huge traffic jams, which fray the nerves of irritated drivers, all of which is repeated when everyone returns at the end of the month. For Parisians, however, such annoyances are a small price to pay for such a long vacation.

Although most French people prefer to visit and explore different areas of their own country during the summer, more of them are going to distant countries. They may visit the Soviet Union, Africa, Japan, the French West Indies or the Orient. Perhaps because of the United States' high profile through movies, television and music, young French people are particularly attracted to the United States and dream especially of seeing New York, New Orleans (**la Nouvelle Orléans**), the Old West and San Francisco. If they no longer come here to see Disney World, it's because France now has its own Disney World outside of Paris.

Wkbk. 12

Proverbe

Il n'y a pas de fumée sans feu.   *There isn't any smoke without fire.*

The English equivalent of this proverb is "Where there's smoke, there's fire."

Interaction et application pratique

À deux

1. With your partner take turns giving different completions for the sentence **Je sais que (où) (pourquoi) ___.** Form five sentences each, and then tell the class several things that your partner has said.

   > MODÈLES: **Je sais pourquoi Paul est en retard.**
   > **Je sais que tu as gagné le match de tennis.**

2. Take turns with your partner asking each other if you know how to do different things. Then tell the class several things that your partner knows how to do.

   > MODÈLE: Sais-tu jouer du piano?
   > **Oui, je sais jouer du piano.**

3. Take turns with your partner completing the statement **Je connais ___.** Use as many different types of words as you can. Then tell the class several things that your partner has said.

   > MODÈLES: **Je connais la ville de Québec.**
   > **Je ne connais pas ton frère.**

4. With your partner take turns telling each other who does or does not amaze you, know you, listen to you, like you and come to see you. Use the verbs **étonner**, **connaître**, **écouter**, **aimer** and **venir voir**. Then tell the class several things that you've found out about your partner. Use a direct object pronoun in each sentence.

   > MODÈLE: Élève 1: **Mes parents ne m'écoutent jamais.**
   >   Élève 2: **Ses parents ne l'écoutent jamais.**

5. Take turns with your partner asking and telling each other what you did during summer vacation (**pendant les grandes vacances**). Try to name at least five things each. Then tell the class several things that your partner did.

   > MODÈLE: **Pendant les grandes vacances j'ai fait du camping avec ma famille.**

La semaine dernière Valérie a fait du camping. (Verneuil-sur-Seine)

En groupes

6. With your group name musicians that all of you know who perform either individually or with a group. List their names and which instrument(s) they know how to play. Then tell the class which musicians you know and what each of them knows how to play.

> MODÈLE: **Nous connaissons Prince.**
> **Il sait jouer de la guitare.**

7. Conduct a survey of your group members to find out who did what last week (**la semaine dernière**). Each group member asks all others a different question, such as **Qui a fait des courses la semaine dernière?** Each person must answer every question. Afterwards share the results of your survey with the entire class and find out which activity was done by the most people.

8. See how many different completions your group can think of for each of the following sentences. Have some person from the group list the possible completions on a transparency. Do one sentence at a time, spending not more than one minute on each sentence. Afterwards several transparencies can be put on the overhead for all to correct.

   1. À Saint-Jean-de-Luz on peut ___.
   2. Hier les copains ___.
   3. Cet été Audrey a ___.
   4. Pouvez-vous jouer de ___?
   5. Je ne connais pas ___.
   6. Savez-vous ___?

Vocabulaire actif

noms

un ballon (inflated) ball
une batterie drum set
un camp camp
le camping camping
une canne à pêche fishing rod
un canoë canoe
une clarinette clarinet
un concert concert
une côte coast
un feu fire
une flûte flute
la fumée smoke
un groupe group
une guitare guitar
un instrument instrument
la marche walking
un moniteur, une monitrice (camp) counselor

une montagne mountain
un musicien, une musicienne musician
la pêche fishing
un piano piano
une plage beach
le poids weight
un port port
une rivière river
le rock rock (music)
un sac de couchage sleeping bag
un(e) scout(e) scout
un saxophone (saxo) saxophone
un synthétiseur (synthé) synthesizer
une tente tent
une trompette trumpet
les grandes vacances summer vacation
un violon violin

adjectifs

triste sad
vrai(e) true

verbes

attraper to catch
connaître to know
étonner to surprise, to amaze
faire de la marche to go walking, to go for a walk

faire du camping to go camping, to camp
faire du canoë to go canoeing
pêcher to go fishing, to fish
rêver to dream
savoir to know (how)

expressions diverses

en plein air outside, outdoors
Bien sûr que non. Of course not.
franchement frankly
hier yesterday
justement exactly, precisely

Monsieur/Madame qui sait tout Mr./Mrs. Know-it-all
pas du tout not at all
te you

THEATRE DE LA HUCHETTE

sortir, voyager,
vous distraire,
vous cultiver,
vous faire des relations,
nouer des amitiés...

TEMPS LIBRE
6, RUE LAURISTON
75016 PARIS Métro ÉTOILE

Passe-temps

Leçon 4

Communicative Functions

- saying what you have done
- making a date
- expressing likes and dislikes
- accepting and refusing an invitation
- talking about what you do in your free time
- describing a Monopoly game

Pierre voudrait sortir avec Élise

All words in the dialogue and **Expansion** are active vocabulary.

ALEX: Alors, Pierre, tu vas sortir avec Élise ce soir?

PIERRE: Non, je n'ai pas encore eu l'occasion de l'inviter.

ALEX: De toute façon, elle est énervante.

PIERRE: Oui, elle pose souvent trop de questions.*

ALEX: Au fait, je l'ai vue à la patinoire hier soir. Tu peux l'inviter à patiner.

PIERRE: Euh, peut-être. Je vais réfléchir.

You might point out that in the expression **au fait**, **fait** is pronounced [fɛt].

Pierre a bien réfléchi.

PIERRE: Salut, Élise. Qu'est-ce que tu lis?

ÉLISE: Un roman magnifique, *Les Misérables*. Tu connais?**

PIERRE: Bien sûr, j'ai dû le lire en troisième. Au fait, tu veux aller au théâtre ce soir? J'ai deux places gratuites.

ÉLISE: Gratuites?

PIERRE: Oui, mon père les a réservées jeudi dernier.

ÉLISE: Ah bon, et il ne peut pas les utiliser?

PIERRE: Non. Ce soir il a une partie de bridge avec les voisins, et il l'a oubliée.

French civilian heroes, like Voltaire, Rousseau and Hugo, are buried in the **Panthéon**. (Paris)

***Poser une question** means "to ask a question." It is incorrect to use the verb **demander** (*to ask, to ask for*) with **une question**.

The French usually omit the direct object pronoun (le, la, l', les**) before the verb in the question **Tu connais?** or **Vous connaissez?** (*Do you know it/him/her/them?*).

> ### Note culturelle
> *Les Misérables* and *Notre-Dame de Paris* (*The Hunchback of Notre Dame*) are two of Victor Hugo's most famous novels. *Les Misérables* has recently become a successful Broadway play. Hugo, who lived from 1802 until 1885, is one of France's greatest writers. He is buried in the crypt of the **Panthéon**.

La dame trouve la fille énervante.

Compréhension

Répondez en français.

1. Qu'est-ce que Pierre veut faire?
2. Comment est-ce qu'Élise est énervante?
3. Où est-ce qu'Alex l'a vue?
4. Quand l'a-t-il vue?
5. *Les Misérables*, qu'est-ce que c'est?
6. Où est-ce que Pierre veut emmener Élise ce soir?
7. Quand est-ce que le père de Pierre a réservé les places au théâtre?
8. Pourquoi ne peut-il pas les utiliser?

Il veut sortir avec Élise.

Elle pose souvent trop de questions.

Il l'a vue à la patinoire.

Il l'a vue hier soir.

C'est un roman de Victor Hugo.

Il veut l'emmener au théâtre.

Il les a réservées jeudi dernier.

Parce qu'il a une partie de bridge avec les voisins.

À propos

1. Avec qui voulez-vous sortir?
2. Qui trouvez-vous énervant(e)?
3. Connaissez-vous quelqu'un qui pose trop de questions? Qui est-ce?
4. Quel roman voulez-vous lire?
5. Allez-vous quelquefois au théâtre?
6. Savez-vous jouer au bridge?

Expansion

une réponse inattendue

ÉLISE: Donc, tu as des places pour *La Cantatrice chauve*?[1]

PIERRE: Oui, et c'est ma pièce préférée. Je l'ai déjà vue.

ÉLISE: Qui sont les acteurs?

The French also use **un comédien, une comédienne** to refer to an actor or actress.

PIERRE: Je ne sais pas, mais je peux vérifier dans *L'Officiel*.[2]

ÉLISE: Ce n'est pas la peine. Moi, je n'aime pas le théâtre.

Ils savent faire du patin à roulettes.

Wkbk. 1

La nuit porte conseil.*

le lendemain

PIERRE: Élise, tu sais faire du patin à roulettes?

ÉLISE: Bien sûr. Pourquoi?

PIERRE: C'est que je voudrais apprendre très vite, et...

ÉLISE: Écoute, je peux t'apprendre si tu veux. On peut commencer ce soir.

PIERRE: Tu es sûre? Ça ne t'embête pas?

ÉLISE: Non, je suis libre, et puis c'est mon passe-temps préféré.

PIERRE: Bon, d'accord, si tu insistes.

les passe-temps de Pierre

Le passe-temps préféré de Pierre est la lecture. Il aime lire des romans, le journal et des revues, et il passe beaucoup de temps à la bibliothèque. La semaine dernière il a lu des poèmes de Victor Hugo. Qu'est-ce que vous lisez?

Point out that the plural form of **le journal** is **les journaux**.

Another word for **une revue** is **un magazine**.

*This sentence is the proverb in **Leçon 4**. Its English version is "It pays to sleep on it."

Un autre passe-temps qui l'intéresse énormément, c'est la photo. Pendant les grandes vacances il a pris des photos avec son appareil, et il a même vendu une de ses photos à un journal. Est-ce que vous avez un appareil?

Enfin, Pierre fait aussi de la course. Il court longtemps et assez vite. Hier il a couru pendant une heure. Est-ce que vous courez vite ou lentement? Pouvez-vous aussi courir longtemps?

Wkbk. 2, Wkbk. 3, Wkbk. 4

Notes culturelles

1. *La Cantatrice chauve* (*The Bald Soprano*) is a two-act play written by Eugène Ionesco in 1950. Performed daily at the **Théâtre de la Huchette** in Paris, *La Cantatrice chauve* is the longest running French play ever and has become a classic of the Theater of the Absurd.

2. *L'Officiel des Spectacles* and *Pariscope* are two guides to cultural events and entertainment in Paris. They are published weekly and available at all newsstands. For anyone visiting Paris, these little magazines are indispensable.

Béatrice sait bien patiner. (Fécamp)

Activités

1. Complétez les phrases suivantes d'après les images.

1. Selon Pierre, Élise pose trop de ___. questions

2. Hier soir Élise a été à ___. la patinoire

3. Pierre invite Élise au ___. théâtre

4. *La Cantatrice chauve* est ___. une pièce

5. Élise sait bien faire ___. du patin à roulettes

6. Le passe-temps préféré de Pierre, c'est ___. la lecture

7. Il va souvent à ___. la bibliothèque

8. Il aime aussi prendre ___.  des photos

9. Il a aussi un bon ___.  appareil

10. Hier Pierre a fait ___. de la course

130 Leçon 4

Anne-Marie court souvent avec ses copines.

2. Alex fait des fautes quand il parle de Pierre, Élise et leur rendez-vous (*date*). Corrigez-le d'après le dialogue d'introduction ou l'**Expansion**.

1. Donc, Pierre vient de lire *Les Misérables*?
2. Le père de Pierre va réserver les places au théâtre jeudi prochain?
3. Les places ont coûté à Pierre cent francs?
4. Son père ne peut pas les acheter?
5. Élise n'aime pas la photo?
6. Pierre veut apprendre à faire du ski?
7. Et Élise est occupée ce soir?
8. Et la lecture est le sport préféré de Pierre?

1. Non, il a dû le lire en troisième.
2. Non, il les a réservées jeudi dernier.
3. Non, elles sont gratuites.
4. Non, il ne peut pas les utiliser.
5. Non, elle n'aime pas le théâtre.
6. Non, il veut apprendre à faire du patin à roulettes.
7. Non, elle est libre.
8. Non, c'est son passe-temps préféré. (Non, c'est la course.)

3. Dites si certaines choses chez (*about*) Élise embêtent Pierre ou ne l'embêtent pas. Soyez logique.

MODÈLE: Elle adore *Les Misérables*.
Ça ne l'embête pas.

1. Elle pose trop de questions. — Ça l'embête.
2. Elle n'aime pas le théâtre. — Ça l'embête.
3. Elle aime patiner. — Ça ne l'embête pas.
4. Elle est très gentille. — Ça ne l'embête pas.
5. Elle aime bien la course. — Ça ne l'embête pas.
6. Elle court souvent avec lui et ses copains. — Ça ne l'embête pas.
7. Elle pense qu'il est super. — Ça ne l'embête pas.
8. Elle a l'appareil de Pierre et ne le rend pas. — Ça l'embête.

4. Choisissez l'expression qui complète correctement chaque phrase d'après le dialogue d'introduction ou l'**Expansion**.

1. Pierre n'a pas encore eu ___ d'inviter Élise à sortir.   c
   a. l'air   b. raison
   c. l'occasion   d. de chance

2. Selon Pierre, il va ___ inviter Élise à patiner.   a
   a. peut-être   b. toujours
   c. déjà   d. souvent

3. Pierre ne sait pas s'il veut inviter Élise à patiner. Il doit ___.   d
   a. réserver les places   b. aller au théâtre
   c. lire   d. réfléchir

4. Ses parents ne peuvent pas aller au théâtre parce qu'ils doivent jouer ___.   b
   a. avec les acteurs   b. au bridge
   c. le lendemain   d. assez vite

5. Pierre a ___ des poèmes la semaine dernière.   b
   a. mangé   b. lu
   c. vérifié   d. utilisé

6. La photo intéresse ___ Pierre.   c
   a. un peu   b. vite
   c. énormément   d. assez

7. L'été dernier Pierre a ___ des photos.   c
   a. lu   b. réservé
   c. pris   d. insisté

8. Pierre a couru pendant ___ hier.   a
   a. longtemps   b. dix heures
   c. le déjeuner   d. la pièce

Ils ont couru pendant deux heures hier. (Verneuil-sur-Seine)

M. Grammont lit le journal.

Structure et usage

le présent des verbes irréguliers *lire* et *courir*

The verbs **courir** (*to run*) and **lire** (*to read*) follow the same pattern.

lire		
je **lis**	Je **lis** un poème.	I'm reading a poem.
tu **lis**	Qu'est-ce que tu **lis**?	What are you reading?
il/elle/on **lit**	Il ne **lit** rien.	He reads nothing.
nous **lisons**	Nous **lisons** le journal.	We read the newspaper.
vous **lisez**	**Lisez**-vous mes cartes?	Are you reading my cards?
ils/elles **lisent**	**Lisent**-ils des revues?	Do they read magazines?

Wkbk. 5

courir		
je **cours**	Je **cours** vite.	I run fast.
tu **cours**	Tu ne **cours** pas du tout?	You don't run at all?
il/elle/on **court**	**Court**-il seul?	Does he run alone?
nous **courons**	Nous **courons** au jardin.	We run in the park.
vous **courez**	Pourquoi **courez**-vous?	Why are you running?
ils/elles **courent**	Ils **courent** longtemps.	They run for a long time.

Wkbk. 6

Have students repeat after you all these sentences. Then you may have students do some exercises from singular to plural, declarative to interrogative and affirmative to negative, or vice versa.
Modèles:
a) Je lis un roman. (nous)
   Nous lisons un roman.
b) Elle court assez vite.
   Court-elle assez vite?
c) On lit en classe.
   On ne lit pas en classe.

Loïc lit parce que ça l'intéresse. (Montréal)

5. Antoine veut savoir pourquoi certaines personnes lisent. Dites-lui que c'est parce que ça les intéresse.

MODÈLE: Pourquoi lis-tu?
Je lis parce que ça m'intéresse.

1. Et tes sœurs? — Elles lisent parce que ça les intéresse.
2. Et Hélène? — Elle lit parce que ça l'intéresse.
3. Et Martine et toi? — Nous lisons parce que ça nous intéresse.
4. Et Henri et Francis? — Ils lisent parce que ça les intéresse.
5. Et moi? — Tu lis parce que ça t'intéresse.
6. Et Yvette et moi? — Vous lisez parce que ça vous intéresse.
7. Et toi? — Je lis parce que ça m'intéresse.

6. Maintenant Antoine veut savoir pourquoi certaines personnes ne courent pas. Dites-lui que c'est parce que ça ne les intéresse pas.

MODÈLE: Pourquoi est-ce que tu ne cours pas?
Je ne cours pas parce que ça ne m'intéresse pas.

1. Et tes sœurs? — Elles ne courent pas parce que ça ne les intéresse pas.
2. Et Hélène? — Elle ne court pas parce que ça ne l'intéresse pas.
3. Et Martine et toi? — Nous ne courons pas parce que ça ne nous intéresse pas.
4. Et Henri et Francis? — Ils ne courent pas parce que ça ne les intéresse pas.
5. Et moi? — Tu ne cours pas parce que ça ne t'intéresse pas.
6. Et Yvette et moi? — Vous ne courez pas parce que ça ne vous intéresse pas.
7. Et toi? — Je ne cours pas parce que ça ne m'intéresse pas.
8. Et David? — Il ne court pas parce que ça ne l'intéresse pas.

7. Hervé veut savoir si certaines personnes courent vite. Dites-lui qu'elles courent lentement mais qu'elles lisent vite.

MODÈLE: Est-ce que Louis court vite?
Non, il court lentement mais il lit vite.

1. Non, je cours lentement mais je lis vite.
2. Non, tu cours lentement mais tu lis vite.
3. Non, elles courent lentement mais elles lisent vite.
4. Non, vous courez lentement mais vous lisez vite.
5. Non, nous courons lentement mais nous lisons vite.
6. Non, elle court lentement mais elle lit vite.
7. Non, ils courent lentement mais ils lisent vite.
8. Non, il court lentement mais il lit vite.

1. Est-ce que tu cours vite?
2. Est-ce que je cours vite?
3. Est-ce que Nicole et Jeanne courent vite?
4. Et Charles et moi, courons-nous vite?
5. Et Marc et toi, courez-vous vite?
6. Est-ce que Catherine court vite?
7. Est-ce que tes parents courent vite?
8. Est-ce que Martin court vite?

You may have students do this exercise again switching the verbs **courir** and **lire**.

les adverbes et certaines expressions adverbiales avec le passé composé

In a sentence in the **passé composé** adverbial expressions of time tell when something happened. They come either at the beginning or end of a sentence. Notice their position in the **passé composé**.

hier	Je l'ai vu **hier**.	I saw him yesterday.
hier soir	**Hier soir** on a patiné.	Last night we skated.
lundi dernier	Nous avons pêché **lundi dernier**.	We went fishing last Monday.
l'été dernier	**L'été dernier** ils ont voyagé.	Last summer they traveled.
le lendemain	Elle a téléphoné **le lendemain**.	She phoned the next day.
tard	Vous avez travaillé **tard**.	You worked late.

L'été dernier ils ont fait du camping.

ATTENTION:
1. The expressions **hier** and **le lendemain** are often used with the words **matin**, **après-midi** and **soir**.

   On a couru **hier matin**.   *We ran yesterday morning.*
   Il a joué **le lendemain après-midi**.   *He played the next afternoon.*

2. The adjective **dernier, dernière** (*last*) follows the words **année**, **mois**, **semaine** and the name of a day.

   Il a neigé **la semaine dernière**.   *It snowed last week.*

Wkbk. 7

Most short, common adverbs come before the past participle in the **passé composé**. Notice the position of these adverbs.

beaucoup	Pierre a **beaucoup** réfléchi.	Pierre thought a lot.
bien	Vous avez **bien** fait.	You did well.
déjà	As-tu **déjà** vendu ta voiture?	Have you already sold your car?
mal	Nous avons **mal** joué.	We played poorly.
même	Tu as **même** embêté le prof.	You even bothered the teacher.
peut-être	Je l'ai **peut-être** vu.	Maybe I've seen it.
toujours	Il a **toujours** aimé ce poème.	He has always liked that poem.
trop	Elles n'ont pas **trop** mangé.	They didn't eat too much.

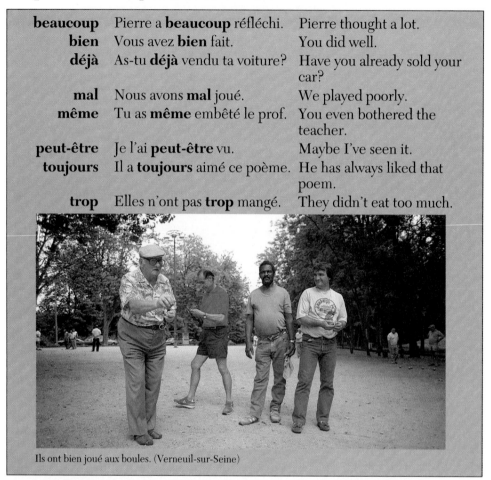

Ils ont bien joué aux boules. (Verneuil-sur-Seine)

les expressions négatives avec le passé composé

Most negative expressions are placed in the same position as **ne...pas** in the **passé composé**. **Ne** precedes the auxiliary and **rien**, **pas encore**, **jamais** and **plus** follow it.

pas encore	Ils **n**'ont **pas encore** couru.	They haven't run yet.
rien	On **n**'a **rien** acheté hier.	We didn't buy anything yesterday.
jamais	Je **n**'ai **jamais** fait cela.	I've never done that.

However, **personne** in the **passé composé** follows the past participle.

Wkbk. 8

Nous **n**'avons vu **personne**.   *We saw no one.*

8. Stéphanie veut savoir ce que vous avez fait. Répondez-lui.

MODÈLE: As-tu lu *Les Misérables*? (oui, l'année dernière)
Oui, j'ai lu *Les Misérables* l'année dernière.

1. As-tu vu la pièce? (non, pas encore)
2. As-tu regardé dans *L'Officiel*? (oui, déjà)
3. As-tu vérifié le prix des places? (non, pas encore)
4. Est-ce que tu as été à ce théâtre? (non, jamais)
5. Qu'est-ce que tu as fait la semaine dernière? (rien)
6. Qu'est-ce que tu as fait l'été dernier? (beaucoup)
7. As-tu été moniteur/monitrice? (oui, toujours)
8. Est-ce que j'ai posé trop de questions? (oui, peut-être)

1. Non, je n'ai pas encore vu la pièce.
2. Oui, j'ai déjà regardé dans *L'Officiel*.
3. Non, je n'ai pas encore vérifié le prix des places.
4. Non, je n'ai jamais été à ce théâtre.
5. Je n'ai rien fait la semaine dernière.
6. J'ai beaucoup fait l'été dernier.
7. Oui, j'ai toujours été moniteur/monitrice.
8. Oui, tu as peut-être posé trop de questions.

Il n'a pas encore vérifié le prix du billet.

9. Jean-Pierre veut savoir quand et comment certaines personnes ont fait certaines choses. Répondez-lui.

MODÈLE: Quand est-ce que le match de Noah a commencé? (tard vendredi soir)
Il a commencé tard vendredi soir.

1. Comment a-t-il joué? (bien)
2. Quand a-t-il enfin gagné? (le lendemain après-midi)
3. Quand est-ce que Leconte a joué? (pas encore)
4. Quand est-ce que tes parents ont joué au bridge? (jamais)
5. Quand as-tu patiné? (hier soir)
6. Et tu as rencontré tes amis à la patinoire? (personne)
7. Est-ce que tu as dîné avant ou après? (après)
8. As-tu bien mangé? (oui, trop)

1. Il a bien joué.
2. Il a enfin gagné le lendemain après-midi.
3. Il n'a pas encore joué.
4. Ils n'ont jamais joué au bridge.
5. J'ai patiné hier soir.
6. Je n'ai rencontré personne à la patinoire.
7. J'ai dîné après.
8. Oui, j'ai trop mangé.

10. Répondez négativement en employant **pas encore**, **jamais**, **rien** ou **personne**. Soyez logique.

> MODÈLE: As-tu déjà commandé le dessert?
> **Non, je n'ai pas encore commandé le dessert.**

1. Est-ce que Pierre a lu beaucoup de romans?
2. As-tu vu Roland au concert?
3. Est-ce que Stéphanie a toujours été monitrice?
4. Les Martin ont-ils invité tout le monde?
5. Ont-ils déjà dîné?
6. Avez-vous souvent fait du ski?
7. As-tu acheté trois cassettes?
8. Est-ce que nous avons déjà gagné le match?

1. Non, il n'a rien lu.
2. Non, je n'ai vu personne au concert.
3. Non, elle n'a jamais été monitrice.
4. Non, ils n'ont invité personne.
5. Non, ils n'ont pas encore dîné.
6. Non, nous n'avons jamais fait de ski.
7. Non, je n'ai rien acheté.
8. Non, vous n'avez pas encore gagné le match.

du 2 juillet au 19 août

50 CONCERTS

Dans les plus belles églises de Paris

Les soirées musicales d'été

Programmation/organisation Richard Douatte

Quoi? Ils n'ont rien acheté?

le passé composé des verbes réguliers en *-ir*

The **passé composé** of most regular **-ir** verbs is composed of a present tense form of **avoir** and the past participle of the main verb. To form the past participle of regular **-ir** verbs, drop the **-ir** of the infinitive and add **i**: **finir** → **fini**. Here is the **passé composé** of **finir**.

finir				
j'**ai**	**fini**	J'ai **fini** le roman.	I finished the novel.
tu **as**	**fini**	Tu n'**as** pas encore **fini**?	You haven't finished yet?
il/elle/on **a**	**fini**	Elle **a fini** le contrôle.	She has finished the (unit) test.
nous **avons**	**fini**	Nous **avons fini** la lecture.	We finished the reading.
vous **avez**	**fini**	**Avez**-vous **fini** la leçon?	Did you finish the lesson?
ils/elles **ont**	**fini**	Ils **ont fini** la partie.	They did finish the game.

Other **-ir** verbs whose past participles end in **-i** are **choisir**, **grossir**, **maigrir**, **réfléchir**, **réussir** and **dormir**.

> **Avez**-vous bien **dormi**? *Did you sleep well?*

Wkbk. 9

11. Marie-Ange sait les résultats des derniers contrôles. Demandez-lui si tout le monde a réussi.

> MODÈLE: tu / anglais
> **Tu as réussi en anglais?**

You may have students do this exercise again using inversion wherever possible.

1. Paul et toi / histoire — Paul et toi, vous avez réussi en histoire?
2. Anne et Marie / espagnol — Anne et Marie ont réussi en espagnol?
3. Laure / maths — Laure a réussi en maths?
4. Richard / informatique — Richard a réussi en informatique?
5. tu / biologie — Tu as réussi en biologie?
6. je / allemand — J'ai réussi en allemand?
7. Caroline et moi / français — Caroline et moi, nous avons réussi en français?
8. François et Renée / italien — François et Renée ont réussi en italien?

12. Dommage! Les réponses de Marie-Ange aux questions de l'**Activité 11** sont négatives. Donnez-les.

> MODÈLE: Tu as réussi en anglais?
> **Non, je n'ai pas réussi en anglais.**

1. Paul et toi, vous avez réussi en histoire? — Non, nous n'avons pas réussi en histoire.
2. Anne et Marie ont réussi en espagnol? — Non, elles n'ont pas réussi en espagnol.
3. Laure a réussi en maths? — Non, elle n'a pas réussi en maths.
4. Richard a réussi en informatique? — Non, il n'a pas réussi en informatique.
5. Tu as réussi en biologie? — Non, je n'ai pas réussi en biologie.
6. J'ai réussi en allemand? — Non, tu n'as pas réussi en allemand.
7. Caroline et moi, nous avons réussi en français? — Non, vous n'avez pas réussi en français.
8. François et Renée ont réussi en italien? — Non, ils n'ont pas réussi en italien.

le passé composé des verbes irréguliers

Some irregular French verbs have past participles ending in **-u**. Here are a few of them.

Connaître and **savoir**, whose past participles also end in **-u**, have special meanings in the **passé composé** and will be presented later.

Verb	Past Participle	Passé Composé	
boire	**bu**	Qu'est-ce que tu **as bu**?	What did you drink?
courir	**couru**	J'ai **couru** très vite.	I ran very fast.
croire	**cru**	Tu n'**as** pas **cru** mon histoire.	You didn't believe my story.
devoir	**dû**	Il **a dû** réfléchir.	He had to think.
lire	**lu**	Nous **avons** déjà **lu** la pièce.	We have already read the play.
pleuvoir	**plu**	**A**-t-il **plu** le mois dernier?	Did it rain last month?
pouvoir	**pu**	Je n'**ai** pas **pu** le faire.	I couldn't do it.
voir	**vu**	Elles **ont** peut-être **vu** Marc.	Maybe they saw Marc.
vouloir	**voulu**	Vous **avez voulu** partir.	You wanted to leave.

Elle a tout bu. (Saint-Jean-Pied-de-Port)

Other irregular verbs have past participles ending in **-is**.

Point out that the past participles of **apprendre** and **comprendre** are **appris** and **compris**.

Wkbk. 10

Verb	Past Participle	Passé Composé	
mettre	**mis**	Où **ont**-ils **mis** le journal?	Where did they put the newspaper?
prendre	**pris**	Qui **a pris** ces photos?	Who took those pictures?

13. Audrey a beaucoup fait hier. Dites ce qu'elle a fait.

MODÈLE: faire le petit déjeuner
Elle a fait le petit déjeuner.

1. prendre le petit déjeuner dehors   Elle a pris le petit déjeuner dehors.
2. boire du café   Elle a bu du café.
3. mettre la télé   Elle a mis la télé.
4. voir un film   Elle a vu un film.
5. devoir étudier   Elle a dû étudier.
6. lire un poème   Elle a lu un poème.
7. comprendre le poème   Elle a compris le poème.
8. mettre sa tenue de jogging   Elle a mis sa tenue de jogging.
9. courir au jardin   Elle a couru au jardin.
10. et puis vouloir dormir   Et puis elle a voulu dormir.

Audrey a couru avec ses amies après les cours.

14. Mathieu veut savoir si vous faites certaines choses. Dites-lui que vous ne les avez jamais faites.

MODÈLE: Est-ce que tu choisis tes habits?
Je n'ai jamais choisi mes habits.

Before beginning this **Activité**, you may want students to give the infinitive and past participle of each verb.

1. Est-ce que tu crois cet homme?   Je n'ai jamais cru cet homme.
2. Est-ce que tu bois du vin?   Je n'ai jamais bu de vin.
3. Est-ce que tu cours?   Je n'ai jamais couru.
4. Est-ce que tu lis cette revue?   Je n'ai jamais lu cette revue.
5. Est-ce que tu apprends l'espagnol?   Je n'ai jamais appris l'espagnol.
6. Est-ce que tu mets ce chapeau?   Je n'ai jamais mis ce chapeau.
7. Est-ce que tu dois beaucoup étudier?   Je n'ai jamais dû beaucoup étudier.
8. Est-ce que tu comprends mes questions?   Je n'ai jamais compris tes questions.

l'accord du participe passé et du complément direct

You have already learned the direct object pronouns in French: **me**, **te**, **le**, **la**, **l'**, **nous**, **vous** and **les**. In a sentence in the **passé composé** direct object pronouns immediately precede the auxiliary verb. The past participle agrees with this preceding direct object pronoun in gender and in number. If the direct object pronoun is feminine singular, add **e** to the past participle; if it is masculine plural, add **s**; if it is feminine plural, add **es**. Note the spellings of the following past participles.

—As-tu répété la question?   *Did you repeat the question?*
—Oui, je **l'**ai **répétée**.   *Yes, I repeated it.*

In the answer above, an unpronounced **e** is added to **répété** to make it agree with the preceding direct object. (**L'** refers to **la question**.)

Point out that there is no agreement in the first sentence between **répété** and **la question** because the direct object follows the verb.

—Qui a choisi les places? *Who chose the seats?*
—Nous **les** avons **choisies**. *We chose them.*

In the answer above, an unpronounced **es** is added to **choisi** to make it agree with the preceding direct object. (**Les** refers to **les places**.)

—Qui est-ce que Paul a invité? *Whom did Paul invite?*
—Il **nous** a **invités**. *He invited us.*

In the answer above, an unpronounced **s** is added to **invité** to make it agree with the preceding direct object **nous** which is masculine plural. When the preceding direct object is masculine singular, the past participle does not change.

—As-tu déjà vu Jean-Raymond? *Have you seen Jean-Raymond already?*
—Non, je ne **l'**ai pas encore **vu**. *No, I haven't seen him yet.*

ATTENTION: 1. Past participles ending in -**s** (**mis**, **pris**) do not change in the masculine plural form.

—Où as-tu mis les appareils? *Where did you put the cameras?*
—Je les ai **mis** dans le sac. *I put them in the bag.*

2. If a past participle ends in -**s** or -**t**, this final consonant is pronounced in the feminine forms.

—As-tu fait les frites? *Did you make the french fries?*
—Oui, je les ai faites. *Yes, I made them.*
—Qui a pris cette photo? *Who took this picture?*
—Jean l'a prise. *Jean took it.*

Wkbk. 11

15. Votre frère a entendu dire (*heard*) que vous allez au théâtre avec Élodie ce soir. Il est curieux et veut savoir si tout ce qu'il a entendu dire est vrai. Répondez-lui affirmativement en employant **l'** ou **les**.

MODÈLE: As-tu vu Élodie?
Oui, je l'ai vue.

1. Est-ce que tu l'as invitée? Oui, je l'ai invitée.
2. As-tu déjà lu la pièce? Oui, je l'ai déjà lue.
3. As-tu réservé les places? Oui, je les ai réservées.
4. As-tu acheté les billets? Oui, je les ai achetés.
5. As-tu vérifié l'heure? Oui, je l'ai vérifiée.
6. As-tu perdu les billets? Oui, je les ai perdus.
7. Est-ce que tu les as cherchés? Oui, je les ai cherchés.
8. As-tu appelé le théâtre? Oui, je l'ai appelé.

Point out that there is **liaison** after **les** before a word beginning with a vowel sound.

Note that the direct object pronoun in a negative sentence immediately precedes the auxiliary.

The **s** in **prise** (and **mise**) is pronounced [z].

Théâtre · Grand Théâtre · Grand Théâtre
THEATRE NATIONAL DE   THEATRE NATIONA
CHAILLOT CHAILLO

Sans vignette indiquant le prix, ce billet n'est pas valable.
Les coupons ne sont ni repris, ni échangés.
Les portes sont fermées dès le début du spectacle

jeudi 16 mai 19   65 F
20 h 30 précises
Ubu roi

imp. L. Hardy - Paris

1118

16. Votre père ne peut pas trouver certaines choses que vos frères ont prises. Dites-lui que vous ne savez pas où ils les ont mises.

> MODÈLE: Où ont-ils mis le journal?
> **Je ne sais pas où ils l'ont mis.**

1. Où ont-ils mis la tente bleue? _Je ne sais pas où ils l'ont mise._
2. Où ont-ils mis mes patins à roulettes? _Je ne sais pas où ils les ont mis._
3. Où ont-ils mis mon appareil? _Je ne sais pas où ils l'ont mis._
4. Où ont-ils mis le dictionnaire? _Je ne sais pas où ils l'ont mis._
5. Où ont-ils mis mes livres? _Je ne sais pas où ils les ont mis._
6. Où ont-ils mis les revues? _Je ne sais pas où ils les ont mises._
7. Où ont-ils mis la guitare? _Je ne sais pas où ils l'ont mise._
8. Où ont-ils mis les cannes à pêche? _Je ne sais pas où ils les ont mises._

17. Michel regarde les photos de vacances de votre famille et veut savoir où vous avez fait certaines choses. Dites-lui que vous avez tout fait à Biarritz. Utilisez **l'** ou **les**.

> MODÈLE: Où avez-vous passé vos vacances?
> **Nous les avons passées à Biarritz.**

1. Où avez-vous pris ces photos-ci? _Nous les avons prises à Biarritz._
2. Où avez-vous fait ce tour? _Nous l'avons fait à Biarritz._
3. Où avez-vous fait vos courses? _Nous les avons faites à Biarritz._
4. Où avez-vous acheté cette voiture? _Nous l'avons achetée à Biarritz._
5. Où l'avez-vous vendue? _Nous l'avons vendue à Biarritz._
6. Où avez-vous pris ce bateau? _Nous l'avons pris à Biarritz._
7. Où avez-vous attrapé ces poissons? _Nous les avons attrapés à Biarritz._
8. Où avez-vous vu ces pièces? _Nous les avons vues à Biarritz._
9. Où avez-vous eu cette aventure? _Nous l'avons eue à Biarritz._

Il les a attrapés à Sainte-Luce. (Martinique)

Les vacances? Ils les ont passées à Biarritz.

La leçon? Benoît l'a copiée!

18. La mère de Jacqueline veut savoir comment Jacqueline a fait en classe aujourd'hui. Répondez négativement à ses questions. Utilisez **l'** ou **les**.

MODÈLE: Est-ce que Jacqueline a embêté le professeur?
Non, elle ne l'a pas embêté.

1. Est-ce qu'elle a fait la lecture? Non, elle ne l'a pas faite.
2. Est-ce qu'elle a regardé ses livres? Non, elle ne les a pas regardés.
3. Est-ce qu'elle a utilisé le dictionnaire? Non, elle ne l'a pas utilisé.
4. Est-ce qu'elle a compris ce poème? Non, elle ne l'a pas compris.
5. Est-ce qu'elle a appris la leçon? Non, elle ne l'a pas apprise.
6. Est-ce qu'elle a entendu les questions? Non, elle ne les a pas entendues.
7. Est-ce qu'elle a étonné les autres élèves? Non, elle ne les a pas étonnés.

19. Martin et vous n'aimez plus Jean parce qu'il n'est pas sincère. Dites-lui qu'il n'a jamais fait ce qu'il prétend (*claims*) faire.

MODÈLE: Je vous aime.
Écoute, Jean, tu ne nous as jamais aimés.

1. Mais je vous appelle.
2. Mais je vous attends.
3. Mais je vous vois après les cours.
4. Mais je vous choisis pour mon équipe.
5. Mais je vous aide beaucoup.
6. Mais je vous invite chez moi.
7. Mais je vous crois.
8. Mais je vous comprends.

1. Écoute, Jean, tu ne nous as jamais appelés.
2. Écoute, Jean, tu ne nous as jamais attendus.
3. Écoute, Jean, tu ne nous as jamais vus après les cours.
4. Écoute, Jean, tu ne nous as jamais choisis pour ton équipe.
5. Écoute, Jean, tu ne nous as jamais beaucoup aidés.
6. Écoute, Jean, tu ne nous as jamais invités chez toi.
7. Écoute, Jean, tu ne nous as jamais crus.
8. Écoute, Jean, tu ne nous as jamais compris.

This is an optional activity.

20. Comment dit-on en français?

CHRISTINE: Listen, Pierre, you've never invited me to the skating rink.

Écoute, Pierre, tu ne m'as jamais invitée à la patinoire.

PIERRE: Yes (on the contrary), I invited you once last year, but you couldn't find your roller skates.

Si, je t'ai invitée une fois l'année dernière, mais tu n'as pas pu trouver tes patins à roulettes.

CHRISTINE:	Maybe, but we don't go out anymore.	Peut-être, mais nous ne sortons plus.
PIERRE:	What? You've already forgotten the bridge game with the neighbors last weekend and...	Quoi? Tu as déjà oublié la partie de bridge avec les voisins le week-end dernier et...
CHRISTINE:	I know, we went for a walk Saturday, and we also ran Sunday. But...	Je sais, nous avons fait une promenade samedi, et nous avons aussi couru dimanche. Mais...
PIERRE:	And we're going to the theater next week. I've even reserved two seats.	Et nous allons au théâtre la semaine prochaine. J'ai même réservé deux places.
CHRISTINE:	Don't bother. I've never liked the theater.	Ce n'est pas la peine. Je n'ai jamais aimé le théâtre.

Rédaction

Écrivez un ou deux paragraphes où vous décrivez une aventure imaginaire ou réelle que vous avez eue l'année dernière. Dites qui a été avec vous, ce que vous avez fait, en quel mois, qui vous avez vu et qui vous a vu ou ne vous a pas vu. Utilisez de nouvelles expressions de cette leçon, si possible.

Patrick fait une partie de Monopoly avec ses amis. (Nerigean)

Lecture
Une partie de Monopoly

Ce soir Patrick, Sabine, Grégory et Hélène jouent au Monopoly. La partie a commencé, et les joueurs ont déjà acheté des rues. Patrick, lui, a le boulevard Saint-Michel, l'avenue Mozart et la place Pigalle.[1] Génial! Il veut acheter maintenant des maisons. Oh! Oh! Pas si vite! Patrick est fauché parce qu'il a arrêté son pion° deux fois sur la gare de   marker

Hélène pioche une carte "Chance." (Nerigean)

Lyon d'Hélène, et elle a demandé 20.000* francs chaque fois parce qu'elle a les quatre gares. Puis il a donné à Grégory 1.000 francs pour son anniversaire.

Sabine, elle, elle n'a rien acheté, la pauvre, mais elle a beaucoup d'argent parce qu'elle a souvent arrêté son pion sur la case° "Chance." Elle a eu de bonnes cartes pour sortir de prison,° et elle les a vendues à Patrick.

square

jail

Grégory a de la chance parce qu'il vient justement d'acheter l'avenue des Champs-Élysées. Vous savez, au Monopoly français, tout le monde rêve d'avoir l'avenue des Champs-Élysées et surtout la rue de la Paix.[2] Grégory a aussi acheté la rue Lafayette et la place des Vosges. Il voudrait maintenant la place de la Bourse, mais c'est Hélène qui l'a achetée, et elle ne veut pas encore la vendre. C'est énervant pour Grégory.

Hélène gagne maintenant. Elle a quatre gares et beaucoup de rues. En effet, elle vient d'acheter quatre maisons et a attrapé le pauvre Grégory qui a dû payer 110.000 francs sur l'avenue de Breteuil. En ce moment, c'est elle qui joue. Elle doit piocher° une carte "Chance." Elle lit: "Rendez-vous° à la rue de la Paix." Chouette! Elle peut l'acheter, et elle voudrait vite acheter l'avenue des Champs-Élysées, mais Grégory ne veut pas vendre. Hélène insiste, et Grégory réfléchit. Il veut bien vendre les Champs-Élysées si Hélène paie le double du prix. Quoi? Le double? "Oui, le double," a répété Grégory, "et avec ça, la place de la Bourse." Lui, aussi, il insiste. Alors, de toute façon, Hélène donne à Grégory 80.000 francs, la place de la Bourse, et la partie continue.

draw / meeting

Grégory veut le double du prix. (Nerigean)

Enfin, il est tard, et c'est la fin de la partie. Est-ce que vous pouvez deviner qui a gagné? Hélène? Pas du tout! Eh bien oui, c'est Sabine. Sans° rues et sans maisons, elle n'a rien risqué,° et elle a fini millionnaire.

Without

risked

Wkbk. 12

°The period in French numbers over one thousand is the equivalent of our comma.

Notes culturelles

1. The names of streets and city squares in the French Monopoly game are the names of real Parisian streets, avenues, boulevards and squares. (The French word **boulevard** used to mean "rampart" or "bulwark," a surrounding wall. Today the word **boulevard** means a wide street that occupies the space where a city wall used to stand.)

2. In French Monopoly **la rue de la Paix** and **l'avenue des Champs-Élysées** are the equivalents of our "Boardwalk" and "Park Place."

Répondez en français. Utilisez les pronoms compléments directs si possible.

1. Quelles rues ou places est-ce que Patrick a déjà achetées?
2. Combien est-ce que Patrick a dû payer à Hélène?
3. Combien d'argent a-t-il maintenant?
4. Qu'est-ce que Sabine a acheté?
5. Qu'est-ce qu'elle a vendu à Patrick?
6. Est-ce que Sabine est fauchée?
7. Quelles rues est-ce que tout le monde veut acheter?
8. Qui embête Grégory et comment?
9. Où est-ce qu'Hélène a attrapé Grégory?
10. Combien est-ce que Grégory a dû payer à Hélène?
11. Pour combien est-ce que Grégory a vendu l'avenue des Champs-Élysées?
12. Pourquoi est-ce que Sabine a enfin gagné?

1. Il a déjà acheté le boulevard Saint-Michel, l'avenue Mozart et la place Pigalle.
2. Il a dû payer à Hélène 40.000 francs.
3. Il n'a pas d'argent. Il est fauché.
4. Elle n'a rien acheté.
5. Elle a vendu à Patrick des cartes pour sortir de prison.
6. Non, elle a beaucoup d'argent.
7. Tout le monde rêve d'acheter l'avenue des Champs-Élysées et la rue de la Paix.
8. Hélène l'embête parce qu'elle ne veut pas encore vendre la place de la Bourse.
9. Elle l'a attrapé sur l'avenue de Breteuil.
10. Il a dû payer à Hélène 110.000 francs.
11. Il l'a vendue pour 80.000 francs.
12. Parce qu'elle n'a rien risqué.

Proverbe

La nuit porte conseil.   *The night brings advice.*

Interaction et application pratique

À deux

1. Make a list of things and people who bother you or interest you and tell why. Have your partner do the same. Compare your list to your partner's and then tell the class one thing or person who interests or bothers your partner and why. Use only words you've learned so far.

   MODÈLE: **Mon petit frère m'embête parce qu'il pose trop de questions.**

2. With your partner list all the pastimes, hobbies or leisure time activities that each of you likes. Consult your teacher or a dictionary for words you haven't learned yet. Afterwards share your list with the entire class and find out which activities are the most popular.

3. With your partner take turns asking each other what you did each day last week. Use only the verbs that you've already learned in the **passé composé** and give a different answer for each day. Then tell the class several things that your partner did last week.

   MODÈLE: Qu'est-ce que tu as fait lundi de la semaine dernière?
   Lundi j'ai joué au basket.

4. Take turns with your partner asking each other if you or other people have done certain things. Ask questions containing **beaucoup**, **bien** and **déjà**, and answer using **beaucoup**, **bien**, **pas encore**, **jamais** and **toujours** whenever possible. Use only the verbs you've already learned in the **passé composé**. Then share some of your partner's answers with the class.

   MODÈLE: As-tu déjà fini le travail?
   Non, je ne l'ai pas encore fini.

5. With your partner take turns asking each other what you have read, made or taken and when you read, made or took it (them). If possible, also ask where you put it (them). Use direct object pronouns. Then tell the class what your partner has said.

Aimez-vous jouer au Monopoly? (Nerigean)

MODÈLE: Qu'est-ce que tu as lu?
J'ai lu le journal.

Quand l'as-tu lu?
Je l'ai lu ce matin.

Où l'as-tu mis?
Je l'ai mis sur la table.

En groupes

6. With your group play Monopoly in French. (If you don't have a French Monopoly game, use an English one. After consulting a map of Paris, give the names of Parisian streets and places to the English ones on your board.) You will find other useful game expressions in the **Lecture** of this lesson.

7. See how many different sentences each containing one of the following expressions your group can think of in five minutes. Have some person from the group list the sentences on a transparency. Afterwards several transparencies can be put on the overhead for all to correct.

   mal / même / peut-être / hier / le lendemain matin / longtemps / la semaine dernière / vite / pas encore / trop / assez / déjà

Tous ensemble

8. Each student has a sheet of paper with the following statements written on it:

   1. Je vais sortir ce soir.
   2. J'aime faire du patin à roulettes.
   3. Mon passe-temps préféré est la lecture.
   4. Le week-end dernier j'ai joué aux cartes.
   5. Hier soir j'ai vu un film à la télé.

   Now, as you walk around your classroom, find a different person who can answer each question affirmatively. You will say to someone, for example, **Vas-tu sortir ce soir?** When you find a person who answers **Oui, je vais sortir ce soir**, this person will initial your sheet. The first student to have all five affirmative responses is the winner.

Vocabulaire actif

noms

un acteur, une actrice actor, actress
un appareil-photo (appareil) camera
une bibliothèque library
le bridge bridge (card game)
un conseil (piece of) advice
la course running; race
un journal newspaper
la lecture reading
le lendemain the next day
une occasion chance, opportunity
une partie game
un passe-temps pastime
une patinoire skating rink

des patins à roulettes (m.) roller skates
la peine: Ce n'est pas la peine. Don't bother.
la photo photography; photo, picture
une pièce (de théâtre) play
un poème poem
une question question
une réponse answer
une revue magazine
un roman novel
un théâtre theater
un voisin, une voisine neighbor

adjectifs

dernier, dernière last
énervant(e) annoying, irritating
gratuit(e) free
inattendu(e) unexpected

libre free (not busy)
magnifique magnificent
sûr(e) sure

verbes

courir to run
embêter to bother, to get on one's nerves
faire de la course to run, to race
faire du patin à roulettes to roller-skate, to go roller-skating
insister to insist
intéresser to interest
lire to read

patiner to skate
porter to bring
poser to ask (a question)
réfléchir to think
réserver to reserve
utiliser to use
vérifier to check

expressions diverses

assez rather
au fait by the way
de toute façon anyway, in any case
énormément enormously
lentement slowly

longtemps (for) a long time
même even; same
pendant during
qui that, which
vite fast, quickly

Daniel téléphone à Michel

MICHEL: Allô, j'écoute.

DANIEL: Michel! Salut. C'est Daniel.

MICHEL: Ah, Daniel, bonjour. Ça va?

DANIEL: Ça va. Écoute, qu'est-ce que tu fais aujourd'hui?

MICHEL: Pas grand'chose. J'ai déjà fait du jogging au jardin, et maintenant je lis un roman. Pourquoi?

DANIEL: J'ai besoin de° conseils. Je viens d'acheter un appareil, mais je ne sais pas l'utiliser. Tu peux m'aider?

MICHEL: Quoi? Toi qui sais tout, tu me demandes...

DANIEL: Écoute, ce n'est pas la peine. De toute façon, ma cousine Denise est là, et même si elle est énervante, elle connaît bien les appareils.

MICHEL: Non, non! Je viens t'aider. Et puis, ce n'est pas vrai. Denise n'est pas du tout énervante. Tu viens me chercher?

DANIEL: Non, je n'ai pas la voiture. Tu peux prendre le bus.

MICHEL: D'accord, mais je peux parler à Denise une petite minute?

DANIEL: OK, ne quitte pas. La voici.

"C'est Daniel à l'appareil."

°The expression **avoir besoin de** may be followed by an infinitive or by a noun, as it is in this sentence.

Compréhension

Répondez en français.

1. Qu'est-ce que Michel a déjà fait?
2. Qu'est-ce qu'il lit maintenant?
3. Pourquoi Daniel a-t-il besoin de conseils?
4. Selon Michel, qu'est-ce que Daniel sait?
5. Est-ce que Michel trouve Denise énervante?
6. Pourquoi est-ce que Daniel ne peut pas aller chercher Michel?
7. Comment est-ce que Michel va venir chez Daniel?
8. À qui Michel veut-il parler?

À propos

1. Qu'est-ce que vous avez fait ce matin?
2. Qu'est-ce que vous venez de faire?
3. Avez-vous déjà téléphoné aujourd'hui?
4. Est-ce que vous avez la voiture aujourd'hui?
5. Qui vous a embêté aujourd'hui?
6. Qui avez-vous embêté?

Préférez-vous prendre la voiture ou le bus? (Paris)

Activités

1. Christophe veut savoir si vous faites toujours certains sports. Dites-lui que vous ne les faites plus. Utilisez **jouer à**. Si ce n'est pas possible, utilisez **faire de**.

    MODÈLES: a) Est-ce que tu fais toujours du foot?
    Non, je ne joue plus au foot.

    b) Est-ce que tu fais toujours du ski?
    Non, je ne fais plus de ski.

    1. Est-ce que tu fais toujours du tennis?   Non, je ne joue plus au tennis.
    2. Est-ce que tu fais toujours du patin à roulettes?   Non, je ne fais plus de patin à roulettes.
    3. Est-ce que tu fais toujours du basket?   Non, je ne joue plus au basket.
    4. Est-ce que tu fais toujours du volley?   Non, je ne joue plus au volley.
    5. Est-ce que tu fais toujours du jogging?   Non, je ne fais plus de jogging.
    6. Est-ce que tu fais toujours de la course?   Non, je ne fais plus de course.
    7. Est-ce que tu fais toujours de la planche à voile?   Non, je ne fais plus de planche à voile.
    8. Est-ce que tu fais toujours du vélo?   Non, je ne fais plus de vélo.

Ils font de la course. (Paris)   Faites-vous de la planche à voile? (Verneuil-sur-Seine)

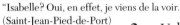
"Isabelle? Oui, en effet, je viens de la voir."
(Saint-Jean-Pied-de-Port)

Ils viennent de faire du bateau.

2. Valérie et vous êtes ensemble au jardin. Des amis qui passent vous demandent si vous avez fait certaines choses. Répondez qu'en effet vous venez de les faire. Utilisez des pronoms si possible.

MODÈLE: Avez-vous joué au tennis?
Oui, en effet, nous venons de jouer au tennis.

Remind students that **de** and **le** do not combine to form **du** because **le** is a pronoun, not a definite article.

1. Avez-vous fini votre match?   Oui, en effet, nous venons de le finir.
2. Avez-vous vu Isabelle?   Oui, en effet, nous venons de la voir.
3. Avez-vous déjà couru?   Oui, en effet, nous venons de courir.
4. Avez-vous fait du bateau?   Oui, en effet, nous venons de faire du bateau.
5. Avez-vous mis vos patins à roulettes?   Oui, en effet, nous venons de les mettre.
6. Avez-vous lu cette affiche-là?   Oui, en effet, nous venons de la lire.
7. Avez-vous bien réfléchi?   Oui, en effet, nous venons de réfléchir.
8. Avez-vous vendu vos billets?   Oui, en effet, nous venons de les vendre.

3. Jean-Joseph et vous faites des courses au marché. Il critique (*criticizes*) tout. Dites-lui que ces choses ne sont peut-être pas super, mais elles sont meilleures que d'autres de la même sorte.

MODÈLE: Ces légumes-ci ne sont pas très frais.
Peut-être, mais ils sont plus frais que ces légumes-là.

1. Peut-être, mais elle est plus fraîche que cette viande-là.
2. Peut-être, mais ils sont plus jolis que ces fruits-là.
3. Peut-être, mais elles sont meilleures que ces bananes-là.
4. Peut-être, mais elles sont plus rouges que ces tomates-là.
5. Peut-être, mais il est plus vieux que ce fromage-là.
6. Peut-être, mais ils sont plus chic que ces pulls-là.
7. Peut-être, mais elle est plus belle que cette veste-là.
8. Peut-être, mais il est plus intéressant que ce prix-là.

1. Cette viande-ci n'est pas très fraîche.
2. Ces fruits-ci ne sont pas très jolis.
3. Ces bananes-ci ne sont pas très bonnes.
4. Ces tomates-ci ne sont pas très rouges.
5. Ce fromage-ci n'est pas très vieux.
6. Ces pulls-ci ne sont pas très chic.
7. Cette veste-ci n'est pas très belle.
8. Ce prix-ci n'est pas très intéressant.

4. Jean-Jacques a le complexe de supériorité. Mettez en doute (*doubt*) ce qu'il dit.

> MODÈLE: Mon équipe est plus forte que ton équipe. (l'équipe d'Isabelle)
> **Peut-être, mais elle n'est pas aussi forte que l'équipe d'Isabelle.**

1. Mes amis sont plus sympathiques que tes amis. (mes parents)
2. Ma voiture est meilleure que ta voiture. (la voiture d'Henri)
3. Mes parents sont plus sportifs que tes parents. (mes cousins)
4. Mon histoire est plus triste que ton histoire. (toi)
5. Mes notes sont meilleures que tes notes. (les notes de Sophie)
6. Je suis plus amusant qu'Isabelle. (moi)
7. Mes vacances ont été plus super que tes vacances. (les vacances d'Audrey)
8. Je suis plus occupé que toi. (mon frère)

1. Peut-être, mais ils ne sont pas aussi sympathiques que mes parents.
2. Peut-être, mais elle n'est pas aussi bonne que la voiture d'Henri.
3. Peut-être, mais ils ne sont pas aussi sportifs que mes cousins.
4. Peut-être, mais elle n'est pas aussi triste que toi.
5. Peut-être, mais elles ne sont pas aussi bonnes que les notes de Sophie.
6. Peut-être, mais tu n'es pas aussi amusant que moi.
7. Peut-être, mais elles n'ont pas été aussi super que les vacances d'Audrey.
8. Peut-être, mais tu n'es pas aussi occupé que mon frère.

La secrétaire est plus occupée que nous. (Verneuil-sur-Seine)

Je ne sais pas qui est derrière cet homme.

5. Arnaud veut savoir qui est avec ou près de certaines personnes ou qui fait certaines choses. Dites-lui que vous ne savez pas.

> MODÈLE: Qui est avec Thomas?
> **Je ne sais pas qui est avec lui.**

1. Qui est devant Charlotte? — Je ne sais pas qui est devant elle.
2. Qui travaille pour les Cortier? — Je ne sais pas qui travaille pour eux.
3. Qui est derrière ces filles? — Je ne sais pas qui est derrière elles.
4. Qui arrive après Anne et moi? — Je ne sais pas qui arrive après vous.
5. Qui est dans le bateau près de toi? — Je ne sais pas qui est dans le bateau près de moi.
6. Qui vient avec moi? — Je ne sais pas qui vient avec toi.
7. Qui est chez Jean? — Je ne sais pas qui est chez lui.
8. Qui est comme toi et moi? — Je ne sais pas qui est comme nous.

6. Votre petite sœur est très curieuse. Répondez-lui affirmativement ou négativement.

> MODÈLE: Est-ce que tu m'aimes? (oui)
> **Oui, je t'aime.**

1. Est-ce que tu m'écoutes? (oui) Oui, je t'écoute.
2. Veux-tu m'aider? (non) Non, je ne veux pas t'aider.
3. Me vois-tu maintenant? (non) Non, je ne te vois pas maintenant.
4. Est-ce que je dois t'attendre? (non) Non, tu ne dois pas m'attendre.
5. M'entends-tu maintenant? (oui) Oui, je t'entends maintenant.
6. Est-ce que je t'étonne? (non) Non, tu ne m'étonnes pas.
7. Est-ce que je peux te croire? (oui) Oui, tu peux me croire.
8. Est-ce que je t'embête? (oui) Oui, tu m'embêtes.

7. Émilie croit que personne (*no one*) de votre club ne pense aux autres. Utilisez les sujets entre parenthèses, et persuadez Émilie qu'elle n'a pas raison. Remplacez les mots en italique par des pronoms compléments directs.

> MODÈLE: On ne *m'*écoute pas. (je)
> **Si, je t'écoute.**

1. On ne *me* croit pas. (Hélène)
2. On ne connaît pas *ces filles*. (Julie et Françoise)
3. On ne sait pas *leurs adresses*. (Vincent et moi)
4. On ne vient pas *nous* chercher. (les copains)
5. On ne veut pas *m'*aider. (je)
6. On ne *te* comprend pas. (tu)
7. On n'invite jamais *Valérie*. (nous)
8. On ne lit pas *mon poème*. (le prof)

1. Si, Hélène te croit.
2. Si, Julie et Françoise les connaissent.
3. Si, Vincent et moi, nous les savons.
4. Si, les copains viennent nous chercher.
5. Si, je veux t'aider.
6. Si, tu me comprends.
7. Si, nous l'invitons.
8. Si, le prof le lit.

Ces élèves? Vous les connaissez? (Verneuil-sur-Seine)

8. Vous travaillez avec Claire et Alain dans un supermarché. Vous venez de commencer à faire des livraisons (*deliveries*), donc vous connaissez certains clients, mais vous ne savez pas où ils habitent. Dites-le à votre patron.

> MODÈLE: Madame Leroux (Alain)
> **Alain la connaît, mais il ne sait pas où elle habite.**

1. Monsieur Perrin (je)
2. les Delprat (Alain et moi)
3. Mlle Junot (Alain et Claire)
4. le fils de Mme Leroux (Claire)
5. les parents des Delprat (je)
6. Madame Berry (Alain, Claire et moi)
7. ma grand-mère (Claire et Alain)
8. mes cousines (Alain)

1. Je le connais, mais je ne sais pas où il habite.
2. Alain et moi, nous les connaissons, mais nous ne savons pas où ils habitent.
3. Alain et Claire la connaissent, mais ils ne savent pas où elle habite.
4. Claire le connaît, mais elle ne sait pas où il habite.
5. Je les connais, mais je ne sais pas où ils habitent.
6. Nous la connaissons, mais nous ne savons pas où elle habite.
7. Claire et Alain la connaissent, mais ils ne savent pas où elle habite.
8. Alain les connaît, mais il ne sait pas où elles habitent.

Je sais la date du concert. (Lyon)

Savez-vous qu'il a plu hier?

9. Dites ce que ou qui les personnes suivantes connaissent ou savent.

> MODÈLE: mes parents / Bruxelles
> **Mes parents connaissent Bruxelles.**

1. je / cet acteur — Je connais cet acteur.
2. Jeanne et Cécile / où il habite — Jeanne et Cécile savent où il habite.
3. tu / qu'il a plu hier — Tu sais qu'il a plu hier.
4. Henri / nos voisins — Henri connaît nos voisins.
5. nos enfants / la dame sur la photo — Nos enfants connaissent la dame sur la photo.
6. ma sœur / la date du concert — Ma sœur sait la date du concert.
7. vous / à quelle heure il commence — Vous savez à quelle heure il commence.
8. nous / cette musique — Nous connaissons cette musique.

10. Dites de quel instrument les personnes suivantes savent jouer.

MODÈLE: Martin

Il sait jouer de la trompette.

1. nous

Nous savons jouer du synthé.

2. vous

Vous savez jouer du piano.

3. Martine

Elle sait jouer de la batterie.

4. je

Je sais jouer de la flûte.

5. tu

Tu sais jouer du violon.

6. Pierre et Vincent

Ils savent jouer de la guitare.

7. Robert

Il sait jouer du saxophone.

8. Marie et Lucie

Elles savent jouer de la clarinette.

11. En une petite phrase décrivez ce que font les personnes suivantes.

MODÈLE: **Ils regardent la télé.**

1.

Il fait du vélo.

2.

Elle nage.

3.

Elles courent (font de la course).

4.

Ils pêchent (attrapent des poissons).

5.

Ils dorment.

6.

Elles réfléchissent (pensent).

7.

Elle lit.

8.

Il prend des photos.

9.

Ils partent.

10.

Elle sort.

1. Il a fait du vélo hier.
2. Elle a nagé hier.
3. Elles ont couru hier.
4. Ils ont pêché hier.
5. Ils ont dormi hier.
6. Elles ont réfléchi hier.
7. Elle a lu hier.
8. Il a pris des photos hier.

12. Maintenant dites ce que les personnes de l'**Activité 11** (phrases 1-8) ont fait hier.

> MODÈLE: **Ils ont regardé la télé hier.**

13. Dites ce que certaines personnes ont fait hier.

> MODÈLE: Sophie et Louis / parler des vacances
> **Sophie et Louis ont parlé des vacances.**

1. Frédéric et toi, vous / réussir en maths — Frédéric et toi, vous avez réussi en maths.
2. Catherine / vendre sa moto — Catherine a vendu sa moto.
3. les copines / faire du bateau — Les copines ont fait du bateau.
4. le prof / vérifier les contrôles — Le prof a vérifié les contrôles.
5. je / boire trop de café — J'ai bu trop de café.
6. tu / mettre la table — Tu as mis la table.
7. nous / voir une nouvelle pièce — Nous avons vu une nouvelle pièce.
8. les élèves / comprendre le poème — Les élèves ont compris le poème.

14. Amélie a fait des choses différentes. Demandez-lui où elle les a faites.

> MODÈLE: J'ai utilisé ton appareil.
> **Où est-ce que tu l'as utilisé?**

1. J'ai pris cette photo. — Où est-ce que tu l'as prise?
2. J'ai attrapé ces poissons. — Où est-ce que tu les as attrapés?
3. J'ai vu ces acteurs. — Où est-ce que tu les as vus?
4. J'ai fait ces tartes. — Où est-ce que tu les as faites?
5. J'ai mis cette robe. — Où est-ce que tu l'as mise?
6. J'ai lu ces affiches. — Où est-ce que tu les as lues?
7. J'ai dû apprendre le français. — Où est-ce que tu as dû l'apprendre?
8. J'ai entendu ces histoires. — Où est-ce que tu les as entendues?

Où est-ce qu'il les a attrapés?
(Martinique)

15. Stéphanie et Marie-Madeleine n'ont rien fait à l'école l'année dernière. Dites-le à Jean-Charles.

> MODÈLE: Qu'est-ce qu'elles ont étudié?
> **Elles n'ont rien étudié.**

1. Qu'est-ce qu'elles ont lu? — Elles n'ont rien lu.
2. Qu'est-ce qu'elles ont compris? — Elles n'ont rien compris.
3. Est-ce qu'elles ont su les réponses? — Elles n'ont rien su.
4. Est-ce qu'elles ont posé des questions? — Elles n'ont rien posé.
5. Qu'est-ce qu'elles ont appris? — Elles n'ont rien appris.
6. Qu'est-ce qu'elles ont aimé? — Elles n'ont rien aimé.
7. Est-ce qu'elles ont gagné leurs matchs? — Elles n'ont rien gagné.
8. Qu'est-ce qu'elles ont fait? — Elles n'ont rien fait.

16. Hier à l'école Christian était (*was*) dans les nuages (*clouds*). Dites qu'il n'a remarqué personne.

> MODÈLE: Qui a-t-il regardé?
> **Il n'a regardé personne.**

1. Qui a-t-il vu? — Il n'a vu personne.
2. Qui a-t-il entendu? — Il n'a entendu personne.
3. Qui a-t-il aidé? — Il n'a aidé personne.
4. Qui a-t-il écouté? — Il n'a écouté personne.
5. Qui a-t-il cherché? — Il n'a cherché personne.
6. Qui a-t-il embêté? — Il n'a embêté personne.

17. François sait qui a fait quoi, mais il ne sait pas comment ou quand. Dites-le-lui.

> MODÈLE: Donc, Éric et vous, vous avez marché? (oui, lentement)
> **Oui, nous avons marché lentement.**

1. Et vous avez aussi étudié? (oui, beaucoup)
2. Et vous avez vu Roger? (oui, hier après-midi)
3. Et il a dîné avec vous? (oui, hier soir)
4. Et il a bien mangé? (non, presque rien)
5. Et il vous a invités chez lui? (non, jamais)
6. Mais tu as dormi après? (oui, bien)
7. Et tu as aussi réfléchi? (oui, le lendemain matin)
8. Et tu as eu l'occasion de téléphoner à Roger? (non, pas encore)

1. Oui, nous avons beaucoup étudié.
2. Oui, nous l'avons vu hier après-midi.
3. Oui, il a dîné avec nous hier soir.
4. Non, il n'a presque rien mangé.
5. Non, il ne nous a jamais invités chez lui.
6. Oui, j'ai bien dormi après.
7. Oui, j'ai aussi réfléchi le lendemain matin.
8. Non, je n'ai pas encore eu l'occasion de téléphoner à Roger.

Josiane a beaucoup étudié hier après-midi.

Thierry n'a pas encore téléphoné à Roger.

En ville

Unité 2

Leçon 5

Communicative Functions

- asking for and giving directions
- talking about driving
- talking about cars
- expressing what you need
- talking about the post office
- asking for information

Joël demande des directions

Tout à coup and À votre service! are the passive vocabulary words in this dialogue.

Joël Bongart, de Kaysersberg en Alsace,[1] visite Paris pour la première fois. À son arrivée il trouve Paris bien différent de Kaysersberg. Il y a toute sorte de bâtiments—la tour Montparnasse[2] et les autres bâtiments lui semblent énormes. Les avenues et les boulevards sont très larges, et puis à Paris, il y a trop de monde,* et trop de circulation.

trop de monde   trop de circulation

Si vous avez jamais** conduit dans une grande ville, vous pouvez comprendre pourquoi Joël a peur dans sa petite Renault.[3] À Paris il y a des gens qui conduisent comme des fous.

Kiki conduit comme un fou. Il va avoir une contravention.

À Paris il y a beaucoup de circulation.

Joël est sur*** le boulevard Saint-Germain,[4] et il cherche un bureau de tabac[5] parce qu'il a besoin de timbres. Il a déjà écrit des cartes postales, et il veut les envoyer à sa famille et à ses amis. Tout à coup, il voit un tabac et, à côté, une boîte aux lettres. Quelle chance! Vite, il gare la voiture, sort et traverse le

Be sure that students do not pronounce the c in tabac.

Les boîtes aux lettres en France sont jaunes.

Joël demande des directions à l'agent de police.

boulevard, mais le tabac est fermé. Donc, Joël doit aller au bureau de poste[6] où il peut non seulement poster ses cartes mais aussi téléphoner à ses parents pour leur dire que tout va bien. Quand il revient du tabac, il y a justement un agent qui passe, et Joël lui demande:

You may point out that the past participle **fermé** is used here as an adjective describing **le tabac**.

Suggestions for realia: French postcards, letters, envelopes and stamps.

JOËL: Monsieur l'Agent,[7] s'il vous plaît,...

L'AGENT: À votre service!

JOËL: Y a-t-il un bureau de poste près d'ici?

L'AGENT: Bien sûr. Montez le boulevard jusqu'à la rue des Saints-Pères. Vous la voyez là-bas?

JOËL: Oui, je la vois.

L'AGENT: Ensuite, traversez cette rue, tournez à droite, et continuez tout droit jusqu'au premier feu. La poste est là, au coin de la rue des Saints-Pères et de la rue Jacob.

JOËL: Merci beaucoup, Monsieur l'Agent. Wkbk. 1

When a police officer responds to a person asking for help, the officer salutes and says **À votre service!**

When used in giving directions, **continue(z)** means "keep going."

The French often shorten **un bureau de tabac, un agent de police, un feu de circulation** and **un bureau de poste** to **un tabac, un agent, un feu** and **une poste**, respectively.

La rue des Saints-Pères à Paris

°The primary meaning of **monde** is "world." Here, however, it means "people."

°°When **jamais** is used without a preceding **ne (n')**, it means "ever."

°°°Use **sur le boulevard** to mean "on the boulevard." Use **dans la rue** to mean "on/in the street." The preposition **sur** is never used before **la rue**.

—**Dans** quelle rue habites-tu?
On which street do you live?
—J'habite **dans** la rue Royale.
I live on Royale Street.

Have students practice asking and answering the question **Dans quelle rue habites-tu?**

Kaysersberg, an Alsatian town of 3,000, is on the Weiss River.

You might have students do reports on Alsace or Dr. Schweitzer.

Notes culturelles

1. The village of Kaysersberg has a Germanic name as do many towns and cities in Alsace, a province in eastern France. Kaysersberg is a beautiful medieval town surrounded by vineyards. Albert Schweitzer (1875-1965), the famous philosopher and medical missionary, was born here and his birthplace is now a museum.

2. Except for the Eiffel Tower (**la tour Eiffel**), the Montparnasse Tower is the tallest structure in Paris and one of the rare skyscrapers within the city limits. A part of the ultramodern complex of the Montparnasse Train Station (**la gare Montparnasse**), the **tour Montparnasse** is mainly an office building with a shopping center on the lower levels.

3. Since lanes are not always marked on French city streets, a lot of jockeying for position occurs. For the inexperienced driver it can be very intimidating.

Albert Schweitzer was awarded the Nobel Peace Prize in 1952. (Kaysersberg)

The 59-floor Montparnasse Tower dominates the Left Bank. (Paris)

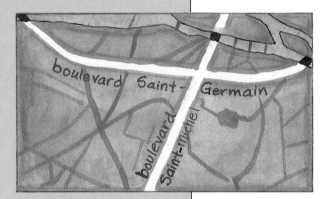

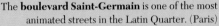

The **boulevard Saint-Germain** is one of the most
animated streets in the Latin Quarter. (Paris)

4. The **boulevard Saint-Germain** runs through the heart of Paris on
   the **rive gauche** (*Left Bank*). This boulevard also links two of the
   liveliest and most colorful neighborhoods, the **Quartier latin** (*Latin
   Quarter*) and the **Quartier Saint-Germain**.

5. French tobacco shops are often tobacco counters located in some
   cafés. Besides tobacco products they sell postage stamps, matches,
   bus and subway tickets and lottery tickets, among other things.

Suggestion for realia:
the tickets named here.

6. If you don't have access to a private phone in France, you could go to
   the nearest post office to make a long distance call. In every French
   post office there are operator-assisted public phones. You could also
   use a **télécarte**, a sort of credit card good for a certain number of
   calls.

7. People in positions of authority
   command the utmost respect in
   France. **Monsieur l'Agent** is a
   polite way of addressing a police
   officer. The word **flic** (*cop*) is not
   polite.

Compréhension

Répondez en français.

1. D'où est Joël?
2. Comment Paris est-il différent de Kaysersberg?
3. Pourquoi Joël a-t-il peur dans sa Renault?
4. Pourquoi cherche-t-il un tabac et une boîte aux lettres?
5. Qu'est-ce qu'on peut faire dans un bureau de poste français?
6. À qui est-ce que Joël demande des directions?
7. Pour aller au bureau de poste, doit-il monter ou descendre le boulevard Saint-Germain?
8. Doit-il prendre la rue des Saints-Pères à gauche ou à droite?

À propos

1. Avez-vous jamais visité Paris?
2. Avez-vous jamais conduit dans une grande ville?
3. Quand vous avez besoin de timbres, où allez-vous?
4. Avez-vous écrit des cartes postales pendant les grandes vacances?
5. Y a-t-il un bureau de poste près de chez vous?
6. Demandez-vous souvent des directions?

Les réponses de la marge:

1. Il est de Kaysersberg en Alsace.
2. Les bâtiments sont énormes, et les avenues sont larges.
3. Parce que les gens conduisent comme des fous.
4. Parce qu'il veut envoyer des cartes postales à ses amis et à sa famille.
5. On peut acheter des timbres, poster des lettres et téléphoner.
6. Il demande des directions à un agent.
7. Il doit le monter.
8. Il doit la prendre à droite.

L'agent écrit une contravention. (Lyon)

Expansion

stationnement interdit

Ben is the passive vocabulary word in this **Expansion**.

The past participle **garée** is used here as an adjective describing **la R-5**.

L'agent sort un carnet et commence à écrire.

JOËL: Mais, c'est une contravention que vous écrivez, Monsieur?

L'AGENT: Oui, cette petite R-5[1] est mal garée.

JOËL: Ah bon? Ben,* c'est moi qui la conduis.

L'AGENT: Quoi? Vous conduisez? Mais vous êtes trop jeune.

JOËL: Pas du tout. J'ai dix-huit ans.[2] Vous voulez voir mon permis?**

L'AGENT: Oui, voyons. Bongart, Joël. Le quinze juin mil neuf cent...

(Il lit le permis et dit:)

L'AGENT: Écoutez, jeune homme, à cet endroit-ci, le stationnement est interdit. Regardez l'écriteau là-bas.

JOËL: Où ça? Oh, pardon, Monsieur l'Agent, mais je ne l'ai pas vu. Croyez-moi, je dis la vérité.

L'AGENT: Bon, pour cette fois-ci ça va, mais déplacez vite votre voiture.

JOËL: Vous êtes gentil. Merci, Monsieur l'Agent.

Wkbk. 2

Citroën is pronounced [sitroɛn].

Connaissez-vous les marques des voitures?

Les Françaises: la Peugeot, la Citroën
Les Anglaises: la Jaguar, la Rolls Royce
Les Allemandes: la Mercedes, la Porsche
Les Italiennes: la Fiat, la Ferrari
Les Suédoises: la Volvo, la Saab
Les Japonaises: la Honda, la Toyota
Les Américaines: la Ford, la Chevrolet

Wkbk. 3, Wkbk. 4

Connaissez-vous la marque Peugeot?

*The word **ben**, a variation of **bien**, does not have a precise meaning. It is used often and usually comes near the beginning of a sentence. It expresses surprise or fills in gaps, as does the overused English phrase "you know."

RENAULT
DES VOITURES
A VIVRE

ALFA ROMEO

The French often shorten **un permis de conduire to **un permis**.

Wkbk. 5, Wkbk. 6

Behind-the-wheel experience comes at the **auto-école**. (Paris)

auto-école

Notes culturelles

1. An **R-5** is a **Renault 5**, called a Le Car in the U.S.A. Since the noun **voiture** is feminine, you say **une Citroën**, **une Renault**, **une Ford**, **une Peugeot**, **une Chrysler** or **une Chevrolet**.

2. In France you must be at least eighteen years old to have a driver's license. Beforehand you must take rather expensive driving lessons at an **auto-école** and then pass a difficult test.

To personalize this material, have students ask and answer these questions:
Quelle est ta voiture préférée?
Est-ce une voiture américaine, française, allemande, suédoise, anglaise, italienne ou japonaise?
As-tu un permis de conduire?
Comment conduis-tu?

Wkbk. 7

Activités

1. Alex est en France pour la première fois. Dites-lui comment on appelle les choses suivantes.

MODÈLE: Qu'est-ce que c'est?

C'est une contravention.

1. Qu'est-ce que c'est?
   C'est une boîte aux lettres.

2. Qu'est-ce que c'est?
   C'est un timbre.

3. Qu'est-ce que c'est?
   C'est un carnet.

4. Qu'est-ce que c'est?
   C'est un bureau de poste.

5. Qu'est-ce que c'est?
   C'est un bureau de tabac.

6. Qu'est-ce que c'est?
   C'est un feu (de circulation).

7. Qu'est-ce que c'est?
   C'est un permis (de conduire).

8. Qu'est-ce que c'est?
   C'est un bâtiment.

9. Qu'est-ce que c'est?
   C'est une tour.

Since the answer to **Activité 2** is long, you may have students write it out (on paper, on the board or on a transparency) after they've done it orally:

...la rue des Saints-Pères. Ensuite, il a traversé cette rue, et il a tourné à droite. Puis il a continué tout droit dans la rue des Saints-Pères jusqu'au premier feu, et il a trouvé la poste là, au coin de la rue des Saints-Pères et de la rue Jacob.

2. Dites comment Joël a trouvé la poste. Mettez au **passé composé** ce que l'agent de police lui a dit d'après le dialogue d'introduction.

Il a monté le boulevard Saint-Germain jusqu'à...

Alsace

circulation/monde

comme des fous

timbres

tabac

poster

une contravention

son permis

3. Dans chaque phrase il y a une faute en italique. Corrigez-la d'après le dialogue d'introduction ou l'**Expansion**.

1. Kaysersberg est en *Allemagne*.
2. Joël trouve qu'il y a trop de *bâtiments* à Paris.
3. À Paris tout le monde conduit *très lentement*.
4. Joël veut acheter des *cartes postales*.
5. Joël n'a pas de chance parce que le *bureau de poste* est fermé.
6. Joël peut *acheter* ses cartes postales au bureau de poste.
7. L'agent de police va écrire *un écriteau* parce que la voiture de Joël est mal garée.
8. Joël montre *sa contravention* à l'agent.

4. Répondez aux questions suivantes d'après l'**Expansion**.

1. Pourquoi est-ce que l'agent sort son carnet?
2. Quelle marque de voiture est-ce que Joël conduit?
3. Pourquoi est-ce que l'agent ne croit pas que c'est Joël qui conduit la R-5?
4. Quel âge faut-il avoir pour pouvoir conduire en France?
5. C'est quand l'anniversaire de Joël?
6. Pourquoi est-ce que Joël doit déplacer sa voiture?
7. Pourquoi l'a-t-il mal garée?
8. Est-ce que l'agent croit que Joël dit la vérité?

1. Il le sort pour donner une contravention à Joël.
2. Il conduit une R-5.
3. Parce que Joël semble trop jeune pour conduire.
4. Il faut avoir dix-huit ans.
5. C'est le quinze juin.
6. Parce qu'elle est mal garée.
7. Parce qu'il n'a pas vu l'écriteau.
8. Oui, il le croit.

À propos

1. Conduisez-vous?
2. Chez vous quel âge faut-il avoir pour conduire?
3. Avez-vous un permis de conduire?
4. Comment conduisez-vous? Bien ou mal? Vite ou lentement?
5. Selon vous, qui conduit comme un fou (une folle)?
6. Avez-vous jamais garé votre voiture là où le stationnement est interdit?
7. Avez-vous jamais eu une contravention? Si oui, pourquoi?
8. Quelle marque de voiture votre famille a-t-elle?

Structure et usage

le présent des verbes irréguliers *conduire, dire* et *écrire*

The verbs **conduire** (*to drive*), **dire** (*to tell, to say*) and **écrire** (*to write*) follow basically the same pattern.

Si vous buvez, ne conduisez pas! (Suisse)

conduire		
je **conduis**	Je **conduis** bien.	I drive well.
tu **conduis**	Tu **conduis** mal.	You drive poorly.
il/elle/on **conduit**	**Conduit**-il une Peugeot?	Does he drive a Peugeot?
nous **conduisons**	Nous ne **conduisons** pas.	We don't drive.
vous **conduisez**	Vous **conduisez** vite.	You drive fast.
ils/elles **conduisent**	Elles **conduisent**, alors?	They are driving, then?

ATTENTION: The past participle of **conduire** is **conduit**.

Tu **as** bien **conduit**.   *You drove well.*

dire		
je **dis**	Je ne **dis** rien.	I say nothing.
tu **dis**	Que **dis**-tu à Marc?	What are you saying to Marc?
il/elle/on **dit**	**Dit**-elle quelque chose?	Does she say anything?
nous **disons**	Nous **disons** qu'il pleut.	We say it's raining.
vous **dites**	Que **dites**-vous?	What do you say?
ils/elles **disent**	Ils lui **disent** tout.	They tell him/her everything.

ATTENTION: The past participle of **dire** is **dit**.

Ils n'**ont** rien **dit**.   *They didn't say anything.*

écrire		
j' **écris**	J'**écris** mon adresse.	I'm writing my address.
tu **écris**	**Écris**-tu une histoire?	Are you writing a story?
il/elle/on **écrit**	Il **écrit** une lettre.	He's writing a letter.
nous **écrivons**	Nous **écrivons** à Jeanne.	We're writing to Jeanne.
vous **écrivez**	À qui **écrivez**-vous?	To whom do you write?
ils/elles **écrivent**	Elles lui **écrivent**.	They write to him.

Wkbk. 8

ATTENTION: The past participle of **écrire** is **écrit**.

Wkbk. 9

Avez-vous **écrit** cette carte?   *Did you write this card?*

5.   Antoine est candidat aux prochaines élections. Dites-lui qui parle de lui.

MODÈLE: On dit que je fais beaucoup. (Laurent)
Laurent le dit.

1. On dit que je réfléchis bien. (toi, tu)
2. On dit que je suis gentil. (moi, je)
3. On dit que je lis beaucoup. (Pierre)
4. On dit que j'écris bien. (les profs)
5. On dit que les gens m'adorent. (ma mère)
6. On dit que je vais tout changer. (toi et Jean, vous)
7. On dit que j'ai l'air professionnel. (les gens)
8. On dit que j'ai de très bonnes idées. (ton cousin et moi, nous)

On dit qu'ils lisent beaucoup.

6. Refaites l'**Activité 5.** Dites que ces gens ont dit la même chose hier.

MODÈLE: On dit que je fais beaucoup. (Laurent)
Laurent l'a dit.

1. Toi, tu l'as dit.
2. Moi, je l'ai dit.
3. Pierre l'a dit.
4. Les profs l'ont dit.
5. Ma mère l'a dit.
6. Toi et Jean, vous l'avez dit.
7. Les gens l'ont dit.
8. Ton cousin et moi, nous l'avons dit.

7. Dites quelles voitures les gens suivants conduisent.

MODÈLE: Monsieur Renard / Mercedes
Monsieur Renard conduit une Mercedes.

1. je / Dodge   Je conduis une Dodge.
2. vous / Renault   Vous conduisez une Renault.
3. Thérèse / Citroën   Thérèse conduit une Citroën.
4. les Dupin / Peugeot   Les Dupin conduisent une Peugeot.
5. tu / Ford   Tu conduis une Ford.
6. Sophie et moi / Chevrolet   Sophie et moi, nous conduisons une Chevrolet.
7. Joël / R-5   Joël conduit une R-5.
8. mes parents / Toyota   Mes parents conduisent une Toyota.

Qui conduit cette Citroën classique?

1. J'ai conduit une Dodge hier.
2. Vous avez conduit une Renault hier.
3. Thérèse a conduit une Citroën hier.
4. Les Dupin ont conduit une Peugeot hier.
5. Tu as conduit une Ford hier.
6. Sophie et moi, nous avons conduit une Chevrolet hier.
7. Joël a conduit une R-5 hier.
8. Mes parents ont conduit une Toyota hier.

8. Refaites l'**Activité 7.** Dites que ces gens ont conduit les mêmes voitures hier.

MODÈLE: Monsieur Renard / Mercedes
Monsieur Renard a conduit une Mercedes hier.

Est-ce que les agents vont écrire une contravention? (Paris)

9. Dites ce que les gens écrivent.

1. je

J'écris un livre/roman.

2. nous *le cinq novembre*

Nous écrivons une date.

3. le garçon

Le garçon écrit une addition.

4. l'agent de police

L'agent de police écrit une contravention.

5. tu

Tu écris un poème.

6. Marc et toi *16, rue de Lille 75007 Paris FRANCE*

Marc et toi, vous écrivez une adresse.

7. nos amis

Nos amis écrivent des cartes postales.

8. Danièle

Danièle écrit une lettre.

10. Refaites l'**Activité 9**. Dites que ces gens ont écrit les mêmes choses hier.

1. J'ai écrit un livre/roman.
2. Nous avons écrit une date.
3. Le garçon a écrit une addition.
4. L'agent de police a écrit une contravention.
5. Tu as écrit un poème.
6. Marc et toi, vous avez écrit une adresse.
7. Nos amis ont écrit des cartes postales.
8. Danièle a écrit une lettre.

11. Marie-Christine vous pose des questions énervantes. Répondez négativement et remplacez les mots en italique par les pronoms **le**, **la**, **l'** ou **les**.

> MODÈLE: Est-ce que tu as lu *mes poèmes*?
> **Non, je ne les ai pas lus.**

1. As-tu conduit *ma voiture*?   Non, je ne l'ai pas conduite.
2. As-tu déplacé *les cahiers*?   Non, je ne les ai pas déplacés.
3. As-tu écrit *cette lettre*?   Non, je ne l'ai pas écrite.
4. As-tu posté *mes cartes postales*?   Non, je ne les ai pas postées.
5. As-tu demandé *les directions*?   Non, je ne les ai pas demandées.
6. As-tu monté *le boulevard*?   Non, je ne l'ai pas monté.
7. As-tu fermé *les fenêtres*?   Non, je ne les ai pas fermées.
8. As-tu dit *la vérité*?   Non, je ne l'ai pas dite.

les pronoms compléments indirects: *lui, leur*

The indirect object of a verb is the person to whom or for whom the action of the verb is performed. The indirect object answers the question "to whom" or "for whom" asked of the verb. In the sentence **Nous parlons à Paul**, **Paul** is the indirect object of the verb **parlons**. Note the use of the preposition **à** between the verb and the indirect object.

Je dis la réponse **au prof**.	*I say the answer to the teacher.*
Le prof rend les contrôles **aux élèves**.	*The teacher returns the tests to the students.*

As in English, the indirect object may be replaced by a pronoun. **Lui** and **leur** are indirect object pronouns, and they replace **à** plus a noun.

You may point out that **lui** and **leur** are similar in form to the stress pronoun and to the singular possessive adjective, respectively.

Indirect Object Pronouns		
Singular	lui	to him, to her
Plural	leur	to them

—Écris-tu à Chantal?	*Are you writing to Chantal?*
—Oui, je **lui** écris.	*Yes, I'm writing to her.*
—Parles-tu aux agents?	*Are you talking to the police officers?*
—Oui, je **leur** parle.	*Yes, I'm talking to them.*

L'agent de police lui parle.

À qui ressemblent-ils?
(Montmartre)

The indirect object pronoun usually comes right before the verb of which it is the object. The indirect object pronoun also precedes

* an infinitive.

    Il faut **lui** parler. *You have to speak to him.*

* the verb in a question with inversion.

    Lui écris-tu? *Are you writing to her?*

* the verb in a negative sentence.

    Je ne **leur** montre pas la contravention. *I don't show them the traffic ticket.*

* the form of **avoir** in the **passé composé**.

    Nous **leur** avons lu le poème. *We read them the poem.*

ATTENTION: 1. The word "to" may be omitted in English.

Nous **leur** écrivons. *We're writing (to) them.*

2. Some verbs in French take **à** before a noun and have indirect objects, while in English they have direct objects. Three of these verbs are **répondre à** (*to answer*), **ressembler à** (*to resemble, to look like*) and **téléphoner à** (*to phone, to call*).

—Ressembles-tu **à tes parents**? *Do you look like your parents?*

—Oui, je **leur** ressemble. *Yes, I look like them.*

3. The past participle in the **passé composé** does not agree in gender and in number with a preceding indirect object.

—Voilà Virginie. **Lui** avez-vous téléphon**é**? *There's Virginie. Did you call her?*

—Non, nous ne **lui** avons pas téléphon**é**. *No, we didn't call her.*

Wkbk. 10, Wkbk. 11

12. Jean-François ne parle jamais à certaines personnes. Dites-lui que vous parlez toujours à ces personnes.

> MODÈLE: Je ne parle jamais à Clotilde.
> **Moi, je lui parle toujours.**

1. Je ne parle jamais à Mathieu. Moi, je lui parle toujours.
2. Je ne parle jamais à la concierge. Moi, je lui parle toujours.
3. Je ne parle jamais à mes voisins. Moi, je leur parle toujours.
4. Je ne parle jamais à Mireille. Moi, je lui parle toujours.
5. Je ne parle jamais aux agents. Moi, je leur parle toujours.
6. Je ne parle jamais à ces filles-là. Moi, je leur parle toujours.
7. Je ne parle jamais aux gens que je n'aime pas. Moi, je leur parle toujours.
8. Je ne parle jamais à l'employé. Moi, je lui parle toujours.

13. Votre sœur veut savoir ce que vous allez donner à certaines personnes pour Noël. Répondez-lui.

> MODÈLE: Qu'est-ce que tu donnes à Virginie? (ne...rien)
> **Je ne lui donne rien.**

1. Qu'est-ce que tu donnes à Mathieu? (une chemise) Je lui donne une chemise.
2. Qu'est-ce que tu donnes aux parents? (des timbres) Je leur donne des timbres.
3. Qu'est-ce que tu donnes à Myriam? (un tour en moto) Je lui donne un tour en moto.
4. Qu'est-ce que tu donnes à Robert? (une cassette) Je lui donne une cassette.
5. Qu'est-ce que tu donnes aux autres amis? (ne...rien) Je ne leur donne rien.
6. Qu'est-ce que tu donnes aux profs? (des pommes) Je leur donne des pommes.
7. Qu'est-ce que tu donnes à l'agent de police? (un carnet) Je lui donne un carnet.
8. Qu'est-ce que tu donnes à tes frères? (des albums) Je leur donne des albums.

14. Robert veut savoir si vous voyez toujours certains de ses amis. Dites-lui que vous les voyez ou que vous leur téléphonez.

> MODÈLE: Vois-tu souvent Charles?
> **Oui, je le vois, ou je lui téléphone.**

1. Vois-tu Virginie? Oui, je la vois, ou je lui téléphone.
2. Vois-tu Bernard? Oui, je le vois, ou je lui téléphone.
3. Vois-tu Georges et Michel? Oui, je les vois, ou je leur téléphone.
4. Vois-tu Valérie et Marie? Oui, je les vois, ou je leur téléphone.
5. Vois-tu Jean-Jacques? Oui, je le vois, ou je lui téléphone.
6. Vois-tu Mme Lefranc? Oui, je la vois, ou je lui téléphone.
7. Vois-tu Hélène et Vincent? Oui, je les vois, ou je leur téléphone.
8. Vois-tu les Dubois? Oui, je les vois, ou je leur téléphone.

VOUS DESIREZ APPELER LA FRANCE?

Vous pouvez composer le numéro . . . depuis votre chambre.

AT&T

1. Non, nous ne lui
avons pas montré
ces notes-ci.
2. Non, nous ne leur
avons pas parlé.
3. Non, nous ne lui
avons pas
téléphoné.
4. Non, nous ne leur
avons pas écrit.
5. Non, nous ne leur
avons pas envoyé
de cartes.
6. Non, nous ne lui
avons pas demandé
son adresse.
7. Non, nous ne leur
avons pas donné de
cadeaux.
8. Non, nous ne lui
avons pas dit la
vérité.

15. Votre père veut savoir si votre frère et vous avez fait certaines choses. Vous dites que non. Changez les mots en italique en pronoms.

MODÈLE: Avez-vous envoyé une lettre *à vos grands-parents*?
Non, nous ne leur avons pas envoyé de lettre.

1. Avez-vous montré ces notes-ci *à Maman*?
2. Avez-vous parlé *à vos profs*?
3. Avez-vous téléphoné *à votre grand-mère*?
4. Avez-vous écrit *à vos copains*?
5. Avez-vous envoyé des cartes *à vos cousins*?
6. Avez-vous demandé *à la monitrice* son adresse?
7. Avez-vous donné des cadeaux *à vos amis*?
8. Avez-vous dit la vérité *à l'agent de police*?

16. Refaites l'**Activité 15**. Répondez négativement mais dites que vous allez faire ces choses.

MODÈLE: Avez-vous envoyé une lettre *à vos grands-parents*?
Non, mais nous allons leur envoyer une lettre.

1. Non, mais nous allons lui montrer ces notes-ci. 2. Non, mais nous allons leur parler. 3. Non, mais nous allons lui téléphoner. 4. Non, mais nous allons leur écrire. 5. Non, mais nous allons leur envoyer des cartes. 6. Non, mais nous allons lui demander son adresse. 7. Non, mais nous allons leur donner des cadeaux. 8. Non, mais nous allons lui dire la vérité.

la conjonction *que*

The word **que** (**qu'**) is used in many different ways and has many different meanings. As a conjunction **que** (**qu'**) means "that" and it joins two clauses. In English the word "that" may be omitted.

Ils savent **que** je reviens.   *They know (that) I'm coming back.*
J'ai dit **qu'**il a gagné.   *I said (that) he won.*

1. Simon pense que tu
conduis comme un
fou.
2. Simon dit qu'il faut
avoir dix-huit ans
pour conduire en
France.
3. Simon voit que le
stationnement est
interdit dans cette
rue.
4. Simon sait que Joël a
mal garé sa voiture.
5. Simon croit que Joël
va avoir une
contravention.
6. Simon espère que
l'agent est gentil.
7. Simon trouve que
Paris est différent
de New York.
8. Simon apprend que
Kaysersberg est
une petite ville.

17. Simon est connu pour ce qu'il dit. Mettez l'infinitif à la forme convenable pour exprimer ce que Simon dit, pense, croit, sait, etc.

Il est évident que le stationnement est interdit ici.

MODÈLE: oublier / Il a plu hier.
Simon oublie qu'il a plu hier.

1. penser / Tu conduis comme un fou.
2. dire / Il faut avoir dix-huit ans pour conduire en France.
3. voir / Le stationnement est interdit dans cette rue.
4. savoir / Joël a mal garé sa voiture.
5. croire / Joël va avoir une contravention.
6. espérer / L'agent est gentil.
7. trouver / Paris est différent de New York.
8. apprendre / Kaysersberg est une petite ville.

des verbes en *-yer*

Verbs ending in **-yer** have spelling changes in the stem. The **y** changes to **i** in the **je**, **tu**, **il/elle** and **ils/elles** forms because the ending is silent. But the **y** does not change in the **nous** and **vous** forms because the ending is pronounced. Note the present tense forms of **envoyer** (*to send*) and **payer** (*to pay, to pay for*).

envoyer		payer	
J' envoie		Je paie	
Tu envoies		Tu paies	
Il/Elle/On envoie	la lettre.	Il/Elle/On paie	l'addition.
Nous envoyons		Nous payons	
Vous envoyez		Vous payez	
Ils/Elles envoient		Ils/Elles paient	

Wkbk. 12

The past participles of these verbs are **envoyé** and **payé**.

18. Certaines personnes envoient des choses à votre sœur qui étudie à Paris. Dites ce qu'ils lui envoient.

MODÈLE: nous

Nous lui envoyons une carte postale.

You may have students do this activity again in the **passé composé**.

1. Sylvie

Sylvie lui envoie un jean.

2. ma mère et mon père

Ma mère et mon père lui envoient de l'argent.

3. je

Je lui envoie un album.

4. Grégory et toi

Vous lui envoyez des revues.

5. tu

Tu lui envoies un livre.

6. nous

Nous lui envoyons des photos.

7. mes grands-parents

Mes grands-parents lui envoient des petits gâteaux.

8. Stéphane

Stéphane lui envoie une lettre.

Qu'est-ce que Marie-Christine envoie? (Paris)

19. Votre patron veut savoir si on a payé ses factures (*bills*). Dites-lui qu'on les a déjà payées.

> MODÈLE: Mon voyage?
> **On l'a déjà payé.**

1. Mes billets d'avion? On les a déjà payés.
2. Mes repas? On les a déjà payés.
3. L'hôtel? On l'a déjà payé.
4. L'excursion à Genève? On l'a déjà payée.
5. Ma voiture? On l'a déjà payée.
6. Le stationnement? On l'a déjà payé.
7. Ma contravention? On l'a déjà payée.
8. Mes vacances? On les a déjà payées.

Elle paie le stationnement.

20. Comment dit-on en français?　　　　This is an optional activity.

LES COPAINS:	Hi, Joël.	Salut, Joël.
JOËL:	Hi, guys. What are you doing?	Salut, les copains. Qu'est-ce que vous faites?
LES COPAINS:	We're choosing postcards.	Nous choisissons (On choisit) des cartes postales.
JOËL:	Oh really? Who are you writing to?	Ah bon? À qui écrivez-vous?
LES COPAINS:	(To) our parents. We have to write them each week.	À nos parents. Nous devons leur écrire chaque semaine.
JOËL:	Me, too, but today I'm sending a letter to Christiane.	Moi aussi, mais aujourd'hui j'envoie une lettre à Christiane.
LES COPAINS:	What do you say in your letter?	Qu'est-ce que tu dis dans ta lettre?
JOËL:	I tell her I really like this city but that there's too much traffic. People drive like they're crazy (like crazy people).	Je lui dis que j'aime bien cette ville mais qu'il y a trop de circulation. Les gens conduisent comme des fous.
LES COPAINS:	And you, Joël, you've already got (had) a ticket, haven't you?	Et toi, Joël, tu as déjà eu une contravention, n'est-ce pas?
JOËL:	Not really. I told the police officer that I didn't see the sign.	Pas vraiment. J'ai dit à l'agent que je n'ai pas vu l'écriteau.

Rédaction

Écrivez un ou deux paragraphes où vous décrivez la première visite à Paris de Joël. Dites ses impressions, ce qu'il a observé, où il a été, ce qu'il a fait, à qui il a téléphoné, ce qu'il a cherché, à qui il a parlé et ce qu'on lui a dit. Utilisez de nouveaux mots et de nouvelles expressions de cette leçon.

The **Champs-Élysées** is probably the most famous street in Paris.

Streets are the center of activity in many French cities.
(Saint-Malo)

Actualité culturelle

On the Street

In French-speaking countries the closer one lives to the center of town, the better, be it in large cities, small towns or villages. Commercial establishments often occupy the ground floor of a large **immeuble** while people live in the apartments above. A showplace of endless variety and spectacle, the street plays many roles: business, leisure, exercise, entertainment and travel. The street is the symbol and the soul of city life in French-speaking countries.

Almost ten million people live in the metropolitan area of Paris.

Many cities have **rues piétonnes**, streets reserved for pedestrian traffic. (Paris)

If you go to a French-speaking city, you may notice that pedestrian traffic holds its own with cars and buses. Even in cities with excellent mass transit, walking is not just a way to reach your destination, but to soak up some of the atmosphere of the street. In larger cities a never-ending parade of city dwellers goes about their business: housewives, businesspeople, merchants, young people and children on their way to and from school. In smaller cities the same occurs to a lesser extent, and people may often run into friends and neighbors out doing errands, taking the dog for a walk or simply enjoying a Sunday afternoon **promenade**.

Part of what makes French streets so picturesque are the boutiques or specialty shops. Even if more and more French people buy most of their groceries at the supermarket, they prefer to shop for certain items in small neighborhood shops. Many people do their shopping on a daily rather than weekly basis, and in these smaller stores they can often get preferential treatment as regular customers, and perhaps a tidbit or two of the local news.

This secondhand store attracts customers with its sidewalk displays. (Nice)

A good example of a specialty shop is the bakery where the French buy bread once a day (sometimes more often). French breads and pastries rank with the best in the world. Who can resist passing by a French bakery without stopping to admire the bread and pastry (**les pâtisseries**) on display?

France is known for its mouth-watering **pâtisseries** and **baguettes**. (Paris)

Passersby admire the displays of gourmet foods at **Fauchon**. (Paris)

Each shop has its identity clearly visible from the street through its windows and displays. Some shops, like **Fauchon**, a gourmet food store, and **Van Cleef et Arpels**, known worldwide for its jewelry, have only enclosed displays. Less exclusive shops attract attention in yet another way: they display much of their merchandise on the sidewalk. Who isn't tempted, for example, by such pretty flowers, such interesting postcards and books, such attractive baskets, the great variety of belts in a cobbler's shop or the meat displayed in a butcher's shop (**une boucherie**)? In Paris the **bouquinistes** (used book sellers) along the banks of the Seine are yet another type of merchant, appealing to booklovers, curiosity seekers and casual strollers alike.

People often bring a gift of fresh flowers when visiting a friend's home. (Paris)

The **bouquinistes** along the Seine sell postcards, art prints and old books. (Paris)

Certain merchants prefer to stand out as much as possible. They have shops that open up onto a public square or, like the newsstand (**le kiosque**), sit alone on the sidewalk. These shops may also be movable and adaptable. An ice cream stand can even become a roasted chestnut stand in cold weather.

Perhaps sidewalk cafés are the most colorful feature of street life in French-speaking countries. You can spot them in every town from the largest to the smallest. In the spring, when good weather returns, each

On almost any busy street corner you can buy a newspaper or magazine at a **kiosque**. (Paris)

Street performers enjoy entertaining attentive spectators. (Paris)

café or restaurant opens up its terrace, and everybody rushes to find a seat there. In cities sidewalk cafés are almost always crowded, especially at the lunch hour. While young people often gather at sidewalk cafés to talk and relax, others go there to read or simply to watch the people go by. In winter some stylish cafés like **Le Paris** and **Fouquet's** on the **Champs-Élysées** put windows around their terraces.

In French cities outdoor entertainment (often free) is usually just around the corner. Aspiring entertainers, always eager to perform, find the street to be the ideal place to draw attention and coins from appreciative spectators. Young musicians seem especially at home on the street with a show for everyone — classical, folk, popular and foreign music are all represented. You will also find mime artists and caricaturists there, as well as more serious artists capturing a particularly picturesque view. Big cities, of course, afford the widest variety; in Paris, the plaza outside the **Centre Pompidou**, or almost any subway station is a good spot to find street entertainment. And in June, July or October, you can watch three extraordinary outdoor events that occur regardless of the weather:

Fouquet's holiday decorations feature flocked trees. (Paris)

Musicians and men who walk on broken glass attract attention in front of the **Centre Pompidou**. (Paris)

The café waiter's race takes place in June, rain or shine. (Paris)

the café waiter's race (**la course des garçons et serveuses de café**), the final stage of the **Tour de France** bicycle race and the Paris Marathon (**le marathon de Paris**).

Political demonstrations (**manifestations**) also take place outside rather frequently. These demonstrations can span the entire political spectrum. The French are generally quite politically conscious and quickly take to the streets to voice their support or opposition to a variety of causes.

These and other events account in part for the vitality of the street. Whether in Paris, Dakar, Brussels, Fort-de-France or any other city where the French influence remains strong, the street is an integral part of life.

Wkbk. 13

Students demonstrate against the structure of
higher education in France. (Paris)

Proverbe <small>The English equivalent of this proverb is "The truth is sometimes best left unsaid."</small>

La vérité n'est pas toujours bonne à dire.

Interaction et application pratique
À deux

1. With your partner take turns asking each other how to get to a certain place, store or shop not far from where you are now. Listen while your partner gives you directions and then repeat these directions, using **je**, to verify what your partner has said.

> MODÈLE: Élève 1: **Comment est-ce que je vais à la poste?**
> Élève 2: **Eh bien, écoute. Tu prends la première rue à droite, et....**
> Élève 1: **Donc, je prends la première rue à droite, et....**

2. With your partner create an original ten-line dialogue in French in which one person is a driver and the other is a police officer who is about to write out a ticket. First ask why the officer is writing the ticket, explain what the driver has done, give his/her reasons and finally decide if the ticket will be issued. Use only expressions you have learned so far. Then learn your parts and present your dialogue for the class.

3. Take turns with your partner sharing opinions of cars. Tell what kind of car you, your family and your friends drive. Then tell which car or cars you prefer, and which cars are better, more beautiful or faster than others. Finally tell the class what your partner has said, beginning with **Il/Elle dit que....**

Elle va écrire des cartes postales. (Rocamadour)

4. With your partner take turns asking each other what you read, write and say. If possible, use direct or indirect object pronouns. Ask for additional explanations if you can. Then tell the class what your partner has said.

> MODÈLE: Qu'est-ce que tu écris?
> **J'écris des lettres.**
>
> Quelle sorte de lettres écris-tu?
> **Des lettres intéressantes.**
>
> À qui écris-tu?
> **À un(e) amie.**
>
> Qu'est-ce que tu lui dis?

En groupes

5. With your group draw a map of an imaginary French town or part of a French city. Include streets of all kinds, label them and add traffic lights. Then draw in and label the shops, buildings or establishments you would find in a French town or city. Finally, compare your map with others in your class to see which one is the most complete. Do this project without looking at other parts of this book.

"Comment est-ce que je vais au bureau de poste?" (Saint-Jean-de-Luz)

6. Now, using the map you made in Activity 5, ask and answer questions about the location of certain places on this map. Each person in your group chooses two places and asks how to get from one to the other. A different person in the group responds. Repeat this procedure until everyone in the group has asked and answered a question.

> MODÈLE: Je suis au café. Comment est-ce que je vais à l'hôtel?
> **Tourne à gauche au deuxième feu et....**

7. With your group play this French version of "Simon says" (**Jacques dit**). One person tells something (either true or false) that Simon says and asks what the others in the group say. A spokesperson gives the group's answer. Take turns until each group member has at least one chance to tell what Simon says as well as to give the answer.

> MODÈLE: Jacques dit qu'il neige ici en été. Qu'est-ce que vous dites?
> **Nous disons que Jacques ne sait rien. Ici il ne neige jamais en été.**

8. See how many different completions your group can think of for each of the following sentences. Have some person from the group list the possible completions on a transparency. Do one sentence at a time, spending not more than one minute on each sentence. Afterwards several transparencies can be put on the overhead for all to correct.

1. Mon père (Ma mère) conduit___.
2. On va au bureau de poste pour___.
3. Je connais Marianne. Est-ce que tu lui___?
4. Nous allons la___.
5. Les as-tu___?
6. Leur as-tu___?

Vocabulaire actif

noms

un agent (de police) police officer
une arrivée arrival
une avenue avenue
un bâtiment building
une boîte aux lettres mailbox
un boulevard boulevard
un bureau de poste post office
un bureau de tabac tobacco shop
un carnet notebook, booklet
une carte postale postcard
la circulation traffic
une contravention traffic ticket
une direction direction
un écriteau (traffic) sign
un endroit place

un feu (de circulation) traffic light
un fou, une folle crazy person
les gens (m.) people
une lettre letter
une marque make, brand
le monde world; people
un permis (de conduire) driver's license
une poste post office
une sorte kind
toute sorte every kind
le stationnement parking
un tabac tobacco shop
un timbre stamp
une tour tower
la vérité truth

adjectifs

différent(e) different
droit(e) right
 à droite to the right, on the right
 tout droit straight ahead
énorme enormous

interdit(e) forbidden
japonais(e) Japanese
large wide
suédois(e) Swedish

verbes

conduire to drive
déplacer to move (something)
dire to tell, to say
écrire to write
envoyer to send
fermer to close
garer to park

monter to go up, to get on
poster to mail
revenir to come back, to return
sembler to seem
tourner to turn
traverser to cross

expressions diverses

à côté (de) beside, next to
jamais ever
jusqu'à up to, until
leur to them

lui to him, to her
seulement only
 non seulement not only

Le Monde

Un touriste à Paris

Leçon 6

Communicative Functions

- buying a newspaper
- asking for and giving directions
- giving commands
- expressing likes or dislikes
- expressing what you need at the bank
- talking about art museums, painters and paintings

des pièces de monnaie

un porte-monnaie

un portefeuille

Au kiosque et à la banque

Il est 11 h 30. Joël vient de déplacer sa voiture, et il a remarqué que sur le boulevard Saint-Germain le stationnement n'est pas gratuit.[1] Il ouvre son porte-monnaie, mais il n'a plus de pièces. Donc, il va au kiosque à journaux, et la marchande de journaux lui demande:

LE FIGARO

On peut acheter des journaux au kiosque. (Paris)

LA MARCHANDE:	Vous désirez, Monsieur?
JOËL:	*Le Figaro*,[2] s'il vous plaît.
LA MARCHANDE:	Voilà, Monsieur. Six francs.
JOËL:	(Il sort son portefeuille.) J'ai un billet de cinquante. Ça vous va?
LA MARCHANDE:	Bien sûr. Voilà la monnaie: quarante et un, deux, trois, quatre. Quarante-quatre francs.
JOËL:	Pouvez-vous me donner deux pièces de cinq francs pour cette pièce de dix?
LA MARCHANDE:	Bien sûr. Voilà.
JOËL:	Merci, Madame.

Wkbk. 1

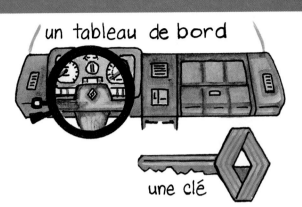
un tableau de bord

une clé

Ils entrent dans le bureau de poste. (Paris)

Joël revient à sa voiture. Il met une pièce de cinq francs dans le parcmètre, prend le ticket qui sort, le laisse sur le tableau de bord, ferme la voiture à clé et va à la poste. Mais il y a beaucoup de monde, surtout des étrangers. Il fait donc la queue[3] derrière une jeune fille.

JOËL: Pardon, Mademoiselle, vous connaissez le quartier?

LA JEUNE FILLE: Pas très bien. Je suis américaine. Pourquoi?

JOËL: Je cherche une banque.

LA JEUNE FILLE: Ah ça, je sais. Il y a un Crédit Lyonnais[4] pas très loin d'ici. Il y a aussi un bureau de change.[5] C'est là où je touche mes chèques de voyage.

Il touche un chèque de voyage au bureau de change.

Point out that **un ticket** is a little ticket obtained from a machine or torn off from a roll for the movies, subway, bus or parking. **Un billet** is any other kind of ticket, e.g., theater, airplane, train or concert.

In conversational French **les traveller's** is often used instead of **les chèques de voyage**.

JOËL:	Et c'est où ça?
LA JEUNE FILLE:	Prenez le boulevard Saint-Germain à gauche, allez jusqu'au deuxième feu, et c'est tout de suite à droite sur le boulevard Saint-Michel.
JOËL:	Merci, Mademoiselle.
LA JEUNE FILLE:	De rien.*
JOËL:	Et comment trouvez-vous Paris?
LA JEUNE FILLE:	J'adore Paris. Tout me plaît ici.

*De rien and Il n'y a pas de quoi (Pas de quoi) are common ways to say "You're welcome." A more formal expression is Je vous en prie.

Notes culturelles

1. In Paris there are usually about two parking ticket machines in each block, and they are much less noticeable than individual parking meters. Tickets show the time and amount of parking purchased and must be placed so that they can be seen through the windshield.

Waiting in line at the movie theater (Paris)

2. *Le Figaro, Le Parisien, Le Monde, France-Soir, L'Humanité* and *Libération* are popular Parisian newspapers each with its own political viewpoint.

3. Long waiting lines are common at the post office, museums, banks and movie theaters in Paris.

4. **Crédit Lyonnais** is one of the major French banks. Some others include the **Banque Nationale de Paris, Crédit Commercial** and **Crédit Agricole**.

5. Some French banks have exchange bureaus mainly for tourists who need to change their foreign money into French francs. Since the exchange rate (**le taux de change** or **le cours du dollar**) and service charge (**la commission**) vary from bureau to bureau, it's best to shop around, if possible.

Crédit Commercial is a popular French bank.

Wkbk. 2

Compréhension

Répondez en français.

1. Qu'est-ce qu'il faut faire quand on gare sa voiture sur le boulevard Saint-Germain?
2. Pourquoi est-ce que Joël achète un journal?
3. Qu'est-ce que Joël veut pour une pièce de dix?
4. Avec qui parle-t-il à la poste?
5. Qu'est-ce qu'il lui demande?
6. Où est le Crédit Lyonnais?
7. Pourquoi est-ce que l'Américaine va au bureau de change de cette banque?
8. Comment trouve-t-elle Paris?

1. Il faut payer le stationnement.
2. Parce qu'il a besoin de pièces pour le parcmètre.
3. Il veut deux pièces de cinq francs.
4. Il parle avec une jeune Américaine.
5. Il lui demande si elle connaît le quartier.
6. Il est au coin du boulevard Saint-Germain et du boulevard Saint-Michel.
7. Pour toucher ses chèques de voyage.
8. Elle l'adore.

À propos

1. Qu'est-ce que vous avez dans votre portefeuille?
2. Y a-t-il des kiosques dans votre ville?
3. Lisez-vous un journal chaque jour?
4. Où est-ce qu'on fait souvent la queue aux États-Unis?
5. Avez-vous de l'argent à la banque?
6. Avez-vous jamais utilisé des chèques de voyage?

Expansion

à la banque

Avez-vous une carte de crédit?

Ouverte, the past participle of **ouvrir**, is used here as an adjective describing **banque**.

Il est presque 14 h quand Joël arrive à la banque qui n'est pas encore ouverte.[1] Il attend un peu, et enfin, elle ouvre ses portes.

un guichet de banque

au guichet

L'EMPLOYÉ: Monsieur.

JOËL: Je voudrais toucher un chèque de mille francs.

L'EMPLOYÉ: Vous avez un compte avec nous?

JOËL: Oui, avec le Crédit Lyonnais à Kaysersberg.

Sa plaque d'immatriculation dit que cette voiture n'est pas de Paris.

L'EMPLOYÉ:	Très bien. Votre passeport ou votre carte d'identité,[2] s'il vous plaît.
JOËL:	Voilà ma carte et mon chèque. Je l'ai déjà signé.
L'EMPLOYÉ:	Bon, vous pouvez passer à la caisse.[3]

à la caisse

LA CAISSIÈRE:	Deux billets de cinq cents, ça vous va?
JOËL:	Non, donnez-moi un billet de cinq cents, un billet de deux cents, deux billets de cent et deux billets de cinquante, s'il vous plaît.
LA CAISSIÈRE:	Voilà, Monsieur, et voilà aussi un stylo. C'est un cadeau que Crédit Lyonnais offre à ses clients.
JOËL:	C'est gentil. Merci, Madame.

Wkbk. 3

une plaque d'immatriculation

Voici la plaque d'immatriculation de la voiture de Joël. Quand on la lit, on voit que Joël n'est pas parisien. Le numéro de sa plaque

d'immatriculation est trente-trois, cinquante et un, NG, soixante-huit.[4] Le soixante-huit est le numéro du département où habite Joël.°

Wkbk. 4

Voici l'adresse de Joël.

Monsieur Joël Bongart
115, rue du Général de Gaulle
68 Kaysersberg
FRANCE

Point out the typical arrangement of numbers and letters on a French license plate: 4 digits, 2 letters, 2 digits. The last two digits indicate the **département** where the vehicle is registered. You read a French license plate by dividing the numbers and letters into pairs.

Kaysersberg

See if your students know who Charles de Gaulle was. You might add that de Gaulle (1890-1970) played an important role in World War II and was the French president from 1959-1970.

Joël habite dans la rue du Général de Gaulle, la rue principale de Kaysersberg. Elle est beaucoup plus petite que le boulevard Saint-Germain à Paris. À Kaysersberg la vie est aussi beaucoup plus simple et moins chère qu'à Paris. C'est à Kaysersberg qu'on trouve la maison de la famille Schweitzer qui est aujourd'hui un musée. Là on peut voir des peintures, des photos et des souvenirs du docteur Schweitzer. Voici le plan de Kaysersberg.[5]

The Kaysersberg pictured here is not totally authentic. Some street names have been changed, and some things are not in their exact places.

Point out the Germanic influence on Alsace seen in the names Kaysersberg, Weiss and Schweitzer.

°After the word **où**, the verb may come before the subject in a non-interrogative sentence.

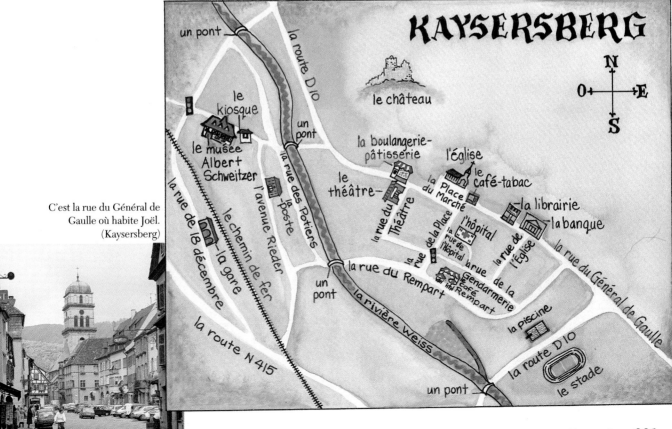

C'est la rue du Général de Gaulle où habite Joël. (Kaysersberg)

Notes culturelles

1. The lunch period in France generally lasts from noon until 2:00, and many businesses close during these hours. Banks usually reopen at 2:00 and remain open until 4:30.

2. By law every French person 18 years of age or older must always carry a national ID card.

3. After the paperwork has been completed at the counter, bank customers must proceed to the cashier's window to receive their money.

4. The last number on a Parisian license plate is 75, the incorporated city's departmental number.

5. The map of Kaysersberg shows two types of French roads: a **route nationale** (*main highway*) and a **route départementale** (*secondary road*). The French shorten the names of roads in everyday speech. La **route nationale 415** is called **la N 415**, and **la route départementale 10** is called **la D 10**.

The town limits of
Coutens on **la D 119**

Activités

1. Dans un porte-monnaie on porte de la monnaie, c'est-à-dire, des pièces de monnaie.
2. On peut acheter un journal au kiosque à journaux.
3. Le marchand/La marchande de journaux les vend.
4. Dans un portefeuille on porte des billets, des cartes et des photos.
5. Il a laissé un ticket sur le tableau de bord de sa voiture.
6. Il l'a fermée à clé.
7. Il l'a rencontrée à la poste.
8. Ils visitent Paris. (Ils sont touristes.)

1. Répondez par des phrases complètes d'après le dialogue d'introduction.

1. Qu'est-ce qu'on porte dans un porte-monnaie?
2. Où peut-on acheter un journal?
3. Qui vend les journaux?
4. Qu'est-ce qu'on porte dans un portefeuille?
5. Qu'est-ce que Joël a laissé sur le tableau de bord de sa voiture?
6. Comment a-t-il fermé sa voiture?
7. Où est-ce que Joël a rencontré l'Américaine?
8. Qu'est-ce que Joël et la jeune Américaine font à Paris?

2. Anne-Marie, qui est de Québec, fait des fautes quand elle parle des banques parisiennes. Corrigez-la d'après le dialogue d'introduction ou l'**Expansion**.

1. Il ne faut jamais faire la queue à la banque.
2. Le Crédit Lyonnais est un bureau de change.
3. À Paris les banques sont fermées après 14 heures.
4. Un étranger va au kiosque pour toucher un chèque de voyage.
5. Pour toucher un chèque, on doit montrer son permis de conduire.
6. L'employé et le caissier sont la même personne.
7. Il faut attendre l'argent au guichet.
8. Quelquefois le client offre un cadeau à la banque.

1. Il faut souvent faire la queue à la banque.
2. Le Crédit Lyonnais est une banque.
3. À Paris les banques sont ouvertes de 14 h à 16 h 30.
4. Un étranger va au bureau de change pour toucher un chèque de voyage.
5. Pour toucher un chèque, on doit montrer son passeport ou sa carte d'identité.
6. L'employé et le caissier sont deux personnes différentes.
7. Il faut attendre l'argent à la caisse.
8. Quelquefois la banque offre un cadeau au client.

3. Identifiez les choses suivantes.

MODÈLE: Qu'est-ce que c'est?
C'est une plaque d'immatriculation.

3351 NG 68

1. Qu'est-ce que c'est?

C'est une peinture.

2. Qu'est-ce que c'est?

C'est un château.

3. Qu'est-ce que c'est?

C'est un chemin de fer.

4. Qu'est-ce que c'est?

C'est une église.

5. Qu'est-ce que c'est?

C'est une route.

6. Qu'est-ce que c'est?

C'est une librairie.

7. Qu'est-ce que c'est?

C'est un pont.

8. Qu'est-ce que c'est?

C'est un stade.

4. Michel visite Kaysersberg. Regardez le plan de la ville dans l'**Expansion** et répondez à ses questions.

MODÈLE: Est-ce que le chemin de fer passe au nord ou au sud de la ville?
Il passe au sud sud-ouest de la ville.

1. Où peut-on acheter des livres ici?
2. La boulangerie est dans quelle rue?
3. Quelle est la rue principale?
4. Combien de ponts y a-t-il ici?
5. Où peut-on faire du sport?
6. Est-ce que la piscine est loin du stade?
7. Où est l'église?
8. Et la N 415 traverse la ville?

1. On peut acheter des livres à la librairie.
2. Elle est dans la rue du Général de Gaulle.
3. C'est la rue du Général de Gaulle.
4. Il y a quatre ponts.
5. On peut faire du sport au stade.
6. Non, elle est près du stade.
7. Elle est sur la Place du Marché.
8. Non, la D 10 la traverse.

La pâtisserie est dans quelle rue?
(Kaysersberg)

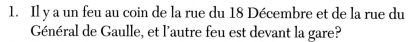

Qu'est-ce qu'on peut faire à Kaysersberg?

5. Monsieur Dupin, votre ami parisien, veut ouvrir un restaurant à Kaysersberg où vous habitez. Il vous appelle pour avoir des renseignements (*information*) sur la ville. Regardez le plan et répondez-lui.

MODÈLE: Est-ce que le bureau de poste est dans la rue du Rempart?
Non, il est dans l'avenue Rieder.

1. Non, l'autre feu est au coin de la rue de la Place et la rue de la Gendarmerie.
2. Non, la boulangerie est en face du théâtre.
3. Non, elle est à côté de la librairie.
4. Non, il y a un kiosque à journaux à côté du musée.
5. Non, il est derrière la boulangerie.
6. Non, il est loin du chemin de fer.
7. Non, il est près de la rivière.
8. Non, la D 10 la traverse.

1. Il y a un feu au coin de la rue du 18 Décembre et de la rue du Général de Gaulle, et l'autre feu est devant la gare?
2. Et la boulangerie est en face de la banque?
3. Donc, la banque est en face de la librairie?
4. Et il y a un tabac à côté du musée?
5. Et le château est devant la boulangerie?
6. Mais le château est près du chemin de fer, n'est-ce pas?
7. Mais le stade est loin de la rivière?
8. Et la N 415 traverse la rivière?

Structure et usage

le présent des verbes irréguliers *offrir* et *ouvrir*

A few **-ir** verbs have the endings of **-er** verbs in the present tense. Two of these verbs are **offrir** (*to offer*, *to give*) and **ouvrir** (*to open*).

offrir		
j' **offre**	Je t'**offre** mon conseil.	I offer you my advice.
tu **offres**	Tu n'**offres** pas grand'chose.	You don't offer much.
il/elle/on **offre**	**Offre**-t-elle de conduire?	Does she offer to drive?
nous **offrons**	Nous lui **offrons** un cadeau.	We're giving him a gift.
vous **offrez**	Qu'est-ce que vous **offrez**?	What do you offer?
ils/elles **offrent**	Ils n'**offrent** rien à Joël.	They offer Joël nothing.

ouvrir		
j' **ouvre**	J'**ouvre** un compte ici.	I'm opening an account here.
tu **ouvres**	**Ouvres**-tu la lettre?	Are you opening the letter?
il/elle/on **ouvre**	Il **ouvre** son porte-monnaie.	He opens his coin purse.
nous **ouvrons**	Nous **ouvrons** à 15 h 40.	We open at 3:40 P.M.
vous **ouvrez**	Vous n'**ouvrez** pas la porte?	Aren't you opening the door?
ils/elles **ouvrent**	Elles **ouvrent** la boîte.	They open the box.

Wkbk. 8

ATTENTION: The irregular past participles of **offrir** and **ouvrir** are **offert** and **ouvert**. They may be used

* as a past participle in the **passé composé**

Nous **avons offert** un timbre au touriste. *We gave a stamp to the tourist.*

* or as an adjective.

La porte est **ouverte**. *The door is open.* Wkbk. 9

6. Les personnes ouvrent certaines choses. Dites ce qu'elles ouvrent.

MODÈLE: Michel

Michel ouvre sa porte.

1. je

J'ouvre ma lettre.

2. Joël

Joël ouvre son porte-monnaie.

3. les élèves

Les élèves ouvrent leur cahier.

4. Philippe et toi, vous

Philippe et toi, vous ouvrez votre fenêtre.

5. Pauline et Véronique

Pauline et Véronique ouvrent leur boîte aux lettres.

6. toi et moi, nous

Toi et moi, nous ouvrons notre livre.

7. Marie-Ange

Marie-Ange ouvre son passeport.

8. tu

Tu ouvres ton portefeuille.

1. J'ai ouvert ma lettre.
2. Il a ouvert son porte-monnaie.
3. Ils ont ouvert leur cahier.
4. Vous avez ouvert votre fenêtre.
5. Elles ont ouvert leur boîte aux lettres.
6. Nous avons ouvert notre livre.
7. Elle a ouvert son passeport.
8. Tu as ouvert ton portefeuille.

7. Refaites l'**Activité 6**. Dites ce que les gens ont ouvert.

MODÈLE: Michel
Il a ouvert sa porte.

8. Dites que les gens de l'**Activité 6** ont laissé les choses en question ouvertes.

MODÈLE: Michel / sa porte
Il l'a laissée ouverte.

Emphasize the sound [s] in **laisser** or **laissé**.

1. je / ma lettre
2. Joël / son porte-monnaie
3. les élèves / leur cahier
4. Philippe et toi / votre fenêtre
5. Pauline et Véronique / leur boîte aux lettres
6. toi et moi / notre livre
7. Marie-Ange / son passeport
8. tu / ton portefeuille

Je l'ai laissée ouverte.
Il l'a laissé ouvert.
Ils l'ont laissé ouvert.
Vous l'avez laissée ouverte.
Elles l'ont laissée ouverte.
Nous l'avons laissé ouvert.
Elle l'a laissé ouvert.
Tu l'as laissé ouvert.

Le livre? Benoît l'a laissé ouvert.

9. Jacqueline va passer quelques semaines à Paris, et on lui donne une boum avant son voyage. Dites ce qu'on lui offre.

MODÈLE: Henri

Il lui offre des timbres.

1. ses copines

   Elles lui offrent un gâteau.

2. je

   Je lui offre un porte-monnaie.

3. son grand-père

   Il lui offre un passeport.

4. ses parents

   Ils lui offrent un billet d'avion.

5. tu

   Tu lui offres un plan de Paris.

6. sa sœur

   Elle lui offre un chèque de voyage.

7. Victor et moi

   Nous lui offrons un appareil.

8. Corinne et toi

   Vous lui offrez des pièces de dix francs.

1. Elles lui ont offert un gâteau.
2. Je lui ai offert un porte-monnaie.
3. Il lui a offert un passeport.
4. Ils lui ont offert un billet d'avion.
5. Tu lui as offert un plan de Paris.
6. Elle lui a offert un chèque de voyage.
7. Nous lui avons offert un appareil.
8. Vous lui avez offert des pièces de dix francs.

10. Refaites l'**Activité 9**. Dites ce que tout le monde a offert à Jacqueline.

MODÈLE: Henri

Il lui a offert des timbres.

les pronoms compléments indirects: *me, te, nous, vous*

In **Leçon 3**, you learned the direct object pronouns **me**, **te**, **nous** and **vous**. They can also be indirect object pronouns meaning "to me," "to you," "to us" and "to you," respectively. Like **lui** and **leur**, the indirect object pronouns **me**, **te**, **nous** and **vous** come right before the verb of which they are the object. The sentence may be

Me and *te* become **m'** and **t'** before a verb beginning with a vowel sound.

You might ask students what shows that **t'** is a direct object in the sentence **Je t'ai vue, Jeanne.** Then ask them what shows that **nous** is an indirect object in the sentence **Martin nous a écrit.** Remind them that the past participle doesn't agree with a preceding indirect object.

* interrogative,

    —**M'**offres-tu un cadeau?   *Are you giving (to) me a gift?*

* affirmative,

    —Oui, je **t'**offre un cadeau.   *Yes, I'm giving (to) you a gift.*

* negative

    —Ils ne **nous** ont rien dit.   *They didn't tell (to) us anything.*

* or have an infinitive.

    —On voudrait **vous** parler.   *They'd like to speak to you.*

ATTENTION: The preposition **à** (*to*) is considered part of the indirect objects **me**, **te**, **nous** and **vous**.

Wkbk. 10

11. Madame Rocher essaie (*is trying on*) des habits dans votre boutique. Chaque fois qu'elle essaie quelque chose, elle vous demande si ça lui va très bien ou pas du tout. Répondez-lui.

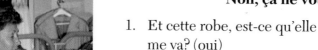

Est-ce que ce manteau lui va?

MODÈLE: Est-ce que ce chapeau me va? (non)
Non, ça ne vous va pas du tout.

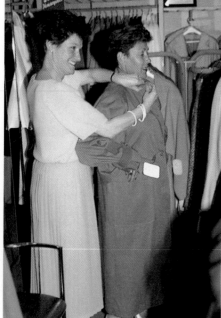

1. Et cette robe, est-ce qu'elle me va? (oui)
2. Est-ce que ce chemisier me va? (oui)
3. Et cette jupe, est-ce qu'elle me va? (non)
4. Est-ce que ce manteau me va? (non)
5. Est-ce que cette veste me va? (oui)
6. Et ce pantalon, est-ce qu'il me va? (non)
7. Est-ce que ce jean me va? (non)
8. Et ce pull, est-ce qu'il me va? (oui)

1. Oui, ça vous va très bien.
2. Oui, ça vous va très bien.
3. Non, ça ne vous va pas du tout.
4. Non, ça ne vous va pas du tout.
5. Oui, ça vous va très bien.
6. Non, ça ne vous va pas du tout.
7. Non, ça ne vous va pas du tout.
8. Oui, ça vous va très bien.

Joël nous montre la ville de Kaysersberg.

12. Votre ami Thierry et vous visitez Kaysersberg. Joël Bongart vous montre la ville. Thierry veut savoir ce que Joël va vous montrer ensuite. Répondez-lui.

    MODÈLE: Qu'est-ce qu'il va te montrer maintenant?
                  Il va me montrer le chemin de fer.

   1. Qu'est-ce qu'il va nous montrer après? Il va nous montrer l'église.

   2. Et qu'est-ce qu'il va me montrer après? Il va te montrer le stade.

   3. Qu'est-ce qu'il va nous montrer après?  Il va nous montrer le pont.

   4. Et puis, qu'est-ce qu'il va te montrer? Il va me montrer le kiosque à journaux.

   5. Et alors, qu'est-ce qu'il va nous montrer? Il va nous montrer le musée.

   6. Qu'est-ce qu'il va me montrer après? Il va te montrer la librairie.

   7. Et qu'est-ce qu'il va te montrer ensuite?  Il va me montrer l'hôpital.

                                          Point out that the plural of **hôpital** is **hôpitaux**.

   8. Et qu'est-ce qu'il va enfin nous montrer? Il va enfin nous montrer le château.

Joël va enfin nous montrer le panorama de Kaysersberg.

Before beginning this exercise, you may want to point out that **rendre** has both a direct and an indirect object in these sentences.

1. Est-ce qu'on leur a rendu leurs chèques de voyage?
2. Est-ce qu'on lui a rendu son passeport?
3. Est-ce qu'on lui a rendu sa carte d'identité?
4. Est-ce qu'on t'a rendu ton appareil?
5. Est-ce qu'on vous a rendu votre plan de Strasbourg?
6. Est-ce qu'on leur a rendu leurs billets?
7. Est-ce qu'on vous a rendu votre clé?
8. Est-ce qu'on t'a rendu tes souvenirs?

13. Vos parents viennent de visiter Strasbourg avec des amis, et ils ont perdu certaines choses. Demandez si on leur a rendu les choses en question.

MODÈLE: J'ai perdu mon portefeuille.
Est-ce qu'on t'a rendu ton portefeuille?

1. Les Varte ont perdu leurs chèques de voyage.
2. Une touriste a perdu son passeport.
3. Jean-Pierre a perdu sa carte d'identité.
4. J'ai perdu mon appareil.
5. Nous avons perdu notre plan de Strasbourg.
6. Nos amis ont perdu leurs billets.
7. Maman et moi, nous avons perdu notre clé.
8. J'ai perdu mes souvenirs.

le présent du verbe irrégulier *plaire* à la troisième personne

The verb **plaire** (*to be pleasing*) has six forms in the present tense. However, only two of them—the third person singular and plural—are frequently used.

plaire		
il/elle/on **plaît**	Ce quartier **plaît** à Joël.	Joël likes this neighborhood.
ils/elles **plaisent**	Ces gens me **plaisent**.	I like those people.

You may give the other present tense forms for recognition: **je plais, tu plais, nous plaisons, vous plaisez.** Mention that students have already seen this verb in the expression **s'il vous (te) plaît.**

ATTENTION: 1. The verb **plaire** has an indirect object, either **à** + a person or an indirect object pronoun.

—Est-ce que la vie ici plaît **à l'Américain**?

Does the American like life here?

—Oui, elle **lui** plaît énormément.

Yes, he likes it enormously. (Yes, it pleases him enormously.)

2. **Plaire** may be used instead of **aimer** to express likes or dislikes. In this case the direct object of **aimer** becomes the subject of **plaire**.

—Est-ce que vous aimez ça? *Do you like that?*

—Non, ça ne nous **plaît** pas. *No, we don't like that. (No, that doesn't please us.)*

3. The past participle of **plaire** is **plu**.

—Est-ce que cette route **a plu** aux touristes? *Did the tourists like this road?*

—Oui, elle leur **a plu**. *Yes, they liked it. (Yes, it pleased them.)*

Remind students that the past participle of **pleuvoir** is also **plu**.

Wkbk. 11

14. Catherine veut savoir ce que vous pensez de certaines choses et de certaines personnes à Paris. Dites-lui que vous les aimez énormément.

MODÈLE: Comment trouves-tu ce bâtiment?
Il me plaît énormément.

1. Comment trouves-tu ces boulevards? *Ils me plaisent énormément.*
2. Et comment trouves-tu ces voitures? *Elles me plaisent énormément.*
3. Qu'est-ce que tu penses de ce quartier? *Il me plaît énormément.*
4. Qu'est-ce que tu penses de cet hôtel? *Il me plaît énormément.*
5. Comment trouves-tu ces marchands? *Ils me plaisent énormément.*
6. Comment trouves-tu ce musée? *Il me plaît énormément.*
7. Et comment trouves-tu ces peintures-là? *Elles me plaisent énormément.*
8. Qu'est-ce que tu penses de cette église? *Elle me plaît énormément.*

Les peintures de Renoir lui plaisent énormément. (Paris)

Est-ce que Saint-Germain-des-Prés vous plaît? (Paris)

1. Ils ne me plaisent
plus.
2. Elles ne me plaisent
plus.
3. Il ne me plaît plus.
4. Il ne me plaît plus.
5. Ils ne me plaisent
plus.
6. Il ne me plaît plus.
7. Elles ne me plaisent
plus.
8. Elle ne me plaît plus.

Non, il ne lui a jamais plu.

Non, ils ne lui ont jamais plu.

Non, elle ne leur a jamais plu.

Non, ils ne m'ont jamais plu.

Non, il ne nous a jamais plu.

Non, elle ne leur a jamais plu.

Non, elles ne m'ont jamais plu.

Non, elles ne nous ont jamais
plu.

15. Un mois plus tard Catherine vous demande ce que vous pensez des choses mentionnées dans l'**Activité 14**. Dites-lui que vous ne les aimez plus.

> MODÈLE: Qu'est-ce que tu penses de ce bâtiment maintenant?
> **Il ne me plaît plus.**

16. Philippe veut savoir si certaines personnes aiment certaines choses ou d'autres personnes. Dites-lui qu'elles ne les ont jamais aimées.

> MODÈLE: Est-ce que les parcmètres plaisent aux Parisiens?
> **Non, ils ne leur ont jamais plu.**

1. Est-ce que ce caissier plaît à Joël?
2. Est-ce que les étrangers plaisent à la marchande de journaux?
3. Est-ce que cette église plaît aux touristes?
4. Est-ce que les hôpitaux te plaisent?
5. Est-ce que le pain de cette boulangerie vous plaît, à ta famille et à toi?
6. Est-ce que cette banque plaît à tes parents?
7. Est-ce que ces routes te plaisent?
8. Est-ce que ces questions vous plaisent, à tes amis et à toi?

l'impératif des verbes réguliers et irréguliers

The imperative forms of most **-er, -ir, -re** and irregular verbs are the same as the **tu**, **vous** and **nous** forms of the present tense but without these subject pronouns.

IMPERATIVE	
Réponds à la question.	Answer the question.
Signez ce chèque.	Sign this check.
Faisons la queue.	Let's stand in line.

For **-er** verbs and those **-ir** verbs with endings of **-er** verbs, the final **s** of the **tu** form is dropped.

IMPERATIVE	
Ne **ferme** pas la fenêtre.	Don't close the window.
Ouvre un compte.	Open an account.

The verb **être** has irregular imperative forms.

IMPERATIVE	
Sois en avance.	Be early.
Ne **soyez** pas en retard.	Don't be late.
Soyons à l'heure.	Let's be on time.

Wkbk. 12, Wkbk. 13

17. Au Café Rempart à Kaysersberg vous venez d'aider un touriste à trouver le théâtre. Il répète ce que vous lui avez dit, et vous confirmez.

> MODÈLE: Eh bien, je sors du café.
> **Oui, sortez du café.**

1. Et je prends la rue du Rempart à droite.
2. Et je continue jusqu'à la rue de la Place.
3. Puis je tourne à droite, et je vais jusqu'au premier feu.
4. Ensuite, je tourne à gauche, et je descends la rue de la Gendarmerie jusqu'à la rue du Théâtre.
5. Et alors, je monte la rue du Théâtre jusqu'à la rue du Général de Gaulle.
6. Puis je tourne à gauche, et je continue jusqu'au théâtre.
7. Et je suis au guichet à 19 h 30.
8. Puis je choisis ma place.

1. Oui, prenez la rue du Rempart à droite.
2. Oui, continuez jusqu'à la rue de la Place.
3. Oui, tournez à droite, et allez jusqu'au premier feu.
4. Oui, tournez à gauche, et descendez la rue de la Gendarmerie jusqu'à la rue du Théâtre.
5. Oui, montez la rue du Théâtre jusqu'à la rue du Général de Gaulle.
6. Oui, tournez à gauche, et continuez jusqu'au théâtre.
7. Oui, soyez au guichet à 19 h 30.
8. Oui, choisissez votre place.

18. Refaites l'**Activité 17**. Confirmez ce que vous avez dit à un ami.

> MODÈLE: Eh bien, je sors du café.
> **Oui, sors du café.**

1. Oui, prends la rue du Rempart à droite.
2. Oui, continue jusqu'à la rue de la Place.
3. Oui, tourne à droite, et va jusqu'au premier feu.
4. Oui, tourne à gauche, et descends la rue de la Gendarmerie jusqu'à la rue du Théâtre.
5. Oui, monte la rue du Théâtre jusqu'à la rue du Général de Gaulle.
6. Oui, tourne à gauche, et continue jusqu'au théâtre.
7. Oui, sois au guichet à 19 h 30.
8. Oui, choisis ta place.

19. Thierry vous accompagne à la banque. Quand il vous demande s'il faut faire quelque chose, dites-lui que oui, et suggérez de le faire ensemble.

> MODÈLE: Faut-il toucher nos chèques?
> **Oui, touchons nos chèques.**

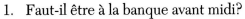
Allons à la banque.

1. Faut-il être à la banque avant midi?
2. Faut-il mettre d'autres pièces dans le parcmètre?
3. Faut-il laisser le ticket dans la voiture?
4. Faut-il faire la queue?
5. Faut-il ouvrir un compte?
6. Faut-il sortir nos passeports?
7. Faut-il signer les chèques?
8. Faut-il voir le caissier après?

1. Oui, soyons à la banque avant midi.
2. Oui, mettons d'autres pièces dans le parcmètre.
3. Oui, laissons le ticket dans la voiture.
4. Oui, faisons la queue.
5. Oui, ouvrons un compte.
6. Oui, sortons nos passeports.
7. Oui, signons les chèques.
8. Oui, voyons le caissier après.

les pronoms compléments à l'impératif

In an affirmative command the direct or indirect object pronoun follows the verb and is attached to it by a hyphen.

—Éric et moi, nous devons écrire à Jeanne? *Do Éric and I have to write to Jeanne?*
—Oui, écrivez-**lui**. *Yes, write (to) her.*

—Et moi, je dois envoyer la lettre? *And I have to send the letter?*
—Oui, envoie-**la**. *Yes, send it.*

—Est-ce que nous attendons nos amis? *Are we waiting for our friends?*
—Oui, attendons-**les**. *Yes, let's wait for them.*

—Qu'est-ce que je leur dis? *What do I tell them?*
—Dites-**leur** la vérité. *Tell them the truth.*

Me becomes **moi** when it follows an imperative verb form.

—Est-ce que je t'envoie l'argent? *Do I send you the money?*
—Oui, envoie-**moi** l'argent. *Yes, send me the money.*

Wkbk. 14

In a negative command the direct or indirect object pronoun precedes the verb.

—Qu'est-ce que je peux t'offrir? *What can I give you?*
—Ne **m'**offre rien. *Don't give me anything.*

Wkbk. 15

La lettre? Envoie-la. (Paris)

20. Vincent vient de vous téléphoner de Paris où il passe un mois. Il veut savoir ce qu'il faut envoyer à certaines personnes. Dites-lui ce qu'il faut envoyer.

 MODÈLE: Qu'est-ce que j'envoie aux parents?
Envoie-leur une lettre.

1. Qu'est-ce que je t'envoie?
2. Qu'est-ce que j'envoie à mes grands-parents?
3. Qu'est-ce que j'envoie à Pierre?
4. Qu'est-ce que je vous envoie, à Daniel et à toi?
5. Qu'est-ce que j'envoie à mes copains?
6. Qu'est-ce que j'envoie à Hélène?
7. Qu'est-ce que je vous envoie, à ta sœur et à toi?

1. Envoie-moi un plan de Paris.
2. Envoie-leur des cartes postales.
3. Envoie-lui des souvenirs.
4. Envoie-nous des cassettes.
5. Envoie-leur des tee-shirts.
6. Envoie-lui une affiche.
7. Envoie-nous des pièces de monnaie.

After finishing this activity, have students do it again, telling Vincent not to send the things pictured.
Modèle:
Qu'est-ce que j'envoie aux parents?
Ne leur envoie pas de lettre.

21. Roselyne veut savoir si elle doit faire certaines choses. Dites-lui de les faire. Puis dites-lui de ne pas les faire.

> MODÈLE: Est-ce que je dois acheter ce souvenir?
> **Oui, achète-le. Non, ne l'achète pas.**

1. Est-ce que je dois écrire ces cartes?
2. Est-ce que je dois fermer mon compte?
3. Est-ce que je dois répondre à cette étrangère?
4. Est-ce que je dois conduire ma voiture?
5. Est-ce que je dois téléphoner à mes parents?
6. Est-ce que je dois ouvrir la fenêtre?
7. Est-ce que je dois t'aider?
8. Est-ce que je dois vous croire, Marc et toi?

22. Comment dit-on en français?

Mme Blot et M. Gras dînent au même restaurant.

MME BLOT:	Excuse me, Sir, the salt, please?
M. GRAS:	I don't know where it is, Ma'am, but I can give you the pepper. Does that suit you?
MME BLOT:	Yes, thanks. Anyway, pepper is better for me than salt.
M. GRAS:	Tell me, Ma'am, what do you think of life here?
MME BLOT:	It's less expensive than in New York.
M. GRAS:	That's (for) sure, but do you like this city?
MME BLOT:	Yes, enormously, especially the people. I like them a lot.
M. GRAS:	May I ask you another question, Ma'am?
MME BLOT:	Yes, what do you want to know?
M. GRAS:	I have reserved a seat at the theater for tonight, but I can't use it. Do you want it?
MME BLOT:	Oh, yes. Thanks a lot.
M. GRAS:	You're welcome.

Rédaction

Écrivez deux paragraphes où vous décrivez la ville de Kaysersberg. Employez la carte, si vous voulez. Mentionnez la rivière qui traverse la ville, les routes, les ponts, les feux et les différents bâtiments qui existent. Puis dites où sont ces bâtiments. Enfin, dites ce que vous aimez ou ce que vous n'aimez pas dans les petites villes comme Kaysersberg et les grandes villes comme Paris. Utilisez de nouveaux mots et de nouvelles expressions de cette leçon.

Lecture

Le musée d'Orsay est un nouveau musée d'art sur la Seine à Paris.

Une visite au musée d'Orsay

Voici la lettre que Joël vient d'écrire à ses parents, M. et Mme Bongart.

Paris, le 8 juillet

Chers Parents,

Paris est une ville magnifique. Tout me plaît ici sauf° la circulation. En effet, je ne conduis plus. J'ai garé ma voiture dans une rue où le stationnement est gratuit, et je prends le métro et le bus. C'est plus simple, plus rapide et moins cher.

except

Ce matin j'ai visité le nouveau musée d'Orsay où on trouve l'art français de 1850 à 1920 plus ou moins, c'est-à-dire, la peinture et la sculpture de cette période.

Comme vous ne connaissez pas encore ce musée, je vais vous parler de ma visite. Le musée est encore plus beau en naturel° que sur les photos que j'ai vues dans les revues. Il est dans la gare d'Orsay qui date de 1900. Les bâtiments sont superbes sur la Seine. J'ai fait la queue pendant vingt minutes dehors. J'ai enfin acheté mon billet, et j'ai réussi à entrer.

en naturel = in real life

Parce que c'est si grand, on ne peut pas tout voir en une visite. Alors, aujourd'hui j'ai choisi la peinture. J'ai commencé au rez-de-chaussée° où il y a la peinture de 1850 à 1880. Je dois vous dire que le hall° principal est spectaculaire — 138 mètres de longueur,° 40 mètres de largeur° et 32 mètres de hauteur.° Là, j'ai vu les tableaux° des peintres° importants comme Degas, Manet, Monet, Renoir et d'autres avant 1880.

ground floor

large room

de longueur = in length

de largeur = in width/*de hauteur* = in height/paintings/painters

Le hall principal du musée est énorme. (Paris)

Ils attendent devant l'entrée du musée d'Orsay. (Paris)

Chemin montant dans les hautes herbes (Renoir)

Régates à Argenteuil (Monet)

Meules (Monet)

Aux courses (Degas)

Après, j'ai été au dernier étage,° où il y a la peinture impressionniste. J'adore l'impressionnisme parce que les couleurs sont si jolies. J'ai vu mes tableaux préférés: "Chemin montant dans les hautes herbes" d'Auguste Renoir, "Régates à Argenteuil" et "Meules" de Claude Monet, "Aux courses" d'Edgar Degas et beaucoup d'autres.

floor

Du café on peut voir la grosse pendule du musée. (Paris)

Au même étage, il y a une grosse pendule qu'on peut aussi voir du dehors, et à côté, il y a un café où j'ai déjeuné. Puis, à la librairie du musée, j'ai acheté des cartes postales que je voudrais envoyer à mes copains.

À la sortie° du musée, j'ai écrit quelques cartes postales sur un banc,° et puis j'ai vu une Américaine que j'ai rencontrée à la poste hier matin. Elle est très sympathique. Elle s'appelle Ashley, et elle habite à Washington, D.C. C'est son premier voyage en France. On a parlé un peu — en anglais et en français, et je l'ai invitée à venir nous voir à Kaysersberg. Puis nous avons décidé d'aller demain au musée du Louvre.

exit

bench

Je vous embrasse° bien fort. Votre fils qui vous aime.

Joël

kiss

Elles examinent les livres d'art à la librairie du musée. (Paris)

Wkbk. 16

Leçon 6 **219**

Old and new contrast in the entrance courtyard of the Louvre. (Paris)

Note culturelle

Two of the major art museums in Paris are the Louvre and the Orsay Museum. Formerly the royal palace, the Louvre's vast collection spans centuries, from pre-classical antiquity to the nineteenth century. A new glass pyramid designed by the Chinese-American architect I.M. Pei serves as an entrance hall. People flock there to see some of the world's most famous art treasures, including the *Venus de Milo* and the *Mona Lisa*.

Mona Lisa (da Vinci)

The Moulin de la Galette (Renoir)

Orsay Museum

The Orsay Museum opened in 1986. It features a large collection of Impressionist art. The Impressionists dominated painting during the last third of the nineteenth century. This group of painters studied light and color, and painted landscapes or contemporary scenes of daily life. In their own time many considered their work shocking. Now, however, they are among the most popular of all painters. You have probably seen posters of paintings by an Impressionist painter. *Water Lilies* by Claude Monet and *The Moulin de la Galette* by Auguste Renoir are two of the most widely reproduced paintings from this period.

Répondez en français.

1. Qu'est-ce que Joël pense de la circulation à Paris?
2. Pourquoi est-ce que Joël ne conduit plus sa voiture à Paris?
3. Qu'est-ce qu'on trouve au musée d'Orsay?
4. Comment Joël trouve-t-il le musée d'Orsay?
5. Qu'est-ce que Joël a dû faire pour entrer dans le musée d'Orsay?
6. Quelle peinture trouve-t-on dans le hall principal au rez-de-chaussée?
7. Quelle sorte de peinture trouve-t-on au dernier étage du musée?
8. On voit des tableaux de quels artistes impressionnistes au dernier étage?
9. Qu'est-ce qu'on peut faire pendant ou après la visite au musée d'Orsay?
10. Où est-ce que Joël a rencontré l'Américaine hier?
11. D'où est l'Américaine que Joël a vue au musée d'Orsay?
12. Quel autre musée va-t-il visiter avec Ashley?

1. Elle ne lui plaît pas.
2. Parce que le métro et le bus sont plus simples, plus rapides et moins chers.
3. On trouve l'art français de 1850 à 1920.
4. Il le trouve beau et très grand.
5. Il a dû faire la queue pendant vingt minutes.
6. On trouve la peinture française de 1850 à 1880.
7. On trouve la peinture impressionniste au dernier étage.
8. On voit des tableaux de Renoir, Monet, Degas et d'autres.
9. On peut déjeuner au café du musée, ou on peut acheter des cartes postales à la librairie du musée.
10. Il l'a rencontrée à la poste hier.
11. Elle est de Washington, D.C.
12. Il va visiter le Louvre avec elle.

Proverbe

The English equivalent of this proverb is "You can't have your cake and eat it too."

Il faut qu'une porte soit ouverte ou fermée.

A door must be opened or closed.

Interaction et application pratique

À deux

1. With your partner create a one-minute dialogue in French between an American and a French Canadian standing in line at an exchange bureau in France. The American speaks French and has been in France for a month, whereas the Canadian has just arrived and doesn't know what to do in order to cash a traveller's check. The American explains this procedure, including use of the passport, and then gives the Canadian a lesson on French currency. After looking at photos or illustrations of French bills and coins, you might make your own paper money to use when you present your dialogue to the class.

2. Take turns with your partner asking each other as many different questions beginning with **Où** as you can in three minutes. For example, ask where one goes in order to find, buy or see various things or people. Things or people you might ask about are **un journal, des chèques de voyage, une caissière, des souvenirs, des livres, du pain, la peinture française de 1870, des cartes postales** and **un match de foot**. Give appropriate answers, and then ask the entire class a few of your questions.

Où va-t-on pour poster des lettres? (Paris)

MODÈLE: Où va-t-on pour acheter des timbres?
On va à la poste ou au tabac.

3. Imagine that you are a native of Kaysersberg and your partner is visiting there. Your partner asks you how to get from one place to another. Use the city map in this book and give the appropriate directions. Then reverse roles.

MODÈLE: Pour aller du musée à la poste, s'il vous plaît?
Sortez du musée. Prenez la première rue à droite, et la poste est à votre gauche.

4. Take turns with your partner telling each other to go speak to one or more people in class, and to tell this person or persons something. Tell different people different things.

MODÈLES: a) Élève 1: Va parler à Georges.
Élève 2: **Qu'est-ce que je dois lui dire?**
Élève 1: Dis-lui que son pull te plaît.
Élève 2: **Georges, je dois te dire que ton pull plaît à _____.**

b) Élève 1: Va parler à Sylvie et à Danièle.
Élève 2: **Qu'est-ce que je dois leur dire?**
Élève 1: Dis-leur qu'elles conduisent bien.
Élève 2: **Sylvie et Danièle, je dois vous dire que vous conduisez bien.**

Allez-y!

5. Interview your partner about the things that he/she likes. After both of you have asked and answered questions, report back to the class what you have learned about your partner.

> MODÈLES: a) Est-ce que le cours de français te plaît?
> **Oui, il me plaît beaucoup.**
>
> b) Quels sports te plaisent?
> **Le football et le tennis me plaisent.**

6. With your partner take turns giving each other commands. Use verbs like **aller**, **appeler**, **compter**, **dire**, **dormir**, **écrire**, **être**, **faire**, **finir**, **laisser**, **lire**, **mettre**, **montrer**, **offrir**, **ouvrir**, **prendre**, **répéter**, **signer**, **traverser**, **venir**, etc. Obey each command (if possible), and then tell the class a few things that each of you did.

> MODÈLES: **Sois content!**
> **Montre-moi ton portefeuille!**

En groupes

7. See how many different completions your group can think of for each of the following sentences. Have some person from the group list the possible completions on a transparency. Do one sentence at a time, spending not more than one minute on each sentence. Afterwards several transparencies can be put on the overhead for all to review.

1. Il faut faire la queue___.
2. À la banque on peut___.
3. Est-ce que tes amis te___?
4. Nous ont-ils___?
5. ___me plaît.
6. Est-ce que___vous plaisent?

Tous ensemble

8. Take turns with your classmates telling what someone has told you in obeying one of the commands given in Activity 4.

> MODÈLE: **Suzanne m'a dit qu'elle va te téléphoner ce soir.**

Vocabulaire actif

noms

une banque bank
un bureau de change currency exchange
un caissier, une caissière cashier
une carte d'identité ID card
un change exchange
un château castle
un chemin de fer railroad
un chèque check
un chèque de voyage traveler's check
une clé key
un compte (bank) account
un département department (administrative division)
un docteur doctor
une église church
un étranger, une étrangère foreigner; stranger
un guichet counter
un hôpital hospital
un kiosque à journaux newsstand
une librairie bookstore

un(e) marchand(e) merchant
un musée museum
un numéro number
un parcmètre parking meter
un passeport passport
une peinture painting
une pièce (de monnaie) coin
un plan map; plan
une plaque d'immatriculation license plate
un pont bridge
un portefeuille billfold, wallet
un porte-monnaie coin purse
un quartier neighborhood
une queue tail; line
une route road
un souvenir souvenir; memory
un stade stadium
un tableau de bord dashboard
un ticket ticket
un(e) touriste tourist
la vie life

adjectifs

cher, chère expensive; dear
parisien, parisienne Parisian

principal(e) principal, main
simple simple

verbes

faire la queue to stand in line
fermer à clé to lock
laisser to leave
offrir to offer, to give
ouvrir to open

plaire to be pleasing
remarquer to notice
signer to sign
toucher (un chèque) to cash

expressions diverses

Ça vous (te) va. That suits you. That fits you.
De rien. You're welcome. Don't mention it.
me to me

nous to us
te to you
vous to you

Une journée à Paris

Leçon 7

Communicative Functions

- making plans
- saying where you have gone
- using the subway
- talking about shopping at a department store
- naming jewelry and accessories
- describing some monuments in Paris

BATEAUX-MOUCHES PARIS

Des plans

Ashley et Joël sont sortis du Louvre, puis ils sont entrés dans un café près de la Tour Saint-Jacques, un autre monument de Paris.

La Tour Saint-Jacques est de style gothique flamboyant. (Paris)

JOËL: Tu sais, je suis allé dans toutes les boutiques du quartier, et je n'ai encore rien acheté pour ma famille.

ASHLEY: Est-ce que tu es allé aux grands magasins?[1]

JOËL: Non, mais c'est une bonne idée. Tu veux y aller avec moi?

ASHLEY: Si tu veux, mais je dois te dire, je deviens folle aux grands magasins, et j'essaie tout.

JOËL: Moi aussi. Alors, on y va tout de suite?

ASHLEY: Non, je vais d'abord rentrer chez moi chercher mon parapluie. Je crois qu'il va pleuvoir.

JOËL: Bon alors, je t'attends à l'entrée du métro Saint-Michel.[2]

Il y a du monde à l'entrée du métro Saint-Michel. (Paris)

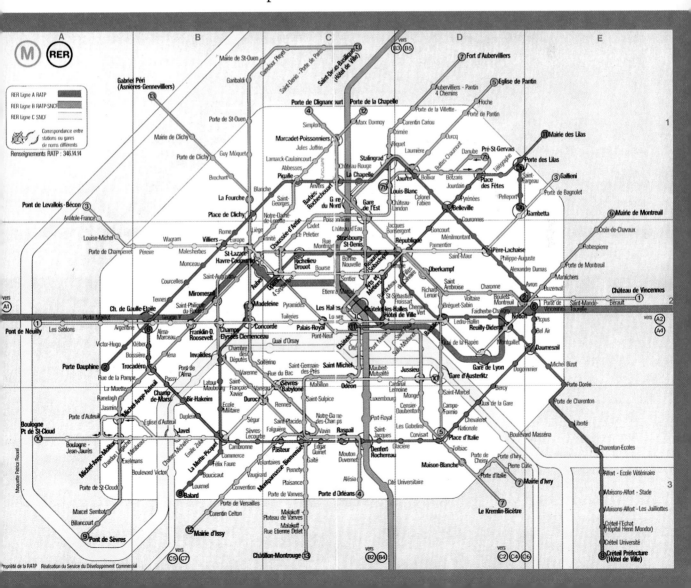

plus tard, dans le métro

JOËL: Voilà. J'ai obtenu des tickets de métro. Tu veux un ticket?

ASHLEY: Non, merci. J'ai la Carte Orange.[3]

JOËL: Les transports parisiens sont vraiment propres, efficaces et bon marché.[4]

ASHLEY: C'est vrai, sauf les taxis. À mon avis, les chauffeurs conduisent comme des fous.

JOËL: Tu as raison. Bon alors, tu sais quelle ligne de métro on prend?

ASHLEY: Non, regardons le plan.[5]

ASHLEY: Voilà. Direction* Porte de Clignancourt, et on change** à Réaumur-Sébastopol.[6]

La station Opéra est devant l'Opéra. (Paris)

JOËL: On descend** à quelle station?

ASHLEY: À Opéra. Allons vite sur le quai!

la station de métro

Les chiens sont interdits dans le métro.

C'est à devenir fou ici.

le quai

*In telling the direction of a subway line, the French omit the article **la** before the word **direction**.

To indicate that they are changing subway lines at a particular station, the French say **On change à (+ *name of the station*). To say that they are getting off the subway or out of a vehicle, they use **descendre (de)**.

Notes culturelles

1. When Parisians refer to **les grands magasins,** they mean **le Printemps** or **les Galeries Lafayette**, the largest department stores in Paris. There are, however, other important department stores such as **la Samaritaine** and **le Bon Marché**.

2. Most subway stations in Paris are named after famous people, historical places, streets, squares, monuments and the major entrances or former "doorways" (**portes**) to Paris. Four of Paris' twenty-two doors are **la Porte Maillot**, **la Porte d'Orléans**, **la Porte de Vincennes** and **la Porte de Clignancourt**.

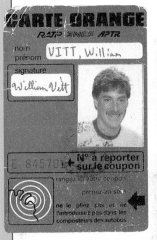

3. A **Carte Orange** is a reasonably priced card that provides either a week's or a month's unlimited travel on Paris buses or the subway. This card has the owner's ID number, photo, signature and a little transparent pocket for the ticket. It must be renewed every week or month. The card allows for travel only in the number of zones paid for by the user and determined by the distance from the center of Paris.

4. Paris has one of the cleanest and most modern, reliable and efficient subway systems in the world. In the **métro**, as on French trains, one may travel either first-class (**en première**) or second-class (**en seconde**), depending on the price paid for the ticket. Since first class costs more, fewer people ride in these cars.

5. Near each subway station entrance and also on the platform (**le quai**), there is a giant map of the whole **métro** system (**un plan du métro**). Wallet-sized maps are also available at most stations.

A large **métro** map is outside the entrance to each station. (Paris)

6. You can change from one subway line to another only in a station which has a **Correspondance** (*Connection*).

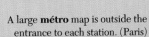

To change lines, look for the **Correspondance** sign. (Paris)

Compréhension

Répondez en français.

1. Où est-ce que Joël a déjà fait des courses?
2. Qu'est-ce qu'il a acheté pour sa famille?
3. Où est-ce que Joël et Ashley vont aller ensemble?
4. Qu'est-ce qu'Ashley fait aux grands magasins?
5. Pourquoi est-ce qu'elle va chercher son parapluie?
6. Pourquoi est-ce qu'Ashley n'a pas besoin de tickets de métro?
7. Qu'est-ce que Joël pense des transports parisiens?
8. Quand on est dans le métro, où est-ce qu'on l'attend?

À propos

1. Votre boutique préférée, elle s'appelle comment?
2. Quel grand magasin connaissez-vous bien?
3. Avez-vous obtenu quelque chose cette semaine? Quoi?
4. Où est-ce que vous devenez fou/folle?
5. Dans quelles villes américaines y a-t-il un métro?
6. À votre avis, est-ce que les chauffeurs de taxi conduisent bien ou mal?

Marginal answers:

1. Il a déjà fait des courses dans toutes les boutiques du quartier.
2. Il n'a encore rien acheté pour sa famille.
3. Ils vont aller ensemble aux grands magasins.
4. Elle devient folle. Elle essaie tout.
5. Parce qu'elle croit qu'il va pleuvoir.
6. Parce qu'elle a la Carte Orange.
7. Il pense qu'ils sont propres, efficaces et bon marché.
8. On l'attend sur le quai.

Les Galeries Lafayette est un grand magasin à Paris.

Aimez-vous le parfum français? (Les Mureaux)

Expansion

aux "Galeries Lafayette"

JOËL: Je dois d'abord trouver quelque chose pour mon petit neveu.

ASHLEY: Quel âge a-t-il?

JOËL: Voyons, il est né au mois de juin. Il doit avoir cinq mois.

ASHLEY: Je ne veux pas t'influencer, mais pourquoi ne lui achètes-tu pas un petit ensemble ou un jouet?

JOËL: Un jouet, c'est une idée merveilleuse. Mais où sont les jouets?

ASHLEY: À l'entrée du magasin.

JOËL: Ah oui, retournons-y.

au rayon des accessoires

JOËL: Tiens! Il y a de bons prix sur les accessoires. Je vais choisir un foulard pour ma tante qui habite en Corse.

ASHLEY: Eh bien, vas-y. Je vais voir les nouveaux habits d'hiver, et...

JOËL: Attention, Ashley! Ton parapluie est tombé!

ASHLEY: Mince! Dis, tu peux le garder? Il appartient à ma mère, et si je le perds,...

JOËL: D'accord, mais où et quand est-ce que je te retrouve?

ASHLEY: À la sortie principale du magasin à six heures et demie.

On prend le bus à l'arrêt d'autobus.
(Paris)

JOËL: On prend le bus
ou le métro
pour rentrer?

ASHLEY: Prenons le bus.
Il y a justement
un arrêt à côté
de la porte.

Pauvres Ashley et Joël! Ils sont devenus fous aux grands magasins. Ils ont trop dépensé, et maintenant ils sont fauchés. Ils ont acheté des bijoux et des habits chic. Les voici.

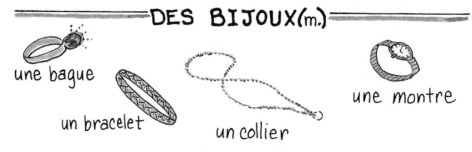

DES BIJOUX (m.)

une bague

un bracelet

un collier

une montre

DES ACCESSOIRES (m.)

un foulard

un sac à main

des gants (m.)
une paire de gants

des lunettes de soleil (f.)

un parapluie

DES HABITS

des bottes (f.)
une paire
de bottes

un imperméable
(imper)

un ensemble

un tailleur

Wkbk. 1, Wkbk. 2, Wkbk. 3, Wkbk. 4, Wkbk. 5

Note culturelle

Maps of Parisian bus routes are posted at every busstop. Each bus route is numbered, and each bus displays the number of the route it covers. Passengers with a **Carte Orange** simply show the driver their card as they get on the bus. Others must insert a prepurchased ticket into a marking machine. Bus tickets are the same as second-class subway tickets. They may be purchased either individually or in packets (**carnets**) at tobacco shops or subway stations.

Activités

1. Complétez les phrases suivantes d'après les images.
   1. Joël et Ashley sont allés aux____.
      grands magasins

   2. Comme Ashley, Joël essaie tout aux grands magasins. Il devient____.
      fou

   3. Ashley croit qu'il va____.
      pleuvoir

   4. Sur le plan du métro on voit des____.
      lignes

   5. Sur le plan du métro on voit aussi des____.
      stations

   6. Les enfants adorent les____.
      jouets

   7. Ashley porte sa Carte Orange dans son____.
      sac à main

   8. Elle prend son parapluie et met son____.
      imper

2. Corrigez les fautes en italique d'après le dialogue d'introduction ou l'**Expansion**.

   sortis du
   boutiques du quartier
   des tickets de métro
   Porte de Clignancourt
   l'entrée du magasin
   accessoires
   garder
   rayon

   1. Ashley et Joël sont *entrés dans le* Louvre.
   2. Joël n'a pas trouvé de cadeaux pour sa famille aux *grands magasins*.
   3. Joël a obtenu *une Carte Orange* pour voyager en métro et en bus.
   4. Pour aller à Opéra, Joël et Ashley prennent direction *Pont de Neuilly*.
   5. Joël retourne à *la sortie du métro* pour acheter un jouet.
   6. On trouve les foulards au rayon des *sports*.
   7. Joël va *perdre* le parapluie d'Ashley.
   8. On trouve les bagues et les colliers au *département* des bijoux.

3. Complétez logiquement chaque phrase d'après l'**Expansion**.

1. Si on ne veut pas avoir froid aux mains, on peut mettre___.   des gants
2. Si on ne veut pas avoir froid dehors quand il neige, on peut porter___.   des bottes
3. Quand on veut savoir l'heure, on regarde sa___.   montre
4. Quand il pleut, on peut mettre___.   un imper
5. Si une dame veut avoir l'air chic, elle peut porter___.   un tailleur
6. Les foulards et les gants sont des___.   accessoires
7. Si on ne veut pas avoir mal aux yeux quand il fait beaucoup de soleil, on peut porter___.   des lunettes de soleil
8. Une dame ou une jeune fille porte sa Carte Orange, son porte-monnaie, son portefeuille et d'autres choses dans son___.   sac à main

4. Dites ce que les gens portent.

MODÈLE:  **Il porte un ensemble et des chaussures.**

1.

1. Elle porte un imper, des bottes et un parapluie.

2.

2. Elle porte aussi un ensemble, une bague, une montre, un bracelet, un collier et des lunettes de soleil.

3.

3. Elle porte un tailleur, un sac à main, des gants, un foulard, des chaussures et des lunettes.

Qu'est-ce que le mannequin porte? (Paris)

Structure et usage

Teachers may want to present **mourir** and **tenir** in two columns as "shoe" verbs.

le présent du verbe irrégulier *mourir*

The **o** in the stem of the verb **mourir** (*to die*) changes to **e** in the **je**, **tu**, **il/elle** and **ils/elles** forms of the present tense.

The past participle of **mourir** will be presented later in this lesson.

Wkbk. 6

mourir		
je **meurs**	Je **meurs** de soif.	I'm dying of thirst.
tu **meurs**	Tu ne **meurs** pas.	You aren't dying.
il/elle/on **meurt**	**Meurt**-elle à la fin?	Does she die at the end?
nous **mourons**	Nous **mourons** de faim.	We're dying of hunger.
vous **mourez**	On dit que vous **mourez**.	They say you're dying.
ils/elles **meurent**	Ils ne **meurent** jamais.	They never die.

5. Dites à votre ami(e) que tout le monde a très soif. Utilisez le verbe **mourir**.

MODÈLE: Rachèle et moi
Rachèle et moi, nous mourons de soif.

1. Jean-Claude
Jean-Claude meurt de soif.
2. les joueuses
Les joueuses meurent de soif.
3. toi
Toi, tu meurs de soif.
4. Roselyne et toi
Roselyne et toi, vous mourez de soif.
5. Philippe et Roger
Philippe et Roger meurent de soif.
6. moi
Moi, je meurs de soif.
7. toi et moi
Toi et moi, nous mourons de soif.
8. Katia
Katia meurt de soif.

le présent du verbe irrégulier *tenir*

The present tense of the verb **tenir** (*to hold*) follows the pattern of the verb **venir**.

Emphasize the difference in sound between **tiens/tient** [tjɛ̃] and **tiennent** [tjɛn]. You may ask students to distinguish singular from plural forms to practice sound discrimination.

tenir		
je **tiens**	Je ne **tiens** rien.	I'm not holding anything.
tu **tiens**	Qu'est-ce que tu **tiens**?	What are you holding?
il/elle/on **tient**	On le **tient** à la main.	You hold it in your hand.
nous **tenons**	Nous les **tenons**.	We're holding them.
vous **tenez**	**Tenez** mon parapluie.	Hold my umbrella.
ils/elles **tiennent**	Ils **tiennent** le plan.	They're holding the map.

Le parapluie noir appartient à Sophie.

ATTENTION: 1. The forms of **appartenir** (*to belong*) and **obtenir** (*to obtain, to get*) are like those of **tenir** but with the prefixes **appar-** and **ob-**.

Ce jouet **appartient** à qui?   *This toy belongs to whom?*

Qui peut les **obtenir**?   *Who can get them?*

2. The past participle of **tenir** is **tenu**.

Où les **as**-tu **obtenus**?   *Where did you get them?*   Wkbk. 7

3. At the beginning of a sentence the imperative forms **Tiens!** and **Tenez!** mean "Hey!"

Tiens, il pleut.   *Hey, it's raining.*

6.   Les personnes suivantes tiennent quelque chose à la main. Dites ce qu'elles tiennent.

Où ont-ils obtenu ces parapluies?

MODÈLE: Charles / un billet
          Il tient un billet.

1. le grand-père / une canne à pêche   Il tient une canne à pêche.
2. tu / un plan du métro   Tu tiens un plan du métro.
3. les élèves / des livres   Ils tiennent des livres.
4. nous / des timbres   Nous tenons des timbres.
5. je / une Carte Orange   Je tiens une Carte Orange.
6. Clarisse / un sac à main   Elle tient un sac à main.
7. vous / un parapluie   Vous tenez un parapluie.
8. Virginie et Simone / des tickets   Elles tiennent des tickets.

7. Marie-Christine veut savoir si les objets suivants appartiennent à Christelle. Dites-lui que oui.

> MODÈLE: Est-ce que cette montre appartient à Christelle?
> **Oui, elle lui appartient.**

1. Et ces bracelets? Oui, ils lui appartiennent.
2. Et ce collier? Oui, il lui appartient.
3. Et cette bague? Oui, elle lui appartient.
4. Et cet imper? Oui, il lui appartient.
5. Et ces bottes? Oui, elles lui appartiennent.
6. Et ces gants? Oui, ils lui appartiennent.
7. Et ces lunettes? Oui, elles lui appartiennent.
8. Et cette Carte Orange? Oui, elle lui appartient.

8. Vous êtes avec votre ami Hervé à l'école. Dans la cour vous rencontrez un nouvel élève qui veut savoir certaines choses. Répondez-lui.

> MODÈLE: Où est-ce qu'on obtient les livres du cours? (à la librairie)
> **On les obtient à la librairie.**

1. Tu l'obtiens à l'entrée du lycée.
2. Nous les obtenons à la bibliothèque.
3. On les obtient au laboratoire de langues.
4. Je les obtiens aux grands magasins.
5. Ils les obtiennent à la fin du mois.
6. On les obtient au tabac.
7. Tu les obtiens à la poste.
8. Nous les obtenons dans les boutiques du quartier.

1. Où est-ce que j'obtiens ma carte d'élève? (à l'entrée du lycée)
2. Où est-ce que vous obtenez les cassettes? (à la bibliothèque)
3. Où est-ce qu'on obtient les disquettes? (au laboratoire de langues)
4. Et toi, où obtiens-tu tes cahiers? (aux grands magasins)
5. Et quand est-ce que les élèves obtiennent leurs notes? (à la fin du mois)
6. Et où obtient-on les tickets de métro? (au tabac)
7. Où est-ce que j'obtiens les timbres? (à la poste)
8. Où obtenez-vous vos habits? (dans les boutiques du quartier)

Ils obtiennent leurs habits dans le boulevard Saint-Michel. (Paris)

le passé composé avec *être*

You have learned that the **passé composé** is made up of the auxiliary verb — a present tense form of **avoir** — and the past participle of the main verb. But certain verbs form their **passé composé** with **être**. Most of the verbs that use **être** in the **passé composé** *express motion or movement* of the subject from one place to another. Note that the past participle of these verbs agrees in gender and in number with the subject. Here is the **passé composé** of **aller**.

aller				
je	**suis**	**allé**	Je **suis allé** à ce café.	I have gone to that café.
je	**suis**	**allée**	Je **suis allée** au concert.	I went to the concert.
tu	**es**	**allé**	Paul, **es**-tu **allé** au match?	Paul, did you go to the game?
tu	**es**	**allée**	Anne, **es**-tu **allée** au cinéma?	Anne, did you go to the movies?
il	**est**	**allé**	Il n'**est** pas **allé** au lac.	He didn't go to the lake.
elle	**est**	**allée**	**Est**-elle **allée** à la plage?	Did she go to the beach?
nous	**sommes**	**allés**	Nous **sommes allés** à Pau.	We went to Pau.
nous	**sommes**	**allées**	Nous ne **sommes** pas **allées** à Biarritz.	We didn't go to Biarritz.
vous	**êtes**	**allé**	Vous **êtes allé** au cours?	You went to class?
vous	**êtes**	**allés**	Vous **êtes allés** au camp?	You did go to the camp?
vous	**êtes**	**allée**	Vous **êtes allée** à Paris?	You went to Paris?
vous	**êtes**	**allées**	Vous **êtes allées** à Nice?	You went to Nice?
ils	**sont**	**allés**	Ils **sont allés** en France.	They have gone to France.
elles	**sont**	**allées**	Elles **sont allées** à Lyon.	They did go to Lyons.

Have students repeat after you all these sentences.

Êtes-vous jamais allé à Paris?

Ils sont montés au sommet des Alpes suisses. (Crans-Montana)

You may want to have students do a transformation exercise with the verb **aller**. Modèle: Je vais au marché. **Je suis allé(e) au marché.**

You may have students change affirmative forms of **aller** in the **passé composé** to negative ones with **ne...pas** and **ne...jamais**. Emphasize liaison.

ATTENTION: 1. There is often **liaison** after forms of **être** before a past participle beginning with a vowel sound. The **s** at the end of the plural past participle is not pronounced.

je suis allé
[z]

nous sommes allés
[z]

tu es allé
[z]

vous êtes allés
[z] [z]

elle est allée
[t]

elles sont allées
[t]

2. The word order of verbs in the negative and interrogative **passé composé** is the same with **être** as with **avoir**.

—As-tu visité Acapulco?   *Have you visited Acapulco?*

—Non, **je ne suis jamais   *No, I have never gone to*
allé** au Mexique.   *Mexico.*

—**Êtes-vous** jamais **allées**   *Have you ever gone to*
en Europe?   *Europe?*

—Non, nous n'avons pas   *No, we haven't visited*
encore visité l'Europe.   *Europe yet.*

Each letter in the phrase DR. & MRS. P. VANDERTRAMP represents the first letter of a verb using **être** in the **passé composé**. Knowing this phrase will help you remember these verbs.

Infinitive	Past Participle	Passé Composé
Descendre	descendu	Je **suis descendu** à Opéra.
Rester	resté	Tu n'**es** pas **resté** longtemps.
&		
Monter	monté	Elle **est montée** dans le bus.
Rentrer	rentré	Nous **sommes rentrés** à midi.
Sortir	sorti	Quand **êtes**-vous **sortis**?
Passer	passé	**Es**-tu **passé** chez lui?
Venir	venu	Ils ne **sont** jamais **venus**.
Arriver	arrivé	Je **suis arrivée** à l'heure.
Naître	né	En quelle année **es**-tu **né**?
Devenir	devenu	Il **est devenu** chauffeur.
Entrer	entré	On **est entré** dans le magasin.
Revenir	revenu	Nous **sommes revenues** hier soir.
Tomber	tombé	Vous **êtes tombé** sur la tête.
Retourner	retourné	Elles **sont retournées** à Rome.
Aller	allé	Je **suis allé** en Afrique.
Mourir	mort	Cet artiste n'**est** pas encore **mort**.
Partir	parti	Les touristes **sont partis**.

You may want students to give all the **passé composé** forms of each of these verbs.

Wkbk. 8, Wkbk. 9, Wkbk. 10

ATTENTION:
1. **Devenir** and **revenir** (members of the **venir** verb family) form the **passé composé** with **être**.

Martine **est revenue** hier.   *Martine came back yesterday.*

2. Not all motion verbs use **être** in the **passé composé**.

As-tu **couru** vite?   *Did you run fast?*
J'**ai traversé** la rue.   *I crossed the street.*

3. The **t** in **mort/morts** is not pronounced, but it is pronounced in **morte/mortes**.

Pierre Curie est mort en 1906.   *Pierre Curie died in 1906.*

Marie Curie est morte en 1934.   [t]   *Marie Curie died in 1934.*

9. Dites à Fabrice où les personnes suivantes sont allées.
  MODÈLE: Francis / le musée d'Orsay
  Il est allé au musée d'Orsay.

Elles sont allées à la station de métro. (Paris)

1. François / le Louvre — Il est allé au Louvre.
2. je / les grands magasins — Je suis allé(e) aux grands magasins.
3. Pauline / la station de métro — Elle est allée à la station de métro.
4. tu / le rayon des jouets — Tu es allé au rayon des jouets.
5. toi et moi / la sortie — Nous sommes allés à la sortie.
6. ces clientes / la caisse — Elles sont allées à la caisse.
7. Babette et toi / chez Jeanne — Vous êtes allés chez Jeanne.
8. les passagers / le guichet — Ils sont allés au guichet.

10. Victor a oublié qui est venu hier soir à sa boum. Dites-lui qui est venu et à quelle heure on est arrivé d'après les indications.

MODÈLE: Henri est venu?
Oui, il est venu.

À quelle heure? (20 h)
Il est arrivé à vingt heures.

1. Et toi? — Oui, je suis venu(e).
2. À quelle heure? (20 h 30) — Je suis arrivé(e) à vingt heures et demie.
3. Et Annette et Marie-Louise? — Oui, elles sont venues.
4. À quelle heure? (21 h) — Elles sont arrivées à vingt et une heures.
5. Et Denise? — Oui, elle est venue.
6. À quelle heure? (22 h) — Elle est arrivée à vingt-deux heures.
7. Et moi? — Oui, tu es venu.
8. À quelle heure? (20 h) — Tu es arrivé à vingt heures.

Les copains sont sortis cet après-midi.
(Paris)

11. Il est neuf heures du soir. La monitrice du camp où vous passez l'été veut savoir ce que vos copains font ce soir. Dites-lui qu'ils sont sortis et puis qu'ils ne sont pas encore rentrés.

> MODÈLE: Qu'est-ce que Michel fait ce soir?
> **Il est sorti.**
>
> Ah bon? Et où est-il?
> **Il n'est pas encore rentré.**

1. Et Valérie, qu'est-ce qu'elle fait?
2. Ah bon? Et où est-elle?
3. Et Guy et Étienne, qu'est-ce qu'ils font?
4. Ah bon? Et où sont-ils?
5. Et Laurent, qu'est-ce qu'il fait?
6. Ah bon? Et où est-il?
7. Et Sophie et Janine, qu'est-ce qu'elles font?
8. Ah bon? Et où sont-elles?

12. Joëlle vous dit quand vos amis sont partis en vacances. Demandez-lui quand ils sont revenus. Utilisez l'inversion.

> MODÈLE: Jonathan est parti le 1er août.
> **Quand est-il revenu?**

1. Je suis partie le 1er juillet.
2. Sabine et Luc sont partis le 30 juin.
3. Marie est partie le 15 juin.
4. Stéphane et Bruno sont partis le 15 juillet.
5. Véronique et Catherine sont parties le 15 août.
6. Vincent est parti le 1er août.

13. Voici quelques personnages bien connus et les années où ils sont nés et morts. Dites en quelle année ces personnes sont nées et mortes.

> MODÈLE: François Mitterand (1916-)
> **Il est né en 1916, et il n'est pas encore mort.**

François Mitterand est devenu président de la République en 1981.

1. Édith Piaf (1915-1963)
2. Brigitte Bardot (1934-) et Sophia Loren (1934-)
3. Charles de Gaulle (1890-1970) et Dwight D. Eisenhower (1890-1969)
4. Louis Pasteur (1822-1895)
5. Jacques-Yves Cousteau (1910-)
6. Vanessa Paradis (1973-)
7. John F. Kennedy (1917-1963)
8. Marie Curie (1867-1934)

l'adjectif *tout*

The adjective **tout** (*all, every*) has four different forms. Each form agrees in gender and in number with the noun it describes.

Masculine Singular	**tout**	Tu travailles **tout** le temps.	You work all the time.
Feminine Singular	**toute**	J'ai visité **toute** la ville.	I visited the whole city.
Masculine Plural	**tous**	Il court **tous** les jours.	He runs every day.
Feminine Plural	**toutes**	**Toutes** les jupes sont jolies.	All the skirts are pretty.

ATTENTION:

1. **tout le**
toute la } = the whole, all (of) the

On a mangé **tout le** gâteau.   *We ate the whole cake.*
Toute la classe sait la réponse.   *The whole class knows the answer.*
Ils ont dépensé **tout** l'argent.   *They spent all the money.*

2. The expression **tout le monde** means "everybody."
Où va **tout le monde**?   *Where is everybody going?*

3. **tous les**
toutes les } = every, all, all (of) the

J'aime **tous les** bijoux.   *I like all the jewels.*
Achetons **toutes les** robes.   *Let's buy all the dresses.*
Tous les trains sont à l'heure.   *All trains are on time.*

Tout le monde est en retard.

4. A possessive adjective or a demonstrative adjective may replace the definite article (**le**, **la**, **l'**, **les**) after the adjective **tout**.

> Il a vu **toute sa** famille.   *He saw his whole family.*
> Elle aime **tous ces** accessoires.   *She likes all those accessories.*   Wkbk. 11

14. Dans le magasin où vous faites des courses, l'employée vous demande si vous voulez voir certaines choses. Dites-lui que vous voulez tout voir.

> MODÈLE: Voulez-vous voir les accessoires?
> **Oui, je veux voir tous les accessoires.**

1. Voulez-vous aussi voir les bijoux?   Oui, je veux voir tous les bijoux.
2. Voulez-vous aussi voir les lunettes de soleil?   Oui, je veux voir toutes les lunettes de soleil.
3. Voulez-vous aussi voir les colliers?   Oui, je veux voir tous les colliers.
4. Voulez-vous aussi voir les gants?   Oui, je veux voir tous les gants.
5. Voulez-vous aussi voir les montres?   Oui, je veux voir toutes les montres.
6. Voulez-vous aussi voir les bottes?   Oui, je veux voir toutes les bottes.
7. Voulez-vous aussi voir les foulards?   Oui, je veux voir tous les foulards.
8. Voulez-vous aussi voir les bagues?   Oui, je veux voir toutes les bagues.

Tous les shorts leur plaisent.

15. Maintenant l'employée vous demande si certaines choses vous plaisent. Dites-lui que vous aimez tout.

> MODÈLE: Est-ce que le magasin vous plaît?
> **Oui, tout le magasin me plaît.**

1. Est-ce que les tenues de ski vous plaisent?   Oui, toutes les tenues de ski me plaisent.
2. Est-ce que cette cassette vous plaît?   Oui, toute cette cassette me plaît.
3. Est-ce que la boutique des accessoires vous plaît?   Oui, toute la boutique des accessoires me plaît.
4. Est-ce que ce rayon-là vous plaît?   Oui, tout ce rayon-là me plaît.
5. Est-ce que les tailleurs vous plaisent?   Oui, tous les tailleurs me plaisent.
6. Est-ce que cet album vous plaît?   Oui, tout cet album me plaît.
7. Est-ce que ces bagues vous plaisent?   Oui, toutes ces bagues me plaisent.
8. Est-ce que ces employés vous plaisent?   Oui, tous ces employés me plaisent.

le pronom *y*

The pronoun **y** (*there*) refers to a previously mentioned place. **Y** replaces a preposition of place (such as **à**, **dans**, **sur**, **chez**, **en**) plus a noun.

Note the elision of words like **je** that end in a vowel sound.

—Vas-tu au musée? *Are you going to the museum?*
—Oui, j'**y** vais. *Yes, I'm going there.*

—Qu'est-ce qu'ils ont mis dans la boîte? *What did they put in the box?*
—Ils **y** ont mis des gants. *They put some gloves there.*

Like other pronoun objects, **y** usually comes right before the verb of which it is the object. **Y** also precedes

* an infinitive.

Je voudrais **y** aller demain. *I'd like to go there tomorrow.*

* the verb in a question with inversion.

Quand **y** vas-tu? *When are you going there?*

* the verb in a negative sentence.

—Es-tu déjà allé au Louvre? *Have you already gone to the Louvre?*
—Non, je n'**y** suis pas encore allé. *No, I haven't gone there yet.*

Wkbk. 12

* the verb in a negative command.

N'**y** reste pas. *Don't stay there.*

Les élèves sont déjà allés au musée du Louvre. (Paris)

ATTENTION: 1. **Y** follows the verb in an affirmative command and is attached
to it by a hyphen.

Déjeunons-**y**!   *Let's eat lunch there!*

2. In the **tu** form of **-er** verbs, the imperative adds **s** before the
pronoun **y**.

Vas-**y**!   *Go there!/Go on!*

3. There is **liaison** after the imperative before **y**.

Allons-y!   Jouez-y!
[z̰]   [z̰]

Remind students that
the **s** is dropped from
the **tu** command form of
an **-er** verb or of a verb
with the endings of **-er**
verbs. Explain that the **s**
added before the
pronoun **y** is only for
pronunciation.

Y must be used with the verb **aller** even though the word "there" may be
omitted after the verb "to go" in English.

—Paul va à Marseille?   *Is Paul going to Marseilles?*
—Oui, il **y** va vendredi.   *Yes, he's going Friday.*

The pronoun **y** may also replace **à** plus a thing. In this case it means "it" or
"to/about it."

—Réponds-tu à la lettre?   *Are you answering the letter?*
—Oui, j'**y** réponds.   *Yes, I'm answering it.*
—Arnaud pense-t-il à ses vacances? *Does Arnaud think about his
                                  vacation?*
—Oui, il **y** pense.   *Yes, he thinks about it.*

Remind students that **à**
plus the name of a
person is replaced by **lui**
or **leur**.

Wkbk. 13

16. Éric semble savoir où vont les gens. Confirmez ce qu'il dit.

You may want students to do this
Activité again answering negatively.

MODÈLE: Où va Élisabeth, au musée d'Orsay?
          Oui, elle y va.

1. Où vont Mathieu et
   Bernard, aux grands
   magasins?
2. Où vas-tu, à la
   bibliothèque?
3. Où va Béatrice, à
   la plage?
4. Où allons-nous, Jean et
   moi, à la poste?
5. Où vont les filles, au
   cinéma?
6. Et où allez-vous demain,
   Richard et toi, en Italie?
7. Où va Bruno, à Strasbourg?
8. Et où est-ce que je vais, au cours?

1. Oui, ils y vont.
2. Oui, j'y vais.
3. Oui, elle y va.
4. Oui, vous y allez.
5. Oui, elles y vont.
6. Oui, nous y allons.
7. Oui, il y va.
8. Oui, tu y vas.

-Au musée d'Orsay?
-Oui, Élisabeth y va. (Paris)

17. Marianne ne veut pas faire certaines choses. Dites-lui qu'elle doit les faire.

> MODÈLE: Je ne veux pas entrer dans cette boutique.
> **Mais tu dois y entrer.**

1. Mais tu dois y voyager.
2. Mais tu dois y rester.
3. Mais tu dois y monter.
4. Mais tu dois y faire tes courses.
5. Mais tu dois y retourner.
6. Mais tu dois y aller.
7. Mais tu dois y répondre.
8. Mais tu dois y penser.

1. Je ne veux pas voyager dans le métro.
2. Je ne veux pas rester sur le quai.
3. Je ne veux pas monter dans le bus.
4. Je ne veux pas faire mes courses aux grands magasins.
5. Je ne veux pas retourner au Louvre.
6. Je ne veux pas aller chez Sylvie.
7. Je ne veux pas répondre au téléphone.
8. Je ne veux pas penser à mes notes.

L'été dernier nous avons passé nos vacances en Suisse. (Leysin)

You may want students to do this **Activité** again answering negatively:
Moi, je n'y suis pas allé(e).

18. Quelle coïncidence! Vous avez fait ce que Richard a fait l'été dernier. Dites ce que vous avez fait, vous aussi.

> MODÈLE: Richard est allé en Savoie.
> **Moi aussi, j'y suis allé(e).**

1. Il a passé un mois à Albertville.
2. Il est resté à l'Hôtel des Alpes.
3. Ensuite, il est allé à Annecy.
4. Il a fait de la planche à voile sur le lac.
5. Et il a joué au tennis.
6. Il est retourné à Albertville.
7. Puis il est descendu à Nice.
8. Et à la fin du mois il est revenu à Paris.

1. Moi aussi, j'y ai passé un mois.
2. Moi aussi, j'y suis resté(e).
3. Moi aussi, j'y suis allé(e).
4. Moi aussi, j'y ai fait de la planche à voile.
5. Moi aussi, j'y ai joué.
6. Moi aussi, j'y suis retourné(e).
7. Moi aussi, j'y suis descendu(e).
8. Moi aussi, j'y suis revenu(e) à la fin du mois.

19. On a dit à Thierry de faire certaines choses. Dites-lui de les faire.

> MODÈLE: On m'a dit de manger chez McDonald.
> **Alors, manges-y!**

You may want students to do this **Activité** again answering negatively: **Non, n'y mange pas!**

1. On m'a dit de rester chez Joël.   Alors, restes-y!
2. On m'a dit de courir au jardin.   Alors, cours-y!
3. On m'a dit de retourner au musée d'Orsay.   Alors, retournes-y!
4. On m'a dit de descendre à Odéon.   Alors, descends-y!
5. On m'a dit de revenir à l'arrêt du bus.   Alors, reviens-y!
6. On m'a dit d'entrer dans ce magasin.   Alors, entres-y!
7. On m'a dit de conduire à Paris.   Alors, conduis-y!
8. On m'a dit d'aller en Allemagne.   Alors, vas-y!

20. Comment dit-on en français?   This is an optional activity.

On est à Orléans qui est au sud de Paris sur la Loire.

PHILIPPE:	Where did you get those sunglasses?	Où as-tu obtenu ces lunettes de soleil?
ADRIENNE:	In Paris. I went there yesterday.	À Paris. J'y suis allée hier.
PHILIPPE:	Oh really? What'd you do there?	Ah bon? Qu'est-ce que tu y as fait?
ADRIENNE:	I went with Nicole. We visited monuments and went shopping.	J'y suis allée avec Nicole. Nous avons visité des monuments et fait des courses.
PHILIPPE:	Did you go to the Louvre?	Êtes-vous allées au Louvre?
ADRIENNE:	Yes, we went there, but we didn't go in. The museums are closed (*fermés*) every Tuesday.	Oui, nous y sommes allées, mais nous n'y sommes pas entrées. Les musées sont fermés tous les mardis.
PHILIPPE:	Where did you do your shopping?	Où avez-vous fait vos courses?
ADRIENNE:	At the department stores. We went crazy and spent all our money there.	Aux grands magasins. Nous sommes devenues folles, et nous y avons dépensé tout notre argent.

Rédaction

Écrivez deux paragraphes où vous décrivez une journée (*day*) réelle (*real*) ou imaginaire que vous avez passée avec une autre personne dans une grande ville. Dites à quelle heure vous êtes parti(e)s, où vous êtes allé(e)s, quels moyens (*means*) de transport public vous avez utilisés et quels bâtiments ou monuments vous avez vus. Décrivez aussi une visite que vous avez faite à un grand magasin. Dites ce que vous avez acheté, combien vous avez dépensé, à quelle heure vous êtes sorti(e)s du magasin, et comment et quand vous êtes rentré(e)s chez vous.

Les bateaux-mouches are tour boats that take passengers up and down the Seine in Paris.

Actualité culturelle

A Boatride through Paris

Paris, the "City of Light" and capital of France, is one of the most fascinating cities in the world. Either to appreciate the distinctively Parisian atmosphere and rich history or simply to admire its extraordinary beauty, almost everyone dreams of visiting Paris at least once in a lifetime. For its more than ten million inhabitants and throngs of tourists, it offers a source of inexhaustible cultural activity, curiosity and discovery.

They say that all great cities have their knees in the water, and Paris is no exception. The Seine crosses the capital from east to west in a graceful curve beneath more than thirty bridges. Without the Seine, Paris would have never been born. The first inhabitants, a Gallic tribe called the **Parisii**, settled on the

More than 30 bridges link the Right and Left Banks of the Seine. (Paris)

The **Pont Neuf** is Paris' oldest bridge.

Notre Dame, on the **Île de la Cité**, is a famous Gothic cathedral. (Paris)

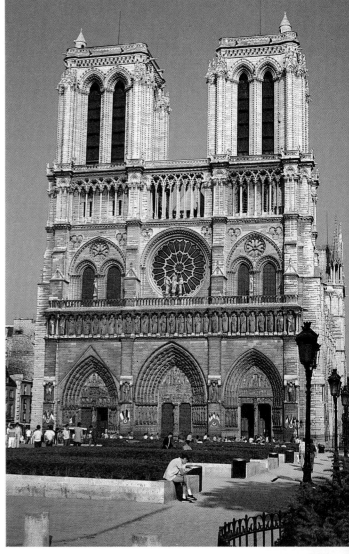

Notre Dame's western façade has two tall towers, three main doors and many delicately carved sculptures. (Paris)

Île de la Cité. This island, the larger of the two in the river, is called the cradle of Paris since the city's history began here. Our boat tour will also begin here. As the boat passes by the tip of the **Île de la Cité** (*City Island*) our tour guide says, "We are now approaching the **Île de la Cité**, and we are going down the Seine along the Left Bank (*la rive gauche*). To your right on the Left Bank, you can see the **quai des Grands-Augustins** and the **quai Saint-Michel** at the northern edge of the Latin Quarter, the student section of Paris with the Sorbonne and other important centers of higher learning. Now we get our first glimpse of Notre Dame Cathedral to our left on the **Île de la Cité.** Built in the twelfth century,

Notre Dame typifies Gothic architecture with its bold flying buttresses, protective gargoyles, huge main entrances, majestic towers, beautiful statues and richly colored stained glass windows. The cathedral can hold 9,000 people and was the setting for Victor Hugo's novel *The Hunchback of Notre Dame*. The farther along the Seine we go, the better our view of the cathedral becomes. We are now passing beside the second island, the **Île Saint-Louis**. You

Flying buttresses help to support the eastern end of Notre Dame. (Paris)

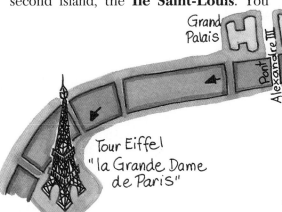

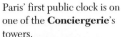

Paris' first public clock is on one of the **Conciergerie**'s towers.

will notice that it is smaller yet, with its quaint old seventeenth century buildings, much more picturesque than the **Île de la Cité**."

"And now we are going to make a U-turn to begin our journey back to the west, between the two islands and the Right Bank of the Seine. Notice the superb Renaissance-style building ahead of you on the Right Bank. It's the **Hôtel de Ville**, the City Hall or headquarters of the municipal government. To your left, on

The mayor of Paris works at the **Hôtel de Ville** (*City Hall*).

the **Île de la Cité**, you can see the **Conciergerie** and its old towers. One of them, **la Tour de l'Horloge** (*the Clock Tower*), has Paris' first public clock, dating from 1370 and still working today. They transformed the **Conciergerie** into a state prison during the French Revolution between 1789 and 1793. Queen Marie-Antoinette remained there until she was guillotined, as was her

Marie-Antoinette was imprisoned in the **Conciergerie** for the last two months of her life. (Paris)

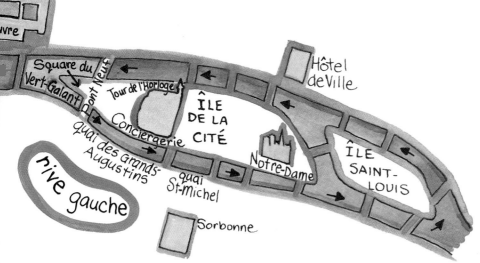

husband Louis XVI. Today people throng to see her cell in the **Conciergerie**."

The statue of King Henri IV overlooks the **Pont Neuf**. (Paris)

"Now we are going under Paris' oldest bridge, finished in 1604. Oddly enough, it is called the **Pont Neuf** (*New Bridge*) because it was the first to be built of stone and to have no houses or shops on it. As we go by our point of departure near the tip of the **Île de la Cité**, you can see at the end of the **Pont Neuf** the statue of King Henri IV who opened the bridge. Known as the **Vert-Galant** because of the statue's green color, it overlooks the **Square du Vert-Galant** at the western end of the island."

The **Louvre**, one of the world's largest museums, contains five miles of galleries and 2,000 rooms. (Paris)

"As we continue our trip on the Seine, ahead of us on the Right Bank lies the Louvre Museum. Formerly the immense residence of the royal family, the Louvre later became a public museum after the French Revolution and houses today one of the richest art collections in the world. The *Mona Lisa*, *Venus de Milo* and *Winged Victory* are just three of the many famous art works found there. As we go by the Louvre, look at the beautiful white building to your left on the Left Bank. It used to be the Orsay Train Station. Recently renovated and transformed into the Orsay Museum, it now contains art from the period 1848 to 1914. There you will find, among others, paintings of the French Impressionists Monet, Renoir, Manet, Degas and Pissarro."

The *Venus de Milo* dates back to the second century B.C. (Louvre)

The **Arc de Triomphe du Carrousel** is located in the **Jardin des Tuileries**. (Paris)

"To the right you see the **Jardin des Tuileries** (*Tuileries Gardens*), formerly the royal gardens of the Louvre. Across the river on the Left Bank is the **Palais Bourbon**, seat of the French House of Representatives. Now direct your attention back to the Right Bank and one of the world's largest squares, the **place de la Concorde** with its tall stone obelisk at the center. This beautiful square serves today as the scene of many festive occasions. Its name suggests peace and harmony, but the square was once stained with the blood of many heads, victims of the guillotine during the French Revolution."

The **Palais Bourbon** is the home of France's **Assemblée Nationale**. (Paris)

The **place de la Concorde** with its Egyptian obelisk extends over almost twenty-one acres. (Paris)

The **Pont Alexandre III** was built for the 1900 World's Fair. (Paris)

"The next bridge, said to be the most beautiful in Paris, is the **Pont Alexandre III**. It leads to two museums or exhibition centers on the right: the **Petit Palais** and across the street the **Grand Palais**. Everyone recognizes the monument just ahead of us on the left — the Eiffel Tower, or as we say **la Grande Dame de Paris**. Built by the engineer Gustave Eiffel for the World's Fair and the centennial celebration of the French Revolution in 1889, it was for a long time the tallest architectural structure in the world — 985 feet. But it weighs a mere 7,000 tons. You really shouldn't leave Paris without visiting the observation deck on the third level or having a meal in the restaurant on the first level. The panorama from the Eiffel Tower is breathtaking. We will now make another U-turn and return to our point of departure. We hope you have enjoyed this introductory tour of Paris and that your stay in our city will be memorable."

Wkbk. 14, Wkbk. 15

The **Grand Palais** has a large conference hall and exhibition area. (Paris)

The Eiffel Tower in its nocturnal splendor (Paris)

Proverbe

This proverb suggests that it's hard to distinguish people or things in the dark.

La nuit tous les chats sont gris.   *At night all cats are gray.*

Interaction et application pratique

À deux

1. With your partner create a one-minute dialogue in French between two people who are going shopping together at one of the big Parisian department stores. Have them talk about what they're looking for, what they see, like or don't like and buy in several departments. Mention also how they will return afterwards to where they are staying. Use only expressions you have learned so far. Then learn your parts and present your dialogue for the class.

2. With your partner look at a Paris subway map. Then pick two subway stations at random. Have your partner do the same. After you tell your two stations to your partner, he/she will study the map and tell you the most direct route from one station to the other. Then change roles.

   > MODÈLE: Charles de Gaulle-Étoile—Odéon
   > **Prends direction Château de Vincennes. Change à Châtelet. Prends direction Porte d'Orléans. Descends à Odéon.**

3. Take turns with your partner asking each other when you got the things you're wearing or the things in general that you own. Then tell the class several of your partner's answers.

   > MODÈLE: Quand as-tu obtenu ta montre?
   > **Je l'ai obtenue....**

4. With your partner take turns asking each other when you were born. Then ask when certain family members were born. If you can, give complete dates of birth. Afterwards share some of your partner's answers with the class.

   > MODÈLE: Quand est-ce que tes parents sont nés?
   > **Mon père est né le 10 juin, 1950. Ma mère est née le 23 septembre, 1949.**

5. Make a list of six cities (two in the state where you live, two in other states and two in other countries). Have your partner do the same. Next ask your partner if he/she has ever gone to these cities. Then change roles. Finally tell the class where your partner has or has not gone.

   > MODÈLE: Es-tu jamais allé(e) à New York?
   > **Non, je n'y suis jamais allé(e).**

Avez-vous jamais pris un métro? (Paris)

En groupes

6. With your group write a story that tells what Joël Bongart did during his stay in Paris. Use the **passé composé** to describe his activities from his arrival in Paris to his department store visit. For details review **Leçons 5, 6** and **7**. Have your teacher check your narration, and then read it to your classmates to see whose account is the most complete.

7. With others in your group write nine sentences, each of which contains one of the following verbs. Use different subjects in each sentence. First write the sentence in the present tense, then rewrite it in the **passé composé** on a transparency. Finally put several transparencies on the overhead for all to correct.

appartenir	devenir	garder
dépenser	entrer (dans)	obtenir
descendre (de)	essayer	tomber

Tous ensemble

8. Each student has a sheet of paper with the following statements written on it:

1. Je deviens fou/folle aux grands magasins.
2. J'ai dépensé beaucoup d'argent le week-end dernier.
3. Mes grands-parents ne sont pas morts.
4. Je n'ai jamais pris le métro.
5. Je porte toujours une montre.

Now, as you walk around your classroom, find a different person who can answer each question affirmatively. You will say to someone, for example: **Deviens-tu fou/folle aux grands magasins?** When you find a person who answers **Oui, je deviens fou/folle aux grands magasins**, this person will initial your sheet. The first student to have all five affirmative responses is the winner.

Vocabulaire actif

noms

un **accessoire** accessory
un **arrêt** stop
une **bague** ring
un **bijou** jewel *The plural of* un bijou *is* des bijoux *(jewelry).*
une **botte** boot
une **boutique** shop, boutique
un **bracelet** bracelet
un **chauffeur** driver
un **collier** necklace; (animal) collar
la **Corse** Corsica
un **ensemble** (coordinated) outfit
l'**entrée (f.)** entrance
un **foulard** scarf
un **gant** glove
un **imperméable (imper)** raincoat
un **jouet** toy
une **ligne** line
des **lunettes (f.)** glasses
  des **lunettes de soleil** sunglasses

un **magasin** store
  un **grand magasin** department store
un **métro** subway
une **montre** watch
un **monument** monument
un **neveu** nephew *The plural of* un neveu *is* des neveux.
une **paire** pair
un **parapluie** umbrella
un **quai** platform
un **rayon** (store) department
un **sac à main** purse
la **sortie** exit
une **station** station
un **tailleur** woman's suit
un **taxi** taxi
un **transport** transportation

adjectifs

bon marché cheap
efficace efficient
merveilleux, merveilleuse marvelous

propre clean; own
tout, toute; tous, toutes all, every

verbes

appartenir to belong
dépenser to spend
descendre (de) to get off, to get out
devenir to become
  devenir fou/folle to go crazy
  C'est à devenir fou. It's enough to drive you crazy.
entrer (dans) to enter, to go into
essayer to try (on)

garder to keep
influencer to influence
mourir to die
naître to be born
obtenir to obtain, to get
pleuvoir to rain
retrouver to meet again
tenir to hold
tomber to fall

expressions diverses

sauf except
Vas-y. (Allez-y.) Go on.

y there, (to/about) it

Quand on est malade

Leçon 8

Communicative Functions

- giving information about daily activities
- talking about health
- expressing physical discomfort
- naming some facial features
- expressing how long something has been going on
- tending to your well-being

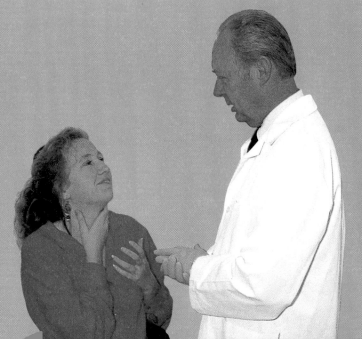

Michel et Roselyne lisent des revues dans la salle d'attente.

Chez le médecin

Cabinet and **salle d'attente** are the passive vocabulary words in this dialogue.

You might tell students that **docteur** and **médecin** both mean "doctor." You generally use **docteur** when referring to a specific doctor or when addressing this person.

Roselyne et son frère Michel entrent dans la salle d'attente du docteur Sauville. Ils s'asseyent, lisent des revues et attendent. Un quart d'heure après c'est leur tour. Ils se lèvent et entrent dans le cabinet du médecin.

LE DOCTEUR:	Bonjour, asseyez-vous. Alors, vous êtes tous les deux malades?
MICHEL:	C'est Roselyne qui se sent vraiment mal.
LE DOCTEUR:	Qu'est-ce qui ne va pas?
ROSELYNE:	J'ai très mal à la gorge, je tousse, et j'éternue, Docteur.
LE DOCTEUR:	Ouvre la bouche. Tu souffres* depuis combien de temps?
ROSELYNE:	Depuis deux jours, Docteur.
LE DOCTEUR:	Tu as d'autres symptômes?
ROSELYNE:	Oui, je me sens très fatiguée quand je me réveille, et j'ai de la fièvre.
LE DOCTEUR:	Ce n'est pas grave. C'est la grippe. Je vais te donner un bon médicament. Voilà l'ordonnance pour la pharmacie.
ROSELYNE:	Merci, Docteur.
LE DOCTEUR:	Surtout couche-toi tôt, et repose-toi.

Roselyne a très mal à la gorge depuis deux jours.

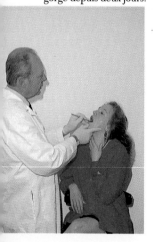

Les symptômes les plus spectaculaires sont rarement les plus graves

*The irregular **-ir** verb **souffrir** (*to suffer*) has the endings of **-er** verbs in the present tense. Its irregular past participle is **souffert**.

Je **souffre** énormément.   *I'm suffering enormously.*
J'**ai** beaucoup **souffert**.   *I suffered a lot.*

Compréhension

Répondez en français.

1. Où sont Roselyne et Michel? *Ils sont chez le docteur Sauville.*
2. Combien de temps attendent-ils? *Ils attendent un quart d'heure.*
3. Qui ne se sent pas bien? *Roselyne ne se sent pas bien.*
4. Où Roselyne a-t-elle très mal? *Elle a très mal à la gorge.*
5. Qu'est-ce qu'elle fait pour le médecin? *Elle ouvre la bouche.*
6. Roselyne souffre depuis combien de temps? *Elle souffre depuis deux jours.*
7. Qu'est-ce qu'elle a, selon le docteur Sauville? *Elle a la grippe.*
8. Qu'est-ce qu'il va lui donner? *Il va lui donner un bon médicament.*
9. Où va-t-elle acheter le médicament? *Elle va l'acheter à la pharmacie.*

À propos

1. Est-ce que vous allez souvent chez le médecin?
2. Est-ce que votre médecin est un homme ou une femme?
3. Est-ce qu'il faut aller chez le médecin chaque fois qu'on est malade?
4. Avez-vous eu la grippe cette année?
5. Quels sont vos symptômes quand vous avez la grippe?
6. Prenez-vous d'habitude beaucoup de médicaments?

Michel se regarde dans la glace.

Bouger, **comme d'habitude**, **savon** and **Aïe!** are the passive vocabulary words in this **Expansion**.

Expansion

Michel n'aime pas les piqûres.

LE DOCTEUR: Ah, Michel. Je vois que c'est encore ton allergie.

MICHEL: Euh…moi, je pense que ça va mieux.

LE DOCTEUR: Mais Michel! Lève-toi, et regarde-toi dans la glace. Tu es couvert* de boutons.   To express "with" after the verb **couvrir**, the French use **de**.

MICHEL: Couvert? Ce n'est pas vrai. Un petit bouton sur le nez, et deux ou trois sur les joues.   Point out that definite articles, not possessive adjectives, are generally used with parts of the body.

Mais le médecin a raison. Regardez le visage de Michel.

LE DOCTEUR: Est-ce que tu te laves tous les jours avec le savon que je t'ai donné la dernière fois?

MICHEL: Oh oui, Docteur. Donc, je n'ai pas besoin de piqûre.

LE DOCTEUR: Mais si, une piqûre comme d'habitude.

MICHEL: La dernière fois j'ai eu très mal.

LE DOCTEUR: C'est parce que tu as bougé. Allez, donne ton bras.

Aïe is pronounced [aj].

MICHEL: Aïe!

LE DOCTEUR: Voilà, c'est fini. Et à l'avenir, ne mange plus de fraises.

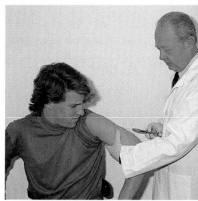

Le médecin donne une piqûre à Michel.

Et voici Michel après la piqûre.

LE VISAGE

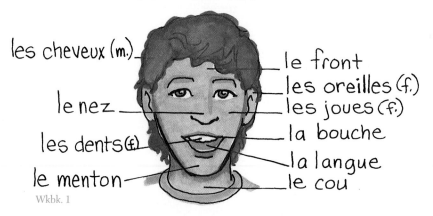

les cheveux (m.)

le front

les oreilles (f.)

le nez

les joues (f.)

les dents (f.)

la bouche

la langue

le menton

le cou

Wkbk. 1

On donne une ordonnance pour la grippe à la pharmacienne.

à la pharmacie

ROSELYNE: Bonjour, Madame. Voici une ordonnance.

LA PHARMACIENNE: Euh...voyons. Oh oui, c'est pour la grippe. Comment le voulez-vous, en comprimés?

ROSELYNE: Oui, s'il vous plaît.

les maladies de Kiki

La semaine dernière Kiki a eu un rhume.

Ce matin il a mangé trop de chocolat.

Et maintenant il a très mal au ventre.

Et bien sûr, il a aussi mal aux dents.

Cet après-midi Kiki a rendez-vous chez le vétérinaire et chez le dentiste.

Wkbk. 2, Wkbk. 3, Wkbk. 4

°**Couvert** is the irregular past participle of **couvrir** (*to cover*). It is used here as an adjective describing the subject. **Couvrir** has the endings of **-er** verbs in the present tense.

La peinture **couvre** tout le mur.   *The painting covers the whole wall.*

À propos

1. Avez-vous peur des piqûres?
2. Avez-vous des allergies?
3. Quand a-t-on des boutons?
4. Qu'est-ce que vous prenez quand vous avez mal à la tête?
5. Combien de rhumes avez-vous chaque année?
6. Combien de fois allez-vous chez le dentiste chaque année?

Activités

1. Corrigez les fautes en italique d'après le dialogue d'introduction ou l'**Expansion**.

se lèvent

tousse

bouche

un bon médicament

l'ordonnance

la glace

les joues

piqûre

1. Roselyne et son frère *s'asseyent* quand le médecin les appelle.
2. Roselyne a très mal à la gorge. Elle éternue, et elle *chante* aussi.
3. Roselyne ouvre la *langue* pour le médecin.
4. Le médecin a *une bonne fièvre* pour la grippe de Roselyne.
5. Le médecin écrit *la grippe* pour la pharmacie.
6. Michel voit dans *le visage* qu'il est couvert de boutons.
7. Il a deux ou trois boutons sur *le cou*.
8. Michel pense qu'il n'a pas besoin de *médicament*.

2. Imaginez que vous êtes chez le médecin. Dites-lui quels sont vos symptômes d'après les images.

MODÈLE: **J'ai mal au dos.**

1. J'ai de la fièvre.

2. J'éternue.

3. J'ai mal à la gorge.

4. Je me sens fatiguée.

5. Je tousse.

6. J'ai des boutons.

7. J'ai mal à la tête.

8. J'ai mal au bras.

DOCTEUR, C'EST GRAVE?

3. Choisissez l'expression qui complète logiquement chaque phrase d'après le vocabulaire de cette leçon.

1. Quand on ___, on va chez le médecin.
   - a. est malade
   - b. a le temps
   - c. va très bien
   - d. a mal aux dents

   a

2. Roselyne souffre ___ deux jours.
   - a. pour
   - b. après
   - c. depuis
   - d. pendant

   c

3. D'habitude, quand on a la grippe, on a ___.
   - a. de la fièvre
   - b. de la chance
   - c. faim
   - d. rendez-vous

   a

4. Michel n'aime pas du tout___.
   - a. les médecins
   - b. les piqûres
   - c. le chocolat
   - d. les ordonnances

   b

5. Pour montrer qu'on a mal à la tête, on met la main sur ___.
   - a. les joues
   - b. le nez
   - c. les dents
   - d. le front

   d

6. On entend avec ___.
   - a. les dents
   - b. les oreilles
   - c. les cheveux
   - d. le cou

   b

7. La langue est dans ___.
   - a. le nez
   - b. la bouche
   - c. les dents
   - d. les oreilles

   b

8. Si on a mal à la tête, on peut prendre ___.
   - a. un rhume
   - b. une allergie
   - c. un bouton
   - d. un comprimé

   d

4. Votre petit frère veut savoir les parties de la tête en français. Répondez-lui d'après l'image.

MODÈLE: Qu'est-ce que c'est? / 1
C'est la joue.

1. Qu'est-ce que c'est? / 2
2. Qu'est-ce que c'est? / 3
3. Qu'est-ce que c'est? / 4
4. Qu'est-ce que c'est? / 5
5. Qu'est-ce que c'est? / 6
6. Qu'est-ce que c'est? / 7
7. Qu'est-ce que c'est? / 8
8. Qu'est-ce que c'est? / 9

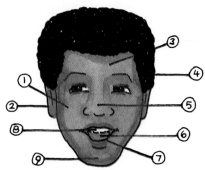

Structure et usage

les verbes réfléchis

A reflexive verb is a verb whose action is performed on or "reflected" back on the subject. Reflexive pronouns are used with a reflexive verb. They represent the same person as the subject. Here are the present tense forms of **se laver**, meaning "to wash (oneself)." Notice that in this chart the reflexive pronouns, all direct objects, precede the verb.

se laver			
je **me lave**	Je **me lave**.	I wash (myself).
tu **te laves**	Tu **te laves**.	You wash (yourself).
il/elle/on **se lave**	Il **se lave**.	He washes (himself).
nous **nous lavons**	Nous **nous lavons**.	We wash (ourselves).
vous **vous lavez**	Vous **vous lavez**.	You wash (yourself/ yourselves).
ils/elles **se lavent**	Elles **se lavent**.	They wash (themselves).

Reflexive verbs are often used to express the action of doing something to a part of one's own body. In this case the reflexive pronoun is an indirect object, and the definite article (**le**, **la**, **l'**, **les**) is used instead of the possessive adjective.

Elle se lave **le** visage.
Elles se brossent **les** cheveux.

She's washing her face.
They're brushing their hair.

Many verbs may be either reflexive or non-reflexive, depending on whether the subject is performing an action on itself or on someone or something else. **Regarder** is a good example.

reflexive	—Est-ce qu'elle **se regarde**?	Is she looking at herself?
non-reflexive	—Non, elle **regarde** la télé.	No, she's watching TV.

ATTENTION: 1. Reflexive verbs are preceded by **se (s')** in the dictionary.

2. Often the word "get" is used to express the meaning of a reflexive verb in English.

s'appeler	to be named
se brosser	to brush
se coucher	to go to bed
se laver	to wash (oneself), to get washed
se lever	to get up
se regarder	to look at oneself
se reposer	to rest, to get some rest
se réveiller	to wake up

The verb **se lever** has spelling changes like those in the verb **acheter**.

—Vous **vous appelez** comment?   *What is your name?*
—Je **m'appelle** Barbara.   *My name is Barbara.*
—Elle **se lève** à quelle heure?   *What time does she get up?*
—Elle **se lève** à sept heures.   *She gets up at seven.*

Wkbk. 5

To see if your students can distinguish reflexive from non-reflexive verbs, you might ask them which of the following verbs are reflexive in French:
I wash the car.
I wash my hair.
They wake up at 7:00.
They wake up the neighbors.
Did you get dressed?
Did you dress the children?

5. Les personnes suivantes font des choses différentes. Dites ce qu'elles font.

MODÈLE: Claudine / se laver
Elle se lave.

1. les ouvrières / se reposer   Elles se reposent.
2. moi / se brosser les dents   Je me brosse les dents.
3. Mireille et toi / se laver   Vous vous lavez.
4. Jérémy / se réveiller   Il se réveille.
5. Caroline et moi / se brosser les cheveux   Nous nous brossons les cheveux.
6. mes parents / se lever   Ils se lèvent.
7. Charlotte / se coucher   Elle se couche.
8. toi / se regarder dans la glace   Tu te regardes dans la glace.

6. Dites ce que les personnes suivantes lavent.

MODÈLE: je

Je me lave les mains.

1. Xavier

Xavier se lave le visage.

2. nous

Nous nous lavons les oreilles.

3. Marielle et Stéphanie

Marielle et Stéphanie se lavent les cheveux.

4. vous

Vous vous lavez le cou.

5. mon père et ma mère

Mon père et ma mère se lavent les dents.

6. tu

Tu te laves le front.

7. Marie

Marie se lave le menton.

8. je

Je me lave les joues.

7. Votre petite sœur pose toujours beaucoup de questions. Répondez-lui.

MODÈLE: À quelle heure est-ce que Maman se lève? (7 h)
Elle se lève à sept heures.

1. Elle se réveille à six heures et demie.
2. Je me lève à sept heures et demie.
3. Tu te brosses les dents trois fois chaque jour.
4. Nous nous lavons avant le dîner.
5. Vous vous couchez ce soir à neuf heures.
6. Ils se reposent le dimanche.
7. Je me regarde dans la glace.
8. Elle s'appelle Mme Dupont.

1. À quelle heure est-ce que Maman se réveille? (6 h 30)
2. À quelle heure est-ce que tu te lèves? (7 h 30)
3. Combien de fois est-ce que je me brosse les dents chaque jour? (3)
4. Quand est-ce que Sophie et toi, vous vous lavez? (avant le dîner)
5. À quelle heure est-ce que Sophie et moi, nous nous couchons ce soir? (9 h)
6. Quand est-ce que Papa et Maman se reposent? (le dimanche)
7. Où est-ce que tu te regardes? (dans la glace)
8. Comment est-ce que ton prof de français s'appelle? (Mme Dupont)

Maman et Papa se reposent. (Nice)

les verbes réfléchis à l'interrogatif, au négatif et à l'infinitif

This is the word order for an inverted question with a reflexive verb:

> reflexive pronoun + verb + hyphen + subject pronoun

You may give students some exercises from declarative to interrogative like the following:
Modèles:
a) Nous nous regardons. **Nous regardons-nous?**
b) Il s'appelle Jérôme. **S'appelle-t-il Jérôme?**

—Je me lève tard.
—Ah bon? À quelle heure **te** lèves-tu?

I get up late.
Oh really? What time do you get up?

Je m'appelle Claire. Comment **vous** appelez-vous?

My name is Claire. What is your name?   Wkbk. 6

The reflexive pronoun comes between **ne** and the verb in a negative sentence.

Michel ne **se** regarde jamais dans la glace.
Je ne **me** lave pas les pieds.

Michel never looks at himself in the mirror.
I don't wash my feet.   Wkbk. 7

A reflexive verb may be used in the infinitive form. In this case it immediately follows another verb. The reflexive pronoun comes right before the infinitive and agrees with the subject of the first verb.

Je vais **me** coucher.
Voulez-vous **vous** reposer?
Elle n'a pas dû **se** brosser les cheveux.

I'm going to go to bed.
Do you want to get some rest?
She didn't have to brush her hair.   Wkbk. 8

1. Mais, pourquoi se couche-t-elle tôt?
2. Mais, pourquoi se reposent-ils après le dîner?
3. Mais, pourquoi vous levez-vous à huit heures?
4. Mais, pourquoi se réveille-t-il tard?
5. Mais, pourquoi te laves-tu vite?
6. Mais, pourquoi se brossent-elles les dents avant le petit déjeuner?
7. Mais, pourquoi te brosses-tu souvent les cheveux?

1. Non, je ne me couche pas tard.
2. Non, nous ne nous lavons pas avec l'eau froide.
3. Non, elle ne se réveille pas lentement.
4. Non, vous ne vous reposez pas demain.
5. Non, il ne se regarde pas tout le temps dans la glace.
6. Non, ils ne se lèvent pas à six heures.
7. Non, tu ne te réveilles pas vite.
8. Non, je ne me brosse pas les cheveux tous les matins.

8. Ginette vous parle des membres de sa famille. Demandez-lui pourquoi ils font certaines choses.

MODÈLE: Mes parents se lèvent à sept heures.
Mais, pourquoi se lèvent-ils à sept heures?

1. Ma grand-mère se couche tôt.
2. Mes grands-parents se reposent après le dîner.
3. Josette et moi, nous nous levons à huit heures.
4. Marc se réveille tard.
5. Je me lave vite.
6. Mes cousines se brossent les dents avant le petit déjeuner.
7. Je me brosse souvent les cheveux.

9. Répondez négativement à chaque question de votre petit cousin qui est très curieux.

MODÈLE: Tes parents se lèvent tôt?
Non, ils ne se lèvent pas tôt.

1. Tu te couches tard?
2. Éric et toi, vous vous lavez avec l'eau froide?
3. Marie se réveille lentement?
4. Nadine et moi, nous nous reposons demain?
5. Charles se regarde tout le temps dans la glace?
6. Tes copains se lèvent à six heures?
7. Je me réveille vite?
8. Tu te brosses les cheveux tous les matins?

Catherine se regarde tout le temps dans la glace.

Snoopy n'aime pas se lever tôt le matin.

10. Certaines personnes ont décidé de prendre des résolutions pour le Nouvel An. Dites ce qu'elles vont faire.

> MODÈLE: Sarah / se réveiller / à sept heures
> **Elle va se réveiller à sept heures.**

1. tu / se lever / tôt
2. papa / se laver / les cheveux / chaque matin
3. les grands-parents / se reposer / après le dîner
4. je / se brosser / les dents / tous les matins
5. nous / se laver / plus souvent
6. vous / se coucher / plus tôt
7. Lise / ne pas se regarder / tout le temps
8. Christine et Audrey / ne pas se brosser / les cheveux / en classe

1. Tu vas te lever tôt.
2. Il va se laver les cheveux chaque matin.
3. Ils vont se reposer après le dîner.
4. Je vais me brosser les dents tous les matins.
5. Nous allons nous laver plus souvent.
6. Vous allez vous coucher plus tôt.
7. Elle ne va pas se regarder tout le temps.
8. Elles ne vont pas se brosser les cheveux en classe.

le présent des verbes irréguliers *s'asseoir* et *se sentir*

Here are the present tense forms of the reflexive verbs **s'asseoir** (*to sit down*) and **se sentir** (*to feel*).

s'asseoir				
je	**m'**	**assieds**	Je **m'assieds** souvent ici.	I often sit down here.
tu	**t'**	**assieds**	Tu **t'assieds** ou non?	Are you sitting down or not?
il/elle/on	**s'**	**assied**	Il ne **s'assied** pas.	He doesn't sit down.
nous	**nous**	**asseyons**	Nous **nous asseyons**.	We sit down.
vous	**vous**	**asseyez**	**Vous asseyez**-vous?	Do you sit down?
ils/elles	**s'**	**asseyent**	Ils **s'asseyent** toujours.	They always sit down.

Wkbk. 9

Have students repeat all
these sentences after
you. Then you may have
students do some
exercises from
declarative to
interrogative, affirmative
to negative and present
tense to the immediate
future, or vice versa.
Modèles:
a) Tu te sens bien.
   Te sens-tu bien?
b) Je me sens très bien.
   **Je ne me sens pas
   très bien.**
c) Ils se sentent mal.
   **Ils vont se sentir
   mal.**

se sentir				
je	**me**	**sens**	Je **me sens** très bien.	I feel very well.
tu	**te**	**sens**	Comment **te sens**-tu?	How do you feel?
il/elle/on	**se**	**sent**	Elle **se sent** fatiguée.	She feels tired.
nous	**nous**	**sentons**	Nous **nous sentons** mal.	We feel poorly.
vous	**vous**	**sentez**	**Vous sentez**-vous bien?	Do you feel well?
ils/elles	**se**	**sentent**	Ils **se sentent** tristes.	They feel sad.

Wkbk. 10, Wkbk. 11

ATTENTION: 1. **Me**, **te** and **se** become **m'**, **t'** and **s'** before a verb beginning with a vowel sound.

   Où veux-tu **t'**asseoir?   *Where do you want to sit?*

2. The verb **se sentir** follows the same pattern as **sortir** and **partir**.

11. Vous aidez votre copine Mireille à préparer un grand repas pour sa famille. Maintenant Mireille veut savoir où les gens vont s'asseoir. Dites-le-lui d'après les indications.

   MODÈLE: Où est-ce que mon père s'assied? (là)
            Il s'assied là.

Les spectateurs s'asseyent
sur le mur. (Paris)

1. Et ma mère? (là, en face de ton père)
2. Et les cousines? (ici)
3. Et ma sœur et moi? (là, à côté de ta mère)
4. Et toi? (à ta gauche)
5. Et mes grands-parents? (à droite)
6. Et mon frère? (ici, à côté de moi)
7. Et Kiki? (sous la table)

1. Elle s'assied là, en face de ton père.
2. Elles s'asseyent ici.
3. Vous vous asseyez là, à côté de ta mère.
4. Je m'assieds à ta gauche.
5. Ils s'asseyent à droite.
6. Il s'assied ici, à côté de moi.
7. Il s'assied sous la table.

Si vous mangez trop de chocolat, comment vous sentez-vous?

12. Demandez comment les personnes suivantes se sentent après ce qui (*what*) leur est arrivé (*happened*).

MODÈLE: Paul a eu dix-sept en français.
Comment se sent-il?

1. Nathalie a un rhume. — *Comment se sent-elle?*
2. J'ai trop travaillé. — *Comment te sens-tu?*
3. Nous avons mangé trop de chocolat. — *Comment vous sentez-vous?*
4. Mes parents ont la grippe. — *Comment se sentent-ils?*
5. Justin a gagné 100 francs. — *Comment se sent-il?*
6. Sophie et sa sœur ont réussi en maths. — *Comment se sentent-elles?*
7. Roselyne a pris un bon médicament. — *Comment se sent-elle?*

13. Répondez aux questions de l'**Activité 12** en employant **bien** ou **mal**, selon le cas.

MODÈLE: —Paul a eu dix-sept en français.
—Comment se sent-il?
—**Il se sent bien.**

1. *Elle se sent mal.*
2. *Je me sens mal.*
3. *Nous nous sentons mal.*
4. *Ils se sentent mal.*
5. *Il se sent bien.*
6. *Elles se sentent bien.*
7. *Elle se sent bien.*

Brossez-vous les dents régulièrement!

l'impératif des verbes réfléchis

In an affirmative command with a reflexive verb, the subject pronoun disappears, and the reflexive pronoun follows the verb, attached to it with a hyphen.

Brossez-**vous** les dents! — *Brush your teeth!*
Reposons-**nous**! — *Let's rest!*

Te becomes **toi** when it follows the verb.

Assieds-**toi**! — *Sit down!*
Regarde-**toi**! — *Look at yourself!*

Remind students that the **tu** command form of **-er** verbs has no **s**.

In a negative command the reflexive pronoun precedes the verb.

Ne **te** lève pas! — *Don't get up!*
Ne **vous** couchez pas si tôt! — *Don't go to bed so early!*

Wkbk. 12

You might have students do some short exercises from declarative to imperative, or vice versa.
Modèles:
a) Vous vous reposez. **Reposez-vous!**
b) Vous ne vous reposez pas trop.
Ne vous reposez pas trop!

Le soldat ne peut pas se reposer.

14. Vous êtes sergent dans l'armée. Les soldats (*soldiers*) veulent savoir s'ils peuvent faire certaines choses. Répondez-leur.

> MODÈLE: Est-ce que nous pouvons nous lever? (oui)
> **Oui, levez-vous.**

1. Oui, lavez-vous.
2. Non, ne vous brossez pas les dents.
3. Oui, brosse-toi les cheveux.
4. Non, ne vous regardez pas dans la glace.
5. Oui, lave-toi les mains.
6. Oui, asseyez-vous ici.
7. Non, ne vous reposez pas.
8. Non, ne te couche pas.

1. Est-ce que nous pouvons nous laver? (oui)
2. Est-ce que nous pouvons nous brosser les dents? (non)
3. Est-ce que je peux me brosser les cheveux? (oui)
4. Est-ce que nous pouvons nous regarder dans la glace? (non)
5. Est-ce que je peux me laver les mains? (oui)
6. Est-ce que nous pouvons nous asseoir ici? (oui)
7. Est-ce que nous pouvons nous reposer? (non)
8. Est-ce que je peux me coucher? (non)

1. Ne te couche pas tard.
2. Ne nous réveillons pas trop tôt.
3. Ne te brosse pas les cheveux en classe.
4. Ne t'assieds pas sur la table.
5. Ne vous lavez pas toujours.
6. Ne te regarde pas tout le temps.
7. Ne vous levez pas avant la fin du dîner.

15. Dites aux autres de ne pas faire ce qu'ils font.

> MODÈLE: Vos amis se reposent tout le temps.
> **Ne vous reposez pas tout le temps.**

1. Votre sœur se couche tard.
2. Vous et vos parents, vous vous réveillez trop tôt.
3. Votre frère se brosse les cheveux en classe.
4. Votre copain René s'assied sur la table.
5. Vos amis se lavent toujours.
6. Votre amie Claire se regarde tout le temps.
7. Votre frère et votre sœur se lèvent avant la fin du dîner.

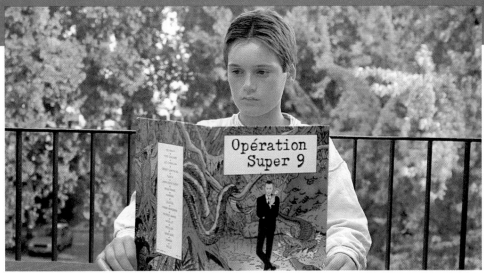

René lit depuis une heure. (Verneuil-sur-Seine)

le présent avec *depuis*

To express an action which began in the past but is still going on in the present, the French use **depuis** (*for, since*) after a verb in the present tense. With this structure the word order is:

present tense + **depuis** + time expression

The time expression after **depuis** tells how long the action has been going on or when it began. Notice that the French verb in the following question and answer is in the present tense, but the English one is in the present perfect tense.

—Depuis combien de temps **souffres**-tu?   *(For) how long have you been suffering?*
—Je **souffre** depuis longtemps.   *I've been suffering (for) a long time.*

To see if your students can distinguish the present tense from the **passé composé**, you might ask them which tense they would use in French for the following sentences:
I've worked all day.
I've been working for an hour.
How long have you been studying?
How long did you study?
Has he lived in France?
Has he been living in France?

Souffre-t-il depuis longtemps?

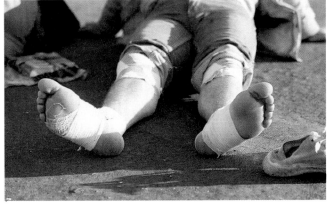

Before the expression **combien de temps**, the word **depuis** means "for" and asks about the length of time an action has been going on. Before the word **quand**, **depuis** means "since" and asks when the action began. Notice that in the expression **depuis combien de temps**, the word "for" may be omitted in English.

—Depuis combien de temps es-tu malade?   *How long have you been sick?*

—Je **suis** malade depuis trois jours.   *I've been sick for three days.*

—Depuis quand vous sentez-vous mal?   *Since when have you been feeling poorly?*

—Nous nous **sentons** mal depuis hier.   *We've been feeling poorly since yesterday.*

Wkbk. 13

16. Thérèse est une nouvelle élève au lycée, et vous voulez la connaître. Posez-lui des questions.

MODÈLE: J'habite en face de l'école.
       Depuis combien de temps y habites-tu?

1. Je fais de l'espagnol.
2. Mon frère est dentiste.
3. Je joue de la guitare.
4. Ma sœur et moi, nous faisons du tennis.
5. Je vais au cinéma le lundi.
6. J'ai mon permis de conduire.
7. Mes grands-parents habitent à Nice.
8. Ma famille va en vacances à Nice.

Depuis combien de temps joue-t-il de la guitare?

M. Desroches est dentiste depuis six ans.

17. Maintenant Thérèse répond aux questions de l'**Activité 16**. Mettez-vous à sa place et donnez ses réponses.

MODÈLE: Depuis combien de temps y habites-tu? (3 semaines)
J'y habite depuis trois semaines.

1. Depuis combien de temps fais-tu de l'espagnol? (4 ans)
2. Depuis combien de temps est-il dentiste? (6 mois)
3. Depuis combien de temps joues-tu de la guitare? (5 ans)
4. Depuis combien de temps faites-vous du tennis? (1 an)
5. Depuis combien de temps y vas-tu le lundi? (toujours)
6. Depuis combien de temps l'as-tu? (2 semaines)
7. Depuis combien de temps y habitent-ils? (longtemps)
8. Depuis combien de temps y va-t-elle en vacances? (très longtemps)

1. Je fais de l'espagnol depuis quatre ans.
2. Il est dentiste depuis six mois.
3. Je joue de la guitare depuis cinq ans.
4. Nous faisons du tennis depuis un an.
5. J'y vais le lundi depuis toujours.
6. Je l'ai depuis deux semaines.
7. Ils y habitent depuis longtemps.
8. Elle y va en vacances depuis très longtemps.

18. Répondez par des phrases complètes à ces questions personnelles.

Answers to this activity will vary and do not appear here.

1. Depuis combien de temps êtes-vous à votre école?
2. Depuis combien de temps êtes-vous dans cette salle de classe?
3. Depuis combien de temps faites-vous du français?
4. Depuis combien de temps connaissez-vous votre prof de français?
5. Depuis combien de temps savez-vous lire?
6. Depuis combien de temps vos parents ont-ils leur voiture?
7. Depuis combien de temps conduisez-vous?
8. Depuis combien de temps avez-vous envie de visiter la France?

J'ai envie de visiter Versailles depuis toujours.

19. Comment dit-on en français?

This is an optional activity.

GILBERT: So, you're going to the doctor's office, Michel?

Donc, tu vas chez le médecin, Michel?

MICHEL: Yes, I haven't been feeling well since yesterday.

Oui, je ne me sens pas bien depuis hier.

GILBERT: I don't like doctors. They always give you shots.

Je n'aime pas les médecins. Ils vous donnent toujours des piqûres.

MICHEL: But, shots help you when you're sick.

Mais, les piqûres vous aident quand vous êtes malade.

GILBERT: Not always. Last week I caught the flu, and the doctor gave me a shot.

Pas toujours. La semaine dernière j'ai attrapé la grippe, et le médecin m'a donné une piqûre.

MICHEL: Well then, how do you feel now?

Alors, comment te sens-tu maintenant?

GILBERT: Not very well. When he gave me the shot, I sneezed, and I moved.

Pas très bien. Quand il m'a donné la piqûre, j'ai éternué, et j'ai bougé.

MICHEL: I understand. You have a sore arm now.

Je comprends. Tu as mal au bras maintenant.

GILBERT: Frankly, I prefer to take (some) medecine.

Franchement, je préfère prendre des médicaments.

Rédaction

Imaginez que vous êtes Michel. Vous venez de revenir de votre visite chez le médecin, et vous téléphonez à un copain. En un paragraphe écrivez ce que vous dites à votre copain quand vous lui racontez (*tell about*) votre visite avec Roselyne chez le médecin. Décrivez vos symptômes, racontez ce que le médecin dit et fait, et donnez ses conseils. Écrivez toute votre narration au présent et utilisez de nouvelles expressions de cette leçon.

Lecture

Quelle journée!°

day

Guillaume et ses parents viennent de s'installer° à Paris. Ils ont déménagé° d'Arcachon, une jolie petite ville au sud-ouest de Bordeaux sur la côte atlantique. Après sa première journée à Paris, Guillaume écrit à son ami Victor qui habite à Arcachon.

settled

moved

Guillaume et sa famille ont quitté Arcachon.

Cher Victor,

Enfin, je trouve un moment pour t'écrire. Je suis chez moi après une longue journée. Tu sais, Paris n'est pas Arcachon. Quelle journée! C'est incroyable.° Je vais te la raconter.°

unbelievable

to tell about

Ce matin je me lève à sept heures et demie et vite, je me lave. Je dois me dépêcher° parce que Maman m'a appelé pour le petit déjeuner. Après cela, je me brosse les dents, et à huit heures je sors.

hurry

Guillaume décide de prendre le métro aujourd'hui. (Paris)

Cinq minutes plus tard, me voilà dans la rue, à l'arrêt du bus. Mais le bus ne vient pas. Une dame me dit qu'il doit être en retard, et comme je dois être à mon nouveau lycée à neuf heures, je décide de prendre le métro. Je trouve la station Notre-Dame-des-Champs, mais je dois changer à Odéon et à Sèvres-Babylone. Le métro va vite, d'accord, mais tout le monde est trop pressé.° Je monte dans le wagon,° et tout le monde commence à me pousser.° Oh là là! Quelle expérience pour quelqu'un comme moi qui vient de la campagne!° Ouf,° enfin, me voilà dehors! Mais au lycée une autre surprise m'attend: une queue interminable. La secrétaire me dit que je dois attendre. Je fais la queue pendant une heure, et puis enfin, on m'inscrit.°

in a hurry

car/to push

country/Whew

enroll

Il y a du monde devant le nouveau lycée de Guillaume. (Paris)

Guillaume prend le déjeuner dans une crêperie bretonne près du lycée. (Paris)

Après, je déjeune dans une crêperie° à côté du lycée, et ensuite je retourne au lycée chercher ma carte d'élève et mon emploi du temps.° À trois heures je retrouve ma mère à Odéon, à la sortie du métro. D'abord, nous allons à la Banque Nationale de Paris pour ouvrir un compte et aussi pour prendre la Carte Bleue. Ensuite, comme on n'a pas encore le téléphone à la maison, on va à la poste pour téléphoner et aussi pour acheter des timbres. À la poste aussi il faut faire la queue. Je ne sais pas pourquoi tout le monde à Paris veut faire la même chose en même temps. On perd beaucoup de temps à attendre, et ça commence déjà à me fatiguer. C'est bien différent d'Arcachon.

crêpe restaurant

emploi du temps = schedule

Il retrouve sa mère à Odéon dans le Quartier latin. (Paris)

Guillaume et sa mère s'asseyent sur la terrasse du café. (Paris)

À la sortie de la poste, qu'est-ce qu'on voit? Un café, bien sûr, comme partout à Paris. Donc nous décidons d'y aller. Nous prenons place sur la terrasse, nous prenons à boire, nous regardons passer les gens, et nous oublions l'heure. Mince! Quand je regarde ma montre, il est déjà six heures et demie. Maman doit rentrer, et moi, je dois vite aller à la librairie. Heureusement,° elle est toujours ouverte. Alors,   Luckily
j'achète des livres, je fais la queue pour payer, et enfin je rentre à la maison. Quand j'y arrive, le dîner est sur la table, mais je suis presque trop fatigué pour manger. Quelle journée!

Ton ami,

Guillaume

Il achète des livres à la librairie. (Paris)

Wkbk. 14

Note culturelle

A summer resort and important oyster fishing port, Arcachon is located on the southern edge of the Arcachon inlet (**bassin**) just off the Atlantic coast of France. Right next to Arcachon is another resort, Pyla-sur-Mer, famous for its huge sand dune (**la dune du Pyla**). Both Arcachon and Pyla are near the southwestern border of the **département** called **la Gironde.**

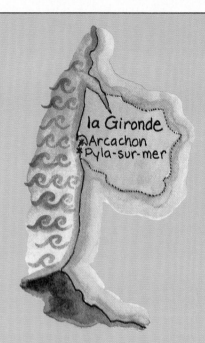

La dune du Pyla is a massive sand dune near the Atlantic coast. (Pyla-sur-Mer)

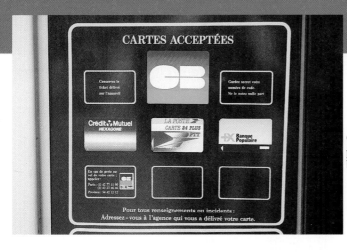

Guillaume et sa mère vont prendre la Carte Bleue à la banque.

Répondez en français.

1. Où est-ce que Guillaume et ses parents ont déménagé?
2. D'où viennent-ils?
3. À quelle heure Guillaume sort-il le matin de sa première journée à Paris?
4. Où Guillaume prend-il le métro?
5. Combien de fois doit-il changer de ligne?
6. Pourquoi n'aime-t-il pas le métro?
7. Pendant combien de temps fait-il la queue au lycée?
8. Où retrouve-t-il sa mère?
9. Qu'est-ce qu'ils font à la banque?
10. Pourquoi vont-ils à la poste?
11. Où Guillaume va-t-il à six heures et demie?
12. Pourquoi est-ce que Guillaume n'a plus faim quand il arrive à la maison?

1. Ils ont déménagé à Paris.
2. Ils viennent d'Arcachon.
3. Il sort à huit heures.
4. Il le prend à Notre-Dame-des-Champs.
5. Il doit changer de ligne deux fois.
6. Parce que tout le monde le pousse.
7. Il la fait pendant une heure.
8. Il la retrouve à Odéon.
9. Ils y vont pour ouvrir un nouveau compte et pour prendre la Carte Bleue.
10. Ils vont à la poste pour téléphoner et pour acheter des timbres.
11. Il va à la librairie.
12. Il n'a plus faim parce qu'il est trop fatigué.

Proverbe

The English equivalent of this proverb is "You've made your bed, now lie in it."

Comme on fait son lit on se couche.

As you make your bed, you lie down (in it).

Interaction et application pratique

À deux

1. With your partner create a one-minute dialogue in French between a doctor and a sick patient. First the patient describes all his/her symptoms. Then the doctor suggests several possible illnesses before making a diagnosis and prescribing treatment. Use only expressions you have learned so far. Then learn your parts and present your dialogue for the class.

DENTIFRICES

Les dents aiment les pommes

Croque la santé, mange une pomme.

Une dent en moins...
Quelle différence...
Soignez vos dents!

Il faut se brosser les dents tous les jours.

2. Take turns with your partner pointing to a part of your head or face and asking what it is. Identify all the parts you can in French using all the expressions you have learned so far. Useful terms you may want to include but haven't yet learned are **les cils** [sil] (*eyelashes*), **un sourcil** [sursi] (*eyebrow*), **une paupière** (*eyelid*), **une lèvre** (*lip*), **une barbe** (*beard*) and **une moustache** (*mustache*). Then make a drawing of a monster and label the features you've identified on the drawing. Show your picture to your partner and describe it in French. Then compare your drawings with those of other pairs in your class.

> MODÈLE: Qu'est-ce que c'est?
> **Ce sont les dents.**

3. Take turns with your partner telling each other about your usual daily activities. Tell what you do and when you do it from the time you wake up until the time you go to bed. Use as many reflexive verbs as you can. Then tell the class several of your partner's daily activities.

> MODÈLE: **Je me réveille à six heures et demie.**

4. Now with a different partner repeat Activity 3, but this time tell each other about your usual weekend activities. Tell what you do and when you do it from Friday after school until Sunday night. Use as many reflexive verbs as you can. Then tell the class several of your partner's weekend activities.

> MODÈLE: **Le samedi je me lève à dix heures.**

5. Interview your partner about how long he/she has been doing certain things or how long these things have been going on. After both of you have asked and answered questions, report back to the class several things that you have learned about your partner.

> MODÈLE: Depuis combien de temps conduis-tu?
> **Je conduis depuis six mois.**

En groupes

6. See how many different completions your group can think of for each of the following sentences. Have some person from the group list the possible completions on a transparency. Do one sentence at a time, spending not more than one minute on each sentence. Afterwards several transparencies can be put on the overhead for all to correct.

   1. Donc, vous êtes tous les deux___.
   2. Je me sens___.
   3. J'ai mal___.
   4. Depuis quand___-tu?
   5. Je vais vous donner___.
   6. Nous allons nous___.

Elles sont toutes les deux très contentes.

7. Form a circle with others in your group. Give a command in the **tu** form to the person on your left. This person will then obey/perform your command and will in turn give another command to the person on his/her left. Continue until everyone in the group has given and performed five commands. Use as many reflexive verbs as you can and be sure to include one or two negative commands along with the affirmative ones. Have someone keep a list of all the orders.

   MODÈLE: **Ne t'assieds pas!**

Tous ensemble

8. Take turns with the members of your group in Activity 7 giving one command from your list to all the other groups in your class simultaneously. The group whose members are the first to perform your command together correctly earns one point. The group with the most points wins.

   MODÈLE: **Ne vous asseyez pas!**

Vocabulaire actif

noms

une allergie allergy
l'avenir (m.) future
une bouche mouth
un bouton pimple
des cheveux (m.) hair
un comprimé pill, tablet
un cou neck
une dent tooth
un(e) dentiste dentist
la fièvre fever
un front forehead
une glace mirror
la grippe flu
une joue cheek
une langue tongue
une maladie disease, illness

un médicament medecine
un menton chin
un nez nose
une ordonnance prescription
une oreille ear
une pharmacie pharmacy, drugstore
un pharmacien, une pharmacienne
   pharmacist
une piqûre shot
un rendez-vous date, appointment
un rhume cold
un symptôme symptom
un tour turn
un vétérinaire veterinarian
un visage face

adjectifs

grave serious

malade sick

verbes

s'appeler to be named
s'asseoir to sit down
avoir de la fièvre to have a fever
avoir mal aux dents to have a toothache
avoir rendez-vous to have an
   appointment/date
bouger to move
se brosser to brush
se coucher to go to bed
couvrir to cover

éternuer to sneeze
se laver to wash (oneself)
se lever to get up
se regarder to look at oneself
se reposer to rest
se réveiller to wake up
se sentir to feel
souffrir to suffer
tousser to cough

expressions diverses

Ça va mieux. It's better.
combien de temps how long
depuis for, since
me myself
mieux better
nous ourselves, each other
Qu'est-ce qui ne va pas? What's wrong?

se himself, herself, oneself, themselves, each
   other
te yourself
tôt early
tous/toutes (les) deux both (of us/you/them)
vous yourself, yourselves, each other

Julien change d'avis

The dialogue of this review lesson contains no new active or passive vocabulary words.

MAMAN: Dis donc, Julien, tu ne t'assieds pas?

JULIEN: Non, je n'ai pas faim ce matin. Je ne me sens pas bien.

MAMAN: Ça ne m'étonne pas. Tu dois être fatigué. Tu es encore rentré très tard hier soir, comme d'habitude.

JULIEN: Ce n'est pas vrai, Maman. Je suis rentré à dix heures.

MAMAN: Mais tu ne te couches jamais avant minuit, et puis tu te lèves toujours très tôt.

JULIEN: Peut-être, mais ce n'est pas ça le problème. C'est mon amie Carole.

MAMAN: Ah bon? Qu'est-ce qu'elle a?

JULIEN: Tu sais qu'elle vient d'obtenir son permis de conduire.

MAMAN: Oui, et alors?

JULIEN: Eh bien, elle est toujours en voiture avec Paul, Patrick, Christophe, Jérôme ou Jean-Charles. Et puis elle conduit comme une folle. Pour elle, la voiture est seulement un jouet.

Carole est toujours en voiture. (Flins-sur-Seine)

MAMAN: Eh bien, alors, parle-lui.

JULIEN: Non, je ne lui parle plus.

MAMAN: Oh, tu vas changer d'avis. Je te connais, et je connais aussi Carole.

JULIEN: Non, non, tu ne la connais pas. Elle a changé, et je ne veux plus la voir.

MAMAN: Au fait, tu as vu la lettre que j'ai trouvée dans la boîte ce matin? Je crois que c'est Carole qui l'a envoyée.

JULIEN: Voyons....Tiens, la pauvre Carole. Elle est malade. Elle a un gros rhume. Je vais lui téléphoner.

Ils s'asseyent dans le jardin du Luxembourg parce qu'ils sont fatigués. (Paris)

Compréhension

Répondez en français. Utilisez des pronoms si possible.

1. Qu'est-ce que Julien ne fait pas ce matin?
2. Est-ce que Julien est rentré très tard hier soir?
3. Alors, selon la mère de Julien, pourquoi est-il toujours fatigué?
4. Qu'est-ce que Carole a obtenu?
5. Avec qui est-ce que Carole sort en voiture?
6. Est-ce qu'elle conduit bien?
7. Pour Carole, une voiture c'est quoi?
8. Pourquoi est-ce que Julien n'aime plus Carole?
9. Qu'est-ce qu'elle a écrit à Julien?
10. Comment peut-on voir à la fin que Julien change d'avis?

À propos

1. Ressemblez-vous à Julien ou à Carole? Comment?
2. Croyez-vous que Julien va encore sortir avec Carole?
3. Parlez-vous aux gens que vous n'aimez pas?
4. Comment vous sentez-vous aujourd'hui?
5. À quelle heure vous couchez-vous d'habitude?
6. Est-ce que vous vous levez tôt ou tard?

1. Il ne s'assied pas et il ne mange pas.
2. Non, il est rentré à dix heures.
3. Parce qu'il ne se couche jamais avant minuit et se lève toujours tôt.
4. Elle a obtenu son permis de conduire.
5. Elle sort avec d'autres garçons.
6. Non, elle conduit comme une folle.
7. C'est seulement un jouet.
8. Parce qu'elle a changé.
9. Elle lui a écrit une lettre.
10. Il dit qu'il va téléphoner à Carole. Il va lui parler.

Activités

1. Complétez les phrases suivantes pour dire où sont ces choses.

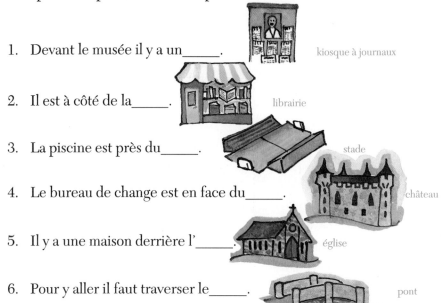

1. Devant le musée il y a un_____.   kiosque à journaux

2. Il est à côté de la_____.   librairie

3. La piscine est près du_____.   stade

4. Le bureau de change est en face du_____.   château

5. Il y a une maison derrière l'_____.   église

6. Pour y aller il faut traverser le_____.   pont

À qui écrit-il?

7. Au coin de la rue il y a un_____.   feu (de circulation)

8. Le bureau de poste est dans ce_____.   bâtiment

2. Votre copain Jean-François veut savoir si vos amis Carole et Pierre écrivent à certaines personnes pendant les vacances. Dites-lui que oui.

MODÈLE: Est-ce qu'ils écrivent à Roselyne?
Oui, ils lui écrivent.

1. Est-ce qu'ils écrivent à leurs parents?   Oui, ils leur écrivent.
2. Est-ce qu'ils t'écrivent?   Oui, ils m'écrivent.
3. Est-ce qu'ils m'écrivent?   Oui, ils t'écrivent.
4. Donc, ils nous écrivent à nous deux?   Oui, ils nous écrivent.
5. Écrivent-ils aussi à Thierry?   Oui, ils lui écrivent.
6. Est-ce qu'ils écrivent à tous leurs amis?   Oui, ils leur écrivent.
7. Écrivent-ils aussi à Mme Bertier?   Oui, ils lui écrivent.
8. Est-ce qu'ils écrivent aux autres?   Oui, ils leur écrivent.

ECRIT EN FRANCE

Méziane n'a pas perdu son portefeuille.

3. Hélène vous dit ce qu'ont fait certaines personnes. Dites-lui que vous le savez et que ça leur a plu ou ne leur a pas plu, selon le cas.

MODÈLE: Joël a fait la queue pendant longtemps.
Je sais, et ça ne lui a pas plu.

1. Il a rencontré une Américaine au musée.
2. Sophie et moi, nous avons dû nous lever très tôt.
3. J'ai eu une piqûre.
4. Nous n'avons pas souffert avec la grippe.
5. Christine a eu un rhume.
6. Tu as obtenu ton permis de conduire.
7. Mes copains ont dû payer une contravention.
8. Tu as perdu ton portefeuille.

1. Je sais, et ça lui a plu.
2. Je sais, et ça ne vous a pas plu.
3. Je sais, et ça ne t'a pas plu.
4. Je sais, et ça vous a plu.
5. Je sais, et ça ne lui a pas plu.
6. Je sais, et ça m'a plu.
7. Je sais, et ça ne leur a pas plu.
8. Je sais, et ça ne m'a pas plu.

4. Alexandre dit qu'il ne veut pas faire certaines choses. Dites-lui de ne pas les faire alors. Utilisez des pronoms pour les expressions en italique.

MODÈLE: Je ne veux pas écouter *la radio*.
Alors, ne l'écoute pas.

Alexandre ne veut pas lire le journal.

1. Je ne veux pas lire *le journal*.
2. Je ne veux pas *te* parler.
3. Je ne veux pas téléphoner *à Alice*.
4. Je ne veux pas dire *la vérité*.
5. Je ne veux pas écrire *à mes amis*.
6. Je ne veux pas envoyer *ces cartes*.
7. Je ne veux pas *m'*asseoir.
8. Vous autres, je ne veux pas *vous* croire.

Alors, ne le lis pas.
Alors, ne me parle pas.
Alors, ne lui téléphone pas.
Alors, ne la dis pas.
Alors, ne leur écris pas.
Alors, ne les envoie pas.
Alors, ne t'assieds pas.
Alors, ne nous crois pas.

 Toutes ces bagues! Où les a-t-elle obtenues?

Opticiens en étage

Entrée Libre

MONTURES OPTIQUES

remise **-50%**

MONTEZ COMPARER:
- les prix
- le choix
- le service

ICI au 65 ➡

5. Stéphanie vous montre des objets qui lui appartiennent ou appartiennent à d'autres personnes. Demandez-lui où on les a obtenus.

MODÈLE: Cet ensemble appartient à Angèle.
Où l'a-t-elle obtenu?

1. Cette montre m'appartient. — Où l'as-tu obtenue?
2. Et ces bottes aussi m'appartiennent. — Où les as-tu obtenues?
3. Voilà mon foulard et le foulard de ma mère. — Où les avez-vous obtenus?
4. Et voilà le nouveau bracelet de Suzanne. — Où l'a-t-elle obtenu?
5. Ces gants appartiennent à Élise et à Suzanne. — Où les ont-elles obtenus?
6. Et voilà ma bague. — Où l'as-tu obtenue?
7. Ces lunettes appartiennent à Jean-Paul. — Où les a-t-il obtenues?
8. Et voilà le parapluie de mes parents. — Où l'ont-ils obtenu?

Où Jean-Paul a-t-il obtenu ses lunettes? (Lyon)

6. Demandez à un copain si les personnes suivantes sont jamais allées aux endroits indiqués.

MODÈLE: Jean-Raymond / à Londres
Est-il jamais allé à Londres?

1. toi / à Liège — Es-tu jamais allé à Liège?
2. tes parents / au Maroc — Sont-ils jamais allés au Maroc?
3. ton prof / en Afrique — Est-il jamais allé en Afrique?
4. André et toi / aux États-Unis — Êtes-vous jamais allés aux États-Unis?
5. toi et moi / au Louvre — Sommes-nous jamais allés au Louvre?
6. Marie-France / en Italie — Est-elle jamais allée en Italie?
7. Irène et Yvette / à Cannes — Sont-elles jamais allées à Cannes?
8. François / au musée d'Orsay — Est-il jamais allé au musée d'Orsay?

Les filles ont joué au basket le week-end dernier. (Hasparren)

Nous sommes descendus à l'Hôtel du Palais à Biarritz.

7. Dites à Pascal ce que les personnes suivantes ont fait le week-end dernier.

> MODÈLE: Anne / sortir avec des copines
> **Elle est sortie avec des copines.**

1. Laure / rester chez elle — Elle est restée chez elle.
2. mes parents / aller au restaurant — Ils sont allés au restaurant.
3. Paul / parler au téléphone — Il a parlé au téléphone.
4. Brigitte et Sylvie / jouer au basket — Elles ont joué au basket.
5. toi et moi / faire du camping — Nous avons fait du camping.
6. je / ouvrir un nouveau compte — J'ai ouvert un nouveau compte.
7. ta famille et toi / partir en vacances — Vous êtes partis en vacances.
8. tu / descendre à Biarritz — Tu es descendu à Biarritz.

8. Kiki a pris, fait, etc., certaines choses. Demandez s'il les a toutes prises, faites, etc.

> MODÈLE: Kiki a perdu ses jouets.
> **A-t-il perdu tous ses jouets?**

1. Kiki a mangé la chaussure de son maître. — A-t-il mangé toute la chaussure de son maître?
2. Il a pris ses comprimés. — A-t-il pris tous ses comprimés?
3. Il a joué avec ses ballons. — A-t-il joué avec tous ses ballons?
4. Il a mangé le bifteck. — A-t-il mangé tout le bifteck?
5. Il a couvert ses trésors. — A-t-il couvert tous ses trésors?
6. Il a traversé les rues. — A-t-il traversé toutes les rues?
7. Il a eu ces maladies. — A-t-il eu toutes ces maladies?
8. Il a pris son médicament. — A-t-il pris tout son médicament?

La Samaritaine est un grand magasin à Paris.

Qu'est-ce qu'on achète à la poste? (Paris)

 9. Marguerite se trompe (*is mistaken*) souvent. Répondez négativement à ses questions en employant **y**.

MODÈLE: On achète des carnets à la poste, n'est-ce pas?
Non, on n'y achète pas de carnets.

1. Non, on n'y trouve pas de bracelets.
2. Non, ils n'y sont pas.
3. Non, tu ne dois pas y aller.
4. Non, je n'y suis pas allé(e).
5. Non, nous n'y allons pas.
6. Non, je n'y ai pas laissé de chocolats.
7. Non, vous n'y dînez pas ce soir.
8. Non, il n'y habite pas.

1. On trouve des bracelets au rayon des accessoires, n'est-ce pas?
2. Les grands magasins sont dans l'avenue des Champs-Élysées, n'est-ce pas?
3. Je dois aller à la librairie, n'est-ce pas?
4. Tu es allé(e) chez le dentiste, n'est-ce pas?
5. Toi et moi, nous allons au laboratoire de langues, n'est-ce pas?
6. Tu as laissé des chocolats sur la table, n'est-ce pas?
7. Isabelle et moi, nous dînons au restaurant ce soir, n'est-ce pas?
8. Ahmad habite en Allemagne, n'est-ce pas?

Isabelle et Claude dînent au restaurant ce soir, n'est-ce pas? (Paris)

10. Vos amis Georges et Sylvie veulent savoir s'il faut faire certaines choses. Dites-leur que oui.

> MODÈLE: Faut-il aller aux grands magasins?
> **Oui, allez-y.**

You may have students do this **Activité** again in the negative.

1. Faut-il conduire?   Oui, conduisez.
2. Faut-il ouvrir la porte?   Oui, ouvrez-la.
3. Faut-il tenir ce sac?   Oui, tenez-le.
4. Faut-il revenir au tabac?   Oui, revenez-y.
5. Faut-il offrir ces cadeaux?   Oui, offrez-les.
6. Faut-il dire la vérité?   Oui, dites-la.
7. Faut-il écrire la lettre?   Oui, écrivez-la.
8. Faut-il l'envoyer tout de suite?   Oui, envoyez-la tout de suite.

IL FAUT TOUT FAIRE

11. Françoise demande si on va faire certaines choses cet après-midi. Dites-lui qu'on les a déjà faites. Utilisez des pronoms pour les expressions en italique.

> MODÈLE: Guy et toi, vous visitez *le château* cet après-midi?
> **Nous l'avons déjà visité.**

1. Pauline va *chez le médecin* cet après-midi?
2. Les employées ferment *la boutique* cet après-midi?
3. Paul obtient *son permis de conduire* cet après-midi?
4. Tu donnes des directions *aux touristes* cet après-midi?
5. Tes grands-parents arrivent *à l'aéroport* cet après-midi?
6. Tu ouvres *ton nouveau compte* cet après-midi?
7. Tu retournes *à la banque* cet après-midi?
8. Guy et toi, vous rentrez *à la maison* cet après-midi?

1. Elle y est déjà allée.
2. Elles l'ont déjà fermée.
3. Il l'a déjà obtenu.
4. Je leur ai déjà donné des directions.
5. Ils y sont déjà arrivés.
6. Je l'ai déjà ouvert.
7. J'y suis déjà retourné(e).
8. Nous y sommes déjà rentrés.

Elle est retournée à la banque cet après-midi.

12. Les gens font des choses différentes. Complétez les phrases suivantes pour dire ce qu'ils font.

> MODÈLE: Jean-Pierre cherche son_____.
>
> **Jean-Pierre cherche son parapluie.**

1. Marie-Claire va à_____.

la pharmacie

2. Marc et Michel achètent_____.

des gants/une paire de gants

3. Annie achète_____.

des timbres

4. Elle cherche_____.

une boîte aux lettres

5. Elle va poster_____.

une carte postale

6. Son frère va à_____.

l'hôpital

7. Jean-Paul prend_____.

le métro

8. La dame cherche son_____.

porte-monnaie

13. Dites ce que font les personnes suivantes.

MODÈLE:

Elle met une lettre dans une boîte aux lettres. / Elle poste une lettre./Elle envoie une lettre.

1.

Il écrit/donne une contravention.

2.

Ils conduisent.

3.

Elle gare sa voiture.

4.

Il ouvre la fenêtre.

5.

Il signe/touche un chèque.

6.

Elle essaie/met une paire de lunettes./Elle se regarde dans la glace.

7.

Elle prend un médicament/un comprimé.

8.

Il éternue.

14. Dites ce que font les personnes suivantes.

MODÈLE: il

Il se brosse les cheveux.

1. je

Je me lève.

2. nous

Nous nous lavons.

3. tu

Tu te brosses les dents.

4. vous

Vous vous réveillez.

5. elles

Elles s'asseyent.

6. ils

Ils se reposent.

7. elle

Elle se couche.

8. il

Il se regarde dans la glace.

1. Je viens de me lever.
2. Nous venons de nous laver.
3. Tu viens de te brosser les dents.
4. Vous venez de vous réveiller.
5. Elles viennent de s'asseoir.
6. Ils viennent de se reposer.
7. Elle vient de se coucher.
8. Il vient de se regarder dans la glace.

15. Maintenant dites que les personnes de l'**Activité 14** viennent de faire ces choses.

MODÈLE: **Il vient de se brosser les cheveux.**

16. Dites aux personnes suivantes de se laver certaines parties du corps.

MODÈLE: votre sœur

Lave-toi le visage.

1.   vos amis

Lavez-vous les oreilles.

2.   un petit garçon

Lave-toi le nez.

3.   un monsieur

Lavez-vous le cou.

4.   votre copine

Lave-toi la bouche.

5.   vos copains

Lavez-vous les cheveux.

6.   une dame

Lavez-vous le menton.

7.   votre frère

Lave-toi les joues.

8.   une petite fille

Lave-toi le front.

17. Selon votre ami Michel, il y a des situations ou des conditions qui existent depuis un certain temps. Demandez-lui depuis combien de temps elles existent.

MODÈLE: J'habite à Paris.
Depuis combien de temps y habites-tu?

Depuis combien de temps Anne-Marie porte-t-elle des lunettes? (Luxembourg)

1.   Anne-Marie porte des lunettes.
2.   Cette maison nous appartient.
3.   Les enfants se reposent.
4.   J'ai un rhume.
5.   Les bijoux sont en solde.
6.   Ma famille et moi, nous nous levons tôt.
7.   Gérard et toi, vous faites la queue.
8.   Kiki va chez le vétérinaire.

1.   Depuis combien de temps porte-t-elle des lunettes?
2.   Depuis combien de temps vous appartient-elle?
3.   Depuis combien de temps se reposent-ils?
4.   Depuis combien de temps as-tu un rhume?
5.   Depuis combien de temps sont-ils en solde?
6.   Depuis combien de temps vous levez-vous tôt?
7.   Depuis combien de temps faisons-nous la queue?
8.   Depuis combien de temps y va-t-il?

À la campagne

Unité 3

100ANS DE CÔTE D'AZUR

La ferme

Leçon 9

Communicative Functions

- talking about life in the country
- describing a farm
- naming the floors and rooms of a house
- talking about tasks and responsibilities
- naming some animals
- describing **la Provence**

La famille Rouquette vit à Saint-Céré dans le sud de la France.

À la ferme on ne s'ennuie pas

All words in the dialogue and **Expansion** are active vocabulary.

Découvrir belongs to the **ouvrir** verb family.

Grégory passe les vacances de février dans* la ferme de ses cousins, Didier et Pascale Rouquette. Didier et Pascale vivent à Saint-Céré qui se trouve dans le Lot. Leurs parents sont agriculteurs. Grégory, qui est très heureux de découvrir la vie à la campagne, se réveille tôt ce matin et descend dans la salle à manger. Toute la famille est déjà là.

DIDIER: Eh bien, Grégory, tu es enfin arrivé à te lever?

GRÉGORY: Euh...oui, mais il est seulement sept heures.

DIDIER: Sept heures? Mon cher cousin, permets-moi de te dire qu'à sept heures on a déjà nourri tous les animaux, nettoyé l'étable, construit une grange et ....**

You might point out to students that **s'ennuyer** and **nettoyer** have the same spelling irregularities as **envoyer**.

PAPA: Didier, voyons! Ne taquine pas Grégory.

PASCALE: Alors, qu'est-ce qu'on fait aujourd'hui?

MAMAN: D'abord, on mange. Asseyez-vous.

au petit déjeuner

Brioches come in a variety of sizes. This family is sharing a large one.

MAMAN: Voilà la brioche.

PASCALE: Euh...moi, j'en veux un gros morceau.

MAMAN: N'en prends pas trop. Il faut penser aux autres.

*The preposition **dans** means "on" before the word **ferme**.

    Pascale habite **dans** une ferme.   *Pascale lives on a farm.*

To say "at the farm," use the preposition **à**.

    Elle est **à** la ferme.   *She's at the farm.*

The subject and auxiliary verb are stated only once in the **passé composé before a series of past participles that take the same auxiliary and express actions performed by the same subject.

On a nourri les animaux, **nettoyé**   *We fed the animals, cleaned the*
l'étable et **construit** une grange.   *stable and built a barn.*

Didier, Pascale et Grégory s'amusent
quand ils font du cheval.

DIDIER: Papa, est-ce que nous pouvons faire du cheval?

PAPA: Oui, si vous promettez de suivre les chemins.

DIDIER: Bien sûr, Papa. Nous n'allons pas traverser les champs.

PASCALE: Merci, Papa. Chic alors! Tu vas voir, Grégory, on va s'amuser.

Note culturelle

Le Lot, pronounced [lɔt], is a **département** located in the south central region of France called **le Quercy**. This part of France is known for its agricultural products, mainly goose liver pâté (**le pâté de foie gras**) and Cantal cheese, and for its scenic beauty. Three especially popular attractions in **le Lot** are the Padirac Cave (**le Gouffre de Padirac**), the medieval village of Rocamadour and the village of Autoire located below a spectacular waterfall (**une cascade**) in a steep-walled basin.

Le pâté de foie gras is a delicacy
made in **le Quercy**.

The Padirac Cave leads to an underground
stream that empties into the Dordogne river.

Pascale veut un gros
morceau de brioche.

 ## Compréhension

Répondez en français.

1. Où se trouve la ferme des Rouquette?
2. Quel est le métier des Rouquette?
3. Comment Grégory se sent-il à la campagne?
4. Qui attend Grégory dans la salle à manger?
5. Comment est-ce que Didier taquine Grégory?
6. Qu'est-ce qu'on mange au petit déjeuner?
7. Combien de brioche est-ce que Pascale veut?
8. Comment est-ce que les enfants vont s'amuser?

À propos

1. Avez-vous jamais passé du temps dans une ferme? Où?
2. Vous ennuyez-vous en vacances?
3. Avez-vous jamais construit quelque chose? Quoi?
4. Qui taquinez-vous? Qui vous taquine? Pourquoi?
5. Avez-vous jamais fait du cheval?
6. Comment vous amusez-vous?

Point out that **s'amuser** means "to have fun" or "to have a good
time." (Tell students that one would never say **avoir un bon temps**
in French.) Then ask students how they would say:
Have a good time.
Amuse-toi/Amusez-vous (bien).
We're having fun.
Nous nous amusons./On s'amuse.
Are they having fun?
S'amusent-ils?

Bon appétit!

Expansion

la maison des Rouquette

Les Rouquette ont une maison à* un étage. La voici.

un arbre

le premier étage

le rez-de-chaussée

le garage

un escalier

une fleur

le jardin

Et voici le plan du rez-de-chaussée et du premier étage.[1]

plan du rez-de-chaussée

le séjour

la cuisine

les toilettes

le salon

la salle à manger

le garage

plan du premier étage

une chambre

une salle de bains

le couloir

une chambre

une chambre

Wkbk. 1

You might point out the use of an infinitive after **sans.**

Au** rez-de-chaussée il y a cinq pièces sans compter le garage: le salon, le séjour, la salle à manger, la cuisine et les toilettes (les W.-C.***[2]). Au premier étage il y a un couloir et quatre autres pièces: trois chambres et une salle de bains.

Wkbk. 2

The word **pièce** means "room" in a general sense. Emphasize that the word **chambre** refers only to **une chambre à coucher** (*bedroom*).

°The preposition **à** means "with" when referring to the number of stories in a building.
  C'est un immeuble **à** six étages.   *It's a six-story building.*
°°The preposition **à** means "on" when referring to the floor on which someone lives.
  À quel étage habitez-vous?   *On which floor do you live?*
  Nous habitons **au** troisième.   *We live on the fourth floor.*
°°°The abbreviation **W.-C.** stands for the English term "water-closet(s)." When using this expression for "toilet," the French shorten the letter **w** (**double vé**) in **W.-C.** to **v** (**vé**) and say **les vécés.**

Point out that "toilet" is singular in English, whereas **W.-C.** or **vécés** is plural in French.

la ferme des Rouquette

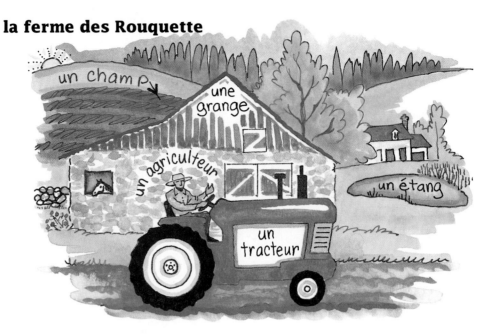

Le tracteur est important à M. Rouquette parce que son travail est dur. Mais ses animaux sont aussi importants, et il n'oublie jamais de les nourrir.

les animaux de la ferme

Quels animaux voyez-vous dans cette ferme? (Saint-Céré)

Notes culturelles

1. In French-speaking countries the first or ground floor is called **le rez-de-chaussée**, **le premier étage** is the second floor, **le deuxième étage** is the third floor, and so on. In counting stories, the ground floor is not included. So, in French, a two-story house is **une maison à un étage**.

2. In French houses and apartments the room with the toilet is usually separate from the room with the bathtub and sink.

3. The rooster is the symbol for any French athlete and represents the French fighting spirit. A familiar French cheer or cry of victory is "**Cocorico!**" (*cock-a-doodle-do*). **Le coq sportif** is a well-known French brand of athletic apparel and shoes.

This building has three floors.

À propos

1. Combien d'étages a le bâtiment où vous habitez?
2. Combien de pièces a la maison ou l'appartement où vous habitez?
3. À quel étage se trouve votre chambre?
4. Quelle pièce de la maison préférez-vous? Pourquoi?
5. Avez-vous un animal chez vous? Quelle sorte?
6. Qui nourrit cet animal?

These questions may be used for pair interviews. Students then record their partners' answers in complete sentences using the third person pronoun.

M. Rouquette est agriculteur.

Activités

1. Dans chaque phrase il y a une faute en italique. Corrigez-la d'après le dialogue d'introduction ou l'**Expansion**.

1. M. Rouquette travaille dans *un bureau de change*.
2. Il est *ouvrier*.
3. Dans le jardin de la maison des Rouquette il y a un arbre et de jolies *boîtes aux lettres*.
4. Les Rouquette ont *une grange* pour la voiture.
5. Pour monter au premier étage chez les Rouquette, il faut prendre *l'autobus*.
6. Les Rouquette habitent dans une maison à sept *chambres*, sans la salle de bains et les toilettes.
7. Chez les Rouquette les W.-C. sont *dans la salle de bains*.
8. Quand M. Rouquette travaille dans les champs, il conduit *sa voiture*.

2. Complétez les phrases suivantes d'après les descriptions et le vocabulaire de cette leçon.

1. Si on n'habite pas dans une ville, on habite à la___.   campagne
2. Dans la ferme on garde son tracteur, ses animaux et d'autres choses dans un bâtiment qui s'appelle___.   une grange
3. Dans la ferme il y a un bâtiment ou une grande pièce de la grange où les vaches et les chevaux peuvent passer la nuit et qu'il faut souvent nettoyer. Ce bâtiment ou cette pièce s'appelle___.   l'étable
4. La famille regarde la télé dans le___.   séjour
5. Pour aller d'une chambre à une autre dans un hôtel, il faut prendre le___.   couloir
6. Dans un bois il y a beaucoup d'___.   arbres
7. Un___ est moins grand qu'un lac.   étang
8. Une poule est une sorte d'___.   oiseau

1. M. Rouquette travaille dans une ferme.
2. Il est agriculteur.
3. Dans le jardin de la maison des Rouquette il y a un arbre et de jolies fleurs.
4. Les Rouquette ont un garage pour la voiture.
5. Pour monter au premier étage chez les Rouquette, il faut prendre l'escalier.
6. Les Rouquette habitent dans une maison à sept pièces, sans la salle de bains et les toilettes.
7. Chez les Rouquette les W.-C. sont au rez-de-chaussée.
8. Quand M. Rouquette travaille dans les champs, il conduit son tracteur.

3. En deux ou trois phrases dites ce qui est arrivé d'après chaque image. Utilisez surtout le passé composé.

1.

2.

1. Une jeune fille a fait du cheval, et elle est tombée dans un étang.

2. Un chat a attrapé une souris. Il a joué avec elle (et il va peut-être la manger).

3.

4.

3. Un lapin a trouvé les carottes dans le jardin, et il les a mangées. Quand le chien l'a vu, il a couru après le lapin.

5.

4. Un garçon est allé à la boulangerie. Il a acheté une brioche, et il l'a mangée dans la rue.

5. M. Rouquette a nettoyé l'étable et nourri les animaux.

4. Identifiez d'après les définitions suivantes.

MODÈLE: Quand les agriculteurs se réveillent, ils entendent cet oiseau.
Ce doit être le coq.

1. Il aime chanter et se trouve souvent dans les arbres. — Ce doit être l'oiseau.
2. Cet animal mange tout et grossit. — Ce doit être le cochon.
3. Cet animal donne du lait. — Ce doit être la vache.
4. C'est une sorte de gros oiseau qui aime nager dans les étangs. — Ce doit être le canard.
5. Comme cet animal est très fort, il peut aider l'agriculteur avec son travail dans les champs. — Ce doit être le cheval.
6. Cet animal a de grandes oreilles, et il a peur de tout. On le voit souvent à Pâques. — Ce doit être le lapin.
7. Cet animal court après les voitures. — Ce doit être le chien.
8. Cet animal, qui n'aime pas toujours les chiens, adore les oiseaux et les poissons. Il peut aussi monter dans un arbre. — Ce doit être le chat.

Structure et usage

le présent des verbes irréguliers *construire, suivre* et *vivre*

Here are the present tense forms of the verbs **construire** (*to build*), **suivre** (*to follow; to take*) and **vivre** (*to live*).

construire		
je **construis**	Je **construis** des maisons.	I build houses.
tu **construis**	Tu ne **construis** rien.	You don't build anything.
il/elle/on **construit**	Qu'est-ce qu'il **construit**?	What is he building?
nous **construisons**	Nous **construisons** tout.	We build everything.
vous **construisez**	**Construisez**-vous un garage?	Are you building a garage?
ils/elles **construisent**	Ils **construisent** un hôtel.	They're building a hotel.

Ils construisent une extension d'un bâtiment. (Bruxelles)

suivre		
je **suis**	Je **suis** les directions.	I follow directions.
tu **suis**	**Suis**-tu un régime?	Are you on a diet?
il/elle/on **suit**	**Suit**-elle quelqu'un?	Is she following someone?
nous **suivons**	Nous ne **suivons** personne.	We aren't following anyone.
vous **suivez**	Vous **suivez** cette rue.	You take this street.
ils/elles **suivent**	Elles nous **suivent**.	They're following us.

"Quels cours suivez-vous?"
(Verneuil-sur-Seine)

vivre		
je **vis**	Je ne **vis** plus ici.	I no longer live here.
tu **vis**	Comment **vis**-tu?	How do you live?
il/elle/on **vit**	Il **vit** pour ça.	He lives for that.
nous **vivons**	Nous **vivons** bien ici.	We live well here.
vous **vivez**	Vous **vivez** pour manger.	You live to eat.
ils/elles **vivent**	Ces fleurs **vivent** toujours.	Those flowers are still living.

Wkbk. 6

Have students repeat all these sentences after you. Then you may have students do some exercises from declarative to interrogative, affirmative to negative and singular to plural, or vice versa. Modèles:
a) Ils construisent un garage. **Construisent-ils un garage?**
b) Kiki suit les voitures. **Kiki ne suit pas les voitures.**
c) Je vis à Paris. (nous) **Nous vivons à Paris.**

The past participles of these three verbs are **construit**, **suivi** and **vécu**. All three form their **passé composé** with **avoir**.

Ils **ont construit** une maison.   *They built a house.*
Tu ne m'**as** pas **suivi**.   *You didn't follow me.*
Elle **a vécu** dans un autre pays.   *She lived in another country.*   Wkbk. 7

Model the correct pronunciation of **vécu** [veky].

ATTENTION:
1. The present tense of the verb **construire** follows the pattern of the verb **conduire**.

2. **Suivre** means "to take" in the expression **suivre un cours** (*to take a course*).

  —Quel cours as-tu suivi?   *What course did you take?*

  —J'ai suivi un cours de biologie.   *I took a biology course.*

3. **Vivre** and **habiter** both mean "to live." **Habiter** means "to inhabit (a place)" and is used to tell where someone lives. **Vivre** means "to be alive" or "to exist" and is used to tell how, how long or why someone lives.

  Ils **habitent** dans une petite   *They live in a small house,*
  maison, mais ils **vivent** bien.   *but they live well.*

See if students remember the exclamation **Vive la reine!** (*Long live the queen!*)

5. On invite des enfants à fêter l'anniversaire de votre petit frère Grégory. Ils construisent des choses en papier. Demandez à Grégory ce qu'ils construisent et ce que vous devez construire.

MODÈLE: Christiane
Qu'est-ce qu'elle construit?

1. toi, Grégory — Qu'est-ce que tu construis?
2. Solange et Béatrice — Qu'est-ce qu'elles construisent?
3. Jean-Paul — Qu'est-ce qu'il construit?
4. Marceline et Bruno — Qu'est-ce qu'ils construisent?
5. toi et Jacques — Qu'est-ce que vous construisez?
6. moi — Qu'est-ce que je construis?
7. toi et moi — Qu'est-ce que nous construisons?
8. maman — Qu'est-ce qu'elle construit?

6. Maintenant les enfants ont fini, et votre maman vous demande ce que tout le monde a construit. Répondez-lui.

MODÈLE: Qu'est-ce que Christiane a construit?

Elle a construit une maison.

1. Et Grégory?

Il a construit un parapluie.

2. Et toi?

J'ai construit un avion.

3. Et Solange et Béatrice?

Elles ont construit un oiseau.

4. Et Jean-Paul?

Il a construit une grange.

5. Et Marceline et Bruno?

Ils ont construit une fleur.

6. Et toi et Jacques?

Nous avons construit un arbre.

7. Et moi?

Tu as construit une église.

Les copains vivent en Suisse.
(Lausanne)

7. Olivier a une mauvaise mémoire. Il a oublié qui suit certains cours. Dites-le-lui.

MODÈLE: Il y a un cours d'histoire à neuf heures. Qui le suit? (Marc)
Marc le suit.

1. Il y a aussi un cours d'allemand à neuf heures. Qui le suit? (Sylvie et Joseph)

   Sylvie et Joseph le suivent.

2. Qui suit le cours de maths à dix heures? (je)

   Je le suis.

3. Le cours de M. Verdin est à onze heures. Qui le suit? (Lise et Nadine)

   Lise et Nadine le suivent.

4. Et le cours d'informatique, qui le suit? (Christophe et toi)

   Christophe et toi, vous le suivez.

5. Qui suit le cours de Madame Bertier? (tu)

   Tu le suis.

6. Il y a aussi un cours de biologie à onze heures. Qui le suit? (Anne)

   Anne le suit.

7. Qui suit le cours de français à quatorze heures? (Charlotte et moi)

   Charlotte et moi, nous le suivons.

8. Qui suit le cours de géographie? (tout le monde)

   Tout le monde le suit.

8. Vous travaillez au YMCA à New York où il y a beaucoup de jeunes étrangers qui passent la nuit. Précisez (*Determine*) le pays où ils vivent d'après la ville d'où ils viennent.

MODÈLE: Nous venons de Bruxelles.
Alors, vous vivez en Belgique.

1. Je viens de Washington.
2. Ma cousine Amélie vient de Genève.
3. Gérard et Marie-Thérèse viennent de Montréal.
4. Mon copain et moi, nous venons de Madrid.
5. Wolfgang vient de Bonn.
6. Sophie et Céline viennent de Saint-Céré.
7. Nous venons de Rabat.

1. Alors, tu vis aux États-Unis.
2. Alors, elle vit en Suisse.
3. Alors, ils vivent au Canada.
4. Alors, vous vivez en Espagne.
5. Alors, il vit en Allemagne.
6. Alors, elles vivent en France.
7. Alors, vous vivez au Maroc.

Before beginning this exercise, you may want to review prepositions before countries with your students.

Il faut suivre ces directions. (Ardennes)

9. Votre petite sœur pose toujours des questions. Choisissez la réponse convenable de la liste suivante pour lui répondre. Attention au temps *(tense)*!

suivre l'espagnol   suivre un régime
vivre à Dakar   vivre à la campagne
construire une maison   construire la Tour Eiffel
   à la campagne   en 1889
vivre bien   construire une grange
suivre les directions

MODÈLE: Pourquoi tes cousins ont-ils un cheval?
             Parce qu'ils vivent à la campagne.

1. Comment Papa a-t-il trouvé la maison des cousins?
2. Quel cours de langue suis-tu?
3. Qu'est-ce que Gustave Eiffel a fait?
4. Pourquoi est-ce que nous vivons dans un appartement maintenant?
5. Où est-ce que Stéphane vit en Afrique?
6. Est-ce que Nicolas mange beaucoup?
7. Qu'est-ce qu'ils construisent?
8. Est-ce que ta vie te plaît?

1. Il a suivi les directions.
2. Je suis l'espagnol.
3. Il a construit la Tour Eiffel en 1889.
4. Parce que nous construisons une maison à la campagne.
5. Il vit à Dakar.
6. Non, il suit un régime.
7. Ils construisent une grange.
8. Oui, je vis bien.

10. Véronique parle au téléphone. Les phrases suivantes font partie de sa conversation. Complétez-la avec les formes convenables des verbes **construire**, **suivre** ou **vivre**. Attention au temps!

MODÈLE: Combien de cours est-ce que tu___cette année?
             Combien de cours est-ce que tu suis cette année?

1. Ah bon! Alors, Sophie et toi, vous___le même cours de maths cette année.
2. Michèle, est-ce que tu___le match de foot à la télé hier soir?
3. Est-ce que les parents de Christine___une maison à la campagne l'année dernière?
4. Oui, nous___à la campagne pendant dix ans.
5. Ma sœur___à Bordeaux, mais elle préfère vivre à la campagne.
6. Oui, mes grands-parents___chez nous depuis trois ans parce qu'ils sont très vieux.
7. Eh bien, j'___ses directions, mais je n'ai pas trouvé l'immeuble.
8. Et ton garage, tu le___toujours?

suivez

as suivi

ont construit

avons vécu

vit

ai suivi

construis

des noms et adjectifs à terminaisons irrégulières

There are many nouns that have irregular plural and feminine forms. The following groups of nouns have irregular plural forms.

-eau → -eaux	
un bat**eau**	des bat**eaux**
un chât**eau**	des chât**eaux**
un morc**eau**	des morc**eaux**
un ois**eau**	des ois**eaux**

-al → -aux	
un anim**al**	des anim**aux**
un chev**al**	des chev**aux**
un hôpit**al**	des hôpit**aux**
un journ**al**	des journ**aux**

-eu → -eux	
un chev**eu**	des chev**eux**
un f**eu**	des f**eux**
un nev**eu**	des nev**eux**

-ou → -oux	
un bij**ou**	des bij**oux**

The following groups of nouns have irregular feminine forms.

-er → -ère	
un boulang**er**	une boulang**ère**
un épici**er**	une épici**ère**
un étrang**er**	une étrang**ère**
un ouvri**er**	une ouvri**ère**

-eur → -euse	
un chant**eur**	une chant**euse**
un cherch**eur**	une cherch**euse**
un jou**eur**	une jou**euse**
un serv**eur**	une serv**euse**

You may want to review noun and adjective endings already presented in the first-level book.

Monsieur, vous avez un oiseau sur votre chapeau!

The plural forms of **un cou** and **un fou** are regular (**des cous** and **des fous**).

Note that **un agriculteur, un ingénieur** and **un professeur** have no feminine forms.

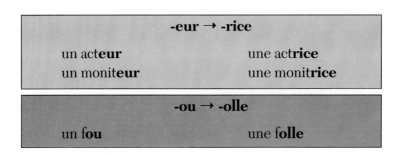

-eur → -rice	
un act**eur**	une act**rice**
un monit**eur**	une monit**rice**

-ou → -olle	
un f**ou**	une f**olle**

Wkbk. 8

There are also many adjectives that have irregular plural and feminine forms. Two groups of adjectives have irregular plural forms.

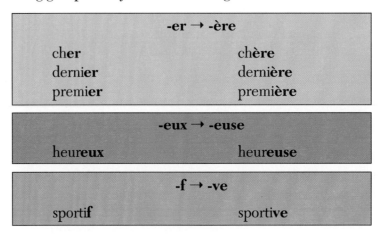

-eau → -eaux	
b**eau**	b**eaux**
nouv**eau**	nouv**eaux**

-al → -aux	
géni**al**	géni**aux**
princip**al**	princip**aux**

Wkbk. 9

The following groups of adjectives have irregular feminine forms.

-er → -ère	
ch**er**	ch**ère**
derni**er**	derni**ère**
premi**er**	premi**ère**

-eux → -euse	
heur**eux**	heur**euse**

-f → -ve	
sporti**f**	sporti**ve**

Two other adjectives also have irregular feminine forms.

blanc	blanche
frais	fraîche

Wkbk. 10

Elles sont caissières dans un
magasin de chaussures.

11. Les hommes suivants et leurs
femmes font le même travail.
Dites-le.

MODÈLE: M. Dupuis est boulanger.
Mme Dupuis est boulangère aussi.

1. M. Perramond est chanteur.   Mme Perramond est chanteuse aussi.
2. M. Michaux est caissier.   Mme Michaux est caissière aussi.
3. M. Paulin est serveur.   Mme Paulin est serveuse aussi.
4. M. Valette est épicier.   Mme Valette est épicière aussi.
5. M. Daumier est acteur.   Mme Daumier est actrice aussi.
6. M. Ravel est ouvrier.   Mme Ravel est ouvrière aussi.
7. M. Blanchard est joueur de tennis.   Mme Blanchard est joueuse de tennis aussi.
8. M. Plon est chercheur.   Mme Plon est chercheuse aussi.

12. Cédric aime se vanter (*to boast*), et vous aimez le taquiner. Dites-lui que
vous avez, lisez, voyez ou trouvez deux fois plus que lui.

MODÈLE: J'ai un cheval.
Moi, j'ai deux chevaux.

1. J'ai un vieux bijou.
2. J'ai un neveu.
3. J'ai un ami génial.
4. Je lis un journal tous les jours.
5. Je viens de voir un oiseau.
6. J'ai trouvé un cheveu dans mon dessert.
7. Dans ma rue il y a un feu.
8. Dans la ferme où je
travaille, il y a un chemin
principal.

1. Moi, j'ai deux vieux bijoux.
2. Moi, j'ai deux neveux.
3. Moi, j'ai deux amis géniaux.
4. Moi, je lis deux journaux tous les
jours.
5. Moi, je viens de voir deux oiseaux.
6. Moi, j'ai trouvé deux cheveux dans
mon dessert.
7. Dans ma rue il y a deux feux.
8. Dans la ferme où je travaille, il y a
deux chemins principaux.

Le cheval aide l'agriculteur
à faire son travail.

Ce château-ci est dans la vallée de la Loire.

Before beginning **Activités 13** and **14**, you might review demonstrative adjectives with your students.

13. Alexandre commente chaque personne ou toute chose qu'il voit. Dites-lui que d'autres personnes ou choses du même genre (*kind*) sont les mêmes.

> MODÈLE: Ce garçon-ci est sportif.
> **Ces garçons-là sont sportifs aussi.**

1. Ce journal-ci est nouveau.   Ces journaux-là sont nouveaux aussi.
2. Ce cheval-ci est beau.   Ces chevaux-là sont beaux aussi.
3. Ce feu-ci est orange.   Ces feux-là sont orange aussi.
4. Cet hôpital-ci est vieux.   Ces hôpitaux-là sont vieux aussi.
5. Ce château-ci est français.   Ces châteaux-là sont français aussi.
6. Ce morceau-ci est gros.   Ces morceaux-là sont gros aussi.
7. Cet animal-ci est malade.   Ces animaux-là sont malades aussi.
8. Cet oiseau-ci est petit.   Ces oiseaux-là sont petits aussi.

14. Remplacez le nom en italique par le nom entre parenthèses, et refaites la phrase entière.

> MODÈLE: Cet *homme* est anglais. (femme)
> **Cette femme est anglaise aussi.**

1. Ce *joueur* est très sportif. (joueuse)   Cette joueuse est très sportive aussi.
2. Cet *ouvrier* est gentil. (ouvrière)   Cette ouvrière est gentille aussi.
3. Ce *coq* est blanc. (poule)   Cette poule est blanche aussi.
4. Ce *monsieur* est beau. (dame)   Cette dame est belle aussi.
5. Ce *poisson* est frais. (viande)   Cette viande est fraîche aussi.
6. Ce *garçon* est heureux. (fille)   Cette fille est heureuse aussi.
7. Ces *gants* sont nouveaux. (lunettes)   Ces lunettes sont nouvelles aussi.
8. Ces *bijoux* sont chers. (bottes)   Ces bottes sont chères aussi.

verbe + infinitif

Many French verbs may be followed by an infinitive. Notice the three possible patterns of verbs before infinitives.

On s'amuse à visiter
le musée. (Quercy)

Il apprend **à** marcher.	*He's learning to walk.*
J'essaie **de** dormir.	*I'm trying to sleep.*
On va voir la voiture.	*We're going to see the car.*

Some verbs like **apprendre** require the preposition **à** before an infinitive. Other verbs like **essayer** take the preposition **de** before an infinitive. Still others like **aller** require no preposition at all before an infinitive. Make sure you know which verbs belong to each of the three groups.

Verbs + *à* + Infinitive		
aider	J'aide Luc **à** étudier.	I'm helping Luc study.
s'amuser	Elles s'amusent **à** courir.	They have fun running.
apprendre	Apprends-tu **à** jouer?	Are you learning to play?
arriver	Il est arrivé **à** le lire.	He managed to read it.
commencer	Il commence **à** pleuvoir.	It's starting to rain.
continuer	Nous continuons **à** parler.	We continue to talk.
s'ennuyer	Je ne m'ennuie pas **à** voyager.	I don't get bored traveling.
inviter	On les invite **à** rester.	We invite them to stay.
réussir	Avez-vous réussi **à** le voir?	Did you succeed in seeing it?

You may point out that the English equivalent of the French infinitive often ends in "-ing."

Verbs + *de* + Infinitive		
choisir	Elle a choisi **d'**étudier les maths.	She chose to study math.
décider	Nous avons décidé **de** partir.	We decided to leave.
demander	Demande à Luc **de** t'aider.	Ask Luc to help you.
dire	Dites à Marc **de** le faire.	Tell Marc to do it.
essayer	Essayons **d'**être gentils!	Let's try to be nice!
finir	Avez-vous fini **de** manger?	Have you finished eating?
offrir	Tu n'as pas offert **d'**aider.	You didn't offer to help.
oublier	Elles ont oublié **de** venir.	They forgot to come.
permettre	On m'a permis **de** sortir.	They let me go out.
promettre	Promets-tu **de** payer?	Do you promise to pay?
rêver	Je rêve **d'**aller en France.	I dream about going to France.

Remind students that **venir de** followed by an infinitive means "to have just."

Permettre and **promettre** belong to the **mettre** verb family. You may want to review **mettre** at this point.

Aimez-vous nager à la piscine?

Verbs + Infinitive		
aimer	Aimez-vous nager?	Do you like to swim?
aller	Nous allons chercher du pain.	We're going to get bread.
désirer	Désires-tu prendre le bus?	Do you want to take the bus?
devoir	Je dois finir la lecture.	I must finish the reading.
espérer	Qu'espères-tu faire?	What do you hope to do?
pouvoir	Elle ne peut pas sortir.	She can't go out.
préférer	Il préfère rester ici.	He prefers staying here.
regarder	Ils vous regardent jouer.	They watch you play.
savoir	Sais-tu écrire?	Do you know how to write?
sembler	Vous semblez avoir froid.	You seem to be cold.
venir	On vient vous voir.	We're coming to see you.
vouloir	Que veulent-elles faire?	What do they want to do?

Wkbk. 11

ATTENTION: 1. The prepositions **à** and **de** do not change form before the direct object pronouns **le** and **les**.

—Vous essayez de finir ce livre?   *Are you trying to finish this book?*

—Oui, on essaie **de le** finir.   *Yes, we're trying to finish it.*

—Qui peut m'aider à attraper ces cochons?   *Who can help me catch these pigs?*

—Nous pouvons t'aider **à les** attraper.   *We can help you catch them.*

Wkbk. 12

2. The verbs **demander**, **dire**, **permettre** and **promettre** take an indirect object before an infinitive.

—As-tu demandé **à Marc** d'y aller?   *Did you ask Marc to go there?*

—Non, je ne **lui** ai pas demandé d'y aller.   *No, I didn't ask him to go there.*

—Qu'est-ce qu'on **vous** a dit?   *What did they say to you?*

—On **nous** a dit de travailler.   *They told us to work.*

15. Ajoutez **à** ou **de** ou n'ajoutez rien pour compléter les phrases suivantes.

Cet après-midi Annie a invité les copains___jouer au Monopoly. Tout   à
le monde sait___jouer sauf Martin. Avant la partie Caroline a   —
offert___aider Martin un peu. Maintenant il commence___   d'/à
comprendre, et il peut bien___jouer. La partie commence, et Justine   —
espère___gagner. Mais, comme tout le monde a été gentil et a   —
essayé___aider Martin___apprendre, c'est lui qui a gagné. Pauvre   d'/à
Justine! Elle n'est pas du tout heureuse. Pourquoi a-t-elle dû___être   —
si sympa?

16. Le journal de votre école fait un sondage (*poll*) sur les attitudes, activités et préférences des élèves. Répondez affirmativement aux questions de la personne qui vous interviewe.

MODÈLE: Est-ce que tu parles français? (savoir)
Oui, je sais le parler.

Point out that when an object pronoun is used in a sentence with an infinitive, the pronoun directly precedes the infinitive.

1. Est-ce que tu regardes "Dallas?" (continuer)   Oui, je continue à le regarder.
2. Est-ce que tu obtiens de bonnes notes? (réussir)   Oui, je réussis à obtenir de bonnes notes.
3. Est-ce que tu connais tout le monde ici? (vouloir)   Oui, je veux connaître tout le monde ici.
4. Aides-tu tes amis? (offrir)   Oui, j'offre d'aider mes amis.
5. Fais-tu du sport? (s'amuser)   Oui, je m'amuse à faire du sport.
6. Parles-tu japonais? (apprendre)   Oui, j'apprends à le parler.
7. Étudies-tu tous les soirs? (essayer)   Oui, j'essaie d'étudier tous les soirs.
8. Est-ce que tu t'amuses en classe? (aimer)   Oui, j'aime m'amuser en classe.
9. Est-ce que tu fais ton travail? (promettre)   Oui, je promets de le faire.

17. Laurent veut savoir ce que les gens ont fait hier à la ferme. Dites-le-lui.

MODÈLE: Qu'est-ce que tu as fait hier? (aider Pascale et Didier / construire une grange)
J'ai aidé Pascale et Didier à construire une grange.

1. Ils m'ont demandé de nettoyer l'étable.
2. Elle est arrivée à nourrir les animaux.
3. Il m'a invité(e) à conduire le tracteur.
4. Ils nous ont appris à faire du cheval.
5. Ils nous ont dit de nous laver les mains.
6. Ils nous ont regardés dîner.
7. On m'a permis de me reposer.
8. J'ai réussi à bien dormir.

1. Qu'est-ce que Pascale et Didier ont fait après? (me demander / nettoyer l'étable)
2. Qu'est-ce que Mme Rouquette a fait? (arriver / nourrir les animaux)
3. Qu'est-ce que M. Rouquette a fait? (m'inviter / conduire le tracteur)
4. Qu'est-ce que les parents ont fait après? (nous apprendre / faire du cheval)
5. Qu'est-ce qu'ils ont fait après? (nous dire / se laver les mains)
6. Et qu'est-ce qu'ils ont fait après? (nous regarder / dîner)
7. Et qu'est-ce qu'on a fait après? (me permettre / se reposer)
8. Et qu'est-ce que tu as fait après? (réussir / bien dormir)

le pronom *en*   Point out the difference between **en** as a preposition and **en** as a pronoun.

En is an object pronoun meaning "some," "any," "of it/them," "from it/them" or "about it/them." **En** refers to a quantity or to part of a previously mentioned thing and replaces **de** plus a noun. **En** can be used:

* to replace the partitive plus a noun.

—Avez-vous **de l'argent**?   *Do you have any money?*
—Non, nous n'**en** avons pas.   *No, we don't have any.*

* to replace an indefinite article plus a noun.

—Qui a demandé **des frites**?   *Who asked for (some) fries?*
—Moi, j'**en** ai demandé.   *I asked for some.*

* to replace **de** plus a noun or infinitive.

Point out that there is no agreement between the past participle in the **passé composé** and **en**.

—Qui est déjà revenu **du camp**?   *Who has already come back from camp?*

—Tout le monde **en** est revenu.   *Everybody has come back (from it).*

—As-tu peur **de conduire**?   *Are you afraid to drive?*
—Non, je n'**en** ai pas peur.   *No, I'm not afraid (of it).*

* to replace **de** plus a noun after an expression of quantity (**assez, beaucoup, combien, (un) peu, trop**) or a noun after a number.

—Combien **d'eau** ont-ils bu?   *How much water did they drink?*
—Ils **en** ont bu un peu.   *They drank a little (of it).*

—As-tu assez **de photos**?   *Do you have enough photos?*
—Oui, j'**en** ai quatre.   *Yes, I have four (of them).*

Wkbk. 13

ATTENTION: In these cases **en** must be expressed in French even though "some," "any," or "of (about, from) it/them" may be omitted in English.

N'en achetez pas trop!

Like other pronoun objects, **en** usually comes right before the verb of which it is the object. **En** also precedes:

* the verb in a negative sentence.

—As-tu déjà vu des canards? *Have you already seen some ducks?*
—Non, je n'**en** ai pas encore vu. *No, I haven't seen any yet.*

* the verb in a question with inversion.

—**En** as-tu vu? *Did you see any?*

* an infinitive.

—Non, mais je voudrais **en** voir. *No, but I'd like to see some.*

* the verb in a negative command.

—N'**en** mange pas. *Don't eat any (of them).*

ATTENTION: 1. **En** follows the verb in an affirmative command and is attached to it by a hyphen.

Prenez-**en**. *Take some (of it).*

2. In the **tu** form of -**er** verbs, the imperative adds **s** before the pronoun **en**.

Achète**s**-**en** deux. *Buy two (of them).*

3. There is **liaison** after the imperative before **en**.

Donnes-en à Louis. *Give some to Louis.*
[z̃]

Wkbk. 14

18. Vous organisez une boum chez vous. Votre mère veut savoir combien de choses vous avez achetées. Répondez-lui.

MODÈLE: Combien de brioches as-tu achetées? (3)
J'en ai acheté trois.

Combien de fromage voulez-vous acheter? (Paris)

1. Combien de fromage as-tu acheté? (1 livre)   J'en ai acheté une livre.
2. Combien de gâteaux as-tu achetés? (1)   J'en ai acheté un.
3. Combien de petits gâteaux as-tu achetés? (4 boîtes)   J'en ai acheté quatre boîtes.
4. Combien de fraises as-tu achetées? (3 kilos)   J'en ai acheté trois kilos.
5. Combien de coca as-tu acheté? (beaucoup)   J'en ai beaucoup acheté.
6. Combien d'eau minérale as-tu achetée? (assez)   J'en ai assez acheté.
7. Combien de verres as-tu achetés? (24)   J'en ai acheté vingt-quatre.
8. Combien de cassettes as-tu achetées? (2)   J'en ai acheté deux.

Des fruits? Achetez-en! (Paris)

19. Répondez selon les indications. Utilisez le pronom **en.**

MODÈLE: Est-ce que vous avez suivi des cours de maths? (oui)
Oui, j'en ai suivi.

1. Oui, j'en ai un.
2. Non, il n'en a pas.
3. Non, elle n'en prend pas.
4. Non, ils n'en boivent pas beaucoup.
5. Non, je ne vais pas en faire.
6. Oui, ils en veulent.
7. Oui, j'en ai déjà vu.
8. Oui, il en parle.

1. Est-ce que vous avez un chat? (oui)
2. Est-ce que votre frère a de bonnes notes? (non)
3. Est-ce que votre mère prend du sucre avec son thé? (non)
4. Est-ce que vos parents boivent beaucoup de coca? (non)
5. Est-ce que vous allez faire du foot? (non)
6. Est-ce que vos amis veulent des billets de théâtre? (oui)
7. Est-ce que vous avez déjà vu des films en français? (oui)
8. Est-ce que le prof parle de ses voyages? (oui)

20. Vous gardez votre petite sœur et votre petit frère. Votre frère vous demande ce que lui et sa sœur peuvent faire. Donnez-lui des ordres.

MODÈLE: Est-ce que je peux boire du coca? (oui)
Oui, bois-en!

"J'ai soif. Donne-moi du lait!"

Oui, manges-en!

Oui, prenez-en!

Non, n'en faites pas!

Non, n'en buvez pas!

Non, n'en achète pas!

Oui, donnes-en au chat!

Non, n'en joue pas!

Oui, regardez-en un!

1. Est-ce que je peux manger des fruits? (oui)
2. Est-ce que nous pouvons prendre de la glace? (oui)
3. Est-ce que nous pouvons faire des petits gâteaux? (non)
4. Est-ce que nous pouvons boire du vin? (non)
5. Est-ce que je peux acheter des chocolats? (non)
6. Est-ce que je peux donner du lait au chat? (oui)
7. Est-ce que je peux jouer du piano? (non)
8. Est-ce que nous pouvons regarder un match à la télé? (oui)

Au Pied de Cochon? Non, nous n'y
avons jamais mangé. (Paris)

21. La classe vous pose des questions sur une visite au musée d'Orsay que
vous organisez. Remplacez les mots en italique par **le, la, les, l', y** ou **en**
et répondez selon les indications.

MODÈLE: Est-ce que nous allons *au musée* en métro? (oui)
Oui, nous y allons en métro.

You might want to review
with your students direct
object pronouns (**Leçon 2**)
and **y** (**Leçon 7**) before
beginning this exercise.

1. Tu es allé(e) chercher *des billets*? (oui)
2. Est-ce que tu as *le plan du musée*? (oui)
3. Et tu as *les billets*? (oui)
4. As-tu un *livre sur le musée qu'on peut lire*? (oui)
5. Est-ce que les profs de français vont aller *au musée* avec nous? (oui)
6. Est-ce qu'on peut prendre *des photos*? (non)
7. Est-ce que nous mangeons *au restaurant près du musée*? (non)

1. Oui, je suis allé(e) en
   chercher.
2. Oui, je l'ai.
3. Oui, je les ai.
4. Oui, j'en ai un.
5. Oui, ils vont y aller
   avec nous.
6. Non, on ne peut pas
   en prendre.
7. Non, vous n'y
   mangez pas.

22. Comment dit-on en français?

This is an optional activity.

GRÉGORY: Do you like living here on the
farm, Pascale?

Est-ce que tu aimes habiter ici dans la ferme,
Pascale?

PASCALE: Oh, I don't get bored, and I'm very
happy.

Oh, je ne m'ennuie pas, et je suis très heureuse.

GRÉGORY: But you seem to work all the time.
Do you ever manage to have fun?

Mais tu sembles travailler tout le temps. Est-ce
que tu arrives jamais à t'amuser?

PASCALE: The work is hard, but I have fun
working.

Le travail est dur, mais je m'amuse à travailler.

GRÉGORY: Don't you have any pastimes?

Est-ce que tu n'as pas de passe-temps?

PASCALE: Yes, I do (have some). I feed the
animals, and I build barns with
Didier.

Si, j'en ai. Je nourris les animaux, et je
construis des granges avec Didier.

GRÉGORY: Didier and you build barns? Have
you built any this year?

Didier et toi, vous construisez des granges? En
avez-vous construit cette année?

PASCALE: No, we haven't built any, but we
built one last year for the neighbors.

Non, nous n'en avons pas construit, mais nous en avons
construit une l'année dernière pour les voisins.

Préférez-vous vivre à la campagne ou en ville?

Rédaction

En deux paragraphes comparez la vie rurale et la vie urbaine. Dites ce qu'on trouve à la campagne qu'on ne trouve pas en ville et vice versa. Comparez aussi les activités ou les choses qu'on fait dans la ferme et en ville. Dites quels sont les avantages et les désavantages de vivre en ville et de vivre à la campagne. Ensuite, dites où vous préférez habiter et pourquoi. Utilisez de nouveaux mots et de nouvelles expressions de cette leçon.

Actualité culturelle

La Provence

Emphasize the difference in pronunciation between **Provence** [prɔvãs] and **province** [prɔvɛ̃s]. Tell students that they are now going to learn the difference in meaning between these two words.

Just as we distinguish the North from the South and the East from the West in the United States, the French differentiate the various regions of their country. Regional distinctions in France are based largely on differences in geography, natural resources and traditions of the former provinces.

France used to have 33 provinces before it was divided into departments during the French Revolution. Many of these former provinces had been independent or belonged to other countries at first, and so only gradually did they become loyal to France and join together to form a nation. Even today, though, these provinces remain noticeably distinct and cling to their individual identity. For example, the former provinces of Brittany (**Bretagne**), Normandy (**Normandie**), **Auvergne**, **Languedoc**, **Alsace-Lorraine** and **Provence** have their own dialects, regional clothes, customs and personality reflected in the physical appearance and character of their inhabitants.

Provence, whose capital used to be Aix-en-Provence, comprises a large part of what the French call **le Midi**, the truly southern part of France. The Provençal port of Marsilia, now Marseilles, France's main seaport, was founded in 600 B.C. by Greek sailors and Phoenician traders. At about the same time the Celts from the British Isles began to invade the region, which ultimately fell to the Romans between 125 and 118 B.C.

The Romans gave **Provence** its name. They called it **provincia nostra** (*our province*), a name which became **Provence** in French. Freed by the Romans from the barbaric rule of the Celts, the inhabitants of the region benefited from Roman control. In fact, as the Romans colonized the whole southern part of France, they built cities and roads, developed the wine industry and brought prosperity to the region. Today we can see traces of the Roman culture in most areas of France and especially in **Provence**. The Roman monuments here are some of the oldest, most remarkable and best-preserved of these ancient structures. They include the theater and the Arch of Triumph in Orange, the theater and the arena (**les arènes**) in Arles, and one of the marvels of Roman construction, the aqueduct over the Gard River (**le pont du Gard**). Just to the west of **Provence** lies the city of Nîmes with its Roman arena and a former temple called "The Square House" (**la maison carrée**) that dates back to the first century B.C.

Le théâtre d'Orange

Le théâtre antique d'Arles

Le pont du Gard

Les arènes de Nîmes

La maison carrée de Nîmes

Another interesting city in **Provence** is Avignon, the papal seat of the Catholic church during the fourteenth century. Seven French popes resided in the huge Popes' Palace (**le palais des Papes**). Now it's the site of a major theater festival (**le Festival d'Avignon**) held every summer. Located on the Rhone River, Avignon also has a famous old bridge, **le pont Saint-Bénézet**. Built in the twelfth century and now in ruins, this bridge owes its celebrity to the folksong "Sur le pont d'Avignon," which every French person knows.

Sur le pont d'Avignon
L'on y danse, l'on y danse,
Sur le pont d'Avignon
L'on y danse, tout en rond.

Le pont d'Avignon

Le palais des Papes d'Avignon

PUBLI-INFORMATION

CAMARGUE

CAMARGUE, pays gardians, des oiseaux libres et des chevaux sauvages...
Aux portes d'Aigues Mortes, cité médiévale du XIIIe siècle, le clos des gardians vous attend : du studio au 5 pièces, ce charmant hameau vous offre des prestations étonnantes : balcons, terrasse ou jardin privatif, mezzanine et même piscine privée !
A partir de 165 000 F, c'est toute la camargue que vous pouvez vous offrir !
Renseignements SOFIM : 28 rue Valentin Couturier 69004 LYON Tél. : 78.66.08.80

The delta area at the mouth of the Rhone is called **la Camargue**. Probably one of the most distinctive parts of **Provence**, it has rice paddies and vineyards in the north and salt-water marshes in the south where bulls, horses and sheep are raised. **Les gardians**, the men who tend these animals, live and look much like American cowboys with their own traditions, customs and language.

Provence means different things to different people. For some people, it is a place where a type of outdoor bowling called **la pétanque** is the most popular pastime and often a source of animated discussion between grandfathers who still speak the old Provençal dialect. To hear this dialect, go to the flower, vegetable, fruit and fish markets that are true spectacles of local color in southern France. For other people, **Provence** is olive country where olive

CÔTE D'AZUR STAR DU SIECLE

trees were imported by the Greeks 2,500 years ago. It's also wine country, it's palm tree, cypress tree and citrus fruit country, and it's flower country. Carnations, roses, mimosa, lavender, jasmin and many other aromatic and flowering plants blanket the countryside. After the harvest they are taken to the Provençal town of Grasse to produce some of the world's finest perfumes.

La Côte d'Azur à Nice

La Côte d'Azur (*The Blue Coast*) is the French name for the Riviera — the Mediterranean coast of **Provence** that extends from Marseilles to Menton near the Italian border. Well-known for its many picturesque fishing ports and for Provençal dishes like **bouillabaisse** (*fish soup*), the French Riviera means vacation resorts to people the world over. Tourists and French people alike flock to Cannes in May for its annual International Film Festival and Nice with its pleasant climate, beautiful flower market and pebble beach. Yet many people think of **Provence** as essentially the sunny part of France. In this vividly colored province, people speak French with a strong Provençal accent and exhibit a zest for life as well as a good-natured temperament that is difficult to find anywhere else.

Wkbk. 15

 # Proverbe

The English equivalent of this proverb is "When the cat's away, the mice will play."

Quand le chat est **parti**, les souris dansent.

Est-ce que votre chat est difficile?

Le plaisir des chats difficiles.

whiskas

336   **Leçon 9**

Interaction et application pratique

À deux

1. Take turns with your partner describing in French the building in which you live. Tell whether it's in the city or in the country, how many floors it has, how many rooms it has, the names of the rooms and on which floor each room is located. Useful terms you may want to include but haven't yet learned are **le sous-sol** (*basement*) and **le grenier** (*attic*). Then tell the class several things that you've learned about your partner's residence.

2. Make a drawing of a farm scene. Include all the things you would find there such as buildings, animals and natural scenery. Draw several things in each category if you can. Have your partner do the same. Then show your drawing to your partner and ask how many of each thing he/she sees.

Combien de vaches voyez-vous?

   MODÈLES: a) Combien d'étangs vois-tu?
   J'en vois un.

   b) Combien de tracteurs vois-tu?
   Je n'en vois pas.

3. Interview your partner to find out if he/she has one or more pets (**un animal domestique**). Ask what kind of pet he/she has, its name, age, size, what color it is, what room in the house it prefers and if it does anything interesting. The names of several pets you haven't yet learned are **un cochon d'Inde** (*guinea pig*), **un hamster** (*hamster*), **un canari** (*canary*), **un serpent** (*snake*) and **un poisson rouge** (*goldfish*). Then tell the class something about your partner's pet(s).

Avez-vous un chat?

   MODÈLE: As-tu un animal domestique?
   Oui, j'ai un chat qui s'appelle Bijou.

4. With your partner take turns asking each other how you have fun and then how you get bored. Think of when you are in school, at home and on vacation. Use infinitives in your answers as in the model. Afterwards share some of your partner's answers with the class.

   MODÈLE: Comment t'amuses-tu?
   Je m'amuse à jouer au basket.

5. Give your partner several commands in the **tu** form. Use the following structure: **dire/demander** + **à** + person + **de** + infinitive. Have your partner do the same thing. Obey/Perform your partner's commands, if you can.

> MODÈLES: a) Dis à Marianne de se lever.
> **Marianne, lève-toi!**
>
> b) Demande au prof de sortir.
> **Monsieur/Madame, sortez, s'il vous plaît!**

6. Take turns with your partner telling each other that you have, want, buy, etc., certain things. Then ask your partner if he/she has, wants, buys, etc., the same thing or things. Finally tell the class what you've found out about your partner. Verbs that you will use in this activity include **avoir, avoir besoin de, boire, faire, manger, prendre** and **vouloir**.

> MODÈLE: J'ai une montre. En as-tu une?
> **Oui, j'en ai une. / Non, je n'en ai pas.**

En groupes

7. With your group draw a plan of both the first and second floors of your dream house. Label everything in French, and then take turns with the members of your group describing your house and telling your class what there is on each floor and also outside the house. Use only expressions you have learned so far.

> MODÈLE: **Au rez-de-chaussée il y a cinq pièces.**

8. See how many different completions your group can think of for each of the following sentences. Have some person from the group list the possible completions on a transparency. Do one sentence at a time, spending not more than one minute on each sentence. Afterwards several transparencies can be put on the overhead for all to correct.

1. Où allez-vous vous___?
2. L'année dernière j'ai appris à___.
3. Nous ne sommes jamais arrivés à____.
4. Espérez-vous___?
5. Je n'ai pas promis de___.
6. On nous a permis de___.

Vocabulaire actif

noms

un **agriculteur** farmer
un **animal** animal
un **arbre** tree
une **brioche** muffin-shaped roll
la **campagne** country, countryside
un **canard** duck
une **chambre (à coucher)** bedroom
un **champ** field
un **chat** cat
un **chemin** path, way
un **cheval** horse
un **chien** dog
un **cochon** pig
un **coq** rooster
un **couloir** hall, corridor
un **escalier** stairs, stairway
une **étable** stable
un **étage** floor
un **étang** pond
une **ferme** farm

The feminine forms of **un chat** *and* **un chien** *are* **une chatte** *and* **une chienne**.

une **fleur** flower
un **garage** garage
une **grange** barn
un **lapin** rabbit
un **morceau** piece
un **mouton** sheep
un **oiseau** bird
une **pièce** room
une **poule** hen
le **rez-de-chaussée** ground floor
une **salle à manger** dining room
une **salle de bains** bathroom
un **salon** living room
un **séjour** family room
une **souris** mouse
les **toilettes (f.)** toilet, restroom
un **tracteur** tractor
une **vache** cow
les **W.-C., les vécés (m.)** toilet, restroom

adjectifs

dur(e) hard

heureux, heureuse happy

verbes

s'amuser to have fun, to have a good time
arriver à to manage
construire to build
découvrir to discover
s'ennuyer to be bored, to get bored
faire du cheval to go horseback riding
nettoyer to clean
nourrir to feed

penser à to think about/of
permettre to let, to permit
promettre to promise
suivre to follow; to take
taquiner to tease
se trouver to be (located)
vivre to live

expressions diverses

à with
dans on

en some, any, of (about, from) it/them
sans without

> **expression courante**
> **Chic alors!** Terrific! Great!

En Bretagne

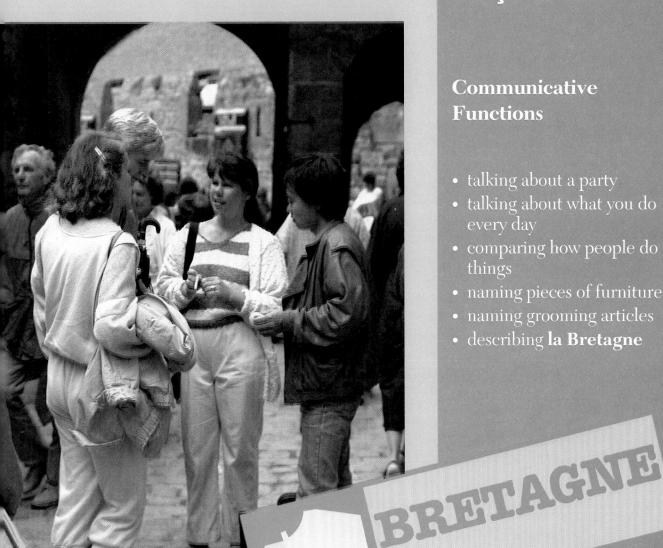

Leçon 10

Communicative Functions

- talking about a party
- talking about what you do every day
- comparing how people do things
- naming pieces of furniture
- naming grooming articles
- describing **la Bretagne**

BRETAGNE

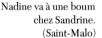

Nadine va à une boum
chez Sandrine.
(Saint-Malo)

Vous Déménagez?

CENTRE
NATIONAL
D'INFORMATION
DU
DÉMÉNAGEMENT

N°Vert 05.010.020

APPEL GRATUIT

Une boum à Saint-Malo

All words in the dialogue
and **Expansion** are
active vocabulary.

Nadine Monterrand vient de déménager à Saint-Malo où ses parents ont ouvert un magasin de meubles. Hier soir sa nouvelle copine, Sandrine Guibé, l'a invitée à sa première boum à Saint-Malo. Après le dîner elle s'est dépêchée de faire sa toilette. Elle s'est un peu maquillée, s'est habillée, et en sortant, elle a laissé un mot à ses parents pour leur donner l'adresse de Sandrine et son numéro de téléphone. Dix minutes après, elle est arrivée chez Sandrine. Elle est montée au 4ème étage en prenant l'ascenseur. Elle a sonné à la porte, et ...

Emphasize the sound [j]
of -ll in **maquillée** and
habillée.

SANDRINE: (en ouvrant la porte) Salut. Entre vite. Il y a déjà beaucoup de monde. J'espère que les petits sandwichs que j'ai préparés sont suffisants.

NADINE: Tanguy est arrivé?

SANDRINE: Bien sûr, c'est lui qui s'occupe de la musique.

NADINE: Tu crois qu'il va m'inviter à danser?

SANDRINE: Oh, tu sais, il s'intéresse plus à la musique qu'aux filles. Mais, je peux arranger ça. Tu vas voir.

plus tard

NADINE: Et où est Alban? Tu ne sors plus avec lui?

SANDRINE: Si, mais il s'est cassé le doigt de pied hier, et il s'est assis tout seul dans un coin.

NADINE: Alors bien sûr, c'est évident, il ne peut pas danser.

SANDRINE: Non, mais c'est tout aussi bien. Il danse comme un pied.° Mon petit frère danse mieux que lui.

NADINE: Tu es méchante. Pauvre Alban, il doit être malheureux.

SANDRINE: Attention! Parle plus bas! Voilà Tanguy.

°To say that someone dances **comme un pied** means that the person dances badly.

Note culturelle

Saint-Malo is an old fishing port located on the northern coast of Brittany (**la Bretagne**) on the English Channel (**la Manche**). The city of Saint-Malo offers interesting walking tours through its narrow, picturesque streets and on the tops of its massive outer walls (**les remparts**).

Saint-Malo was severely damaged during the Second World War but was rebuilt using as many original materials as possible.

Pour monter vous prenez
un ascenseur. (Saint-Malo)

Compréhension

Répondez en français.

1. Parce que ses parents
   y ont ouvert un
   magasin de
   meubles.
2. Parce que Sandrine
   l'a invitée à une
   boum.
3. Elle s'est dépêchée.
4. Elle leur a laissé
   l'adresse de
   Sandrine et son
   numéro de
   téléphone.
5. Elle a pris l'ascenseur.
6. Tanguy s'occupe de
   la musique.
7. Elle espère que
   Tanguy va l'inviter
   à danser.
8. Parce qu'il s'est cassé
   le doigt de pied.

1. Pourquoi Nadine a-t-elle déménagé à Saint-Malo?
2. Pourquoi est-ce que Nadine est allée chez Sandrine?
3. Comment Nadine a-t-elle fait sa toilette?
4. Qu'est-ce que Nadine a laissé pour ses parents?
5. Comment Nadine est-elle montée chez Sandrine?
6. Qui s'occupe de la musique?
7. Qu'est-ce que Nadine espère que Tanguy va faire?
8. Pourquoi Alban ne peut-il pas danser?

À propos

1. Est-ce que votre famille a jamais déménagé? D'où?
2. Allez-vous souvent aux boums? Chez qui?
3. Quand vous allez aux boums, préférez-vous danser, parler ou manger?
4. Aimez-vous danser? Comment dansez-vous?
5. Est-ce que votre mère s'est un peu ou beaucoup maquillée aujourd'hui?
6. À quoi vous intéressez-vous surtout dans la vie?

Expansion

Sandrine a bien arrangé ça.

Point out that the verb
servir (*to serve*) follows
the same pattern in the
present tense as **dormir**,
partir, **sentir** and
sortir. The present tense
forms of **servir** are **sers**,
sers, **sert**, **servons**,
servez and **servent**.

TANGUY:	J'ai mis Pink Floyd. Ça va?
SANDRINE:	Moi, j'adore.° Malheureusement, Alban ne peut pas danser.
TANGUY:	Eh bien, viens danser avec moi!
SANDRINE:	J'arrive.°° Nadine, sois gentille, sors les boissons du réfrigérateur, et sers les sandwichs qui sont sur la table, s'il te plaît.
NADINE:	C'est incroyable! Elle a bien arrangé ça!

°The expression **j'adore** is often used in conversation to mean "I'm crazy about it/them."
°°**J'arrive** means "I'm coming (right now)" or "I'll be right there." The French generally say
J'arrive instead of **Je viens**.

chez les Guibé

La boum de Sandrine a lieu chez ses parents. Heureusement, l'appartement est grand. Voici quelques pièces avec les meubles.

LE SALON

un fauteuil

une lampe

un canapé

une chaîne stéréo

un tapis

une armoire

UNE CHAMBRE

un lit

LA CUISINE

la cuisinière

le réfrigérateur (frigo)

Voilà comment Nadine s'est préparée pour la boum de Sandrine. Elle a pris un

Wkbk. 1 bain? Non, elle a pris une douche.  Pour se laver elle a utilisé

You might point out to students that **s'essuyer** has the same spelling irregularities as **envoyer**. du savon et un gant de toilette. Ensuite, elle s'est essuyée avec une serviette de

Wkbk. 2 toilette. Puis elle s'est maquillée, et elle s'est coiffée avec une

brosse et un peigne.  Puis elle s'est habillée.

Pour la boum de Sandrine, Tanguy aussi a fait sa toilette. Il ne s'est pas

Wkbk. 3 maquillé, mais il s'est rasé. Vous rasez-vous? Vous maquillez-vous?

Activités

1. Thierry se trompe quand il pose des questions. Corrigez les fautes en italique d'après le dialogue d'introduction.

> MODÈLE: Saint-Malo est en *Provence*?
> **Non, c'est en Bretagne.**

1. Sandrine a invité Nadine à *un magasin de meubles*?
2. Hier soir après le dîner Nadine *a pris son temps pour* faire sa toilette?
3. Elle a *téléphoné* à ses parents pour leur donner l'adresse et le numéro de téléphone de Sandrine?
4. Pour monter chez Sandrine, Nadine a pris l'*escalier*?
5. Nadine est sortie de l'ascenseur au *rez-de-chaussée*?
6. Sandrine a *acheté* les petits sandwichs pour la boum?
7. Alban s'est cassé le *bras* hier?
8. Et Alban s'est assis *avec toutes les filles*?

1. Non, elle l'a invitée à une boum.
2. Non, elle s'est dépêchée de faire sa toilette.
3. Non, elle a laissé un mot à ses parents pour leur donner l'adresse et le numéro de téléphone de Sandrine.
4. Non, pour y monter, Nadine a pris l'ascenseur.
5. Non, elle en est sortie au 4ème étage.
6. Non, elle les a préparés.
7. Non, il s'est cassé le doigt de pied hier.
8. Non, il s'est assis tout seul dans un coin.

Saint-Malo est un centre de tourisme en Bretagne.

2. Dites ce qui est arrivé pendant la boum de Sandrine. Complétez les phrases suivantes d'après les images.

1. Sandrine espère qu'elle a préparé assez de___.

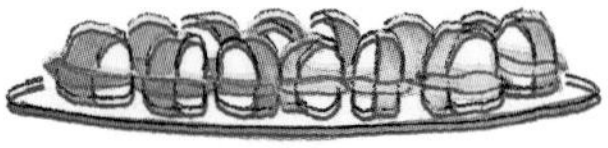

sandwichs

2. À la boum de Sandrine, Tanguy s'occupe de___.

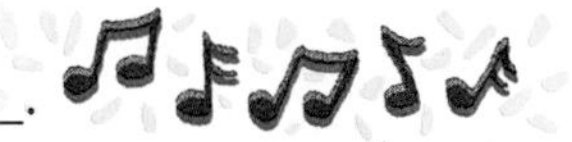

la musique

3. Nadine espère que Tanguy va l'inviter à___.

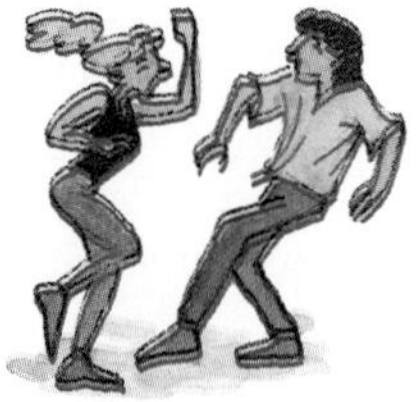

danser

4. Sandrine dit qu'Alban s'est cassé___.

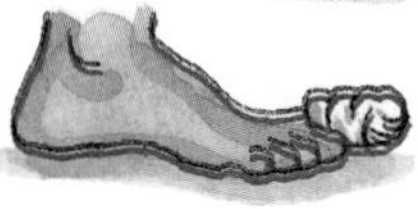

le doigt de pied

5. Selon Sandrine, Alban danse mal. Il danse comme___.

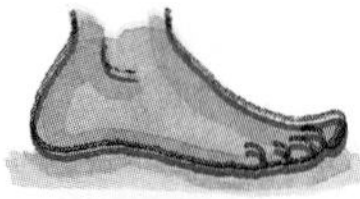

un pied

6. Pauvre Alban! Il est très___.

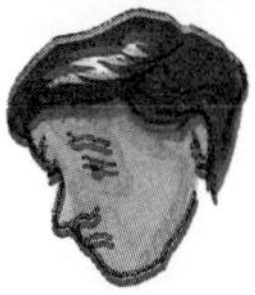

malheureux

7. Sandrine dit à Nadine de sortir___.

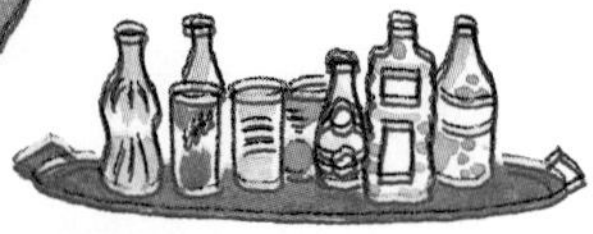

les boissons

8. Les boissons se trouvent dans___.

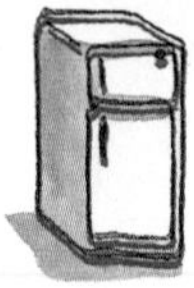

le réfrigérateur

3. Complétez les phrases suivantes à votre façon (*in your own way*) en employant si possible le vocabulaire de cette leçon.

Answers to this **Activité** will vary and do not appear here.

1. Quand je suis en retard pour mon cours de français, je___.
2. Je m'intéresse plus (à)___qu'(à)___.
3. Ma boisson préférée c'est___.
4. Quand je regarde la télé, je m'assieds sur___.
5. Pour me laver je préfère prendre___.
6. Pour me laver le visage j'utilise___.
7. J'utilise une serviette de toilette pour___.
8. Quand je me coiffe, j'utilise___.

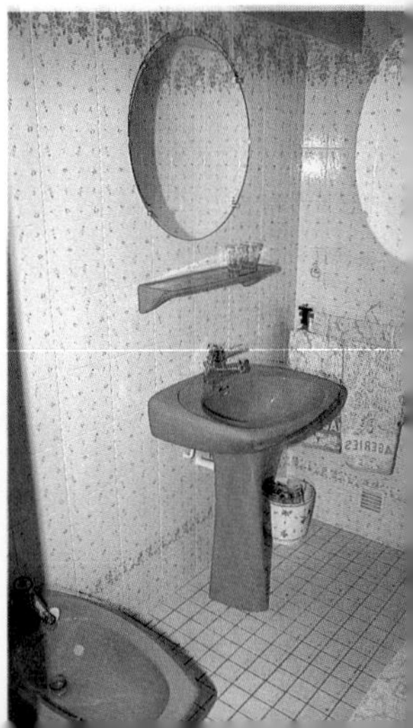

On utilise une serviette de toilette pour s'essuyer.

On se rase avec un rasoir.

4. Répondez aux questions d'après le vocabulaire de cette leçon.

1. Dans quelle sorte de magasin trouve-t-on des fauteuils, des canapés, des lampes, des lits et des tapis?
2. Qu'est-ce que les acteurs font avant une pièce?
3. Pour garder des boissons fraîches, où peut-on les mettre?
4. Qu'est-ce qu'on utilise pour écouter de la musique?
5. Dans quoi dort-on?
6. Dans quoi met-on ses habits?
7. Dans quoi prend-on un bain?
8. Qu'est-ce qu'on utilise pour se raser?

1. On en trouve dans un magasin de meubles.
2. Ils se maquillent et s'habillent.
3. On peut les mettre dans le réfrigérateur.
4. On utilise une chaîne stéréo.
5. On dort dans un lit.
6. On les met dans une armoire.
7. On prend un bain dans une baignoire.
8. On utilise un rasoir.

Structure et usage

le passé composé des verbes réfléchis

The **passé composé** of reflexive verbs is formed with **être**. The word order is:

> subject + reflexive pronoun + present tense of **être** + past participle

Here is the **passé composé** of **s'asseoir**. Note that the past participle agrees in gender and in number with the reflexive pronoun.

You may want to review past participles of reflexive verbs pointing out that most reflexive verbs end in **-er** and their past participles end in **-é.**

s'asseoir			
Je	**me suis**	**assis(e)** à côté d'Annette.	I sat down beside Annette.
Tu	**t' es**	**assis(e)**.	You sat down.
Il/Elle/On	**s' est**	**assis(e)** où?	He/She/They sat down where?
Nous	**nous sommes**	**assis(es)** dans un coin.	We sat down in a corner.
Vous	**vous êtes**	**assis(e)(s)** avec lui?	You sat down with him?
Ils/Elles	**se sont**	**assis(es)** ici.	They sat down here.

Have students repeat after you all these sentences. Be sure to differentiate the sounds of **assis** [asi] and **assise** [asiz].

In the **passé composé** the reflexive pronoun comes right before the form of **être**, whether the sentence is

* affirmative,

Elle **s'**est habillée. *She got dressed.*

* negative

Ils ne **se** sont jamais rasés. *They have never shaved.*

* or interrogative.

T'es-tu maquillée, Nadine? *Did you put on makeup, Nadine?*

The past participle of a reflexive verb agrees in gender and in number with the reflexive pronoun only if this pronoun is the direct object.

T'es-tu **reposée**, Mireille? *Did you rest, Mireille?*
Elles **se** sont déjà **coiffées**. *They've already fixed their hair.*

ATTENTION: If the direct object follows the verb and the reflexive pronoun is the indirect object, the past participle does not agree.

Nicole **s'**est **cassé** la jambe. *Nicole broke her leg.*
Ils **se** sont **lavé** les mains. *They washed their hands.*
Je ne **me** suis pas encore **brossé** les dents. *I haven't brushed my teeth yet.*

5. Nathalie se prépare toujours avant sa sœur Marie-France. Dites qu'elle a déjà fait ce que Marie-France fait.

MODÈLE: Marie-France se réveille.
Nathalie s'est déjà réveillée.

1. Marie-France se lève. Nathalie s'est déjà levée.
2. Marie-France se lave. Nathalie s'est déjà lavée.
3. Marie-France s'essuie. Nathalie s'est déjà essuyée.
4. Marie-France se brosse les dents. Nathalie s'est déjà brossé les dents.
5. Marie-France s'habille. Nathalie s'est déjà habillée.
6. Marie-France se maquille. Nathalie s'est déjà maquillée.
7. Marie-France se coiffe. Nathalie s'est déjà coiffée.
8. Marie-France s'assied à table. Nathalie s'est déjà assise à table.

(margin notes)
You might have students do some short exercises from affirmative to interrogative or negative like the following:
Modèles:
a) Vous vous êtes ennuyés.
   Vous êtes-vous ennuyés?
b) Je me suis dépêché(e).
   Je ne me suis jamais dépêché(e).

Wkbk. 4

Wkbk. 5

6. Vous êtes moniteur/monitrice dans un camp de vacances, et vous vous occupez des enfants. Demandez-leur s'ils ont déjà fait les choses suivantes.

Have students do this **Activité** again using inversion.
Modèle:
Vous êtes-vous levés?

MODÈLE:  **Vous vous êtes réveillés?**

1.

Vous vous êtes levés?

2.

Vous vous êtes lavés?

3.

Vous vous êtes essuyés?

4.

Vous vous êtes coiffés/brossé les cheveux?

5.

Vous vous êtes brossé les dents?

6.

Vous vous êtes habillés?

7.

Vous vous êtes couchés?

1. Non, nous ne nous sommes pas encore levés.
2. Non, nous ne nous sommes pas encore lavés.
3. Non, nous ne nous sommes pas encore essuyés.
4. Non, nous ne nous sommes pas encore coiffés/brossé les cheveux.
5. Non, nous ne nous sommes pas encore brossé les dents.
6. Non, nous ne nous sommes pas encore habillés.
7. Non, nous ne nous sommes pas encore couchés.

7. Refaites l'**Activité 6**. Répondez pour les enfants et dites qu'ils n'ont pas encore fait ces choses.

MODÈLE: Vous vous êtes réveillés?
Non, nous ne nous sommes pas encore réveillés.

8. Hervé veut savoir ce que les copains et vous avez fait pendant les vacances. Répondez-lui.

MODÈLE: Qu'est-ce que Camille a fait? (se coucher tôt)
Elle s'est couchée tôt.

1. Qu'est-ce que Christian a fait? (se lever tard)
2. Qu'est-ce que tu as fait? (se reposer)
3. Qu'est-ce que Solange et Valérie ont fait? (s'ennuyer)
4. Qu'est-ce que ton frère, ta sœur et toi avez fait? (s'occuper du jardin)
5. Qu'est-ce que Luc et Yves ont fait? (s'intéresser au Monopoly)
6. Qu'est-ce que Brigitte a fait? (se casser la jambe)
7. Qu'est-ce que Denise et Catherine ont fait? (s'asseoir tout l'après-midi)
8. Qu'est-ce que Raoul et toi avez fait? (s'amuser)

1. Il s'est levé tard.
2. Je me suis reposé(e).
3. Elles se sont ennuyées.
4. Nous nous sommes occupés du jardin.
5. Ils se sont intéressés au Monopoly.
6. Elle s'est cassé la jambe.
7. Elles se sont assises tout l'après-midi.
8. Nous nous sommes amusés.

les adverbes réguliers

You have already learned some adverbs with irregular forms, such as **beaucoup**, **déjà**, **souvent**, **surtout**, **toujours** and **aussi**. To form a regular adverb, take the feminine form of the related adjective and add -**ment** to it. (The -**ment** ending corresponds to -*ly* in English.)

feminine adjective + **-ment** = adverb

Adjective		Adverb	
Masculine	**Feminine**		
dernier	dernière	**dernièrement**	recently
difficile	difficile	**difficilement**	with difficulty
franc	franche	**franchement**	frankly
heureux	heureuse	**heureusement**	fortunately
incroyable	incroyable	**incroyablement**	incredibly
juste	juste	**justement**	exactly, precisely
malheureux	malheureuse	**malheureusement**	unfortunately
premier	première	**premièrement**	first (of all)
probable	probable	**probablement**	probably
seul	seule	**seulement**	only

Point out that the adjectives **franc**, **franche**, **juste** and **probable** are given in the chart here just to show students how the corresponding adverbs are formed. These adverbs have already been introduced as active vocabulary but the adjectives have not.

Wkbk. 6

Review the section on the position of adverbs in **Leçon 4**.

ATTENTION: Adverbs usually follow the verb in the present tense. Short, common adverbs come before the past participle in the **passé composé**. But there are exceptions to this rule.

* The adverbs **dernièrement**, **franchement**, **heureusement**, **justement**, **malheureusement** and **premièrement** may begin a sentence.

> **Franchement**, je ne te crois pas.
>
> *Frankly, I don't believe you.*

* The adverbs **dernièrement**, **franchement** and **premièrement** may also follow the past participle.

> Tu ne m'as pas parlé **franchement**.
>
> *You didn't speak to me frankly.*

Wkbk. 7

Mme Bernier a parlé franchement à sa voisine. (Nîmes)

Malheureusement, il pleut.

9. Complétez avec l'adverbe qui correspond à l'adjectif entre parenthèses.

1. Jean-François est allé à Saint-Malo___. (dernier)
2. Il pleut. ___, je ne dois pas sortir. (heureux)
3. ___, il faut faire ce travail. Ensuite, on peut s'amuser. (premier)
4. Je suis___un cours de maths. (seul)
5. ___, Marie-France n'a pas réussi en informatique. (malheureux)
6. Mon petit frère se lève___le matin. (difficile)
7. Jérémy joue___bien au tennis. (incroyable)

dernièrement

Heureusement

Premièrement

seulement

Malheureusement

difficilement

incroyablement

quelques adverbes irréguliers

A number of adverbs that end in **-ment** are not formed from the feminine adjective. Some of these adverbs are:

* **gentiment** (*nicely*), derived from the masculine singular adjective **gentil** minus the **l**.

   On nous a **gentiment** parlé.   *They spoke to us nicely.*

* **énormément** (*enormously*), that adds an **accent aigu** over the **e** before the **-ment** ending.

   Nous avons **énormément** appris.   *We learned a lot.*

* **vraiment** (*really*), derived from the masculine singular adjective **vrai** ending in **-i**.

   Je me suis **vraiment** dépêché.   *I really hurried.*

* **méchamment** (*meanly*) and **suffisamment** (*enough, sufficiently*), derived from the masculine singular adjectives **méchant** and **suffisant** ending in **-ant**.

   Ils ont **suffisamment** dormi.   *They have slept enough.*

* **différemment** (*differently*) and **évidemment** (*evidently, obviously*), derived from the masculine singular adjectives **différent** and **évident** ending in **-ent**.

   Évidemment, tu n'en sais rien.   *Obviously, you know nothing about it.*

En France l'essence (*gas*)
coûte très cher. (Les Mureaux)

The adjective **bas**, **basse** is not introduced as active vocabulary. It is mentioned only to show how the corresponding adverb is formed.

Some other adverbs simply use the masculine form of their related adjectives, such as **bas** (*low, in a low voice*), **cher** (*a lot*), **dur** (*hard*) and **fort** (*loudly, in a loud voice*).

Ne parle pas **fort**. Parle **bas**.	*Don't speak loudly. Speak in a low voice.*
Ça m'a coûté **cher**.	*That cost me a lot.*
J'ai travaillé **dur**.	*I worked hard.*

ATTENTION: Most of these -**ment** adverbs come before the past participle in the **passé composé**.

Tu m'as **vraiment** étonné.　　*You really surprised me.*

Remind students that the irregular adverb **vite** (*fast, quickly*) does not have the -**ment** ending.

However, a few short adverbs like **bas**, **cher**, **dur**, **fort** and **vite**, as well as **différemment**, follow the past participle.

Wkbk. 8

Il s'est habillé **différemment**.　*He dressed differently.*

10. Sandra, une jeune Américaine, vous pose des questions sur votre vie au lycée. Répondez-lui affirmativement en employant l'adverbe entre parenthèses.

MODÈLE:　Tu travailles pour tes cours? (dur)
Oui, je travaille dur pour mes cours.

Ils font suffisamment du sport. (Hasparren)

1. On peut parler en classe? (bas)
2. On chante en cours de français? (fort)
3. Il faut toujours répondre aux profs? (gentiment)
4. On sort après les cours? (vite)
5. Tu fais du sport? (suffisamment)
6. On danse aux boums? (énormément)
7. On s'amuse bien? (vraiment)

1. Oui, on peut parler bas.
2. Oui, on chante fort.
3. Oui, il faut toujours leur répondre gentiment.
4. Oui, on sort vite après les cours.
5. Oui, j'en fais suffisamment.
6. Oui, on y danse énormément.
7. Oui, on s'amuse vraiment bien.

11. Complétez chaque mini-dialogue avec un adverbe convenable. Chaque adverbe doit correspondre à un des adjectifs de la liste qui suit. Soyez logique.

évident	incroyable	seul
fort	malheureux	dur
heureux	mauvais	cher

MODÈLE: —On achète ce jean?
—Oui, il est___bon marché.
—Oui, il est incroyablement bon marché.

1. —Éric est méchant.
   —C'est vrai. Il nous répond toujours___.   *mal*

2. —Cette fille a beaucoup d'amies?
   —Non, elle en a___deux.   *seulement*

3. —Vous ne m'entendez pas, Monsieur?
   —Non, parlez plus___, s'il vous plaît.   *fort*

4. —Je voudrais m'essuyer.
   —___, il n'y a pas de serviette de toilette.   *Malheureusement*

5. —La vie n'est pas facile à la campagne.
   —Tu as raison. Il faut travailler___.   *dur*

6. —Gérard s'est cassé la jambe.
   —___, il a un ascenseur dans son immeuble.   *Heureusement*

7. —Notre nouveau réfrigérateur est formidable.
   —Oui, mais il a coûté trop___.   *cher*

8. —David s'est levé à quatre heures ce matin.
   —___, il est fatigué aujourd'hui.   *Évidemment*

le comparatif des adverbes

To make comparisons with adverbs, use the following constructions:

plus (*more*)	+	adverb	+	**que** (*than*)
moins (*less*)	+	adverb	+	**que** (*than*)
aussi (*as*)	+	adverb	+	**que** (*as*)

Est-ce qu'il conduit plus vite que vous?

Tu conduis **plus lentement que** moi.
Je cours **moins vite que** toi.
Elle s'est levée **aussi tôt que** vous.

You drive more slowly than I.
I run less fast than you.
She got up as early as you.

The adverb **bien** (*well*) has the irregular comparative form **mieux** (*better*).

Il danse bien, mais elle danse **mieux**.

He dances well, but she dances better.

Il va **mieux** aujourd'hui.

He's (feeling) better today.

Note the adverbs that are the opposites of **bien** and **mieux.**

bien	≠	mal
mieux	≠	{ plus mal moins bien

Wkbk. 9, Wkbk. 10, Wkbk. 11

Est-ce que j'écris **mieux** ou **moins bien** qu'eux?

Do I write better or not as well as they?

ATTENTION: Be careful to distinguish adverbs from adjectives. Remember that adjectives describe nouns and pronouns, and adverbs describe verbs, adjectives and other adverbs.

You might ask students if they would use **bon(ne)**, **bien**, **mauvais(e)**, **mal**, **meilleur(e)** or **mieux** in the following sentences:
1. That cake is good.
2. You're doing well.
3. The party was bad.
4. She sang poorly.
5. We're feeling better today.
6. This stereo is better than that one.

Adjective	Adverb
bon, bonne	bien
meilleur(e)	mieux
mauvais(e)	mal

C'est un **bon** chanteur. Il chante **bien**.

He's a good singer. He sings well.

Ce stylo-ci est **meilleur** que l'autre. Il écrit **mieux**.

This pen is better than the other. It writes better.

Cette chaîne stéréo est **mauvaise**. Elle marche **mal**.

This stereo is bad. It works badly.

Wkbk. 12

Ce stylo-ci écrit bien.

Cette chaîne stéréo est bonne. Elle marche bien. (Verneuil-sur-Seine)

Nassira travaille plus dur que son voisin.

12. Olivier se compare toujours à sa sœur et pense qu'elle fait tout mieux. Dites ce qu'il dit.

    MODÈLE: travailler / dur
            Je travaille dur, mais elle travaille plus dur que moi.

1. se lever / tôt   Je me lève tôt, mais elle se lève plus tôt que moi.
2. courir / vite   Je cours vite, mais elle court plus vite que moi.
3. parler / gentiment   Je parle gentiment, mais elle parle plus gentiment que moi.
4. répondre / souvent   Je réponds souvent, mais elle répond plus souvent que moi.
5. étudier / longtemps   J'étudie longtemps, mais elle étudie plus longtemps que moi.
6. parler / franchement   Je parle franchement, mais elle parle plus franchement que moi.
7. danser / bien   Je danse bien, mais elle danse mieux que moi.

13. Comme vous êtes gentil(le), vous dites à Olivier qu'au contraire, sa sœur fait tout moins bien que lui.

    MODÈLE: Elle travaille plus dur que moi.
            Mais non, elle travaille moins dur que toi.

1. Elle se lève plus tôt que moi.   Mais non, elle se lève moins tôt que toi.
2. Elle court plus vite que moi.   Mais non, elle court moins vite que toi.
3. Elle parle plus gentiment que moi.   Mais non, elle parle moins gentiment que toi.
4. Elle répond plus souvent que moi.   Mais non, elle répond moins souvent que toi.
5. Elle étudie plus longtemps que moi.   Mais non, elle étudie moins longtemps que toi.
6. Elle parle plus franchement que moi.   Mais non, elle parle moins franchement que toi.
7. Elle danse mieux que moi.   Mais non, elle danse moins bien que toi.

Nadège écrit plus
longtemps que son frère.
(Verneuil-sur-Seine)

14. Olivier change d'avis. Maintenant il dit qu'il veut seulement faire comme sa sœur. Dites ce qu'il dit.

1. Je veux seulement me lever aussi tôt qu'elle.
2. Je veux seulement courir aussi vite qu'elle.
3. Je veux seulement parler aussi gentiment qu'elle.
4. Je veux seulement répondre aussi souvent qu'elle.
5. Je veux seulement étudier aussi longtemps qu'elle.
6. Je veux seulement parler aussi franchement qu'elle.
7. Je veux seulement danser aussi bien qu'elle.

MODÈLE: Mais non, elle travaille moins dur que toi.
Je veux seulement travailler aussi dur qu'elle.

1. Mais non, elle se lève moins tôt que toi.
2. Mais non, elle court moins vite que toi.
3. Mais non, elle parle moins gentiment que toi.
4. Mais non, elle répond moins souvent que toi.
5. Mais non, elle étudie moins longtemps que toi.
6. Mais non, elle parle moins franchement que toi.
7. Mais non, elle danse moins bien que toi.

15. Vous vous disputez toujours avec votre cousine Monique. Répondez-lui selon les indications suivantes:

1. Non, il parle aussi fort que Bernard.
2. Non, elle s'habille plus mal que Rosine.
3. Non, il conduit moins lentement que sa femme.
4. Non, il danse plus souvent que Denise.
5. Non, il s'occupe moins bien de son frère que Pauline.
6. Non, elle se repose aussi longtemps que toi.
7. Non, elle fait mieux la cuisine que sa mère.

+ = **plus que**   – = **moins que**   = = **aussi que**

MODÈLE: Marie court plus vite que Gisèle. (–)
Non, elle court moins vite que Gisèle.

1. Stéphane parle plus fort que Bernard. (=)
2. Mireille s'habille aussi mal que Rosine. (+)
3. M. Turpin conduit plus lentement que sa femme. (–)
4. Daniel danse moins souvent que Denise. (+)
5. Martin s'occupe mieux de son frère que Pauline. (–)
6. Claudine se repose moins longtemps que moi. (=)
7. Colette fait moins bien la cuisine que sa mère. (+)

La voiture rouge va plus vite
que les autres. (Paris)

Benoît joue très bien au foot.
(Verneuil-sur-Seine)

16. Robert, un jeune Américain, suit un cours de français. Aidez-le à compléter les phrases en employant la forme convenable du mot dans la liste qui suit.

bon	mieux	mal
bien	meilleur	mauvais

MODÈLE: Robert a posé une___question.
Robert a posé une bonne question.

1. Le fauteuil du salon est___que le canapé.   *meilleur*
2. Ma mère joue___aux cartes. Elle perd toujours.   *mal*
3. Mon frère joue très___au foot. Il gagne souvent.   *bien*
4. Ces cerises sont très___. Je les adore.   *bonnes*
5. Est-ce que vous vous êtes___amusés à la boum?   *bien*
6. Joseph danse très___. Il danse comme un pied.   *mal*
7. Je suis bien triste. J'ai eu une___note en maths.   *mauvaise*
8. J'ai eu 17 en français. Paul a eu 15. J'ai fait___que lui.   *mieux*

le participe présent

The present participle is a verb form whose ending in English corresponds to *-ing*. To form it, drop the **-ons** of the present tense **nous** form and add the ending **-ant**.

Present Participle			
danser	nous **dans**ons	**dansant**	dancing
finir	nous **finiss**ons	**finissant**	finishing
perdre	nous **perd**ons	**perdant**	losing
commencer	nous **commenç**ons	**commençant**	beginning
manger	nous **mange**ons	**mangeant**	eating
dire	nous **dis**ons	**disant**	saying
faire	nous **fais**ons	**faisant**	doing, making
servir	nous **serv**ons	**servant**	serving

Constantin nous regarde en mangeant une poire.

You might have students practice giving the present participles of **choisir**, **partir**, **dormir**, **nourrir**, **réussir**, **offrir**, **construire** and **courir**.

Only the verbs **avoir**, **être** and **savoir** have irregular present participles.

Present Participle		
avoir	**ayant**	having
être	**étant**	being
savoir	**sachant**	knowing (how)

The present participle generally follows the preposition **en** (*while, by, upon, on*). **En** means "while," "upon" or "on" if the present participle expresses two simultaneous actions.

Elle a laissé un mot **en sortant**.   *She left a note upon leaving.*
En faisant cela, j'oublie tout.   *While doing that, I forget everything.*

The preposition **en** means "by" if the present participle expresses a cause and effect relationship.

En lisant, on apprend beaucoup.   *By reading, you learn a lot.*
Tu as gagné de l'argent **en travaillant.**   *You earned money by working.*

Elle apprend beaucoup en lisant. (Paris)

The reflexive pronoun with a present participle refers to the subject.

En **me** rasant, j'écoute la radio.   *While shaving, I listen to the radio.*
Vous m'aidez en **vous** occupant des boissons.   *You're helping me by taking care of the drinks.*

Les enfants s'amusent
en apprenant à faire du
ski. (Cauterets)

17. Votre petite sœur est très curieuse. Répondez à ses questions.

MODÈLE: Comment Elvis Presley a-t-il gagné tout son argent?
(chanter)
Il a gagné tout son argent en chantant.

1. Comment Céline et Hélène sont-elles arrivées à l'heure? (se dépêcher)
2. Comment est-ce que j'ai eu beaucoup de cadeaux? (être gentille)
3. Comment est-ce que tu as eu 20 en maths? (savoir toutes les réponses)
4. Comment Élodie a-t-elle répondu? (dire la vérité)
5. Comment Christiane et Jean-Marie ont-ils réussi? (avoir beaucoup de chance)
6. Comment Tanguy s'est-il cassé la jambe? (jouer au foot)
7. Comment Chantal et toi êtes-vous tombé(e)s? (faire du ski)
8. Comment te reposes-tu? (s'asseoir dans un fauteuil)

1. Elles sont arrivées à l'heure en se dépêchant.
2. Tu as eu beaucoup de cadeaux en étant gentille.
3. J'ai eu 20 en maths en sachant toutes les réponses.
4. Elle a répondu en disant la vérité.
5. Ils ont réussi en ayant beaucoup de chance.
6. Il s'est cassé la jambe en jouant au foot.
7. Nous sommes tombé(e)s en faisant du ski.
8. Je me repose en m'asseyant dans un fauteuil.

18. Hier soir les personnes suivantes ont fait quelque chose en faisant autre chose. Dites ce qu'elles ont fait.

MODÈLE: Philippe / s'habiller / écouter la radio
Philippe s'est habillé en écoutant la radio.

1. Virginie et Brigitte / étudier / manger
2. tu / se coiffer / se regarder dans la glace
3. nous / parler / se raser
4. Pierre / tomber malade / boire quelque chose
5. vous / écouter une cassette / lire
6. Mélanie / devenir folle / voir les nouveaux habits
7. les garçons / se dépêcher / écrire
8. je / chanter / prendre une douche

1. Virginie et Brigitte ont étudié en mangeant.
2. Tu t'es coiffé(e) en te regardant dans la glace.
3. Nous avons parlé en nous rasant.
4. Pierre est tombé malade en buvant quelque chose.
5. Vous avez écouté une cassette en lisant.
6. Mélanie est devenue folle en voyant les nouveaux habits.
7. Les garçons se sont dépêchés en écrivant.
8. J'ai chanté en prenant une douche.

19. Comment dit-on en français?

This is an optional activity.

Nadine et Corinne se préparent.

CORINNE:	Why do I always have to wait for you, Nadine? Hurry (up)!	*Pourquoi est-ce que je dois toujours t'attendre, Nadine? Dépêche-toi!*
NADINE:	Oh, you always get dressed faster than I (do). I am hurrying, but I can't find my comb.	*Oh, tu t'habilles toujours plus vite que moi. Je me dépêche, mais je ne peux pas trouver mon peigne.*
CORINNE:	Where did you leave it?	*Où l'as-tu laissé?*
NADINE:	I put it on the bed while going to the shower.	*Je l'ai mis sur le lit en allant à la douche.*
CORINNE:	Look, there it is under your towel with your bath mitt.	*Regarde, le voilà sous ta serviette avec ton gant de toilette.*
NADINE:	Great, now I can finish getting ready.	*Super, maintenant je peux finir de me préparer.*
CORINNE:	Have you already put on (your) makeup?	*Est-ce que tu t'es déjà maquillée?*
NADINE:	Yes, with difficulty. You know, I broke my finger last week while moving, and...	*Oui, difficilement. Tu sais, je me suis cassé le doigt la semaine dernière en déménageant, et...*
CORINNE:	Yes, I know the whole story. Unfortunately, we're going to be late for the party.	*Oui, je connais toute l'histoire. Malheureusement, on va être en retard pour la boum.*

Rédaction

Écrivez deux paragraphes où vous racontez au passé composé une journée intéressante que vous avez passée dernièrement. Dites ce que vous avez fait ou ce qui vous est arrivé du matin quand vous vous êtes réveillé(e) jusqu'au soir quand vous vous êtes couché(e). Essayez d'utiliser surtout les verbes réfléchis et les nouvelles expressions de cette leçon-ci.

Lecture

Nadine découvre la Bretagne.[1]

Nadine et ses parents, qui se sont installés à Saint-Malo, viennent de La Rochelle.[2] Nadine a promis d'écrire une longue lettre à son amie Cécile qui est restée à La Rochelle. Justement, elle a mille choses à lui dire.

La Rochelle est une ville sur l'océan Atlantique.

Chère Cécile,

Comment vas-tu? Tu passes toujours par le port en revenant de l'école? J'espère que tu ne t'ennuies pas trop sans moi. Heureusement, tu as les copines. Moi, ça va. J'aime énormément la Bretagne qui est un pays intéressant et mystique avec sa côte irrégulière, ses falaises° rouges, cliffs roses et grises, ses vieilles cathédrales, ses mille églises, sa langue celtique, ses menhirs, ses habits pittoresques et ses fêtes folkloriques. Enfin, je la découvre lentement.

La Rochelle est aussi un port de pêche très important.

Aimez-vous les fêtes folkloriques? (Dinan)

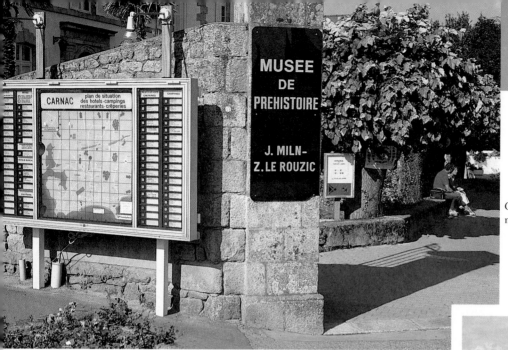

Carnac est connu pour son
musée préhistorique.

*La semaine dernière je suis allée à
Carnac avec mes parents. Tu sais,
Carnac est très connu°* pour ses
*menhirs qui sont des monuments
composés° d'une très grosse pierre°
verticale.³ Je vais t'envoyer des
photos.*

known

composed/
stone

Il y a plus de 3,000 menhirs à Carnac.

Les menhirs datent de 3,000 ans avant Jésus-Christ. (Carnac)

CARNAC
OFFICE DE TOURISME DE CARNAC
BP 65
56340 CARNAC
TEL 97.52.13.52

Le Mont-Saint-Michel offre
beaucoup de choses à voir.

Maintenant parlons de choses sérieuses. Le week-end dernier je suis allée à une boum chez Sandrine Guibé, une copine du lycée. J'y ai rencontré Alban Lahennec, un garçon super. Il est grand, beau, intelligent et très sympa. En effet, c'était° le bon copain de Sandrine, mais maintenant elle s'intéresse plus

he was

à Tanguy, un autre copain. Hier Alban m'a invitée à aller au Mont-Saint-Michel, une des merveilles° du monde. Comme ce n'est pas très loin de Saint-Malo, mes parents m'ont permis d'y aller. Nous nous sommes bien amusés. Nous sommes partis très tôt le matin, et nous sommes arrivés à 9 heures.

wonders

Le Mont-Saint-Michel, une des merveilles du monde

L'abbaye du Mont-Saint-Michel
est de style gothique.

Tu sais, on a construit sur cette petite île une église romane° au 11ème siècle° et plus tard, aux 13ème et 14ème siècles, une abbaye° gothique. Nous sommes montés à l'abbaye par la Grande-Rue qui est pittoresque et très animée° avec les touristes, les marchands de souvenirs et les crêperies. J'ai trouvé très intéressants la visite de l'abbaye et surtout le contraste entre° l'art roman et l'art gothique. De là, la baie° du Mont-Saint-Michel est incroyablement belle.

Romanesque/century

abbey

busy

between

bay

Il y a toujours beaucoup de touristes dans la Grande-Rue. (Mont-Saint-Michel)

De l'abbaye on peut voir la baie du Mont-Saint-Michel.

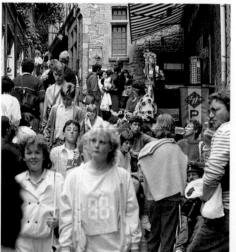

SPÉCIALITÉS DE CREPES
Crêpe biniou (pommes + caramel) . . . .
Crêpe exotique (ananas et chantilly) . . . .
Crêpe corsaire (fraises selon saison, chantilly)
Crêpe Belle Hélène (glace vanille, 1/2 poire, chocolat chaud, chantilly, amandes grillées)
Crêpe Melba (glace vanille, 1/2 pêche, sirop de groseille, chantilly, amandes grillées)
Crêpe pralinette (glace praliné + caramel) . . . .

Avez-vous jamais mangé une crêpe?
(Mont-Saint-Michel)

La ville de Dinan se trouve près de Saint-Malo.

Après la visite nous avons suivi les remparts° et puis nous sommes descendus par la Grande-Rue. Là, Alban m'a invitée à manger des crêpes. J'en ai pris deux, une à la confiture et une au sucre.⁴ Justement, les crêpes sont une spécialité de la Bretagne.   city walls

Demain je vais à Rennes avec Maman pour faire des courses. Rennes, qui est la capitale de la Bretagne, date du 14ème siècle. Écris-moi vite et dis-moi toutes les nouvelles° des copains.   news

Grosses bises.°   kisses

Ton amie,

Nadine

P.S. Alban a proposé de m'emmener à Dinan⁵ la semaine prochaine.

Wkbk. 15

Les bâtiments à Dinan sont très pittoresques.

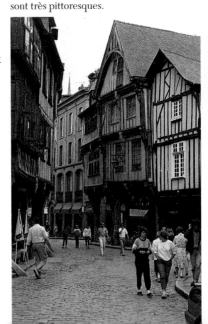

Notes culturelles

1. Brittany (**la Bretagne**) is the westernmost province in France, and Rennes is its principal city. It used to have close commercial, cultural and linguistic ties with Wales in Great Britain. In fact, the French word for "Britain" is **Bretagne**, and during the Middle Ages French-speaking Brittany used to be called **la Petite-Bretagne**, while English-speaking Great Britain was and still is **la Grande-Bretagne**.

2. La Rochelle is a beautiful old seaport on the Atlantic coast of France between the mouth of the Gironde and Brittany. Historically it was important during the Hundred Years War with England (1337-1453).

La Rochelle is in the Poitou-Charentes region of western France.

3. A small village of 4,000 located on the southern coast of Brittany, Carnac is famous for its numerous, neatly aligned stone monuments. In the vicinity there are more than 3,000 of them, some weighing up to 350 tons. Besides menhirs, there are also dolmens. They resemble a table with a huge horizontal stone resting on vertical ones. It is believed that these monuments that attract so many tourists to Carnac were erected about 3,000 B.C. by a prehistoric people much like the Druids who built the famous monuments at Stonehenge in England.

Menhirs can be more than seven meters high. (Carnac)

4. French **crêpes** are somewhat like American pancakes but are very thin. The French do not put syrup on them. They normally prefer fillings like sugar or jam. A liqueur may be sprinkled on the **crêpe** which is then set ablaze before serving. These **crêpes** are called **crêpes flambées**. A well-known **flambée** dessert is **crêpes Suzette**.

5. Dinan, near Saint-Malo, is one of Brittany's most picturesque and frequently visited old towns.

The waiter is about to light these **crêpes** sprinkled with liqueur to create a **dessert flambé**. (Saint-Malo)

Le Mont-Saint-Michel se trouve sur une petite île.

1. Ils ont déménagé à Saint-Malo.
2. Ils viennent de La Rochelle.
3. Parce que c'est un pays intéressant et mystique.
4. On les trouve à Carnac.
5. Elle s'intéresse à Alban.
6. Ils sont allés au Mont-Saint-Michel.
7. Il se trouve sur une petite île.
8. Elle est pittoresque et animée.
9. Elle en a mangé trois.
10. Ils y mettent du sucre ou de la confiture.
11. Elle va à Rennes.

Répondez en français. Utilisez des pronoms si possible.

1. Où Nadine et ses parents ont-ils déménagé?
2. D'où viennent-ils?
3. Pourquoi Nadine aime-t-elle la Bretagne?
4. Où trouve-t-on les menhirs?
5. À qui est-ce que Nadine s'intéresse maintenant?
6. Où Alban et Nadine sont-ils allés?
7. Où se trouve le Mont-Saint-Michel?
8. Comment est la rue qui monte à l'abbaye?
9. Combien de crêpes Nadine a-t-elle mangées?
10. D'habitude, qu'est-ce que les Français mettent dans leurs crêpes?
11. Où Nadine va-t-elle faire des courses?

Proverbe

There is no exact English equivalent of this proverb, but it suggests that if you try something you'll like it, or the more you have the more you want.

L'appétit vient en mangeant.

Interaction et application pratique

À deux

1. Take turns with your partner telling each other about a party you attended recently. Mention what you did to get ready for the party, with whom you went, where the party was, when you arrived, what you did, what they served, how much fun you had and when you left. Use only expressions you have learned so far. Then tell the class something about the party your partner attended.

   MODÈLE: **Pour me préparer j'ai pris une douche, je me suis rasé....**

La télé est dans le séjour.
(Verneuil-sur-Seine)

2. With your partner take turns describing the various rooms in the house or apartment where you live. Tell all you can about the different things and pieces of furniture in them. Use adjectives of color wherever possible. Then tell the class about one of the rooms in your partner's house or apartment.

3. Take turns with your partner telling each other what you did this morning from the time you woke up until the time you left for school. Relate these activities in chronological order. Use all the reflexive verbs you can, those from this lesson as well as those previously introduced. After each of you has told your schedule, compare in which order you did these activities.

   MODÈLE: **Premièrement, je me suis réveillé(e) à six heures et demie.**

4. With your partner take turns forming sentences using adverbs with **plus... que** or **moins...que**, or using **mieux que**. In these sentences compare how two people that you know do certain things. Then tell the class two or three sentences that your partner has said.

   MODÈLE: **En français tu parles plus vite que moi.**

Les lycéens parlent
beaucoup en
partant de l'école.
(Verneuil-sur-Seine)

5. Take turns with your partner telling each other what happened to you, what you did or what you observed recently while you were doing something else. You will use a present participle and a verb in the **passé composé** in each sentence. Then tell the class several things that your partner has told you.

MODÈLE: **Lundi dernier, en allant à l'école, je suis tombé(e) dans la rue.**

En groupes

6. In a group of five people, each person will whisper a secret twice to the person on the right who whispers it twice to the next person, etc. This secret should contain as many words as possible. The last person to hear the sentence can write it on a transparency. Repeat this procedure four more times until each group member has begun one sentence. At the end the whole class can read and correct together the sentences from each group on the overhead and see which secret is the longest.

MODÈLE: **Je n'ai pas étudié suffisamment pour le dernier contrôle de français.**

7. See how many different completions your group can think of for each of the following sentences. Alternate the present tense and the **passé composé** in your sentences. Have some person from the group list the possible completions on a transparency. Do one sentence at a time, spending not more than one minute on each sentence. Afterwards several transparencies can be put on the overhead for all to correct.

　1. Évidemment,___.
　2. Malheureusement,___.
　3. Heureusement,___.
　4. Dernièrement,___.
　5. Nous n'avons pas suffisamment___.
　6. Franchement,___.

8. With others in your group see how many original French sayings you can come up with that tell what one accomplishes by doing something else. Then compare your list with those from other groups to see which group has the most interesting and best sentences.

MODÈLE: **C'est en étant sympa qu'on arrive à faire des amis.**

Vocabulaire actif

noms

une **armoire**   wardrobe
un **ascenseur**   elevator
une **baignoire**   bathtub
un **bain**   bath
une **boisson**   drink, beverage
une **boum**   party
une **brosse**   brush
un **canapé**   couch, sofa
une **chaîne stéréo**   stereo
une **cuisinière**   stove
un **doigt**   finger
un **doigt de pied**   toe
une **douche**   shower

un **fauteuil**   armchair
un **gant de toilette**   bath mitt
une **lampe**   lamp
un **lit**   bed
des **meubles (m.)**   furniture
un **mot**   note, word
un **peigne**   comb
un **rasoir**   razor
un **réfrigérateur (frigo)**   refrigerator
un **sandwich**   sandwich
le **savon**   soap
une **serviette (de toilette)**   towel
un **tapis**   rug

adjectifs

évident(e)   evident, obvious
incroyable   unbelievable
malheureux, malheureuse   unhappy

méchant(e)   mean
suffisant(e)   enough, sufficient

verbes

arranger   to arrange
se casser   to break
se coiffer   to fix one's hair
déménager   to move
se dépêcher   to hurry
s'essuyer   to dry oneself
s'habiller   to get dressed
s'intéresser à   to be interested in

lieu: avoir lieu   to take place
se maquiller   to put on makeup
s'occuper de   to take care of
se préparer   to get ready
se raser   to shave
servir   to serve
toilette: faire sa toilette   to wash up

expressions diverses

bas   (in a) low (voice)
C'est tout aussi bien.   It's just as well.
cher: coûter cher   to cost a lot
dernièrement   recently
différemment   differently
difficilement   with difficulty
dur   hard
en   on, upon, while
évidemment   evidently, obviously

fort   loudly, in a loud voice
gentiment   nicely
heureusement   fortunately
incroyablement   incredibly
malheureusement   unfortunately
méchamment   meanly
premièrement   first (of all)
suffisamment   enough, sufficiently

Sur la route des châteaux

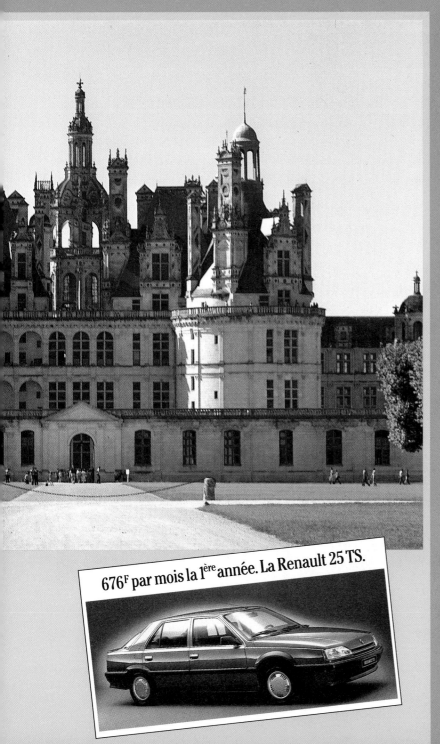

676F par mois la 1ère année. La Renault 25 TS.

Leçon 11

Communicative Functions

- talking about driving on the highway
- naming the parts of a car
- telling what services you need at a gas station
- asking for information
- comparing people and things using the superlative
- describing Versailles and the castles of the Loire

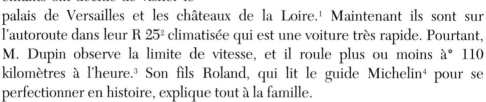

Les Dupin ont une R 25 climatisée.

Une panne sur l'autoroute

All words in the dialogue are active vocabulary.

M. et Mme Dupin et leurs enfants ont décidé de visiter le palais de Versailles et les châteaux de la Loire.[1] Maintenant ils sont sur l'autoroute dans leur R 25[2] climatisée qui est une voiture très rapide. Pourtant, M. Dupin observe la limite de vitesse, et il roule plus ou moins à* 110 kilomètres à l'heure.[3] Son fils Roland, qui lit le guide Michelin[4] pour se perfectionner en histoire, explique tout à la famille.

Point out that the verb **observer** is pronounced [ɔpsɛrve].

ROLAND: Chenonceaux,[5] qui date du 16ème siècle et qui est un des châteaux les plus originaux de la Touraine,[6] reçoit chaque année beaucoup de touristes. Mon prof d'histoire a dit que ce sont des femmes qui l'ont créé, que c'est une vraie beauté, et...

MME DUPIN: Un moment, Roland. Jacques, j'espère que nous sommes sur la bonne** route.

M. DUPIN: Bien sûr, je te l'ai déjà dit. Et bientôt on va la quitter. Regarde le plan que je t'ai dessiné, et...

MME DUPIN: Oh là là! Jacques, regarde! Tu n'as presque plus d'essence.

M. DUPIN: Ne t'inquiète pas. Je peux rouler encore cinquante kilomètres avec l'essence qui reste.

The verb **s'inquiéter** has spelling changes like those in the verb **espérer**.

Le château de Chenonceaux ressemble à un pont.

*The preposition **à** (*at*) always comes before an indication of speed with the verb **rouler.** The word "at" may be omitted in English.

—**À** quelle vitesse roules-tu?   *At what speed /How fast are you driving?*
—**À** 100 kilomètres à l'heure.   *100 kilometers an hour.*

The adjective **bon, bonne is used to tell what is right. Use **mauvais(e)** to tell what is wrong.

C'est la **mauvaise** route.   *This is the wrong road.*

quelques minutes après

MÉLANIE: Qu'est-ce qui se passe, Papa? Est-ce que la limite de vitesse a changé?

M. DUPIN: Non, c'est toujours 110 à l'heure.

ADÈLE: Mais la voiture ralentit, et tout le monde nous dépasse. Plus vite, Papa.

M. DUPIN: Je ne peux pas. On tombe en panne. Je crois qu'on n'a plus d'essence.

ROLAND: Mais la jauge indique qu'il y en a toujours.

M. DUPIN: Évidemment, elle ne marche pas bien.

Wkbk. 1

Notes culturelles

1. The Loire River Valley (**le Val de Loire**) from the town of Gien to the city of Angers is famous for its rich variety of castles, especially those built in the sixteenth century. Some of them are on the Loire itself, and others are on its tributaries. (See the **Actualité culturelle** in this lesson for more specific information on these châteaux.)

2. The **R 25** is a **Renault 25**, a large passenger sedan made by Renault.

3. The speed limit on French highways is 110 kilometers per hour (**110 km/h**). This is equivalent to 68 miles an hour.

4. For anyone visiting France, the thirty-seven green handbooks or **guides** published by the Michelin tire company are probably the most comprehensive and up-to-date source of information. Each one has detailed descriptions of a particular region of the country.

5. The Chenonceaux castle is particularly interesting because it spans the Cher River like a bridge.

6. The province of Touraine lies between the provinces of Orléanais and Anjou. These provinces make up the Loire castle country. The capitals of Touraine, Orléanais and Anjou are Tours, Orléans and Angers, respectively. These cities are all on the Loire River.

Suggestion for realia: a green Michelin guide.

Aimez-vous la nouvelle Renault 25?

Compréhension

Répondez en français.

1. Elle va visiter le palais de Versailles et les châteaux de la Loire.
2. Ils ont une Renault 25.
3. Cent dix à l'heure.
4. Il explique tout à sa famille.
5. Il date du seizième siècle.
6. Non, il est sur la bonne route.
7. Il peut rouler encore cinquante kilomètres avec l'essence qui lui reste.
8. Parce qu'elle n'a plus d'essence.

1. Qu'est-ce que la famille Dupin va faire?
2. Quelle sorte de voiture les Dupin ont-ils?
3. Quelle est la limite de vitesse sur l'autoroute?
4. Qu'est-ce que Roland fait en lisant le guide Michelin?
5. De quel siècle date le château de Chenonceaux?
6. Est-ce que M. Dupin est sur la mauvaise route?
7. Selon M. Dupin, combien de kilomètres peut-il rouler avec l'essence qui lui reste?
8. Pourquoi est-ce que la voiture ralentit?

À propos

1. Avez-vous jamais visité un château? Où?
2. Avez-vous vu des photos des châteaux de la Loire?
3. Préférez-vous rouler sur les autoroutes ou les chemins? Pourquoi?
4. Qu'est-ce qui se passe quelquefois quand vous roulez trop vite en voiture?
5. Quand faut-il ralentir en voiture?
6. Quand vous inquiétez-vous?

Expansion

Solution is the passive vocabulary word in this **Expansion.**

au bord de l'autoroute

ADÈLE: Qui est-ce qui va nous aider?

MÉLANIE: Regardez, j'aperçois une station-service là-bas.

ROLAND: Moi, je pense que la meilleure solution est d'attendre.

MÉLANIE: Attendre? Mais pourquoi? Allons à la station-service et rapportons de l'essence.

Les autoroutes modernes encerclent Paris.

MME DUPIN: Dans quoi?

MÉLANIE: On n'a pas de bidon vide dans le coffre?

M. DUPIN: Non, malheureusement, je n'en ai pas mis parce que nous avons apporté trop de valises.

ADÈLE: Alors, il n'y a rien à faire.

M. DUPIN: Si, si, il y a certainement un téléphone S.O.S. près d'ici.

les parties de la voiture

Wkbk. 2

à la station-service

—Comment s'appelle la personne qui travaille à la station-service?
—C'est le ou la pompiste.
—Que fait-il?
—Il met de l'essence dans le réservoir,
ou il fait le plein.

le réservoir

Il vérifie l'huile.

Il vérifie l'air des pneus.

Il nettoie le pare-brise.

Wkbk. 3, Wkbk. 4

Il remplit d'essence un bidon.

un bidon plein   un bidon vide

—Et est-ce qu'on donne quelque chose au pompiste?
—Oui, d'habitude en France on lui donne un pourboire. Si on a deux ou
trois francs qui restent, on les lui donne.

Wkbk. 5

What services are available
at this **aire de repos**?

Note culturelle

On French highways there is always an
emergency telephone (**un téléphone
S.O.S.**) within easy walking distance.
There are also numerous rest areas
(**aires de repos**).

Activités

1. Répondez aux questions à votre façon d'après le vocabulaire de cette leçon. *Answers to this* **Activité** *will vary and do not appear here.*

1. Si vous conduisez, est-ce que vous observez toujours la limite de vitesse?
2. À quelle vitesse roule-t-on dans le quartier où vous habitez?
3. Connaissez-vous des gens qui dépassent souvent la limite de vitesse? Qui sont-ils?
4. Quand quelqu'un vous dépasse sur la route, êtes-vous content(e)? Que faites-vous?
5. Est-ce que vous roulez plus vite ou ralentissez pour les feux orange?
6. Est-ce que la voiture de votre famille tombe souvent en panne?
7. Allez-vous toujours à la même station-service?
8. À qui donnez-vous un pourboire?

Point out the color of French traffic lights that indicate caution.

These questions may be used for pair interviews. Students then record their partners' answers in complete sentences using the third person pronouns.

2. Corrigez les fautes en italique d'après l'**Expansion**.

1. La voiture des Dupin est tombée en panne sur *la N 10*.
2. Adèle veut savoir qui va les *remplir*.
3. Mélanie croit voir *un téléphone S.O.S.*
4. Roland pense qu'on doit *aller à une station-service*.
5. Mélanie dit qu'il faut rapporter *un guide*.
6. M. Dupin n'a pas mis *Roland* dans le coffre de la voiture.
7. Il n'y a pas de bidon dans le coffre parce qu'il y a trop de *pneus*.
8. D'habitude, on donne un *cadeau* au pompiste.

1. La voiture des Dupin est tombée en panne sur l'autoroute.
2. Adèle veut savoir qui va les aider.
3. Mélanie croit voir une station-service.
4. Roland pense qu'on doit attendre.
5. Mélanie dit qu'il faut rapporter de l'essence.
6. M. Dupin n'a pas mis de bidon vide dans le coffre.
7. Il n'y a pas de bidon dans le coffre parce qu'il y a trop de valises.
8. D'habitude, on donne un pourboire au pompiste.

Il y a un téléphone S.O.S. au bord de l'autoroute.

3. Jim, un Américain, n'arrive pas à identifier en français diverses parties de la voiture. Répondez à ses questions.

MODÈLE: Comment appelle-t-on la partie de la voiture où se trouvent les jauges?
On l'appelle le tableau de bord.

On l'appelle le siège.

On l'appelle la portière.

On l'appelle la vitre.

On l'appelle le pare-brise.

On l'appelle le coffre.

On l'appelle le réservoir.

On les appelle des jauges.

1. Comment appelle-t-on la partie où on s'assied?
2. Comment appelle-t-on la porte?
3. Comment appelle-t-on la fenêtre?
4. Comment appelle-t-on la vitre qui se trouve devant le chauffeur?
5. Comment appelle-t-on la partie de la voiture où on met d'habitude les valises ou un bidon d'essence?
6. Comment appelle-t-on la partie de la voiture où on met l'essence?
7. Comment appelle-t-on les choses au tableau de bord qui indiquent la vitesse et combien d'essence il y a?

4. Jim veut aussi d'autres renseignements. Répondez-lui d'après les images et le vocabulaire de cette leçon.

MODÈLE: Qu'est-ce que c'est?

C'est une station-service.

1. Quel est le métier de cette dame?

1. Elle est pompiste.

2. Qu'est-ce qu'elle met dans cette voiture?

2. Elle y met de l'essence.

3. Maintenant qu'est-ce qu'elle met dans cette voiture?

3. Elle y met de l'huile.

4. Qu'est-ce qu'elle fait maintenant?

4. Elle nettoie le pare-brise de la voiture.

5. Et qu'est-ce qu'elle nettoie aussi?

5. Elle nettoie aussi les phares.

6. Mais le client a déjà payé l'essence et l'huile. Qu'est-ce qu'il donne maintenant à la pompiste?

7. Quand on voyage, où met-on ses habits?

6. Évidemment, il lui donne un pourboire.

8. Qu'est-ce que c'est?

7. On les met dans une valise.

8. C'est un volant.

Structure et usage

le présent des verbes en *-cevoir*

A few verbs end in **-cevoir** in the present tense. Two of these verbs are **apercevoir** (*to see*) and **recevoir** (*to receive, to get*).

recevoir		
je **reçois**	Je **reçois** de bonnes notes.	I get good grades.
tu **reçois**	**Reçois**-tu des fleurs?	Do you receive flowers?
il/elle/on **reçoit**	Il ne **reçoit** plus d'argent.	He no longer gets money.
nous **recevons**	Nous **recevons** des clients.	We receive customers.
vous **recevez**	Vous **recevez** le journal?	Do you get the newspaper?
ils/elles **reçoivent**	Ils **reçoivent** leurs amis.	They receive their friends.

Have students repeat after you all these sentences.

ATTENTION: 1. Verbs ending in **-cevoir** have a cedilla under the **c** before an **o** or a **u** so that the sound remains [s] as it is in the infinitive.

Wkbk. 6

2. The past participles of **apercevoir** and **recevoir** are **aperçu** and **reçu**.

> **J'ai reçu** une contravention. *I got a traffic ticket.*
> On l'**a aperçu**. *We saw it.*

Wkbk. 7

5. De la fenêtre de votre classe on peut apercevoir beaucoup de choses. Dites ce qu'on aperçoit.

> MODÈLE: Mélanie / le stade
> **Mélanie aperçoit le stade.**

As a variation you might have students do this **Activité** again in the **passé composé**.

1. tu / la poste
2. Sophie et moi, nous / une station-service
3. moi, je / deux chiens
4. vous / une voiture en panne
5. Cédric et Lionel / l'autoroute
6. Louis / la maison de son oncle
7. Adèle et Claudine / une R 25
8. on / la bibliothèque

Tu aperçois la poste.
Sophie et moi, nous apercevons une station-service.
Moi, j'aperçois deux chiens.
Vous apercevez une voiture en panne.
Cédric et Lionel aperçoivent l'autoroute.
Louis aperçoit la maison de son oncle.
Adèle et Claudine aperçoivent une R 25.
On aperçoit la bibliothèque.

Qu'est-ce que vos grands-parents reçoivent
d'habitude pour leur anniversaire? (Nerigean)

6. Un ami veut savoir ce que les membres de votre
famille reçoivent d'habitude pour leur anniversaire.
Dites-le-lui.

MODÈLE: ma mère / des bijoux
D'habitude, elle reçoit des bijoux.

1. mes grands-parents / des romans — D'habitude, ils reçoivent des romans.
2. mon frère Daniel / des cassettes de Pink Floyd — D'habitude, il reçoit des cassettes de Pink Floyd.
3. mes sœurs / des habits — D'habitude, elles reçoivent des habits.
4. moi / de l'argent — D'habitude, je reçois de l'argent.
5. mes cousins / des livres — D'habitude, ils reçoivent des livres.
6. mon neveu et moi / des chaussettes — D'habitude, nous recevons des chaussettes.
7. mon père / du vin — D'habitude, il reçoit du vin.
8. ma petite sœur / des jouets — D'habitude, elle reçoit des jouets.

7. Cette année les membres de votre famille n'ont pas reçu les cadeaux
qu'ils reçoivent d'habitude. Dites ce qu'ils ont reçu cette année.

MODÈLE: ma mère / un parapluie
Cette année elle a reçu un parapluie.

1. mes grands-parents / des fleurs
2. mon frère Daniel / une cravate
3. mes sœurs / de l'argent
4. moi / un appareil-photo
5. mes cousins / rien
6. mon neveu et moi / des affiches
7. mon père / une canne à pêche
8. ma petite sœur / un vélo

1. Cette année ils ont reçu des fleurs.
2. Cette année il a reçu une cravate.
3. Cette année elles ont reçu de l'argent.
4. Cette année j'ai reçu un appareil-photo.
5. Cette année ils n'ont rien reçu.
6. Cette année nous avons reçu des affiches.
7. Cette année il a reçu une canne à pêche.
8. Cette année elle a reçu un vélo.

Cette fille va recevoir des fleurs.
(Verneuil-sur-Seine)

Qui est parti en vélo?

les pronoms interrogatifs sujets:
qui, qui est-ce qui, qu'est-ce qui

Interrogative pronouns ask for information. They may be used as subjects or objects. As the subject of a verb, use **qui** (*who*), **qui est-ce qui** (*who*) or **qu'est-ce qui** (*what*). Which one you use depends on if you are referring to a person or to a thing. **Qui** and **qui est-ce qui** refer only to a person. **Qu'est-ce qui** refers only to a thing.

Qui nous l'apporte?	*Who is bringing it to us?*
Qui est-ce qui a reçu une carte?	*Who received a card?*
Qu'est-ce qui se passe?	*What's happening?*

Qui and **qui est-ce qui** mean the same thing, but **qui** is used more frequently.

Qui va nous aider?
Qui est-ce qui va nous aider? } *Who is going to help us?*   Wkbk. 8

Be sure that students understand the differences between **qui est-ce qui** and **qu'est-ce qui**. Tell them that the **qu'** in **qu'est-ce qui** is a contraction of **que**. If an interrogative pronoun begins with **qui**, it asks about a person. If it begins with **que**, it asks about a thing.

8. Vous venez de faire un voyage. Maintenant dans la rue vous dites à Alain ce qui s'est passé pendant votre voyage. Comme il ne vous entend pas bien, il vous pose des questions avec **qui** ou **qu'est-ce qui**. Formulez ses questions.

    MODÈLE: Mes parents ne sont pas partis en vacances.
    Qui n'est pas parti en vacances?

1. Ma cousine a attrapé la grippe.   Qui a attrapé la grippe?
2. Ma voiture est tombée en panne.   Qu'est-ce qui est tombé en panne?
3. Un pompiste m'a aidé(e).   Qui t'a aidé(e)?
4. Mireille et Robert sont venus me voir.   Qui est venu te voir?
5. Ma guitare s'est cassée.   Qu'est-ce qui s'est cassé?
6. Mon frère a perdu ma guitare.   Qui a perdu ta guitare?
7. Mon appareil n'a pas bien marché.   Qu'est-ce qui n'a pas bien marché?
8. Le tennis m'a beaucoup plu.   Qu'est-ce qui t'a beaucoup plu?

Point out the use of the singular verb after these interrogative pronouns.

Les voitures en France peuvent aller beaucoup plus vite que les voitures aux États-Unis.

9. Maintenant Alain vous dit ce qui s'est passé pendant votre absence, mais vous ne l'entendez pas bien parce qu'il y a du bruit (*noise*). Demandez-lui de répéter ce qu'il a dit en utilisant **qui est-ce qui** ou **qu'est-ce qui**.

> MODÈLE: Une partie de l'autoroute est tombée dans la rivière.
> **Qu'est-ce qui est tombé dans la rivière?**

1. Qu'est-ce qui a changé ici?
2. Qui est-ce qui a commencé à travailler dans une station-service?
3. Qui est-ce qui a visité les châteaux de la Loire?
4. Qu'est-ce qui est arrivé de Genève?
5. Qui est-ce qui a reçu une montre pour son anniversaire?
6. Qu'est-ce qui a eu lieu?
7. Qu'est-ce qui est sorti?
8. Qui est-ce qui a déménagé?

1. La limite de vitesse a changé ici.
2. Charles a commencé à travailler dans une station-service.
3. Mes parents ont visité les châteaux de la Loire.
4. Une carte postale est arrivée de Genève.
5. Chantal a reçu une montre pour son anniversaire.
6. Trois concerts ont eu lieu.
7. Un nouveau film d'aventure est sorti.
8. Monique et sa famille ont déménagé.

Qu'est-ce qui a eu lieu le premier juillet? (Lyon)

Qu'est-ce qui vient de sortir? (Lyon)

les pronoms interrogatifs compléments directs: *qui, que (qu')*

There are also interrogative pronouns that are used as direct objects of the verb. They are **qui** (*whom*) and **que** (*what*). Which one you use depends on if you are referring to a person or to a thing. **Qui** refers to a person, and **que** refers to a thing. After these pronouns, invert the subject pronoun (except **je**) and the verb. Note that **que** becomes **qu'** before a verb beginning with a vowel sound.

Qui emmenez-vous à la boum?	*Whom are you taking along to the party?*
Que veulent-ils faire?	*What do they want to do?*
Qu'a-t-il vu?	*What did he see?*

If a noun subject is used with the object **que**, this noun subject follows the verb.

Que font ces gens-là?	*What are those people doing?*
Que reçoivent ces employés?	*What do those employees get?* Wkbk. 9

ATTENTION: To avoid inversion, add **est-ce que** after **qui** or **que**.

Qui est-ce que vous avez aperçu?	*Whom did you see?*
Qu'est-ce que tu lui as expliqué?	*What did you explain to her?*

The following chart will help you review the interrogative pronouns presented in this lesson.

	Subject	Object
People	qui qui est-ce qui	qui qui est-ce que
Things	qu'est-ce qui	que qu'est-ce que

Remind students that **qui** as a direct object means "whom." Used as a subject, it means "who."

Be sure students can distinguish **qu'est-ce qui** from **qui est-ce que**. Ask them which form they would use in the following sentences.
1. What interests you?
2. What indicates that I'm mistaken?
3. Whom did you notice?
4. What's bothering them?
5. Whom did she just leave?
6. Whom did you pass?

Be sure students can distinguish **qu'est-ce qui** from **qu'est-ce que**. Ask them which form they would use in the following sentences.
1. What are they serving?
2. What's so funny?
3. What happened yesterday?
4. What do you want?
5. What broke down?
6. What do you think of it?

To ask for a definition of something, use **qu'est-ce que** or **qu'est-ce que c'est que** before the term to be defined.
Modèle:
—**Qu'est-ce que c'est que la Seine?**
  What is the Seine?
—**C'est un fleuve important.**
  It's an important river.

Wkbk. 10

Qui le prof va-t-il aider?
(Verneuil-sur-Seine)

10. En vous parlant, Émilie se réfère souvent à quelqu'un. Essayez de savoir qui est ce "quelqu'un" en posant des questions avec **qui**.

MODÈLE: François emmène quelqu'un à la fête.
Qui emmène-t-il à la fête?

1. Stéphanie aperçoit quelqu'un.   Qui aperçoit-elle?
2. Jean voit quelqu'un à midi.   Qui voit-il à midi?
3. Marie et Louise reçoivent quelqu'un.   Qui reçoivent-elles?
4. Sylvie et moi, nous cherchons quelqu'un.   Qui cherchez-vous?
5. Je vais aider quelqu'un.   Qui vas-tu aider?
6. Marc et Philippe invitent quelqu'un.   Qui invitent-ils?
7. Élise et toi, vous devez trouver quelqu'un.   Qui devons-nous trouver?

1. Qui est-ce qu'elle aperçoit?
2. Qui est-ce qu'il voit à midi?
3. Qui est-ce qu'elles reçoivent?
4. Qui est-ce que vous cherchez?
5. Qui est-ce que tu vas aider?
6. Qui est-ce qu'ils invitent?
7. Qui est-ce que nous devons trouver?

11. Refaites l'**Activité 10** en utilisant **qui est-ce que**.

MODÈLE: François emmène quelqu'un à la fête.
Qui est-ce qu'il emmène à la fête?

12. Maintenant Émilie se réfère à quelque chose. Essayez de savoir quelle est cette "chose" en posant des questions avec **que**.

MODÈLE: Michèle fait quelque chose.
Que fait-elle?

1. J'entends quelque chose.   Qu'entends-tu?
2. Les filles indiquent quelque chose.   Qu'indiquent-elles?
3. Sylvie et moi, nous expliquons quelque chose.   Qu'expliquez-vous?
4. Les profs remplissent quelque chose.   Que remplissent-ils?
5. Cette dame-là reçoit quelque chose.   Que reçoit-elle?
6. Chantal et toi, vous apprenez quelque chose.   Qu'apprenons-nous?
7. Ce monsieur rapporte quelque chose.   Que rapporte-t-il?

1. Qu'est-ce que tu entends?
2. Qu'est-ce qu'elles indiquent?
3. Qu'est-ce que vous expliquez?
4. Qu'est-ce qu'ils remplissent?
5. Qu'est-ce qu'elle reçoit?
6. Qu'est-ce que nous apprenons?
7. Qu'est-ce qu'il rapporte?

13. Refaites l'**Activité 12** en utilisant **qu'est-ce que**.

MODÈLE: Michèle fait quelque chose.
Qu'est-ce qu'elle fait?

Que boivent-ils?

14. Vous êtes très curieux/curieuse. Quand votre sœur vous parle, vous voulez toujours savoir exactement de qui ou de quoi elle parle. Posez-lui des questions avec **qui** ou **que**.

MODÈLES: a) J'aperçois quelque chose.
Qu'aperçois-tu?

b) J'entends quelqu'un.
Qui entends-tu?

1. J'ai rencontré une amie hier.
2. Je veux prendre une boisson.
3. J'ai entendu un concert incroyable.
4. J'écoute une chanteuse belge.
5. J'ai acheté un cadeau d'anniversaire.
6. J'ai vu quelque chose.

Qui as-tu rencontré hier?
Que veux-tu prendre?
Qu'as-tu entendu?
Qui écoutes-tu?
Qu'as-tu acheté?
Qu'as-tu vu?

15. Solange raconte à Charles l'histoire d'un film qu'elle vient de voir. Complétez leur dialogue en utilisant **qui**, **qu'est-ce qui**, **qui est-ce que**, **que** ou **qu'est-ce que**.

SOLANGE:	Alors, Chabrier est arrivé à la station-service.	
CHARLES:	Alors, ___s'est passé?	qu'est-ce qui
SOLANGE:	Pas grand chose, mais tu sais que quelqu'un a vu sa photo dans le journal?	
CHARLES:	Ah bon? ___a vu sa photo?	Qui
SOLANGE:	Le pompiste, bien sûr.	
CHARLES:	Alors, ___a fait le pompiste?	qu'

Quel est le métier de cet homme?

SOLANGE:	Il a vite téléphoné à un agent de police.	
CHARLES:	Et ___ l'agent a dit?	qu'est-ce que
SOLANGE:	Il a dit au pompiste de ne pas faire le plein pour Chabrier.	
CHARLES:	Alors, ___ a-t-il fait, le pompiste?	qu'
SOLANGE:	En mettant de l'essence dans le bidon, il a aperçu quelque chose dans le coffre.	
CHARLES:	___ il a aperçu?	Qu'est-ce qu'
SOLANGE:	Une valise noire. Ce n'est pas tout. Il a vu une autre personne dans la voiture.	
CHARLES:	Ah bon? ___ a-t-il vu?	Qui

le superlatif des adjectifs

Review the comparative of adjectives in **Leçon 1**.

The superlative construction tells that a person or thing has the most or least of a quality. The superlative of an adjective is formed in the following way.

le/la/les	+	plus moins	+	adjective

"J'ai serré la main de l'homme le plus riche du monde"

C'est **la plus belle** voiture. *It's the most beautiful car.*
C'est aussi la voiture **la moins chère.** *It's also the least expensive car.*

You may want to review which adjectives precede nouns and which ones follow them (pages 241–42 in *Le français vivant 1*).

Note the position of the superlative. It either follows or precedes the noun it describes. If an adjective normally follows the noun, its superlative form also follows it. If the adjective usually precedes the noun, so does its superlative form. The adjective agrees in gender and in number with the noun it describes.

Charles est **le plus grand** garçon de la classe. *Charles is the tallest boy in the class.*
C'est aussi le garçon **le moins intéressant**. *He is also the least interesting boy.*
Le français est une des langues **les plus utiles** du monde. *French is one of the most useful languages in the world.*

LES MEILLEURES VENTES MINI-LASER

MYLENE FARMER
U 2   Pourvu qu'elles soient douces   POLYDOR
MILLI VANILLI   Desire   ISLAND
YAZZ   Girl You Know it's True   CARRÈRE
          The Only Way is up   FONTANA/
PACO   PHONOGRAM
          Amor de mis amores   POLYGRAM/
WOMACK   AVREP
& WOMACK
AHA   Teardrops
PHIL COLLINS   Touchy !   BMG
EDDY GRANT   A Groovy Kind of Love   WB/WEA
          Gimme Hope Jo'Anna   WEA
ART MENGO   PARLOP/
          Je l'ai tant aimé   PATHÉ
                         CBS

Quelles sont les plus belles tennis du magasin? (Paris)

ATTENTION: 1. The word for "in" after the superlative is **de**, not **dans**.

J'ai acheté les plus belles chaussures **du** magasin.   *I bought the most beautiful shoes in the store.*

2. The adjective **bon(ne)** has the irregular superlative form **le meilleur** or **la meilleure** (*the best*).

Ce sont **les meilleurs** guides de la ville.   *They are the best guides in the city.*

Wkbk. 11

16. Vous comparez toujours les gens et les choses. Dites à votre ami(e) ce que vous pensez en utilisant **le/la/les plus** ou **le/la/les meilleur(e)(s)**.

MODÈLE: Nicole est une petite élève. (la classe)
      Oui, c'est la plus petite élève de la classe.

1. Joseph est un bon joueur. (l'équipe)
2. Mme Bousquet et M. Charpin sont de gentils profs. (le lycée)
3. Le contrôle de Mme Bertier est difficile. (la semaine)
4. Dominique est une grande enfant. (sa famille)
5. Michel est un garçon sympa. (la classe)
6. Ce train est rapide. (le pays)
7. Ces notes sont mauvaises. (l'année)
8. Ces cours sont intéressants. (l'université)

1. Oui, c'est le meilleur joueur de l'équipe.
2. Oui, ce sont les plus gentils profs du lycée.
3. Oui, c'est le contrôle le plus difficile de la semaine.
4. Oui, c'est la plus grande enfant de sa famille.
5. Oui, c'est le garçon le plus sympa de la classe.
6. Oui, c'est le train le plus rapide du pays.
7. Oui, ce sont les plus mauvaises notes de l'année.
8. Oui, ce sont les cours les plus intéressants de l'université.

Joseph est le meilleur joueur de l'équipe. (Hasparren)

les doubles pronoms compléments

A sentence may have two object pronouns. The order of these pronouns before the verb in a declarative sentence is:

		me					
			le				
		te		lui			
subject	+	nous	la		y	en	+ verb
				leur			
		vous					
			les				
		se					

—Est-ce qu'on t'a expliqué le problème?
Did they explain the problem to you?
—Oui, on **me l'**a expliqué.
Yes, they explained it to me.
—Est-ce que le pompiste nous apporte les pneus?
Is the gas station attendant bringing us the tires?
—Oui, il **vous les** apporte.
Yes, he's bringing them to you.
—Y a-t-il de l'essence dans le bidon?
Is there any gas in the can?
—Oui, il **y en** a.
Yes, there is some.

local
pneus usagés

Y a-t-il de nouveaux pneus ici? (Les Mureaux)

Me, **te**, **se**, **le** and **la** become **m'**, **t'**, **s'**, **l'** and **l'**, respectively, before **y** or **en**.

—Combien de clés m'as-tu données?
How many keys did you give me?
—Je **t'en** ai donné deux.
I gave you two (of them).
—Parle-t-on français à la Martinique?
Do they speak French in Martinique?
—Oui, on **l'y** parle.
Yes, they speak it there.

Note the usual position of object pronouns in an inverted question, in a negative sentence or in a sentence with an infinitive.

Les lui rapportes-tu?
Are you bringing them back to him/her?
Je ne **le leur** lis plus.
I don't read it to them anymore.
Tu veux **la lui** vendre?
Do you want to sell it to him/her?

Wkbk. 12

ATTENTION: In the **passé composé** the past participle agrees with the preceding direct object.

—Qui lui a dit la vérité?
Who told him the truth?
—Nous **la** lui avons dit**e**.
We told (it to) him.

Wkbk. 13

Jean-Luc indique les tee-shirts en solde.

17. Vous travaillez dans un magasin d'habits. Répondez aux questions suivantes.

MODÈLE: Dites-vous toujours bonjour aux clients? (oui)
Oui, je le leur dis toujours.

1. Dites-vous tout de suite les prix aux clients? (non)
2. Montrez-vous aux clients les habits en solde? (oui)
3. Dites-vous toujours la vérité aux clients? (oui)
4. Rendez-vous l'argent aux clients? (oui)
5. Demandez-vous à une dame son âge? (ne...jamais)
6. Demandez-vous jamais à une cliente son adresse? (ne...jamais)
7. Dites-vous toujours votre numéro de téléphone aux clients? (non)

1. Non, je ne les leur dis pas tout de suite.
2. Oui, je les leur montre.
3. Oui, je la leur dis toujours.
4. Oui, je le leur rends.
5. Non, je ne le lui demande jamais.
6. Non, je ne la lui demande jamais.
7. Non, je ne le leur dis pas toujours.

18. Chez le marchand de voitures pour qui vous travaillez, on vous dit ce qu'il faut faire. Dites que vous allez le faire.

MODÈLE: Il faut dire bonjour aux clients.
D'accord, je vais le leur dire.

1. Il faut montrer les nouvelles voitures aux clients.
2. Il faut expliquer les jauges aux clients.
3. Il faut montrer le coffre aux clients.
4. Il faut donner aux clients de nouvelles revues.
5. Il faut demander à chaque client son adresse.
6. Il faut permettre aux clients de conduire la voiture.
7. Il faut donner aux clients les clés des voitures.
8. Enfin, il faut rapporter cette feuille de papier à la secrétaire.

D'accord, je vais les leur montrer.
D'accord, je vais les leur expliquer.
D'accord, je vais le leur montrer.
D'accord, je vais leur en donner.
D'accord, je vais la lui demander.
D'accord, je vais le leur permettre.
D'accord, je vais les leur donner.
D'accord, je vais la lui rapporter.

M. Garrigues montre le coffre de la voiture aux clients. (Paris)

"Maman, où sont les clés des W.-C.?" (Verneuil-sur-Seine)

19. Dans la station-service où vous êtes pompiste, vous venez de servir un client. Répondez affirmativement à ses questions en utilisant des pronoms.

MODÈLE: M'avez-vous fait le plein?
Oui, je vous l'ai fait.

Oui, je vous l'ai rempli.
1. M'avez-vous rempli le petit bidon?

Oui, je l'y ai laissé.
2. L'avez-vous laissé dans le coffre?

Oui, je vous l'ai nettoyé.
3. M'avez-vous nettoyé le pare-brise?

Oui, ils me les ont demandées.
4. Est-ce que mes enfants vous ont demandé les clés des W.-C.?

Oui, ils me les ont rendues.
5. Est-ce que les enfants vous ont rendu les clés?

Oui, je leur en ai offert.
6. Est-ce que vous leur avez offert du chocolat?

Oui, elle m'en a posé.
7. Est-ce que ma femme vous a posé des questions?

Oui, vous m'en avez donné un.
8. Est-ce que je vous ai donné un pourboire?

20. Vous voulez prendre part au tournoi (*tournament*) de tennis. La personne qui s'en occupe vous pose beaucoup de questions. Répondez-lui affirmativement en utilisant des pronoms.

MODÈLE: Est-ce que tu m'as rendu la feuille de papier?
Oui, je vous l'ai rendue.

Oui, vous m'en avez envoyé une.
1. Est-ce que nous t'avons envoyé une lettre?

Oui, ils m'en ont donné.
2. Est-ce que tes parents t'ont donné de l'argent?

Oui, je vous en ai donné.
3. Est-ce que tu m'en as donné?

Oui, je vous les ai rapportées.
4. Est-ce que tu nous as rapporté les autres feuilles de papier?

Oui, je l'y ai écrite.
5. Est-ce que tu as écrit ton adresse sur cette feuille de papier?

Oui, je le lui ai donné.
6. Est-ce que tu as donné ton numéro de téléphone à Mme Poncet?

Oui, on m'en a donné une.
7. Est-ce qu'on t'a donné une carte d'identité?

Oui, vous me l'avez dite.
8. Est-ce que je t'ai dit l'heure du premier match?

Qui vous a envoyé cette lettre? (Belgique)

21. Comment dit-on en français?

This is an optional activity.

VINCENT: Mom, did you see that gas station?

Maman, as-tu aperçu cette station-service?

MAMAN: Yes, Vincent. Henri, we've just gone by another gas station. Why don't we fill up (the gas tank)?

Oui, Vincent. Henri, nous venons de dépasser une autre station-service. Pourquoi est-ce qu'on ne fait pas le plein?

VINCENT: That's true, Dad. What are you doing?

C'est vrai, Papa. Que fais-tu?

PAPA: Don't worry, kids, we have enough gasoline. And there's a can in the trunk.

Ne vous inquiétez pas, les enfants, on a assez d'essence. Et il y a un bidon dans le coffre.

MAMAN: I didn't see any when I put the suitcases there, Henri.

Je n'en ai pas vu quand j'y ai mis les valises, Henri.

PAPA: When did you put them there, Monique?

Quand est-ce que tu les y as mises, Monique?

MAMAN: This morning.

Ce matin.

PAPA: Why didn't you tell (it to) me?

Pourquoi ne me l'as-tu pas dit?

MAMAN: I did tell (it to) you, but you didn't listen to me, Henri. You are the best driver in the world, but....

Je te l'ai dit, mais tu ne m'as pas écoutée, Henri. Tu es le meilleur chauffeur du monde, mais....

PAPA: Who told you that? Wait, what's happening? The car's slowing down. Oh no! I think that we're going to have a breakdown!

Qui t'a dit cela? Attends, qu'est-ce qui se passe? La voiture ralentit. Oh là là! Je crois qu'on va tomber en panne!

MAMAN: And I think that we're on the wrong road, too.

Et je crois qu'on est aussi sur la mauvaise route.

Rédaction

Écrivez deux paragraphes où vous décrivez d'abord le meilleur et puis le plus mauvais chauffeur de votre famille. Dites pourquoi le premier chauffeur est le meilleur et le deuxième est le plus mauvais en donnant leurs bonnes et mauvaises qualités. Mentionnez comment ils conduisent en ville et aussi sur l'autoroute. Utilisez seulement les mots et les expressions que vous connaissez déjà et surtout de nouveaux mots et de nouvelles expressions de cette leçon.

Cheverny

Ussé

Actualité culturelle

Castles

France has an amazing variety of castles and large country estates. Wherever you turn, you see them — small or large, old or new, majestic, simple or ornate. Some of them, for instance the Loire castles, are famous for their history and beauty.

Les châteaux vus du ciel
Pour une visite en hélicoptère, Héli France propose un circuit de dix-huit châteaux de la Loire, en trois heures avec une escale, à Artigny, pour le déjeuner (16 000 F T.T.C. pour cinq personnes).

The valley of the Loire River with its tributaries between Gien and Angers is often called the "Garden of France" because of its rich soil and mild climate. Here we also find over 100 magnificent castles, veritable treasure chests of art and history. Originally most of them were simple fortresses or towers built in the Middle Ages for protection from enemies. Later on, when peace finally came to the valley, kings and counts took over these structures and transformed them into elegant country homes. As early as the fifteenth century a few Loire castles served as the main residences of French kings. The most beautiful of the Loire castles underwent renovation, expansion or construction during the French Renaissance in the sixteenth century. Among the best known of these pleasure palaces are the castles at Amboise, Azay-le-Rideau, Blois, Chambord, Chaumont, Chenonceaux and Villandry. Of these, Amboise, Blois and Chambord deserve special attention because kings occupied them.

The five French royal dynasties are the **Mérovingiens, Carolingiens, Capétiens, Valois** and **Bourbons**.

Chaumont

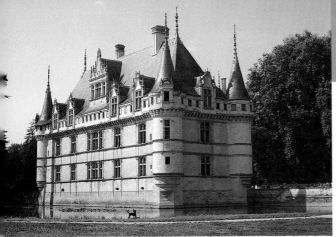

Azay-le-Rideau

Chenonceaux

Charles VIII, king of France from 1483 until 1498, started the work that was to transform the small fortress of Amboise into one of the largest and most beautiful castles. Filled with admiration for Italian art and culture after his trip to Italy, Charles VIII brought back to Amboise a wealth of Italian artworks for his new castle, as well as the craftsmen and artists he needed to design it. Thus began in France the growing influence of Italian art which reached its peak during the reign of the great French Renaissance king, François Ier. He ruled from 1515 until 1547 and lived in the castle at Amboise only for the first few years of his reign. During this time the castle hosted many elegant festivities and enjoyed its period of greatest beauty and glory. Another great admirer of Italian culture, François Ier wanted to have Italian artists and scholars in his court. So, he invited Leonardo da Vinci, the great artist, engineer, scientist, musician and writer, to Amboise where he worked and spent the last years of his life.

CHATEAUX DE LA LOIRE ET DE LA SOLOGNE

Amboise

The terrace at Amboise

Although much of the castle of Amboise has been destroyed since the sixteenth century, it is still quite large and well furnished. One of its broad towers contains a ramp up which horsemen used to ride. Once the scene of lavish parties, the high terrace was formerly surrounded with

The "Conspirators' Balcony" at Amboise

buildings. Now it offers an unobstructed, spectacular view of the Loire River and its fertile valley. Nearby the little Gothic St. Hubert's Chapel houses Leonardo's remains. However, a massacre stained the castle's reputation as a center for cultivated living. On the "Conspirators' Balcony" (**le balcon des conjurés**) many rebellious Huguenots (French Protestants) were hanged and beheaded in 1560.

The castle in Blois became a royal residence under King Louis XII who ruled from 1498 until 1515. He enlarged the castle and had the Italian gardener at Amboise come to Blois to create huge gardens and terraces. Later, François Ier

added to the castle its most striking part, the wing bearing his name (**l'aile François Ier**). This wing, a jewel of Italian architecture, features a magnificient open spiral staircase. Of considerable interest at Blois are the three different wings each representing a specific style of architecture, the hand-carved wooden panels that may have been used to hide poison, and especially the castle's history. There in 1588 King Henri III had his rival the Duke of Guise murdered.

Blois

Chambord

Chambord with its 440 rooms is the largest of the Loire castles. Its ornate style represents the height of the French Renaissance. On this site originally stood a small hunting lodge in the middle of a thick forest. François Ier had this structure demolished and began to build in 1519 the gigantic white mass that we see today.

Chambord has a very harmonious shape with its four central towers connected to the outer ones by two floors of galleries. In the middle of the guardroom there is a famous, unique stairway consisting of a double spiral whose ramps intersect but never meet. In fact, Chambord boasts fourteen main staircases and sixty smaller ones. The roof-terrace offers a spectacular view on all sides of the castle. Decorated with skylights, gables, bell-turrets, spires and 365 chimneys, it provided the setting from which the court used to watch parades, tournaments, balls and the hunt.

With its vast park of 13,600 acres, Chambord had always been a hunting ground. Today the park is known as the "National Hunting Reserve and Breeding Park." Until the eighteenth century the French kings took vacations here with their court to enjoy rural life and hunt wild boar and deer. François Ier spent as much time as he could at this palace which he casually called "my place in the country."

Versailles

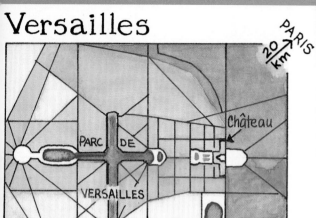

Le château de Versailles

A brief look at French castles must naturally include the most famous one of all, the **Palais de Versailles**, residence of French kings for over 100 years. Located not in the Loire Valley but only 11 miles southwest of Paris, the palace was built in the seventeenth century for the Sun King (**le Roi Soleil**), Louis XIV. An example of French Neoclassical art, this castle also stands on a spot once occupied by a hunting lodge.

Early during his long and illustrious reign (1643-1715), Louis XIV had work begun on a palace so splendid and large that the whole court could permanently be around him. He asked the most famous architects, painters and gardeners of the time to design, decorate and landscape a palace that would mirror himself in its magnificence. The project was carried out in phases, and by 1662 the unfinished castle had already become the royal residence.

King Louis XIV

The Neptune Pond

The gardens of Versailles

Building the palace took more than 50 years, during which Louis XIV carefully supervised the work. Versailles and its park extend over 250 acres. The gardens, in harmony architecturally with the palace, include some 150,000 flowering plants and 3,000 exotic shrubs and trees, including citrus trees. Water is everywhere. The ornamental ponds at Versailles, some the size of lakes, are fed by aqueducts that bring water to the castle from distant sources. Several fountain basins have statues as an integral part. Some sculptures, like those in the famous Neptune Pond (**le Bassin de Neptune**), are even covered with gold.

During the Sun King's reign, the court of Versailles included 20,000 people. Among them about 1,000 high-ranking nobles and 4,000 servants lived in the palace. In those days life was an uninterrupted display of pomp and circumstance. However, the king's extravagance led only to a decline in France's power and to the French aristocracy's downfall.

The Hall of Mirrors

Most of the rooms in the palace are beautifully decorated and furnished as they were in Louis XIV's time with an abundance of sculptures and fine paintings. The most famous room is the Hall of Mirrors (**la Galerie des Glaces**), almost 250 feet long. Seventeen tall panels of mirrors reflect light from the 17 equally tall windows opposite them. Back in the seventeenth century, mirrors of this size were rare and very expensive. Silver chandeliers, rich carpets and trees planted in silver tubs also adorned the Hall.

A statue in gold leaf

The King's Room

Louis XIV's successors, Louis XV and Louis XVI, also lived at Versailles. Since then the palace has hosted many important events, most notably the signing of the peace treaty in the Hall of Mirrors to end World War I in 1919. Today the **Palais de Versailles** is not only an enormous museum but also a monument to French artistic creativity.

Wkbk. 14, Wkbk. 15

Proverbe

Quelquefois nos meilleurs amis sont nos plus mauvais ennemis.

Interaction et application pratique
À deux

1. With your partner create a one-minute dialogue in French between a customer at a gas station and the attendant. First the driver asks for gas and several other services. When the attendant reports what he/she has done, he/she can point out some other problem areas and what can be done to fix them. Use as many expressions dealing with a gas station as you can and especially those from this lesson. Then learn your parts and present your dialogue for the class.

2. With a partner look in the back issues of magazines and find a picture of a car. Cut out the picture and label by number as many parts of the car as you can. Make an accompanying sheet that gives the French term for each numbered item. Use only the words you've learned so far. Then compare your picture and sheet with others in the class. (You may make your own drawing of a car if you prefer.)

3. Interview your partner about the gifts that he/she and certain family members usually get on special occasions like birthdays, anniversaries and holidays. Discuss also the gifts that each person got last year on these occasions. After both of you have asked and answered questions, tell the class several gifts that your partner or his/her family has received.

> MODÈLE: Qu'est-ce que tu reçois d'habitude pour ton anniversaire?
> **D'habitude, je reçois des habits et de l'argent.**

4. Make a list of eight questions that you would like to ask your partner. Have two questions begin with **qui** or **qui est-ce qui**, two with **que**, two with **qu'est-ce qui** and two with **qu'est-ce que**. Let half of the questions be in the present tense and the other half in the **passé composé**. Have your partner do the same. Then interview each other using these questions. Afterwards tell the class something you have learned about your partner.

> MODÈLE: Qu'est-ce qui te plaît?
> **La Renault 25 me plaît.**

5. Take turns with your partner asking each other to name the best person or thing in each of the following categories: **chanteur**, **voiture**, **équipe de**

Aimez-vous les sandwichs
chez McDonald? (Lyon)

Quelle est la meilleure
marque de chaussures de
sport? (Les Mureaux)

basket, **professeur**, **actrice**, **sandwich chez McDonald**, **château de la Loire**, **marque de chaussures de sport**. Compare your answers. Then tell the class which people or things you agree on, if any.

MODÈLE: Quelle est la meilleure voiture américaine?
La Corvette est la meilleure voiture américaine.

6. With your partner write ten sentences in the superlative about anyone or anything you know. Tell who or what is the most or the least, the best or the worst in the class, in school, in your family, your city or in the world. Then share several of your observations with the entire class.

MODÈLE: **Le français est le cours le plus intéressant du lycée.**

Voulez-vous visiter les châteaux
de la Loire? (Saumur)

En groupes

7. See how many different
completions your group
can think of for each of the following sentences. Have some person from
the group list the possible completions on a transparency. Do one sentence
at a time, spending not more than one minute on each sentence.
Afterwards several transparencies can be put on the overhead for all to
correct.

    1. À la station-service le pompiste___.
    2. Qu'est-ce qui___?
    3. Qui est-ce qui___?
    4. Qui as-tu___?
    5. Qu'as-tu___?
    6. ___est le (la) meilleur(e)___de l'école.

8. Imagine that you are in a French-speaking country and you encounter the
following situations. With your group discuss in French several short,
logical solutions to each problem. Share your most interesting solution in
each category with the entire class to see which one is the best.

    1. Vous roulez en voiture avec un(e) ami(e) qui roule trop vite. Que
faites-vous?
    2. Votre voiture tombe en panne sur l'autoroute. Que faites-vous?
    3. Vous voyagez en voiture. Vous n'avez presque plus d'essence. Que
faites-vous?
    4. Vous travaillez dans une station-service. Un client arrive et vous
demande de tout vérifier. Que faites-vous?
    5. Vous voulez visiter en voiture les châteaux de la Loire, mais vous ne
savez pas y aller, vous ne connaissez pas l'histoire des châteaux et
vous ne savez pas quels châteaux à voir. Que faites-vous?

Vocabulaire actif

noms

une autoroute highway
la beauté beauty
un bidon (gas) can
bord: au bord de on the edge (side) of
un coffre trunk
l'essence (f.) gasoline
un guide guidebook; guide
l'huile (f.) oil
une jauge gauge
un kilomètre kilometer
une limite limit
un palais palace
une panne breakdown
  tomber en panne to have a (mechanical) breakdown

un pare-brise windshield
une partie part
un phare headlight
un pneu tire
un(e) pompiste gas station attendant
une portière (car) door
un pourboire tip
un réservoir gas tank
un siècle century
un siège seat
une station-service gas station
une valise suitcase
la vitesse speed
une vitre window pane
un volant steering wheel

adjectifs

bon, bonne right
climatisé(e) air conditioned
mauvais(e) wrong
le meilleur, la meilleure the best
le (la, les) moins (+ adjectif) the least
original(e) original

le (la, les) plus (+ adjectif) the most
plein(e) full
  faire le plein to fill up the gas tank
rapide fast
vide empty

verbes

apercevoir to see
apporter to bring
créer to create
dater to date (historically)
dépasser to pass, to go by
dessiner to draw; to design
expliquer to explain
indiquer to indicate
s'inquiéter to worry

observer to observe
se passer to happen
se perfectionner to improve
ralentir to slow down
rapporter to bring back
recevoir to receive, to get
remplir (de) to fill (with)
rouler to drive, to go
vérifier to check

expressions diverses

à l'heure per/an hour
bientôt soon
certainement certainly
pourtant however

qu'est-ce qui what
qui est-ce qui who
S.O.S. emergency

À Albi et à Carcassonne

Leçon 12

Communicative Functions

- talking about past experiences
- saying how people or things used to be
- describing how people look
- naming foods, dishes and beverages
- making a suggestion
- expressing height metrically

Les deux filles s'asseyent dehors. (Albi)

Isabelle est tombée amoureuse

Virginie et Isabelle se sont assises à la terrasse d'un café sur la Place de la Cathédrale à Albi, jolie petite ville qui se trouve dans le sud de la France. Aujourd'hui c'est samedi.

ISABELLE: Hier, au café, j'ai fait la connaissance d'un garçon super.

VIRGINIE: Mais, qu'est-ce que tu faisais encore au café?

ISABELLE: J'y déjeunais comme tous les vendredis.

VIRGINIE: Avec qui étais-tu?

ISABELLE: J'étais toute seule. Mais, à la table à côté, il y avait un très beau garçon. Il était grand, brun, il avait les yeux noirs et les cheveux bouclés. Il avait le look d'une vedette de cinéma.

VIRGINIE: Alors?

ISABELLE: Alors, tout à coup, en mangeant son croque-monsieur, il m'a demandé quelle heure il était.

VIRGINIE: Typique! C'est un truc qui marche toujours bien. Et comment s'appelle ce jeune homme?

ISABELLE: Jean-Marc Duforêt.

Note culturelle

Albi has about 50,000 inhabitants and is located in the Midi-Pyrenees region of France. Of special interest in Albi is its large, fortified cathedral built with the pinkish-red stone of the region. Albi is also the site of the Toulouse-Lautrec Museum, honoring the famous painter Henri de Toulouse-Lautrec (1864-1901). He was one of the creators of the modern poster.

The old part of Albi is called **la ville rouge** due to the color of many of its buildings.

Compréhension

Répondez en français.

1. Dans quelle partie de la France se trouve Albi?
2. De qui est-ce qu'Isabelle a fait la connaissance hier?
3. Que fait Isabelle tous les vendredis?
4. Avec qui Isabelle était-elle hier?
5. Comment était ce garçon?
6. Quelle sorte de look le garçon avait-il?
7. Qu'est-ce qu'il a fait en mangeant son croque-monsieur?
8. Qu'est-ce que Virginie pense du truc de Jean-Marc?

1. Albi se trouve dans le sud de la France.
2. Elle a fait la connaissance d'un garçon super.
3. Tous les vendredis elle déjeune au café.
4. Elle était toute seule.
5. Selon Isabelle, il était grand, brun, il avait les yeux noirs et les cheveux bouclés.
6. Il avait le look d'une vedette de cinéma.
7. Il a demandé à Isabelle quelle heure il était.
8. Elle pense qu'il est typique et qu'il marche toujours bien.

À propos

1. Êtes-vous tombé(e) amoureux (amoureuse) dernièrement?
2. À votre avis, est-ce que le look d'une personne est important?
3. Quelle sorte de look voulez-vous avoir?
4. Quelles sont vos vedettes de cinéma préférées?
5. Que faites-vous pour faire la connaissance d'un étranger ou d'une étrangère (*stranger*)?
6. Quand un étranger ou une étrangère essaie de faire votre connaissance, que faites-vous?

ASTORIA
Hôtel Bureau ✶NN

à 150 m de la Gare S.N.C.F.

Angle rue Montpellier rue Tourtel - 11000 Carcassonne - tél. 68.25.31.38

Ce café est devant le musée Toulouse-Lautrec. (Albi)

Expansion

Maur(e) and **Chrétien, Chrétienne** are the passive vocabulary words in this **Expansion.**

la conversation qu'Isabelle a eue avec Jean-Marc

JEAN-MARC: Vous êtes d'Albi?

ISABELLE: Oui et non. Je suis née au Puy,[1] et j'ai aussi vécu à Foix.[2] J'habite à Albi depuis un an. Et vous?

JEAN-MARC: Moi, je suis né à Carcassonne,[3] mais mon père est mort quand j'avais neuf ans. Trois ans plus tard, ma mère s'est remariée avec quelqu'un d'Albi.

ISABELLE: Avec sa cité, Carcassonne est une ville impressionnante.

JEAN-MARC: C'est sûr, et j'en garde un très beau souvenir. Quand j'étais petit, je m'y amusais bien avec les copains.

ISABELLE: Qu'est-ce que vous faisiez?

JEAN-MARC: On jouait aux Maures[4] et aux Chrétiens, et c'était la guerre sur les remparts. J'aime beaucoup l'histoire, pas vous?

ISABELLE: Euh…si, bien sûr.

Voici le menu du café où Isabelle a rencontré Jean-Marc.

MENU

SANDWICHS

Sandwich au jambon		18F
Sandwich au fromage		15F
Sandwich au pâté		15F
Sandwich au saucisson		15F
Croque-monsieur		20F50

PLATS CHAUDS

Omelette	15F
Omelette aux champignons	20F
Œuf sur le plat	10F
Poulet frites	35F
Quiche	25F

SALADES

Salade verte	18F
Salade de tomates	15F50

DESSERTS

Tarte maison	10F

BOISSONS

Jus de fruits	10F	Express	6F50
Eau minérale	8F	Chocolat	8F
Limonade	8F	Vin	10F
Coca-Cola	8F	Bière	10F
Café crème	6F50		

Point out that in names of dishes on a menu, **au**, **à la (à l')** or **aux** means "with."

Tell students the **f** in **œuf** is pronounced in the singular [œf] but not in the plural [œ].

Explain that in French **limonade** is not lemonade. It's a soft drink similar to 7-Up.

Wkbk.1, Wkbk.2

Note that the noun **rêve** is similar to the verb form **rêve**.

samedi, toujours au café

VIRGINIE: Donc, maintenant tu es amoureuse de Jean-Marc. Tu as déjà rendez-vous avec lui?

ISABELLE: Non, pas encore. Tu sais, il gagne son argent de poche en travaillant le week-end comme guide à la cathédrale. Il adore l'histoire. Son rêve est d'être prof d'histoire.

VIRGINIE: Ah bon? Est-ce qu'il sait que tu ne peux pas te rappeler une seule date et que tu trouves l'histoire ennuyeuse?

ISABELLE: Non, mais ça ne fait rien. Dis donc, si on allait à la cathédrale cet après-midi? Moi, je ne l'ai jamais vue.

les deux sœurs d'Isabelle

—Isabelle a deux sœurs, Alice et Caroline. Les voici.

Ici, Alice est debout, et Caroline est assise. Pouvez-vous les décrire?*
—Bien sûr.

Alice

—Alice a six ans, le visage rond, et elle est très mignonne.
—Elle a les cheveux comment?
—Elle a les cheveux longs et raides.
—Son père est roux. Est-elle rousse, elle aussi?
—Non, elle est blonde, et elle a les yeux verts.
—Quelle est sa taille?
—Elle est petite. Elle mesure un mètre cinq.

Caroline

—Caroline a dix-huit ans. Elle veut être hôtesse de l'air.
—Comment est-elle?
—Elle a le visage ovale et les cheveux courts. Elle est de taille moyenne, elle est mince, et elle est aussi très mignonne.
—Elle doit avoir les cheveux blonds, elle aussi.
—Non, elle a les cheveux roux et les yeux bleus.

*Décrire (*to describe*) belongs to the écrire verb family.

Wkbk.3

The medieval **Cité** of Carcassonne is a double-walled fortress.

Notes culturelles

1. Le Puy is a picturesque city located in the heart of the **Massif Central**, a mountainous region in the south central part of France. Le Puy is known for its production of fine lace (**la dentelle**).

Foix is an old town just north of the Pyrenees in southern France not far from Carcassonne. Its château is especially interesting.

Carcassonne is a city of nearly 50,000 inhabitants located in the southwestern part of France. The oldest part of the city, called the **Cité**, is fortified with massive double walls. Built on a hill during the Middle Ages, the **Cité** of Carcassonne is well preserved and one of France's major tourist attractions.

The Moors were North African Arabs who conquered Spain in 711. They also invaded southern France but were repelled by Charles Martel, Charlemagne's grandfather. Moors and Christians were enemies for centuries until the Moors were completely driven from Spain in 1492. Typically, children living today in very old fortified cities like Carcassonne play games based on the history of their region.

You can buy handmade lace in Le Puy.

The château at Foix dates back to the twelfth century and overlooks the town.

1. Isabelle a vécu au Puy et à Foix.
2. Jean-Marc avait douze ans quand il est venu vivre à Albi.
3. Jean-Marc est sûr que Carcassonne est une ville impressionnante.
4. Jean-Marc jouait à la guerre avec les copains. Ils jouaient aux Maures et aux Chrétiens.
5. Jean-Marc dit qu'il trouve l'histoire très intéressante.
6. Isabelle ne peut pas se rappeler une seule date en histoire.
7. Isabelle trouve l'histoire ennuyeuse.
8. Évidemment, Isabelle veut aller à la cathédrale parce qu'elle veut voir Jean-Marc.

À propos

1. Avec quelle sorte de personne voulez-vous vous marier?
2. Regardez le menu du café de l'**Expansion**. Qu'est-ce que vous voulez commander à manger et à boire?
3. Qu'est-ce que vous trouvez ennuyeux / intéressant?
4. Comment gagnez-vous votre argent de poche?
5. Un(e) ami(e) va vous décrire. Qu'est-ce qu'il (elle) dit?
6. Décrivez une personne dans votre famille qui ne vous ressemble pas.

Activités

1. En essayant de se rappeler ce que Jean-Marc, Isabelle et Virginie ont dit, Jean-Luc se trompe. Corrigez ses fautes selon l'**Expansion** sans utiliser une expression négative.

1. Isabelle a vécu à Carcassonne.
2. Jean-Marc avait deux ans quand il est venu vivre à Albi.
3. Jean-Marc est sûr que Foix est une ville impressionnante.
4. Jean-Marc jouait à la guerre avec les Maures.
5. Jean-Marc dit qu'il trouve Isabelle très intéressante.
6. Isabelle connaît toutes les dates de l'histoire de France.
7. Isabelle adore l'histoire.
8. Évidemment, Isabelle veut aller à la cathédrale parce qu'elle ne l'a jamais vue.

2. Complétez d'après les images.

1. Un___est un sandwich chaud avec du jambon et du fromage.

croque-monsieur

2. Voulez-vous une omelette ou des___?

œufs sur le plat

3. En France on mange la___après le plat principal.

salade verte

4. En Allemagne on boit beaucoup de___.

bière

5. Jean-Marc n'aime pas les___.

champignons

6. Il a bu un___.

jus de fruits

7. Isabelle a commandé un sandwich au___.

jambon

8. Mais on lui a apporté un sandwich au___.

saucisson

3. Vous connaissez bien Isabelle et sa famille. Votre petite sœur veut faire la connaissance de la petite Alice. Répondez-lui d'après l'**Expansion**.

1. Comment est-elle?
2. Elle a les cheveux.courts, n'est-ce pas?
3. A-t-elle les cheveux bouclés?
4. Est-elle rousse comme son père?
5. Alors, elle a les yeux de quelle couleur?
6. Est-elle grande ou petite?
7. Combien mesure-t-elle?

1. Elle a le visage rond, et elle est très mignonne.
2. Non, elle a les cheveux longs.
3. Non, elle a les cheveux raides.
4. Non, elle est blonde.
5. Elle a les yeux verts.
6. Elle est petite.
7. Elle mesure un mètre cinq.

4. Votre frère veut faire la connaissance de l'autre sœur, Caroline. Répondez-lui d'après l'**Expansion**.

1. Elle a le visage rond? — Non, elle a le visage ovale.
2. A-t-elle les cheveux longs? — Non, elle a les cheveux courts.
3. Est-elle grande ou petite? — Elle est de taille moyenne.
4. A-t-elle besoin de maigrir? — Non, elle est mince.
5. Est-elle jolie? — Oui, elle est très mignonne.
6. Est-elle blonde comme sa sœur? — Non, elle est rousse.
7. A-t-elle les yeux noirs? — Non, elle a les yeux bleus.

Structure et usage

être et *avoir* dans la description d'une personne

The question **Comment est...?** *(What does...look like?)* can be answered with the verb **être** or with the verb **avoir**. To describe a person's general qualities, use this structure:

être + adjective

—Comment sont Claire et Louis? *What do Claire and Louis look like?*
—Claire est grande, brune et *Claire is tall, dark-haired*
sympathique. Et Louis est de *and nice. And Louis is of medium*
taille moyenne, blond et *height, blond and unpleasant.*
désagréable.

To describe parts of the body including facial features, use this structure:

avoir + **le, la, les** + part of the body + adjective

—Comment est Caroline? *What does Caroline look like?*
—Elle a le visage ovale, les *She has an oval face, long*
cheveux longs et les yeux bleus. *hair and blue eyes.*

ATTENTION: 1. Remember that in French, dark brown eyes are considered to be black. Brown eyes are **les yeux marron**. The word **brun(e)** *(dark-haired)* is used typically to describe the color of hair. The adjective **roux, rousse** *(red, red-haired)* is used only to describe hair color.

    —Tes parents ont les cheveux *What are your parents' hair*
    et les yeux comment? *and eyes like?*
    —Ils ont les cheveux et les *They have black hair and*
    yeux noirs. *dark brown eyes.*
    —Mais tu es brune, et tu as *But you're dark-haired, and*
    les yeux verts. *you have green eyes.*
    —Parce que deux de mes *Because two of my*
    grands-parents avaient les *grandparents had blond hair*
    cheveux blonds et les *and blue eyes.*
    yeux bleus.

Abdou a les cheveux et les yeux noirs.

2. The adjective **court(e)** (*short*) is the opposite of **long, longue** (*long*) and is used only to describe things, never people. Use **petit(e)** to describe people who are short.

Elle est **petite**, et elle porte une jupe **courte**.

She is short, and she's wearing a short skirt.

3. The height or size (**la taille**) of a person is given in meters and centimeters. In describing size, however, the word for centimeters is not expressed in French. A French person would say **Je mesure un mètre quarante.** (*I'm one meter forty centimeters tall.*)

Wkbk.4

You may need to review with your students that there are one hundred centimeters or 39.37 inches in a meter.

5. Confirmez ce que dit Marc sur la couleur des cheveux des membres de votre famille.

MODÈLE: Ton père a les cheveux roux, n'est-ce pas?
Oui, il est roux.

1. Tes frères ont les cheveux blonds, n'est-ce pas? — Oui, ils sont blonds.
2. Ta mère a les cheveux bruns, n'est-ce pas? — Oui, elle est brune.
3. Tes sœurs ont les cheveux roux, n'est-ce pas? — Oui, elles sont rousses.
4. Ton grand-père a les cheveux bruns, n'est-ce pas? — Oui, il est brun.
5. Ta tante a les cheveux blonds, n'est-ce pas? — Oui, elle est blonde.
6. Tes cousins ont les cheveux bruns, n'est-ce pas? — Oui, ils sont bruns.
7. Tes oncles ont les cheveux roux, n'est-ce pas? — Oui, ils sont roux.
8. Tes cousines ont les cheveux blonds, n'est-ce pas? — Oui, elles sont blondes.

6. Décrivez les membres de la famille de Marc.

MODÈLE: son père
Il a les cheveux roux, raides et courts, les yeux bleus et le visage ovale.

1. son frère Daniel

2. sa sœur Claudine

3. sa mère

4. son petit frère

5. ses grands-parents

6. Marc

1. Il a les cheveux blonds, bouclés et longs, les yeux verts et le visage rond.
2. Elle a les cheveux bruns, raides et longs, les yeux marron et le visage ovale.
3. Elle a les cheveux blonds, courts et bouclés, les yeux verts et le visage rond.
4. Il a les cheveux bruns, longs et bouclés, les yeux noirs et le visage ovale.
5. Ils ont les cheveux gris, courts et bouclés, les yeux marron et le visage ovale.
6. Il a les cheveux roux, raides et courts, les yeux verts et le visage rond.

7. Dites combien mesurent les adultes de la famille Martinet et s'ils sont grands, de taille moyenne ou petits selon les classements (*classifications*) suivants.

HOMMES			FEMMES
très grand			
	1 m 90		très grande
grand		1 m 85	
	1 m 80		grande
moyen		1 m 70	
	1 m 65		moyenne
petit		1 m 60	
			petite

MODÈLE: Isabelle / 1 m 55
Elle mesure un mètre cinquante-cinq. Elle est petite.

1. Mme Martinet / 1 m 72
2. M. Martinet / 1 m 95
3. Tante Solange / 1 m 50
4. Oncle Robert / 1 m 63
5. la grand-mère / 1 m 61
6. le grand-père / 1 m 75
7. la cousine Paulette / 1 m 91
8. Pierre-Jean / 1 m 83

1. Elle mesure un mètre soixante-douze. Elle est grande.
2. Il mesure un mètre quatre-vingt-quinze. Il est très grand.
3. Elle mesure un mètre cinquante. Elle est petite.
4. Il mesure un mètre soixante-trois. Il est petit.
5. Elle mesure un mètre soixante et un. Elle est de taille moyenne.
6. Il mesure un mètre soixante-quinze. Il est de taille moyenne.
7. Elle mesure un mètre quatre-vingt-onze. Elle est très grande.
8. Il mesure un mètre quatre-vingt-trois. Il est grand.

l'imparfait

You might point out that unlike the **passé composé,** the **imparfait** is a simple tense composed of only one word.

You have already learned one tense used to talk about past events, the **passé composé.** Another is called the **imparfait** (*imperfect*). You use the imperfect to describe people or things as they were or used to be and to describe what happened repeatedly or often in the past. To form the imperfect tense of all verbs except **être,** drop the **-ons** of the present tense **nous** form. Then add the endings **-ais, -ais, -ait, -ions, -iez** and **-aient** to the stem of the verb depending on the corresponding subject pronoun. Here is the imperfect tense of **aller.** Note the different meanings each form can have.

Nous allions à la cathédrale le dimanche. (Albi)

Point out that the endings **-ais, -ais, -ait** and **-aient** are all pronounced [ɛ]. Have students repeat after you all the sentences in this chart. Then you may have students do quick changes from the present to the imperfect tense, e.g., **je vais → j'allais** or **je ne finis jamais → je ne finissais jamais**.

Wkbk.5

aller		
j' **allais**	J'**allais** souvent à Albi.	I used to go to Albi often.
tu **allais**	Y **allais**-tu tous les jours?	Did you go there every day?
il/elle/on **allait**	Il y **allait** quand je l'ai vu.	He was going there when I saw him.
nous **allions**	Nous y **allions** toujours la nuit.	We always went there at night.
vous **alliez**	Vous n'y **alliez** pas avec moi.	You didn't used to go there with me.
ils/elles **allaient**	D'habitude, elles **allaient** à l'église le dimanche.	They usually went to church on Sunday.

Être is the only verb that has an irregular stem in the imperfect, **ét-**. However, its endings are regular.

Je m'amusais quand j'**étais** petit.
Nous **étions** toujours en retard.

I used to have fun when I was small.
We always used to be late.

Nous nagions à la piscine. (Guadeloupe)

Ils se mariaient.

ATTENTION:

1. Remember that the present tense **nous** form of regular **-ir** verbs has **-iss** before the **-ons**.

Ils **finissaient** de construire le garage.	*They were finishing building the garage.*

2. Verbs that end in **-cer** have a cedilla under the final **c** when it precedes an **a**. The cedilla does not appear in the **nous** and **vous** forms.

Ils **commençaient** à chanter.	*They were beginning to sing.*
Nous **commencions** à nous inquiéter.	*We were starting to worry.*

3. Verbs that end in **-ger** have an **e** after the **g** and before the endings in all forms except the **nous** and **vous** forms.

Il ne **mangeait** jamais de champignons.	*He never ate mushrooms.*
Nous **nagions** dans le lac.	*We used to swim in the lake.*

4. Verbs that end in **-ier** (**étudier, se (re)marier, oublier**) have **-ii** in the **nous** and **vous** forms. The sound [ii] is twice as long as the sound [i].

Vous **étudiiez** tous les soirs?	*Did you used to study every evening?*

5. You know three verbs that have only an **il** form. Here they are in the imperfect.

falloir	→	il **fallait**
neiger	→	il **neigeait**
pleuvoir	→	il **pleuvait**

Wkbk. 6

Ils étudiaient dans le bus tous les après-midis.

Il neigeait tous les jours en Haute-Savoie. (Chamonix)

Other verbs with spelling changes in the present tense form the imperfect regularly. Examples: **je préférais, j'appelais, j'achetais, je nettoyais.**

Have students repeat after you all the imperfect forms of these three verbs. Be sure to prolong the sound [ii] in the **nous** and **vous** forms.

Qu'est-ce qu'elle commençait
à utiliser? (Paris)

Béatrice lisait une lettre.

8. Que commençaient à faire les personnes suivantes quand il y a eu une panne d'électricité? Dites-le à votre sœur.

MODÈLE: Véronique / utiliser l'ordinateur
Elle commençait à utiliser l'ordinateur.

1. Rachel et moi / mettre la table — Nous commencions à mettre la table.
2. Mme Perrin / lire le journal — Elle commençait à lire le journal.
3. je / prendre une douche — Je commençais à prendre une douche.
4. nous / regarder la télé — Nous commencions à regarder la télé.
5. M. et Mme Michaux / dîner — Ils commençaient à dîner.
6. tu / écrire une lettre — Tu commençais à écrire une lettre.
7. M. Perrin / faire la cuisine — Il commençait à faire la cuisine.
8. Robert et toi / nettoyer le garage — Vous commenciez à nettoyer le garage.

9. Martine veut savoir ce que vous faites ou quelle est votre situation maintenant. Dites-lui que ce qu'elle demande n'est plus le cas (*case*) mais c'était le cas avant.

MODÈLE: Est-ce que tu fais du tennis?
Non, mais avant je faisais du tennis.

1. Est-ce que tu habites à la campagne?
2. Est-ce que tu vas souvent faire du ski?
3. Est-ce que tu voyages en été?
4. Est-ce que tu manges souvent des croque-monsieur?
5. Est-ce que tu bois beaucoup de jus?
6. Est-ce que tu lis beaucoup?
7. Est-ce que tu sais bien jouer aux cartes?
8. Est-ce que tu reçois de l'argent de poche?

Note that **croque-monsieur** is invariable in the plural.

1. Non, mais avant j'habitais à la campagne.
2. Non, mais avant j'allais souvent faire du ski.
3. Non, mais avant je voyageais en été.
4. Non, mais avant je mangeais souvent des croque-monsieur.
5. Non, mais avant je buvais beaucoup de jus.
6. Non, mais avant je lisais beaucoup.
7. Non, mais avant je savais bien jouer aux cartes.
8. Non, mais avant je recevais de l'argent de poche.

Jouiez-vous au Monopoly quand vous étiez petit(e)? (Nerigean)

1. Est-ce que tu jouais aux cartes quand tu étais petite?
2. Est-ce qu'il jouait au foot quand il était petit?
3. Est-ce qu'elles jouaient au Monopoly quand elles étaient petites?
4. Est-ce que nous jouions à la guerre quand nous étions petits?
5. Est-ce que vous jouiez au tennis quand vous étiez petites?
6. Est-ce qu'ils jouaient au basket quand ils étaient petits?
7. Est-ce que je jouais au docteur quand j'étais petit(e)?
8. Est-ce qu'ils jouaient à l'école quand ils étaient petits?

10. Demandez à votre mère si les différentes personnes de votre famille jouaient à certains jeux (*games*) quand elles étaient petites.

 MODÈLE: Tante Suzette / ballon
Est-ce qu'elle jouait au ballon quand elle était petite?

1. toi / cartes
2. l'oncle Pierre / foot
3. Marie et Caroline / Monopoly
4. Roland et moi / guerre
5. ta sœur et toi / tennis
6. Papa et son frère / basket
7. moi / docteur
8. Charles et Mireille / école

11. Denis oublie vite. Corrigez-le en remplaçant l'expression en italique par l'expression entre parenthèses.

 MODÈLE: Ma sœur fait *bien* la cuisine. (mal)
Oui, mais elle la faisait mal avant.

1. Tu conduis *bien*. (mal)
2. Je t'envoie *toujours* une carte d'anniversaire. (ne...jamais)
3. Nous *ne* nous ennuyons *jamais* ensemble. (souvent)
4. Bernard et moi, nous n'étudions *jamais*. (toujours)
5. Thérèse invite *tout le monde*. (ne...personne)
6. Tes parents et toi, vous vous couchez *tôt*. (tard)
7. Alain et Victor paient *l'addition*. (ne...rien)
8. Je dors *très bien*. (très mal)

l'imparfait et la description

The imperfect tense is used to describe

* people as they were or used to be, including their age.

Jean-Marc **avait** dix-huit ans.   *Jean-Marc was eighteen years old.*
Il **avait** un look différent.   *He had a different look.*
Il **était** grand et brun, et il **ressemblait** à une vedette.   *He was tall and dark-haired, and he looked like a star.*

1. Oui, mais je conduisais mal avant.
2. Oui, mais tu ne m'envoyais jamais de carte d'anniversaire avant.
3. Oui, mais nous nous ennuyions souvent ensemble avant.
4. Oui, mais vous étudiiez toujours avant.
5. Oui, mais elle n'invitait personne avant.
6. Oui, mais nous nous couchions tard avant.
7. Oui, mais ils ne payaient rien avant.
8. Oui, mais tu dormais très mal avant.

La cathédrale de Bayonne
était de style gothique.

* things as they were or used to be.

> La cathédrale **était** belle.
> Elle **avait l'air** énorme.

> *The cathedral was beautiful.*
> *It looked enormous.*

* conditions, including the time, as they were or used to be.

> Il **était** minuit. Il **faisait**
> froid, mais nous **avions** très
> chaud. C'**était** incroyable.

> *It was midnight. It was*
> *cold, but we were very*
> *warm. It was unbelievable.*

* the way people felt at certain times in the past.

> Je **me sentais** si bien. J'**étais**
> jeune, amoureux et heureux.

> *I was feeling so good. I was young,*
> *in love and happy.*

* actions that used to take place regularly in the past.

> Papa **aidait** Maman à faire la
> cuisine.

> *Dad used to help Mom do the*
> *cooking.*

Wkbk. 7, Wkbk. 8

12. Aujourd'hui Amélie a seize ans. La voilà à l'âge de dix ans. Comment
    était-elle et que portait-elle? Utilisez les adjectifs de la liste suivante pour
    la décrire.

blanc	bouclé	content	long
marron	moyen	rond	vert
vieux			

1m 40

> MODÈLE: yeux
> **Elle avait les yeux marron.**

1. cheveux   Elle avait les cheveux bouclés et longs.
2. visage   Elle avait le visage rond.
3. air   Elle avait l'air content.
4. taille   Elle était de taille moyenne.
5. jean   Elle portait un vieux jean.
6. tennis   Elle portait des tennis blanches.
7. tee-shirt   Elle portait un tee-shirt vert.

Le château de Pizay avait un jardin énorme.

13. Votre petit frère regarde la photo de la maison où vous habitiez quand vous étiez petit(e). Confirmez ce qu'il remarque.

MODÈLE: C'est une belle maison.
C'est vrai. C'était une belle maison.

1. Elle est petite.
2. C'est une maison à un étage.
3. Elle est grise.
4. Il n'y a pas de numéro sur la porte.
5. Elle a un garage à côté.
6. Il y a un grand jardin.
7. Elle est près de l'école.
8. Elle ressemble à la maison de nos grands-parents.

1. C'est vrai. Elle était petite.
2. C'est vrai. C'était une maison à un étage.
3. C'est vrai. Elle était grise.
4. C'est vrai. Il n'y avait pas de numéro sur la porte.
5. C'est vrai. Elle avait un garage à côté.
6. C'est vrai. Il y avait un grand jardin.
7. C'est vrai. Elle était près de l'école.
8. C'est vrai. Elle ressemblait à la maison de nos grands-parents.

14. Les copains et vous êtes tombés en panne. Racontez à vos parents comment c'était.

MODÈLE: ce / être / hier soir
C'était hier soir.

1. il / être / dix heures du soir
2. nous / être / sur la route 20
3. il / pleuvoir / beaucoup
4. on / ne / voir / rien
5. il / faire / froid
6. je / avoir / peur
7. nous / avoir / faim
8. Catherine et Mathilde / se sentir / mal
9. on / vouloir / rentrer

Il était dix heures du soir.
Nous étions sur la route 20.
Il pleuvait beaucoup.
On ne voyait rien.
Il faisait froid.
J'avais peur.
Nous avions faim.
Catherine et Mathilde se sentaient mal.
On voulait rentrer.

Parliez-vous longtemps au téléphone quand vous étiez jeune?

15. C'est l'année 2030. Vous avez des petits-enfants. Dites-leur ce que vous faisiez régulièrement et comment vous étiez quand vous étiez jeune.

> MODÈLE: conduire une Toyota
> **Je conduisais une Toyota.**

1. avoir les cheveux longs
2. suivre des régimes
3. travailler chez McDonald
4. parler longtemps au téléphone
5. aimer les groupes de rock
6. espérer être vedette de cinéma
7. sortir le samedi soir
8. tomber amoureux (amoureuse) toutes les semaines

1. J'avais les cheveux longs.
2. Je suivais des régimes.
3. Je travaillais chez McDonald.
4. Je parlais longtemps au téléphone.
5. J'aimais les groupes de rock.
6. J'espérais être vedette de cinéma.
7. Je sortais le samedi soir.
8. Je tombais amoureux (amoureuse) toutes les semaines.

16. Racontez ce que votre famille et vous faisiez quand vous étiez petit(e).

> MODÈLE: je / jouer / au foot / tous les jours
> **D'habitude, je jouais au foot tous les jours.**

1. mon père / venir / à tous mes matchs
2. je / prendre / un sandwich au jambon et une salade / à midi
3. ma mère / préparer / des quiches
4. je / boire / beaucoup de jus de fruits
5. mon frère et moi / marcher / sur les remparts
6. mon frère et ses copains / aller / au cinéma / le lundi
7. mes grands-parents / dîner / chez nous le dimanche
8. nous / faire / une promenade / le soir

1. D'habitude, mon père venait à tous mes matchs.
2. D'habitude, je prenais un sandwich au jambon et une salade à midi.
3. D'habitude, ma mère préparait des quiches.
4. D'habitude, je buvais beaucoup de jus de fruits.
5. D'habitude, mon frère et moi, nous marchions sur les remparts.
6. D'habitude, mon frère et ses copains allaient au cinéma le lundi.
7. D'habitude, mes grands-parents dînaient chez nous le dimanche.
8. D'habitude, nous faisions une promenade le soir.

D'habitude, ils jouaient au foot après les cours. (Verneuil-sur-Seine)

le passé composé et l'imparfait

Both the **passé composé** and the imperfect are past tenses. However, they are not interchangeable. Each tense has specific uses and gives different kinds of information. Often the **passé composé** and the imperfect are used in the same sentence. Look at the following example.

<blockquote>

Il **lisait** quand tu **es arrivé**.   *He was reading when you arrived.*

</blockquote>

In this sentence one action *was happening* when it *was interrupted* by another action. The imperfect describes the background condition or an action that was not completed. The **passé composé** describes a completed action that happened only once.

In telling a story, use the imperfect to describe conditions or circumstances in the past. The imperfect answers the question "How were things?" Use the **passé composé** to express completed actions and to answer the question "What happened?"

Use the imperfect and the **passé composé** to tell:

L'IMPARFAIT		LE PASSÉ COMPOSÉ
* what was going on	when	it was interrupted by something that happened only once.
Nous **dormions** (We were sleeping)	quand (when)	tu nous **as appelés**. (you called us.)
* how people, things and conditions were	when	events happened once or people did something only once.
Il **avait** vingt ans et il **était** très sportif (He was twenty and very athletic)	quand (when)	il **est devenu** malade, et sa vie **a** vite **changé.** (he became sick, and his life changed quickly.)
* what occurred regularly Je les **voyais** tous les jours. (I saw them every day.)	as opposed to	what took place only once. Je les **ai vus** samedi. (I saw them on Saturday.)

Les copains couraient tous les samedis. (Reims)

ATTENTION: The following verbs, describing mental activity in the past, are generally in the imperfect.

adorer **aimer** **avoir** **connaître**

croire **espérer** **être** **penser**

pouvoir **savoir** **vouloir**

En 1989 je te **connaissais** déjà, mais je ne t'**aimais** pas.

In 1989 I already knew you, but I didn't like you.

Wkbk. 9, Wkbk. 10, Wkbk. 11

17. En vous entendant parler du week-end que vous avez passé avec vos amis, votre père veut savoir ce que vos amis et vous faisiez quand certaines choses se sont passées. Dites-le-lui.

MODÈLE: Que faisait Joséphine quand il a commencé à pleuvoir? (lire)

Elle lisait quand il a commencé à pleuvoir.

1. Que faisais-tu quand le gros chien est entré? (dormir)
2. Que faisaient Marcel et Alain quand tu as crié? (manger du pâté)
3. Que faisiez-vous tous quand la voiture est tombée en panne? (aller à Carcassonne)
4. Que faisais-tu quand la voiture a commencé à rouler toute seule? (remplir le bidon)
5. Que faisait Raymond quand l'agent de police est arrivé? (changer le pneu de la voiture)
6. Que faisaient les parents de Raymond quand l'agent leur a téléphoné? (jouer aux cartes)
7. Que faisiez-vous tous quand Mireille s'est cassé la jambe? (faire du ski nautique)
8. Que faisait Mireille quand tu l'as vue plus tard? (décrire son aventure)

Que faisaient les agents de police quand vous les avez vus?

Les hommes portaient un costume quand ils sont sortis. (Lyon)

1. Il pleuvait quand tu es née.
2. Tu avais neuf mois quand tu as commencé à marcher.
3. Il travaillait au magasin quand il a fait sa connaissance.
4. Il portait un costume bleu marine quand il est sorti avec Maman la première fois.
5. Elle le trouvait très beau quand elle l'a vu.
6. Il conduisait vite quand il l'a rencontrée.
7. Ils étaient amoureux quand ils se sont mariés.

18. Votre petite sœur veut savoir ce que votre grand-mère vous a raconté sur votre famille. Répondez-lui.

> MODÈLE: Quand est-ce que Maman a reçu son permis de conduire? (avoir vingt ans)
> **Elle l'a reçu quand elle avait vingt ans.**

1. Quel temps faisait-il quand je suis née? (pleuvoir)
2. Quel âge est-ce que j'avais quand j'ai commencé à marcher? (avoir neuf mois)
3. Que faisait Papa quand il a fait la connaissance de Maman? (travailler au magasin)
4. Que portait Papa quand il est sorti avec Maman la première fois? (porter un costume bleu marine)
5. Comment Maman trouvait-elle Papa quand elle l'a vu? (trouver très beau)
6. Comment conduisait Papa quand il a rencontré Maman? (conduire vite)
7. Comment étaient nos parents quand ils se sont mariés? (être amoureux)

19. Complétez l'histoire suivante en utilisant les verbes entre parenthèses à l'imparfait ou au passé composé.

s'est marié

avait

ressemblaient/avait

s'appelait/aimait

donnait

nettoyait/était

> Il était une fois* un gentil monsieur qui (se marier) pour la deuxième fois avec une femme très méchante. Elle (avoir) deux filles qui lui (ressembler). Le monsieur, lui, (avoir) une fille très sympa qui (s'appeler) Geneviève. Mais, comme la nouvelle femme n'(aimer) pas Geneviève, elle lui (donner) beaucoup de travail à faire à la maison. Alors, Geneviève (nettoyer) tout le temps la maison, et elle (être) toujours très fatiguée.

Geneviève a mangé un croque-monsieur parce qu'elle se sentait très triste.

Un jour un beau jeune homme de la ville (donner) une boum, et il (inviter) toutes les femmes du pays. Avant, Geneviève (aller) aux boums tous les week-ends, mais cette fois-ci, sa nouvelle mère lui (dire) de rester à la maison. Quand ses sœurs (partir), Geneviève (vouloir) y aller aussi parce qu'elle (adorer) danser. Elle (se sentir) très triste. Alors, elle (décider) de manger un croque-monsieur et de boire un coca devant la télé.

a donné
a invité/allait

a dit/sont parties
voulait/adorait/se sentait
a décidé

Plus tard, quand elle (regarder) "Kung Fu," Batman (entrer) dans la maison et lui (demander) d'aller au cinéma voir *L'Arme fatale II* avec Mel Gibson et Danny Glover. Elle (être) si heureuse. Le lendemain elle (se marier) avec Batman, et ils (avoir) beaucoup d'enfants.*

regardait/est entré
a demandé
était
s'est mariée/ont eu

*The standard French phrases for beginning and ending a fairy tale are **Il était une fois** (*Once upon a time there was*) and **Ils se sont mariés, et ils ont eu beaucoup d'enfants** (*They got married and lived happily ever after*).

l'imparfait de la suggestion après *si*

The imperfect tense is also used after the word **si** to make a suggestion. In this case **si** means "How about," "What if" or "Why don't."

Si on **allait** à la cathédrale?   *How about going to the cathedral?*
Si nous **jouions** au tennis?   *Why don't we play tennis?*

20. Vous êtes moniteur/monitrice dans un camp de vacances. Aujourd'hui les enfants s'ennuient. Proposez-leur diverses activités comme divertissements.

    MODÈLE: on / regarder la télé
                Si on regardait la télé?

1. vous / jouer aux cartes   *Si vous jouiez aux cartes?*
2. vous / écrire à vos parents   *Si vous écriviez à vos parents?*
3. tu / lire ton livre, Marie   *Si tu lisais ton livre, Marie?*
4. nous / nettoyer tout ici   *Si nous nettoyions tout ici?*
5. les moniteurs / raconter des histoires   *Si les moniteurs racontaient des histoires?*
6. je / faire du chocolat   *Si je faisais du chocolat?*
7. on / choisir un film à regarder ce soir   *Si on choisissait un film à regarder ce soir?*
8. nous / construire une petite maison dans le bois   *Si nous construisions une petite maison dans le bois?*

21. Comment dit-on en français?

This is an optional activity.

PAPA: You know, Nicolas, life used to be much more difficult when I was young.

Tu sais, Nicolas, la vie était beaucoup plus difficile quand j'étais jeune.

NICOLAS: I know it, Dad. You've told me so (it) a hundred times.

Je le sais, Papa. Tu me l'as dit cent fois.

PAPA: When Mother and I got married, we didn't have anything.

Quand Maman et moi nous sommes mariés, nous n'avions rien.

NICOLAS: But you were young, in love and you didn't need anything.

Mais vous étiez jeunes, amoureux et vous n'aviez besoin de rien.

PAPA: It's true, but we had to live. So we opened a little café, and we used to work there together every day all year and without vacation. We worked hard, but we lived well, and we were so happy.

C'est vrai, mais il fallait vivre. Donc nous avons ouvert un petit café, et nous y travaillions ensemble tous les jours toute l'année et sans vacances. Nous travaillions dur, mais nous vivions bien, et nous étions si heureux.

NICOLAS: Where were you living when Annie was born?

Où habitiez-vous quand Annie est née?

PAPA: We were still living in Albi. We moved to Pau two years afterwards. And then...

Nous habitions toujours à Albi. Nous avons déménagé à Pau deux ans après. Et puis...

NICOLAS: Listen, Dad. This conversation's becoming a little boring, don't you think? Why don't we go have an espresso?

Écoute, Papa. Cette conversation devient un peu ennuyeuse, tu ne crois pas? Si on allait prendre un express?

Le père de Nicolas travaillait tous les jours dans son petit café.

Rédaction

En deux paragraphes décrivez une certaine période de temps passé (*past*) de votre vie. Décrivez votre famille à ce temps-là, dites quel âge vous aviez, comment vous étiez, où vous habitiez, quelle était la situation, qui était là et ce que vous faisiez d'habitude. Puis racontez quelque chose d'intéressant qui s'est passé une fois dans cette certaine période de temps tandis que (*while*) vous faisiez quelque chose d'autre (*else*). Utilisez seulement le vocabulaire que vous avez déjà appris.

Lecture

(Attention! Le mot **suis** peut être une forme du verbe **être** ou du verbe **suivre**. Remarquez le sens (*meaning*) de **suis** à chaque fois que vous le voyez dans le texte "Suivez le guide!")

Quand Adèle était petite, sa mère lui lisait des histoires tous les soirs avant de se coucher. Il y avait surtout une histoire qu'Adèle trouvait amusante parce qu'elle aimait les jeux de mots,° et cette histoire, qui était vraiment une conversation, était remplie de jeux de mots. Donc Adèle a demandé à sa mère de la lui lire souvent, et elle ne s'ennuyait jamais à l'entendre répéter parce qu' à chaque fois elle trouvait un sens caché° du verbe **être** ou du verbe **suivre**. Pour Adèle c'était comme une énigme.° Voici l'histoire ou conversation qui suit. Pouvez-vous la comprendre?

jeux de mots = play on words

hidden

puzzle

"Suivez le guide!"

LE GUIDE:	Suivez le guide!
UN TOURISTE:	Je suis le guide.
SON CHIEN:	Je suis mon maître.

Quelle barbe!°

What a drag!

UNE JOLIE FEMME:	Je suis le guide. Donc je ne suis pas une femme, puisque° je suis un homme.
LE TOURISTE:	Je suis cette jolie femme.
SON CHIEN:	Et moi aussi, je suis cette femme, puisque je suis mon maître.
LE GUIDE:	Suivez le guide. Moi, je ne suis pas le guide, puisque je suis le guide.
LE TOURISTE:	Je voudrais bien savoir qui est cette jolie femme que je suis.
SON CHIEN:	Je ne suis pas mon maître, puisque je suis mon maître et que° cela m'ennuie.
LA JOLIE FEMME:	Je suis le guide, je suis la foule,° je suis un régime, je suis la mode, je ne suis plus une enfant...Oh! J'en ai assez! Je ne suis plus personne. (Elle disparaît.°)
LE GUIDE:	Oh! J'en ai assez! Je démissionne.° (Il disparaît.)
LE TOURISTE:	Oh! Je ne suis plus le guide, je ne suis plus un homme, je ne suis plus une femme, je ne suis plus rien. (Il disparaît.)
LE CHIEN:	Enfin! Je ne suis plus mon maître, donc je suis mon maître et je ne visiterai° pas les châteaux de la Loire!

Margin glosses: since · because · crowd · disappears · resign · will visit

Jacques Prévert, *Fatras*,
©Éditions Gallimard

Wkbk. 12

Note culturelle

Jacques Prévert, one of France's best-known modern poets and movie script writers, was born in 1900 and died in 1977. Prévert's poetry, at times full of irony and violence, at others full of grace and tenderness, deals with themes such as liberty, justice, success and good fortune. Some of his other poetry collections are *Paroles, Arbres, Histoires* and *La Pluie et le Beau Temps*.

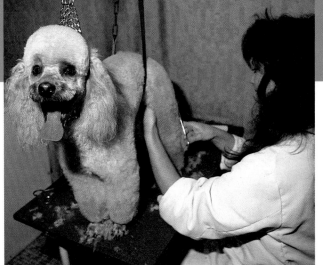

Fifi se sent mieux maintenant. (Bayonne)

Répondez en français.

1. Quand Adèle était petite, que faisait sa mère tous les soirs?
2. Qu'est-ce qu'il y avait dans l'histoire "Suivez le guide!" qui intéressait Adèle?
3. Pourquoi est-ce qu'elle ne s'ennuyait jamais à entendre répéter l'histoire?
4. Pourquoi est-ce qu'Adèle aimait les jeux de mots?
5. Qui suit le guide d'abord?
6. Qui suit le touriste?
7. Qui suit la jolie femme?
8. Comment savez-vous que la jolie femme veut maigrir?
9. La jolie femme est-elle chic?
10. Quand est-ce que le chien sait qu'il ne doit pas visiter les châteaux de la Loire?

1. Elle lui lisait des histoires tous les soirs.
2. Il y avait beaucoup de jeux de mots qui l'intéressait.
3. Parce qu'à chaque fois elle trouvait un sens caché du verbe **être** ou du verbe **suivre**.
4. Parce qu'ils étaient comme une énigme.
5. Le touriste et une jolie femme le suivent.
6. Le chien le suit.
7. Le touriste et son chien la suivent.
8. Parce qu'elle suit un régime.
9. Oui, elle suit la mode.
10. Il le sait quand son maître disparaît à la fin.

Proverbe

On ne fait pas d'omelette sans casser des œufs. An English equivalent of this proverb is "You can't have your cake and eat it too."

Interaction et application pratique

À deux

1. With your partner take turns asking each other how you get your pocket money. Then ask each other what you do with this money. Report your findings to the class.

> MODÈLE: Comment est-ce que tu gagnes ton argent de poche?
> **Je le gagne en m'occupant du jardin.**
>
> Et qu'est-ce que tu fais avec cet argent?
> **J'achète des habits.**

Comment est Salif?

2. Describe for the class how your partner looks. Include such information as facial shape, hair color (also type and length), color of eyes and size in general. Before you begin, you will probably want to ask your partner his/her exact age and height. Remember that one meter equals 39.37 inches.

MODÈLE: _____ **a seize ans. Il a le visage ovale et les cheveux courts et raides. Il est brun. Il a les yeux noirs et il est très grand. Il mesure un mètre quatre-vingt-quinze.**

3. Interview your partner about the things that he/she used to do to have fun at the ages of four, seven, ten and thirteen years. After both of you have asked and answered questions, report back to the class what you have learned about your partner.

MODÈLE: Qu'est-ce que tu faisais pour t'amuser à l'âge de treize ans? **J'allais au cinéma avec les copains.**

4. Take turns with your partner telling each other what you used to do when you were younger. Name as many different things as you can. Then for each past activity that you mention, tell what you do now instead. Finally share with the entire class several things that your partner used to do.

MODÈLE: **Avant, je parlais longtemps au téléphone avec mes copines. Maintenant, je n'ai plus le temps de téléphoner parce que je travaille les soirs.**

5. Imagine that your partner and you are both bored. Take turns making suggestions to each other about what you might do. Your partner can either accept or reject your ideas. Afterwards tell the class several things that your partner and you have decided to do.

MODÈLE: Si on faisait des courses cet après-midi? **D'accord. C'est une bonne idée.**

On a commandé des express au café. (Metz)

En groupes

6. Imagine that your group owns a French café. Name it and create a menu including the categories **SANDWICHS, PLATS CHAUDS, SALADES, DESSERTS** and **BOISSONS.** In each category list the items from this lesson and all others that you've already learned. Along with each dish or beverage, put its price in French francs. Then display your menu on the bulletin board with those from other groups for all to see.

7. With your group create an original two-minute skit that takes place in your café from Activity 6. Use the menu you have just prepared. One person can be the **garçon** and the others can be customers. Each customer orders something to eat, a beverage and a dessert. At the end call for the waiter and ask for and pay the check. Use only expressions you have learned so far. Then learn your roles and act out your skit for the class.

8. With your group of five people, play "Gossip" in French. Each person invents something he/she supposedly observed or was told before class and whispers it to the person on the right who whispers it to the next person, etc. Each sentence should contain at least eight words. The last person to hear the sentence can write it on a transparency. Repeat this procedure until each group member has given one sentence. At the end the whole class can read and correct together on the overhead the sentences from each group to see which sentence is the longest and most interesting.

MODÈLE: **Philippe m'a dit qu'il était amoureux d'Éliane.**

Vocabulaire actif

noms

une bière beer
une cathédrale cathedral
un champignon mushroom
une cité (walled-in) city
une connaissance acquaintance
une conversation conversation
la crème cream
un croque-monsieur open-faced grilled ham
   and cheese sandwich
un express espresso (coffee)
une guerre war
une hôtesse de l'air flight attendant
le jambon ham
le jus juice
une limonade carbonated drink like 7-Up
un look look(s)

un mètre meter
un œuf egg
  un œuf sur le plat fried egg
une omelette omelette
le pâté pâté
un plat dish; course
une poche pocket
une quiche quiche
un rempart rampart, city wall
un rêve dream
une salade salad
le saucisson salami
une taille size; height
un truc trick; thing
une vedette (de cinéma) (movie) star

adjectifs

amoureux, amoureuse (de) in love (with)
assis(e) seated
blond(e) blond
bouclé(e) curly
brun(e) dark-haired
court(e) short
debout standing
ennuyeux, ennuyeuse boring
impressionnant(e) impressive
long, longue long

mignon, mignonne cute
mince thin, slender
moyen, moyenne average, medium
ovale oval
raide straight
rond(e) round
roux, rousse red, red-haired
seul(e) single
typique typical

verbes

décrire to describe
faire la connaissance de to meet
Ça ne fait rien. It doesn't matter.
se (re)marier (avec) to (re)marry, to get
  (re)married (to)

mesurer to measure
se rappeler to remember

Un déjeuner à la campagne

Dimanche dernier Catherine a invité ses amis Pierre et Solange à déjeuner à la campagne dans la nouvelle maison de ses parents. Comme il faisait beau, ils ont décidé de manger dans le jardin....

SOLANGE: Catherine, ta quiche était incroyablement bonne. Je ne savais pas que tu faisais si bien la cuisine. Et puis, j'adore manger dehors.

PIERRE: Moi, aussi. Quand mon oncle habitait en Bretagne, nous y allions pendant les vacances et nous mangions toujours sur la terrasse quand il ne pleuvait pas. C'était génial.

Solange sait faire du cheval.

CATHERINE: Vous savez faire du cheval?

SOLANGE: Un peu. Pourquoi?

CATHERINE: Notre voisin m'a promis de nous prêter son cheval cet après-midi.

PIERRE: Moi, je n'en ai jamais fait. C'est dur?

SOLANGE: Tu connais Martine Carel?

PIERRE: Bien sûr. Elle a de beaux yeux bleus et de longs cheveux blonds. Mais pourquoi parles-tu d'elle maintenant?

SOLANGE: Eh bien, l'année dernière elle s'est cassé la jambe en faisant du cheval. Évidemment, elle ne savait pas en faire, et pourtant, c'est la plus sportive de mes amies.

PIERRE:	Ah bon?
CATHERINE:	Solange, ne taquine pas Pierre! Tu es méchante! Tu sais très bien que Martine est tombée parce qu'elle suivait un mauvais° chemin. Je vais chercher le dessert maintenant. Vous en voulez?
PIERRE:	Qu'est-ce que tu vas nous servir?
CATHERINE:	Une glace au chocolat.
SOLANGE:	Chic alors! Tu l'as faite aussi?
CATHERINE:	Non, c'est Maman qui nous l'a faite.
PIERRE:	Mmmm, j'adore la glace au chocolat.
CATHERINE:	Alors, dépêchons-nous de la manger pour aller nous amuser à cheval!
SOLANGE:	Sans tomber!

Préférez-vous la glace au chocolat ou à la fraise?

° The adjective **mauvais** in this instance means "bad."

Compréhension

Répondez en français.

1. Qui est-ce que Catherine a invité à déjeuner?
2. Où les a-t-elle invités?
3. Qu'est-ce que Solange a aimé?
4. Qu'est-ce que Pierre faisait chez son oncle quand il ne pleuvait pas?
5. Qui va leur prêter un cheval cet après-midi?
6. Qui ne sait pas faire du cheval?
7. Comment est Martine Carel selon Pierre?
8. Qu'est-ce qui s'est passé quand Martine Carel est tombée?
9. Pourquoi est-elle tombée?
10. Pourquoi Catherine veut-elle se dépêcher de manger la glace?

1. Elle a invité ses amis Pierre et Solange à déjeuner.
2. Elle les a invités à la campagne.
3. Elle a aimé la quiche.
4. Il déjeunait sur la terrasse.
5. Le voisin de Catherine va leur en prêter un.
6. Pierre ne sait pas en faire.
7. Elle a de beaux yeux bleus et de longs cheveux blonds.
8. Elle s'est cassé la jambe.
9. Parce qu'elle suivait un mauvais chemin.
10. Parce qu'elle veut s'amuser à cheval.

À propos

1. Déjeunez-vous souvent dehors quand il fait beau? Avec votre famille? Avec vos amis?
2. Est-ce que vous savez faire une quiche?
3. Avez-vous déjà fait du cheval?
4. Est-ce que vous vous êtes jamais cassé une jambe ou un bras?
5. Qui est le (la) plus sportif (sportive) de vos ami(e)s?
6. Taquinez-vous souvent vos amis?

Activités

1. Dites à Henri ce que les personnes suivantes construisent ou conduisent.

MODÈLE: Jean-Pierre

Il conduit un autobus.

You may do **Activité 1** again in the **passé composé.** The model response is **Il a conduit un autobus.** Another variation is to change the directions to **Dites à Henri ce que les personnes suivantes faisaient quand vous les avez vues.** Then the model response is **Il conduisait un autobus quand je l'ai vu.** (Have students do only sentences 4 through 8.)

1. je

Je construis une maison.

2. Monsieur Eiffel

Il construit une tour, la Tour Eiffel.

3. nous

Nous construisons une grange.

4. les Paquette

Ils construisent une piscine.

5. Pascale

Elle conduit un tracteur.

6. Marc et toi

Vous construisez un garage.

7. tu

Tu conduis une moto.

8. ces femmes

Elles conduisent des taxis.

442 **Révision C**

Du jambon? Tu dois en acheter deux kilos. (Lyon)

Combien de photos est-ce qu'ils doivent
prendre? (Verneuil-sur-Seine)

2. Denis veut savoir combien de choses il doit
acheter, faire, etc. Répondez-lui.

> MODÈLE: Combien de chocolats est-ce que je dois acheter?
> (une livre)
> **Tu dois en acheter une livre.**

1. Combien d'œufs est-ce que je dois rapporter? (10)
2. Combien de poules est-ce que je dois vendre? (200)
3. Combien de brioches est-ce que je dois acheter? (5)
4. Combien d'omelettes est-ce que je dois faire? (beaucoup)
5. Combien de viande est-ce que je dois préparer? (2 kilos)
6. Combien de châteaux est-ce que je dois visiter? (3)
7. Combien de granges est-ce que je dois construire? (1)
8. Combien de photos est-ce que je dois prendre? (assez)

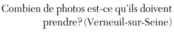

Tu dois en rapporter dix.

Tu dois en vendre deux cents.

Tu dois en acheter cinq.

Tu dois en faire beaucoup.

Tu dois en préparer deux kilos.

Tu dois en visiter trois.

Tu dois en construire une.

Tu dois en prendre assez.

1. Rapportes-en aussi pour moi.
2. Vends-en aussi pour moi.
3. Achètes-en aussi pour moi.
4. Fais-en aussi pour moi.
5. Prépares-en aussi pour moi.
6. Attrapes-en aussi pour moi.
7. Construis-en aussi pour moi.
8. Prends-en aussi pour moi.

1. Je me suis maquillée, et je me suis habillée.
2. Je suis montée au 4ème étage en prenant l'ascenseur.
3. Tanguy s'est occupé de la musique.
4. Alban s'est assis dans un coin.
5. Alban n'a pas dansé parce qu'il s'est cassé le doigt de pied.
6. J'ai sorti les boissons, et j'ai servi les sandwichs.
7. Tanguy a invité Sandrine à danser.
8. Ils se sont bien amusés, et je suis restée assise avec Alban.

3. Maintenant dites à Denis (de l'**Activité 2**) d'en acheter, faire, etc., aussi pour vous.

MODÈLE: Tu dois en acheter une livre.
Achètes-en aussi pour moi.

4. Imaginez que vous êtes Nadine. Dites à votre amie Virginie ce que vous avez fait et ce qui s'est passé avant et pendant la boum de Sandrine.

MODÈLE: je / se dépêcher / de / faire sa toilette
Je me suis dépêchée de faire ma toilette.

1. je / se maquiller / et / je / s'habiller
2. je / monter au 4ème étage / en prenant l'ascenseur
3. Tanguy / s'occuper / de la musique
4. Alban / s'asseoir / dans un coin
5. Alban / ne pas danser / parce que / il / se casser / le doigt de pied
6. je / sortir / les boissons / et / je / servir / les sandwichs
7. Tanguy / inviter / Sandrine / à / danser
8. ils / s'amuser / bien / et / je / rester / assise / avec Alban

Les copains se sont bien amusés.

5. Vous (Nadine) parlez encore à Virginie. Dites-lui le contraire de ce qu'elle suppose. Utilisez l'adverbe qui correspond à un des adjectifs (sauf l'adverbe **vite**) de la liste suivante.

mauvais	différent	suffisant
fort	moins bon	énorme
vite	méchant	

MODÈLE: Tu as marché lentement?
Non, j'ai marché vite.

1. **Tu t'es habillée comme les autres?** — Non, je me suis habillée différemment.
2. **Sandrine t'a bien reçue?** — Non, elle m'a mal reçue.
3. **Tu as mieux dansé que Sandrine?** — Non, j'ai moins bien dansé qu'elle.
4. **Tu as peu mangé?** — Non, j'ai énormément mangé.
5. **Alban t'a parlé très bas?** — Non, il m'a parlé très fort.
6. **Tanguy t'a gentiment parlé?** — Non, il m'a méchamment parlé.
7. **Tu ne t'es pas assez reposée?** — Si, je me suis suffisamment reposée.

M. Simson conduit plus vite que les autres chauffeurs. (Paris)

6. Maintenant Virginie veut savoir encore plus sur ce que vous avez fait hier. Répondez-lui en utilisant l'adverbe donné et en faisant une comparaison avec "les autres."

> MODÈLE: Comment avez-vous travaillé hier, Alice et toi? (dur)
> **Nous avons travaillé dur, plus dur que les autres.**

1. Combien a coûté ta robe? (cher)
2. Comment avez-vous répondu en classe, Alice et toi? (franchement)
3. Comment as-tu conduit? (vite)
4. Quand êtes-vous arrivées à la boum, Alice et toi? (tôt)
5. Comment vous êtes-vous habillées? (différemment)
6. Comment avez-vous chanté? (bien)
7. Comment Tanguy a-t-il dansé? (mal)
8. Quand êtes-vous parties? (tard)

1. Elle a coûté cher, plus cher que les autres.
2. Nous avons répondu franchement, plus franchement que les autres.
3. J'ai conduit vite, plus vite que les autres.
4. Nous y sommes arrivées tôt, plus tôt que les autres.
5. Nous nous sommes habillées différemment, plus différemment que les autres.
6. Nous avons bien chanté, mieux que les autres.
7. Il a mal dansé, plus mal que les autres.
8. Nous sommes parties tard, plus tard que les autres.

7. Dites comment on arrive à faire les choses suivantes. Utilisez **en** et la forme convenable du verbe entre parenthèses.

> MODÈLE: On s'amuse. (danser)
> **En dansant, on s'amuse.**

1. On réussit. (travailler dur)
2. On se sent utile. (arranger des rendez-vous)
3. On va mieux. (prendre des comprimés)
4. On ne perd rien. (dire la vérité)
5. On ne reçoit pas de contraventions. (ralentir)
6. On devient mince. (suivre un régime)
7. On n'est jamais en retard. (être toujours en avance)
8. On vit longtemps. (avoir de la chance)

1. En travaillant dur, on réussit.
2. En arrangeant des rendez-vous, on se sent utile.
3. En prenant des comprimés, on va mieux.
4. En disant la vérité, on ne perd rien.
5. En ralentissant, on ne reçoit pas de contraventions.
6. En suivant un régime, on devient mince.
7. En étant toujours en avance, on n'est jamais en retard.
8. En ayant de la chance, on vit longtemps.

En mangeant un sandwich,
on prend aussi une boisson.

8. Dites qu'on fait les choses suivantes en même temps qu'on fait autre chose. Utilisez la forme convenable du verbe donné.

MODÈLE: On voit ses amis. (ouvrir la porte)
En ouvrant la porte, on voit ses amis.

1. En voyant ses amis, on leur dit bonjour.
2. En recevant ses amis, on les invite à s'asseoir.
3. En finissant de faire les sandwichs, on les met dans le réfrigérateur.
4. En sortant les sandwichs du réfrigérateur, on les sert.
5. En servant les sandwichs, on sert aussi les boissons.
6. En mangeant, on ne danse pas.
7. En partant, on dit au revoir.

1. On leur dit bonjour. (voir ses amis)
2. On les invite à s'asseoir. (recevoir ses amis)
3. On les met dans le réfrigérateur. (finir de faire les sandwichs)
4. On les sert. (sortir les sandwichs du réfrigérateur)
5. On sert aussi les boissons. (servir les sandwichs)
6. On ne danse pas. (manger)
7. On dit au revoir. (partir)

9. Roger vous parle de choses et de gens non-identifiés. Demandez-lui qui ou quoi.

MODÈLE: Quelque chose est tombé de la fenêtre.
Qu'est-ce qui est tombé de la fenêtre?

1. Qu'est-ce qui a eu lieu hier?
2. Qui as-tu reçu hier?/Qui est-ce que tu as reçu hier?
3. Qui est entré?/Qui est-ce qui est entré?
4. Qui a-t-il rencontré?/Qui est-ce qu'il a rencontré?
5. Que t'ont-ils dit?/Qu'est-ce qu'ils t'ont dit?
6. Qu'est-ce qui t'intéresse?
7. Qui l'a envoyé?/Qui est-ce qui l'a envoyé?
8. Qu'ont-elles laissé?/Qu'est-ce qu'elles ont laissé?

1. Quelque chose a eu lieu hier.
2. J'ai reçu des voisins hier.
3. Quelqu'un est entré.
4. Hervé a rencontré quelqu'un.
5. Les copains m'ont dit quelque chose.
6. Il y a quelque chose qui m'intéresse.
7. Un ami l'a envoyé.
8. Marie-France et Chantal ont laissé quelque chose.

Martin est le garçon le plus sympa de la classe. (Verneuil-sur-Seine)

Spie Loisirs
LE MEILLEUR EMPLACEMENT
LE MEILLEUR PLACEMENT

10. Dites ce que vous pensez des personnes ou choses suivantes. Répondez d'après les indications en utilisant **le/la/les plus** ou **le/la/les meilleur(e)(s),** selon le cas.

> MODÈLE: Est-ce que ce garçon est sympa? (la classe)
> **Oui, c'est le garçon le plus sympa de la classe.**

1. Est-ce que cet avion est petit? (l'aéroport)
2. Est-ce que cette voiture est chère? (le magasin)
3. Est-ce que cette essence est bonne? (le monde)
4. Est-ce que ces mécaniciens sont efficaces? (la ville)
5. Est-ce que ces autoroutes sont mauvaises? (le pays)
6. Est-ce que ces châteaux sont originaux? (la Touraine)
7. Est-ce que cette famille est intéressante? (Tours)
8. Est-ce que ces profs sont gentils? (l'école)

Students may do this **Activité** again using **le/la/les moins** instead of **le/la/les plus.**

1. Oui, c'est le plus petit avion de l'aéroport.
2. Oui, c'est la voiture la plus chère du magasin.
3. Oui, c'est la meilleure essence du monde.
4. Oui, ce sont les mécaniciens les plus efficaces de la ville.
5. Oui, ce sont les plus mauvaises autoroutes du pays.
6. Oui, ce sont les châteaux les plus originaux de la Touraine.
7. Oui, c'est la famille la plus intéressante de Tours.
8. Oui, ce sont les plus gentils profs de l'école.

11. Nicole veut savoir qui vous a donné, apporté, offert, etc., certaines choses. Répondez-lui d'après les indications en utilisant des pronoms.

> MODÈLE: Qui t'a donné ce pourboire? (ce client-là)
> **Ce client-là me l'a donné.**

1. Qui t'a expliqué ces jauges? (le pompiste)   Le pompiste me les a expliquées.
2. Qui t'a montré le prix? (l'employé)   L'employé me l'a montré.
3. Qui t'a écrit cette lettre? (Martine)   Martine me l'a écrite.
4. Qui t'a emmené(e) à la boum? (Pierre)   Pierre m'y a emmené(e).
5. Qui t'a offert cette moto? (mes parents)   Mes parents me l'ont offerte.
6. Qui t'a donné ces cadeaux? (tu)   Tu me les as donnés.
7. Qui t'a apporté d'autres cadeaux? (les copines)   Les copines m'en ont apporté.
8. Qui t'a envoyé des habits? (mes grands-parents)   Mes grands-parents m'en ont envoyé.

Cette moto? Ses parents la lui ont offerte. (Flins-sur-Seine)

Qui a mis de l'essence dans le réservoir? (Flins-sur-Seine)

La limite de vitesse? C'est 60 à l'heure.

12. Maintenant dites à Nicole qui a donné, vendu, offert, etc., d'autres choses à d'autres personnes.

MODÈLE: Qui a donné ces cadeaux à ta mère? (papa)
Papa les lui a donnés.

1. Je leur en ai vendu.
2. Henri la leur a demandée.
3. Charles et toi, vous les y avez emmenés.
4. Jean-Louis le lui a offert.
5. Maman la lui a indiquée.
6. Nous les lui avons montrées.
7. Le pompiste lui en a donné.
8. Les mécaniciens ont essayé de lui en vendre.

1. Qui a vendu des meubles aux Rouquette? (je)
2. Qui leur a demandé leur adresse? (Henri)
3. Qui a emmené les parents au restaurant? (Charles et toi, vous)
4. Qui a offert ce bijou à ta sœur? (Jean-Louis)
5. Qui a indiqué à Papa la limite de vitesse? (maman)
6. Qui lui a montré les valises? (nous)
7. Qui lui a donné de l'essence? (le pompiste)
8. Qui a essayé de lui vendre de nouveaux pneus? (les mécaniciens)

13. Répondez par des phrases complètes en utilisant des pronoms si possible.

Answers will vary and do not appear here. These questions may also be used for pair interviews.

1. Où habitiez-vous quand vous étiez petit(e)?
2. Combien de personnes y avait-il dans votre famille en ce temps-là?
3. Quel âge avaient-elles quand vous aviez cinq ans?
4. Que faisiez-vous ensemble?
5. Qui était votre meilleur(e) ami(e)?
6. Où avez-vous fait sa connaissance?
7. Comment était-il (elle)?
8. Comment vous amusiez-vous, votre ami(e) et vous?

Vouliez-vous habiter à la campagne? (Hasparren)

Mon frère et moi, nous rêvions de devenir agriculteurs comme Papa. (Nerigean)

14. Imaginez que vous habitiez à la campagne quand vous aviez dix ans. Dites ce que vous faisiez, vouliez ou préfériez faire.

MODÈLE: aider les voisins / construire des granges
J'aidais les voisins à construire des granges.

1. vouloir / avoir une grande ferme
2. préférer / travailler dans les champs
3. aimer / nourrir les animaux
4. dire à mon frère / m'aider
5. s'amuser / faire du cheval
6. s'ennuyer / nettoyer l'étable
7. réussir / finir de travailler avant huit heures du soir
8. essayer / dormir tard
9. rêver / devenir agriculteur

1. Je voulais avoir une grande ferme.
2. Je préférais travailler dans les champs.
3. J'aimais nourrir les animaux.
4. Je disais à mon frère de m'aider.
5. Je m'amusais à faire du cheval.
6. Je m'ennuyais à nettoyer l'étable.
7. Je réussissais à finir de travailler avant huit heures du soir.
8. J'essayais de dormir tard.
9. Je rêvais de devenir agriculteur.

15. Les gens et les choses ne font plus ou ne sont plus comme ils faisaient ou étaient avant. Dites-le à Jérémy.

MODÈLE: Cette maison est grande maintenant. (petit)
Oui, mais avant elle était petite.

1. Mes grands-parents ont les cheveux gris maintenant. (noir)
2. Nous allons à l'église maintenant. (à la cathédrale)
3. Maintenant je mange des brioches le matin. (œufs)
4. Tu bois du jus d'orange maintenant. (du jus de raisin)
5. Jacques et toi, vous suivez un cours de français maintenant. (un cours d'anglais)
6. Pauline est blonde maintenant. (brun)
7. Il fait du soleil cet après-midi. (mauvais)
8. Vincent mesure un mètre soixante maintenant. (1 m 55)

1. Oui, mais avant ils avaient les cheveux noirs.
2. Oui, mais avant vous alliez à la cathédrale.
3. Oui, mais avant tu mangeais des œufs le matin.
4. Oui, mais avant je buvais du jus de raisin.
5. Oui, mais avant nous suivions un cours d'anglais.
6. Oui, mais avant elle était brune.
7. Oui, mais avant il faisait mauvais.
8. Oui, mais avant il mesurait un mètre cinquante-cinq.

16. Jean-Pierre veut savoir ce que vous avez fait ou observé pendant le dernier voyage que vous avez fait avec votre famille. Dites-le-lui d'après les indications et les images.

MODÈLE: Qu'est-ce que vous avez visité? (1)

Nous avons visité une ferme.

1. Qu'est-ce que vous avez vu? (beaucoup)

Nous avons vu beaucoup d'animaux.

2. Qu'est-ce qu'il y avait aussi dans la ferme? (des)

Il y avait des oiseaux.

3. Qu'est-ce que vous avez mangé? (du)

Nous avons mangé du lapin.

4. Qu'est-ce que vous avez visité après? (des)

Nous avons visité des châteaux.

5. Qu'est-ce que vous avez suivi? (des)

Nous avons suivi des guides Michelin.

6. Qu'est-ce qu'il y avait sur la route? (beaucoup)

Il y avait beaucoup de feux.

7. Qu'est-ce que vous avez acheté? (de l')

Nous avons acheté de l'essence.

8. Qu'est-ce que ton père a donné au pompiste? (un)

Il lui a donné un pourboire.

17. Dites ce qui était, ce qui se passait ou ce qu'on faisait quand vous êtes arrivé(e).

> MODÈLE: on / servir la salade
> **Quand je suis arrivé(e), on servait la salade.**

1. papa / remplir les verres
2. maman / mettre une quiche sur la table
3. vous / finir de dîner
4. tu / se maquiller
5. les enfants / jouer sur les remparts
6. il / commencer à pleuvoir
7. Jacques et toi / étudier
8. je / être fatigué(e)

1. Quand je suis arrivé(e), Papa remplissait les verres.
2. Quand je suis arrivé(e), Maman mettait une quiche sur la table.
3. Quand je suis arrivé(e), vous finissiez de dîner.
4. Quand je suis arrivé(e), tu te maquillais.
5. Quand je suis arrivé(e), les enfants jouaient sur les remparts.
6. Quand je suis arrivé(e), il commençait à pleuvoir.
7. Quand je suis arrivé(e), Jacques et toi, vous étudiiez.
8. Quand je suis arrivé(e), j'étais fatigué(e).

18. Proposez à des amis de faire certaines choses. Utilisez le mot **si**.

> MODÈLE: on / ralentir
> **Si on ralentissait?**

1. vous / finir le pâté   *Si vous finissiez le pâté?*
2. je / servir le jambon   *Si je servais le jambon?*
3. on / prendre le thé   *Si on prenait le thé?*
4. vous / boire de la limonade   *Si vous buviez de la limonade?*
5. on / commander un express   *Si on commandait un express?*
6. nous / oublier le travail   *Si nous oubliions le travail?*
7. tu / me donner ton argent de poche   *Si tu me donnais ton argent de poche?*
8. nous / se marier   *Si nous nous mariions?*

Si vous vous mariiez??? (Lyon)

Si on commandait un sandwich?
(Saint-Jean-de-Luz)

Grammar Summary

Indefinite Articles

Singular		Plural
Masculine	**Feminine**	
un	une	des

Definite Articles

Singular			Plural
Before a Consonant Sound		**Before a Vowel Sound**	
Masculine	**Feminine**		
le	la	l'	les

À + Definite Articles

Singular			Plural
Before a Consonant Sound		**Before a Vowel Sound**	
Masculine	**Feminine**		
au	à la	à l'	aux

De + Definite Articles

Singular			Plural
Before a Consonant Sound		**Before a Vowel Sound**	
Masculine	**Feminine**		
du	de la	de l'	des

Partitive

Before a Consonant Sound		Before a Vowel Sound
Masculine	**Feminine**	
du pain	de la glace	de l'eau

After a negative verb the partitive becomes *de (d')*.

Question Words

combien	how much, how many
comment	what; how
où	where
pourquoi	why
qu'est-ce que	what
quand	when
que	what
quel, quelle	which, what
qui	who, whom, which

Question Formation

1. By a rising tone of voice
   Vous travaillez beaucoup?

2. By beginning with *est-ce que*
   Est-ce que vous travaillez beaucoup?

3. By adding *n'est-ce pas?*
   Vous travaillez beaucoup, n'est-ce pas?

4. By inversion
   Travaillez-vous beaucoup?

Expressions of Quantity

combien	how much, how many
assez	enough
beaucoup	much, very much, a lot
(un) peu	(a) little, not much, not many
trop	too much, too many, too

These expressions are followed by *de (d')* before a noun.

Agreement of Adjectives and Nouns

	Masculine	Feminine
add *e*	Il est content.	Elle est contente.
no change	Il est suisse.	Elle est suisse.
double consonant + *e*	Il est gros.	Elle est grosse.

Irregular Feminine Adjectives

-er → -ère	
cher	chère
dernier	dernière
premier	première

-eux → -euse	
heureux	heureuse

-f → -ve	
sportif	sportive

blanc	blanche
frais	fraîche

Irregular Plural Adjectives

-al → -aux	
génial	géniaux
principal	principaux

-eau → -eaux	
beau	beaux
nouveau	nouveaux

Quel

	Masculine	Feminine
Singular	quel	quelle
Plural	quels	quelles

Tout

	Masculine	Feminine
Singular	tout	toute
Plural	tous	toutes

Irregular Feminine Nouns

-er → -ère	
un boulang**er**	une boulang**ère**
un épici**er**	une épici**ère**
un étrang**er**	une étrang**ère**
un ouvri**er**	une ouvri**ère**

-eur → -euse	
un chant**eur**	une chant**euse**
un cherch**eur**	une cherch**euse**
un jou**eur**	une jou**euse**
un serv**eur**	une serv**euse**

-eur → -rice	
un act**eur**	une act**rice**
un monit**eur**	une monit**rice**

-ou → -olle	
un f**ou**	une f**olle**

Irregular Plural Nouns

-al → -aux	
un anim**al**	des anim**aux**
un chev**al**	des chev**aux**
un hôpit**al**	des hôpit**aux**
un journ**al**	des journ**aux**

-eau → -eaux	
un bat**eau**	des bat**eaux**
un chât**eau**	des chât**eaux**
un morc**eau**	des morc**eaux**
un ois**eau**	des ois**eaux**

-eu → -eux	
un chev**eu**	des chev**eux**
un f**eu**	des f**eux**
un nev**eu**	des nev**eux**

-ou → -oux	
un bij**ou**	des bij**oux**

Position of Adjectives

Most adjectives usually follow their nouns. But adjectives expressing beauty, age, goodness and size precede their nouns. Some of these preceding adjectives are:

autre	joli
beau	mauvais
bon	nouveau
grand	petit
gros	seul
jeune	vieux

Possessive Adjectives

	Singular			Plural
Masculine	**Feminine Before a Consonant Sound**	**Feminine Before a Vowel Sound**		
mon	ma	mon		mes
ton	ta	ton		tes
son	sa	son		ses
notre	notre	notre		nos
votre	votre	votre		vos
leur	leur	leur		leurs

Demonstrative Adjectives

	Masculine Before a Consonant Sound	**Masculine Before a Vowel Sound**	**Feminine**
Singular	ce	cet	cette
Plural	ces	ces	ces

Comparative of Adjectives

plus	+	adjectif	+	que
moins	+	adjectif	+	que
aussi	+	adjectif	+	que

Superlative of Adjectives

le/la/les	+	plus	+	adjectif
le/la/les	+	moins	+	adjectif

Formation of Adverbs

Adjective		Adverb
Masculine	Feminine	
dernier	dernière	dernièrement
difficile	difficile	difficilement
franc	franche	franchement
heureux	heureuse	heureusement
incroyable	incroyable	incroyablement
juste	juste	justement
malheureux	malheureuse	malheureusement
premier	première	premièrement
probable	probable	probablement
seul	seule	seulement

Irregular Adverbs

Masculine Adjective	Adverb
bas	bas
bon	bien
cher	cher
différent	différemment
dur	dur
énorme	énormément
évident	évidemment
fort	fort
gentil	gentiment
mauvais	mal
méchant	méchamment
meilleur	mieux
suffisant	suffisamment
vrai	vraiment

Comparative of Adverbs

plus	+	adverbe	+	que
moins	+	adverbe	+	que
aussi	+	adverbe	+	que

Position of Adverbs with *Passé Composé*

beaucoup	Pierre a **beaucoup** réfléchi.
bien	Vous avez **bien** fait.
déjà	As-tu **déjà** vendu ta voiture?
mal	Nous avons **mal** joué.
même	Tu as **même** embêté le prof.
peut-être	Je l'ai **peut-être** vu.
toujours	Il a **toujours** aimé ce poème.
trop	Elles n'ont pas **trop** mangé.

Position of Adverbial Expressions of Time with *Passé Composé*

hier	Je l'ai vu **hier.**
hier soir	**Hier soir** on a patiné.
lundi dernier	Nous avons pêché **lundi dernier.**
l'été dernier	**L'été dernier** ils ont voyagé.
le lendemain	Elle a téléphoné **le lendemain.**
tard	Vous avez travaillé **tard.**

Negation in Present Tense

ne...jamais	Je **ne** vois **jamais** Hélène.
ne...pas	Vous **ne** conduisez **pas.**
ne...pas encore	Ils **ne** jouent **pas encore.**
ne...personne	Il **n'**y a **personne** ici.
ne...plus	Tu **ne** fais **plus** de foot?
ne...rien	Nous **ne** faisons **rien.**

Negation in *Passé Composé*

ne...jamais	Je **n'**ai **jamais** fait cela.
ne...pas	Tu **n'**as **pas** fini le travail.
ne...pas encore	Ils **n'**ont **pas encore** couru.
ne...personne	Elle **n'**a vu **personne.**
ne...plus	Nous **n'**avons **plus** étudié.
ne...rien	On **n'**a **rien** acheté hier.

Subject Pronouns

Singular	Plural
je	nous
tu	vous
il/elle/on	ils/elles

Direct Object Pronouns

me	me
te	you
le, la, l'	him, her, it
nous	us
vous	you
les	them

Indirect Object Pronouns

me	to me
te	to you
lui	to him, to her
nous	to us
vous	to you
leur	to them

Order of Double Object Pronouns

sujet +	me te nous vous se	le la les	lui leur	y	en +	verbe

Stress Pronouns

moi	me, I
toi	you
lui	him
elle	her
nous	we, us
vous	you
eux	them (m.)
elles	them (f.)

Interrogative Pronouns

	Subject	Object
People	qui qui est-ce qui	qui qui est-ce que
Things	qu'est-ce qui	que qu'est-ce que

Numbers

0 = zéro	17 = dix-sept	62 = soixante-deux
1 = un	18 = dix-huit	70 = soixante-dix
2 = deux	19 = dix-neuf	71 = soixante et onze
3 = trois	20 = vingt	72 = soixante-douze
4 = quatre	21 = vingt et un	80 = quatre-vingts
5 = cinq	22 = vingt-deux	81 = quatre-vingt-un
6 = six	30 = trente	82 = quatre-vingt-deux
7 = sept	31 = trente et un	90 = quatre-vingt-dix
8 = huit	32 = trente-deux	91 = quatre-vingt-onze
9 = neuf	40 = quarante	92 = quatre-vingt-douze
10 = dix	41 = quarante et un	100 = cent
11 = onze	42 = quarante-deux	101 = cent un
12 = douze	50 = cinquante	102 = cent deux
13 = treize	51 = cinquante et un	200 = deux cents
14 = quatorze	52 = cinquante-deux	201 = deux cent un
15 = quinze	60 = soixante	1000 = mille
16 = seize	61 = soixante et un	

Ordinal Numbers

1er = premier	7e = septième
2e = deuxième	8e = huitième
3e = troisième	9e = neuvième
4e = quatrième	10e = dixième
5e = cinquième	11e = onzième
6e = sixième	12e = douzième

Regular Verbs—Present Tense

-er parler			
je	parle	nous	parlons
tu	parles	vous	parlez
il/elle/on	parle	ils/elles	parlent

-ir	
finir	
je finis	nous finissons
tu finis	vous finissez
il/elle/on finit	ils/elles finissent

-re	
perdre	
je perds	nous perdons
tu perds	vous perdez
il/elle/on perd	ils/elles perdent

Irregular Verbs

acheter		**aller**	
j' achète	nous achetons	je vais	nous allons
tu achètes	vous achetez	tu vas	vous allez
il/elle/on achète	ils/elles achètent	il/elle/on va	ils/elles vont

-e-er		**avoir**	
appeler			
j' appelle	nous appelons	j' ai	nous avons
tu appelles	vous appelez	tu as	vous avez
il/elle/on appelle	ils/elles appellent	il/elle/on a	ils/elles ont

boire		**-cer**	
		commencer	
je bois	nous buvons	je commence	nous commençons
tu bois	vous buvez	tu commences	vous commencez
il/elle/on boit	ils/elles boivent	il/elle/on commence	ils/elles commencent

conduire		**connaître**	
je conduis	nous conduisons	je connais	nous connaissons
tu conduis	vous conduisez	tu connais	vous connaissez
il/elle/on conduit	ils/elles conduisent	il/elle/on connaît	ils/elles connaissent

construire		**courir**	
je construis	nous construisons	je cours	nous courons
tu construis	vous construisez	tu cours	vous courez
il/elle/on construit	ils/elles construisent	il/elle/on court	ils/elles courent

croire

je	crois	nous	croyons
tu	crois	vous	croyez
il/elle/on	croit	ils/elles	croient

devoir

je	dois	nous	devons
tu	dois	vous	devez
il/elle/on	doit	ils/elles	doivent

dire

je	dis	nous	disons
tu	dis	vous	dites
il/elle/on	dit	ils/elles	disent

dormir

je	dors	nous	dormons
tu	dors	vous	dormez
il/elle/on	dort	ils/elles	dorment

écrire

j'	écris	nous	écrivons
tu	écris	vous	écrivez
il/elle/on	écrit	ils/elles	écrivent

-e-er
emmener

j'	emmène	nous	emmenons
tu	emmènes	vous	emmenez
il/elle/on	emmène	ils/elles	emmènent

envoyer

j'	envoie	nous	envoyons
tu	envoies	vous	envoyez
il/elle/on	envoie	ils/elles	envoient

être

je	suis	nous	sommes
tu	es	vous	êtes
il/elle/on	est	ils/elles	sont

faire

je	fais	nous	faisons
tu	fais	vous	faites
il/elle/on	fait	ils/elles	font

falloir

il	faut

lire

je	lis	nous	lisons
tu	lis	vous	lisez
il/elle/on	lit	ils/elles	lisent

-ger
manger

je	mange	nous	mangeons
tu	manges	vous	mangez
il/elle/on	mange	ils/elles	mangent

mettre

je	mets	nous	mettons
tu	mets	vous	mettez
il/elle/on	met	ils/elles	mettent

mourir

je	meurs	nous	mourons
tu	meurs	vous	mourez
il/elle/on	meurt	ils/elles	meurent

offrir

j'	offre	nous	offrons
tu	offres	vous	offrez
il/elle/on	offre	ils/elles	offrent

ouvrir

j'	ouvre	nous	ouvrons
tu	ouvres	vous	ouvrez
il/elle/on	ouvre	ils/elles	ouvrent

partir

je	pars	nous	partons
tu	pars	vous	partez
il/elle/on	part	ils/elles	partent

payer

je	paie	nous	payons
tu	paies	vous	payez
il/elle/on	paie	ils/elles	paient

plaire

il/elle/on	plaît	ils/elles	plaisent

pleuvoir

il	pleut

pouvoir

je	peux	nous	pouvons
tu	peux	vous	pouvez
il/elle/on	peut	ils/elles	peuvent

-é-er préférer

je	préfère	nous	préférons
tu	préfères	vous	préférez
il/elle/on	préfère	ils/elles	préfèrent

prendre

je	prends	nous	prenons
tu	prends	vous	prenez
il/elle/on	prend	ils/elles	prennent

recevoir

je	reçois	nous	recevons
tu	reçois	vous	recevez
il/elle/on	reçoit	ils/elles	reçoivent

savoir

je	sais	nous	savons
tu	sais	vous	savez
il/elle/on	sait	ils/elles	savent

sortir

je	sors	nous	sortons
tu	sors	vous	sortez
il/elle/on	sort	ils/elles	sortent

suivre

je	suis	nous	suivons
tu	suis	vous	suivez
il/elle/on	suit	ils/elles	suivent

tenir

je	tiens	nous	tenons
tu	tiens	vous	tenez
il/elle/on	tient	ils/elles	tiennent

venir

je	viens	nous	venons
tu	viens	vous	venez
il/elle/on	vient	ils/elles	viennent

vivre

je	vis	nous	vivons
tu	vis	vous	vivez
il/elle/on	vit	ils/elles	vivent

voir

je	vois	nous	voyons
tu	vois	vous	voyez
il/elle/on	voit	ils/elles	voient

vouloir

je	veux	nous	voulons
tu	veux	vous	voulez
il/elle/on	veut	ils/elles	veulent

Regular Refexive Verbs—Present Tense

se laver					
je	me	lave	nous	nous	lavons
tu	te	laves	vous	vous	lavez
il/elle/on	se	lave	ils/elles	se	lavent

Irregular Reflexive Verbs—Present Tense

s'asseoir					
je	m'	assieds	nous	nous	asseyons
tu	t'	assieds	vous	vous	asseyez
il/elle/on	s'	assied	ils/elles	s'	asseyent

se sentir					
je	me	sens	nous	nous	sentons
tu	te	sens	vous	vous	sentez
il/elle/on	se	sent	ils/elles	se	sentent

Regular Imperatives

-er	-ir	-re
parler	**finir**	**perdre**
parle	finis	perds
parlons	finissons	perdons
parlez	finissez	perdez

Imperative of *Être*

être
sois
soyons
soyez

Verbs + *à* + Infinitive

aider	arriver	s' ennuyer
s' amuser	commencer	inviter
apprendre	continuer	réussir

Verbs + *de* + Infinitive

choisir	essayer	permettre
décider	finir	promettre
demander	offrir	rêver
dire	oublier	

Verbs + Infinitive

aimer	espérer	savoir
aller	pouvoir	sembler
désirer	préférer	venir
devoir	regarder	vouloir

Regular Present Participles

Infinitive	Present Participle
danser	dansant
finir	finissant
perdre	perdant
commencer	commençant
manger	mangeant
dire	disant
faire	faisant
servir	servant

Irregular Present Participles

Infinitive	Present Participle
avoir	ayant
être	étant
savoir	sachant

Passé Composé—Regular Past Participles

jouer			
j'ai	joué	nous avons	joué
tu as	joué	vous avez	joué
il/elle/on a	joué	ils/elles ont	joué

finir			
j'ai	fini	nous avons	fini
tu as	fini	vous avez	fini
il/elle/on a	fini	ils/elles ont	fini

attendre			
j'ai	attendu	nous avons	attendu
tu as	attendu	vous avez	attendu
il/elle/on a	attendu	ils/elles ont	attendu

Passé Composé—Irregular Past Participles

Infinitive	Past Participle
apercevoir	aperçu
avoir	eu
boire	bu
conduire	conduit
construire	construit
courir	couru
croire	cru
devoir	dû
dire	dit
écrire	écrit
être	été
faire	fait
lire	lu
mettre	mis
offrir	offert
ouvrir	ouvert
plaire	plu
pleuvoir	plu
pouvoir	pu
prendre	pris
recevoir	reçu
suivre	suivi
tenir	tenu
vivre	vécu
voir	vu
vouloir	voulu

Passé Composé with *Être*

aller		
je	suis	allé
je	suis	allée
tu	es	allé
tu	es	allée
il	est	allé
elle	est	allée
nous	sommes	allés
nous	sommes	allées
vous	êtes	allé
vous	êtes	allés
vous	êtes	allée
vous	êtes	allées
ils	sont	allés
elles	sont	allées

The following verbs use *être* as the helping verb.

Infinitive	Past Participle
aller	allé
arriver	arrivé
descendre	descendu
devenir	devenu
entrer	entré
monter	monté
mourir	mort
naître	né
partir	parti
passer	passé
rentrer	rentré
rester	resté
retourner	retourné
revenir	revenu
sortir	sorti
tomber	tombé
venir	venu

Passé Composé of Reflexive Verbs

s'asseoir							
je	me	suis	assis(e)	nous	nous	sommes	assis(es)
tu	t'	es	assis(e)	vous	vous	êtes	assis(e)(s)
il/elle/on	s'	est	assis(e)	ils/elles	se	sont	assis(es)

Imperfect Tense—Regular Verbs

aller			
j'	allais	nous	allions
tu	allais	vous	alliez
il/elle/on	allait	ils/elles	allaient

Imperfect Tense—Irregular Verbs

	être	falloir	neiger	pleuvoir
j'	étais			
tu	étais			
il/elle/on	était	il fallait	il neigeait	il pleuvait
nous	étions			
vous	étiez			
ils/elles	étaient			

French/English

All words introduced in *Le français vivant 1* and *2* appear in this End Vocabulary. It includes both active words listed at the end of each lesson and passive words. The number following the meaning of each word or expression indicates the lesson in which it appears for the first time. When the same word or expression is introduced passively in one lesson and actively later on, only the lesson number where it first occurs is given. If there is more than one meaning for a word or expression and it has appeared in different lessons, the corresponding lesson numbers are listed. Words and expressions that were introduced in *Le français vivant 1* do not have a number after them.

A

a has
à in; to; at; on 2; with 9; *à côté (de)* beside; next to 5; *À demain.* See you tomorrow.; *à l'heure* on time; per/an hour 11; *à moitié* half 2; *à pied* on foot 1; *à propos* by the way; *À tout à l'heure.* See you in a little while.; *À votre service!* At your service! 5
une **abbaye** abbey 10
un **accessoire** accessory 7
les **achats (m.)** shopping
acheter to buy
une **acrobatie** acrobatic trick
acrobatique acrobatic
un **acteur, une actrice** actor, actress 4
une **addition** bill, check (at a restaurant)
adore love, adore
adorer to love, to adore
une **adresse** address
un(e) **adulte** adult
un **aéroport** airport
une **affiche** poster
africain(e) African
l' **Afrique (f.)** Africa
un **âge** age; *Quel âge avez-vous?* How old are you?
un **agent (de police)** police officer 5
agréable pleasant
un **agriculteur** farmer 9
ah oh; *ah bon* oh really
j' **ai** I have
aider to help

Aïe! Oh! 8
un **ailier** wing (soccer) 2
ailleurs elsewhere
aime like, love
aimer to like, to love
l' **air (m.)** air; appearance; *en plein air* outside, outdoors 3
un **album** album 2
l' **Algérie (f.)** Algeria
l' **Allemagne (f.)** Germany
l' **allemand (m.)** German (language)
allemand(e) German
aller to go; *Ça vous (te) va.* That suits you. That fits you. 6
un **aller** one-way ticket
une **allergie** allergy 8
allô hello (on telephone) 2
alors (well) then
américain(e) American
l' **Amérique (f.)** America
un(e) **ami(e)** friend
amoureux, amoureuse (de) in love (with) 12
amusant(e) fun, amusing, funny 1
s' **amuser** to have fun, to have a good time 9
un **an** year
l' **anglais (m.)** English (language)
anglais(e) English
l' **Angleterre (f.)** England
un **animal** animal 9
animé(e) busy 10
une **année** year

un **anniversaire** birthday; anniversary
août August
apercevoir to see 11
aperçu (past participle of
   apercevoir) 11
un **appareil: à l'appareil** speaking 2
un **appareil-photo (appareil)** camera 4
un **appartement** apartment
appartenir to belong 7
appeler to call
je m' **appelle** my name is; *il s'appelle/elle
   s'appelle* his/her name is; *tu
   t'appelles* your name is
s' **appeler** to be named 8
apporter to bring 11
apprendre to learn, to teach
après after, afterwards
un **après-midi** afternoon; *de l'après-midi*
   P.M. (in the afternoon);
   l'après-midi in the afternoon
un **arbre** tree 9
l' **argent (m.)** money
une **armoire** wardrobe 10
arranger to arrange 10
un **arrêt** stop 7
arrêter to stop 2
un **arrière** back (soccer) 2
une **arrivée** arrival 5
arriver to arrive; *arriver à* to
   manage 9
l' **art** art 6
un(e) **artiste** artist
as have
un **ascenseur** elevator 10
s' **asseoir** to sit down 8
assez enough; rather 4
une **assiette** plate
assis (past participle of *s'asseoir*) 10;
   assis(e) seated 12
atlantique Atlantic
attendre to wait (for); *attendre...avec
   impatience* can't wait for...
Attention! Be careful! Watch out! 1
attraper to catch 3
au in; to (the), at (the); in (the); *au
   fait* by the way 4; *au revoir*
   good-bye
aujourd'hui today
aussi also, too; as 1
un **autobus (bus)** (city) bus
l' **automne (m.)** fall, autumn

une **autoroute** highway 11
autre other, another
aux at (the), in (the), to (the)
avaler to swallow
avant before
un **avant centre** center forward (soccer) 2
avec with
l' **avenir** future 8
une **aventure** adventure
une **avenue** avenue P
un **avion** airplane
un **avis** opinion
avoir to have; *avoir besoin de* to need;
   avoir chaud to be warm, hot; *avoir
   de la chance* to be lucky; *avoir de la
   fièvre* to have a fever 8; *avoir envie
   (de)* to feel like, to want 2; *avoir
   faim* to be hungry; *avoir froid* to be
   cold; *avoir l'air* to look, to seem;
   avoir lieu to take place 10; *avoir
   mal (à)* to hurt, to be in pain, to
   have pain (in); *avoir mal à la gorge*
   to have a sore throat; *avoir mal au
   dos* to have a backache; *avoir mal
   au ventre* to have a stomachache;
   avoir mal aux dents to have a
   toothache 8; *avoir mal aux jambes*
   to have sore legs; *avoir peur (de)* to
   be afraid (of) 1; *avoir raison* to be
   right; *avoir rendez-vous* to have an
   appointment/date 8; *avoir soif* to be
   thirsty; *avoir...ans* to be...(years
   old); *Qu'est-ce que tu as?* What's
   wrong with you?
avril April

B

une **bague** ring 7
une **baguette** long loaf of bread
une **baie** bay 10
une **baignoire** bathtub 10
un **bain** bath 10; *une salle de bains*
   bathroom 9
un **ballon** (inflated) ball 2
une **banane** banana
un **banc** bench 6
une **banque** bank 6
bas (in a) low (voice) 10
le **basket-ball (basket)** basketball 1;
   faire du basket-ball (basket) to play
   basketball 1

un **bateau** boat 1; *faire du bateau* to go boating 1

un **bâtiment** building 5

une **batterie** drum set 3

beau, bel, belle beautiful, handsome

beaucoup a lot, much, very much

la **beauté** beauty 11

beige beige

belge Belgian

la **Belgique** Belgium

ben well, why, oh 5

un **béret** beret

le **besoin: avoir besoin de** to need

le **beurre** butter

une **bibliothèque** library 4

un **bidon** (gas) can 11

bien well; really; *bien sûr* of course; *Bien sûr que non.* Of course not. 3

bientôt soon 11

bienvenue (f.) welcome

une **bière** beer 12

un **bifteck** steak; *le bifteck haché* ground beef

un **bijou** jewel 7

un **billet** ticket; bill (money)

la **biologie** biology

une **bise** kiss 10

blanc, blanche white

bleu(e) blue; *bleu marine* navy blue

blond(e) blond 12

un **blue-jean (jean)** (pair of) jeans

boire to drink

un **bois** woods; wood 1

une **boisson** drink, beverage 10

une **boîte** box; *une boîte aux lettres* mailbox 5

bon, bonne good, fine, well; right 11; *bon marché* cheap 7

un **bonbon** piece of candy

bonjour hello

bonsoir good evening

bord: au bord de on the edge (side) of 11

une **botte** boot 7

une **bouche** mouth 8

bouclé(e) curly 12

un **boulanger, une boulangère** baker

une **boulangerie** bakery

un **boulevard** boulevard 4

une **boum** party 10

une **boutique** shop, boutique 7

un **bouton** pimple 8

un **bracelet** bracelet 7

un **bras** arm

le **Brésil** Brazil

brésilien, brésilienne Brazilian

le **bridge** bridge (card game) 4

une **brioche** muffin-shaped roll

bronzer to get a (sun)tan

une **brosse** brush 10

se **brosser** to brush 8

brun(e) dark-haired 12

bu (past participle of *boire*) 4

un **bureau** (teacher's) desk; *un bureau d'information* information desk; *un bureau de poste* post office 5; *un bureau de tabac* tobacco shop 5; *un bureau de change* currency exchange 6

un **bus** bus

un **but** goal 2

C

c'est he/she is; they are; *C'est ça.* That's right.; *C'est tout aussi bien.* It's just as well. 10; *c'est-à-dire* that is to say

c'était he/she/it was 10

ça it; that; *Ça ne fait rien.* It doesn't matter. 12; *Ça va?* Is everything OK?; *Ça va.* Everything's fine.; *Ça va mieux.* It's better. 8; *Ça vous (te) va.* That suits you. That fits you. 6

un **cabinet** (doctor's) office 8

cacher to hide 12

un **cadeau** gift, present

un **café** café; coffee; *un café liégeois* coffee-flavored ice cream dish

un **cahier** notebook

une **caisse** cash register; cashier's

un **caissier, une caissière** cashier 6

un **calendrier** calendar

un **camp** camp 3

la **campagne** country 8; countryside 9

le **camping** camping 3; *faire du camping* to go camping, to camp 3

le **Canada** Canada

canadien, canadienne Canadian

un **canapé** couch, sofa 10

un **canard** duck 9

une **canne à pêche** fishing rod 3

un **canoë** canoe 3; *faire du canoë* to go canoeing 3

une **capitale** capital
un **carnet** notebook, booklet 5
une **carotte** carrot
une **carte** map; card; *une carte d'identité*
 ID card 6; *une carte postale*
 postcard 5
une **case** square 4
se **casser** to break 10
une **cassette** cassette
une **cathédrale** cathedral 10
 ce (c') it, this, that; *ce sont* they are
 ce, cet, cette; ces this, that; these,
 those; *ce (cet, cette; ces)...-ci* this;
 these; *ce (cet, cette; ces)...-là* that;
 those
 cela that
 celtique Celtic 10
 cent (one) hundred
une **cerise** cherry
 certainement certainly 11
 cet this, that
une **chaîne stéréo** stereo 10
une **chaise** chair
une **chambre (à coucher)** bedroom 9
un **champ** field 9
un **champignon** mushroom 12
la **chance** luck
un **change** exchange 6; *un bureau de*
 change currency exchange 6
 changer to change; *changer d'avis*
 to change one's mind
 chanter to sing
un **chanteur, une chanteuse** singer
un **chapeau** hat
 chaque each, every
un **chat** cat 9
un **château** castle 6
 chaud(e) warm, hot
un **chauffeur** driver 7
une **chaussette** sock
une **chaussure** shoe
un **chemin** path, way 9; *un chemin de fer*
 railroad 6
une **chemise** shirt
un **chemisier** blouse
un **chèque** check 6; *un chèque de voyage*
 traveler's check 6
 cher, chère expensive; dear 6; *coûter*
 cher to cost a lot 10
 chercher to look for; to get 2
un **chercheur, une chercheuse**

 researcher
un **cheval** horse 9; *faire du cheval* to go
 horseback riding 9
des **cheveux (m.)** hair 8
 chez at the home (house) of; at/to the
 home of, at/to the place of, at/to the
 office of
 chic stylish; *Chic alors!* Terrific! Great! 9
un **chien** dog 9
un **chocolat** chocolate; hot chocolate
 choisir to choose
un **choix** choice
une **chose** thing
 chouette really neat, great 1
un **Chrétien, une Chrétienne** Christian 12
 ciao bye
le **cinéma** movies 2
un **cinéma** movie theater P
 cinq five
 cinquante fifty
 cinquième fifth
la **circulation** traffic 5
une **cité** (walled-in) city 12
une **clarinette** clarinet 3
une **classe** class
une **clé** key 6
un(e) **client(e)** customer
 climatisé(e) air-conditioned 11
un **clown** clown
un **club** club 2
un **Coca-Cola, un coca** Coca-Cola, Coke
un **cochon** pig 9
un **coffre** trunk 11
se **coiffer** to fix one's hair 10
un **coin** corner
un **collier** necklace; (animal) collar 7
la **Colombie** Columbia 2
 combien how much, how many
 commander to order
 comme since, like, as 1; *comme ci,*
 comme ça so-so; *comme d'habitude*
 as usual 8
 commence is starting
 commencer to begin, to start
 comment what; how
un **compartiment** compartment
 composer to compose 10
 comprendre to understand
un **comprimé** pill, tablet 8
un **compte** (bank) account 6
 compter to count

comptez count
un **concert** concert 3
un(e) **concierge** caretaker, building superintendent, doorkeeper
conduire to drive 5
conduit (past participle of *conduire*) 5
la **confiture** jam
une **connaissance** acquaintance 12; *faire la connaissance de* to meet 12
connaître to know
connu (past participle of *connaître*) 10
un **conseil** (piece of) advice 4
construire to build 9
construit (past participle of *construire*) 2
content(e) happy
un **continent** continent
continuer to continue 2
le **contraste** contrast 10
une **contravention** traffic ticket 5
contre against 2
un **contrôle** unit test
une **conversation** conversation 12
un **copain, une copine** friend; *les copains* guys
un **coq** rooster 9
un **corps** body
un(e) **correspondant(e)** pen pal
la **Corse** Corsica
un **costume** man's suit
une **côte** coast 3
un **cou** neck 8
se **coucher** to go to bed 8
une **couleur** color; *de quelle couleur* what color
un **couloir** hall, corridor 9
couper to cut
une **cour** courtyard
courir to run 4
un **cours** course, class
la **course** running; race 4; *faire de la course* to run, to race 4
court(e) short 12
couru (past participle of *courir*) 4
un(e) **cousin(e)** cousin
un **couteau** knife
coûter to cost
couvert (past participle of *couvrir*) 8
un **couvert** place setting
couvrir to cover 8
une **cravate** necktie

un **crayon** pencil
créer to create 11
la **crème** cream 12
une **crêpe** crêpe 10
une **crêperie** crêpe restaurant 8
crier to yell, to shout; to scream 2
croire to believe, to think; *Je crois que oui.* I think so.
un **croissant** croissant
un **croque-monsieur** open-faced grilled ham and cheese sandwich 12
cru (past participle of *croire*) 4
une **cuillère** spoon
une **cuisine** cooking; kitchen
une **cuisinière** stove 10

D

d'abord first, at first
d'accord OK
d'habitude usually; *comme d'habitude* as usual 8
une **dame** lady
dangereux, dangereuse dangerous
dans in; on 9
une **danse** dance
danser to dance
une **date** date
dater to date (historically) 6
de (d') of; from; in, about; some, any, a; *de la (l')* some, any; *de hauteur* in height 6; *de largeur* in width 6; *de longueur* in length 6; *De rien.* You're welcome. Don't mention it. 6; *de toute façon* anyway, in any case 4
debout standing 12
décembre December
décider to decide 2
découvrir to discover 9
décrire to describe 12
décrit (past participle of *décrire*) 12
dedans inside
un **degré** degree
dehors outside
déjà already
déjeuner to eat lunch
le **déjeuner** lunch; *le petit déjeuner* breakfast
délicieux, délicieuse delicious
demain tomorrow
demander to ask (for)

déménager to move 8

un demi halfback (soccer) 2

demi(e) half; *et demi(e)* thirty (minutes), half past

démissionner to resign 12

une dent tooth 8; *avoir mal aux dents* to have a toothache 8

un(e) dentiste dentist 8

un départ departure

un département department (administrative division) 6

dépasser to pass, to go by 11

se dépêcher to hurry 8

dépenser to spend 7

déplacer to move (something) 5

depuis for, since 8

dernier, dernière last 4

dernièrement recently 10

derrière behind 1

des of (the), from (the), in (the), about (the); some, any

désagréable unpleasant

un désastre disaster 2

descendre (de) to go down, to descend; to get off, to get out 7

désirer to want; *Vous désirez?* What can I do for you? What would you like?

un dessert dessert

dessiner to draw; to design 11

deux two

deuxième second

devant in front of

devenir to become 7; *devenir fou/folle* to go crazy 7; *C'est à devenir fou.* It's enough to drive you crazy. 7

deviner to guess 2

devoir must, to have to, to owe

un dictionnaire dictionary

différemment differently 10

différent(e) different 5

difficile hard, difficult

difficilement with difficulty 10

dimanche (m.) Sunday

dîner to eat dinner (supper)

le dîner dinner, supper

dire to tell, to say 5

une direction direction 5

dis donc say (now)

disparaître to disappear 12

une disquette diskette

dit (past participle of *dire*) 5

un divertissement entertainment 2

dix ten

dix-huit eighteen

dixième tenth

dix-neuf nineteen

dix-sept seventeen

un docteur doctor 6

un doigt finger 10; *un doigt de pied* toe 10

dommage too bad

donc so, therefore

donner to give

dormir to sleep 2

un dos back

le double double 4

une douche shower 10

douze twelve

douzième twelfth

un drapeau flag

droit(e) right 5; *à droite* to the right, on the right 5; *tout droit* straight ahead 5

du of (the), from (the), in (the), about (the); some, any

dû (past participle of *devoir*) 4

dur hard 10; *dur(e)* hard 9

dynamique dynamic

E

l' eau (f.) water

une échasse stilt

un éclair eclair

une école school

écouter to listen (to)

un écouteur headphone

écrire to write 5

écrit (past participle of *écrire*) 5

un écriteau (traffic) sign 5

efficace efficient 7

une église church 6

eh bien well then, in that case

un(e) élève student, pupil

elle she; it; her 1

elles they (f.); them (f.) 1

embêter to bother, to get on one's nerves 4

embrasser to kiss 6

emmener to take (someone) along

un emploi du temps schedule 8

un(e) employé(e) employee, clerk, salesperson

en in; by; to; some, any, of (about, from)

it/them 9; on, upon, while 10; *en avance* early; *en ce moment* right now, at the moment 2; *en effet* indeed, in fact; *en face (de)* opposite, facing; *en fait* in fact; *en naturel* in real life 6; *en plein air* outside, outdoors 3; *en promotion* on special; *en retard* late; *en solde* on sale

    encore still; again

une **endive** endive

un **endroit** place 5

    énervant(e) annoying, irritating 4

un(e) **enfant** child, kid

    enfin finally; well 2

une **énigme** puzzle 12

s' **ennuyer** to be bored, to get bored 9

    ennuyeux, ennuyeuse boring 12

    énorme enormous 5

    énormément enormously 4

    ensemble together

un **ensemble** (coordinated) outfit 7

    ensuite next

    entendre to hear 2

un **entraîneur** coach 2

    entre between, among 10

l' **entrée (f.)** entrance 7

    entrer (dans) to enter 6; to go into 7

l' **envie: avoir envie (de)** to feel like, to want 2

    envoyer to send 5

un **épicier, une épicière** grocer

des **épinards (m.)** spinach

une **équipe** team 1

    es are

un **escalier** stairs, stairway 9

l' **Espagne (f.)** Spain

l' **espagnol (m.)** Spanish (language)

    espagnol(e) Spanish

    espérer to hope

    essayer to try (on) 7

l' **essence (f.)** gasoline 11

s' **essuyer** to dry oneself 10

    est is; *c'est* it is

l' **est (m.)** east

    est-ce? is it?; is that? is he? is she?

    est-ce que (phrase introducing a question)

    et and

une **étable** stable 9

un **étage** floor 6

un **étang** pond 9

les **États-Unis (m.)** United States

    été (past participle of *être*) 3

l' **été (m.)** summer

    éternuer to sneeze 8

    êtes are

    étonner to surprise, to amaze 3

un **étranger, une étrangère** foreigner; stranger 6

    être to be

    étudier to study

    eu (past participle of *avoir*) 3

    euh uhm

l' **Europe (f.)** Europe

    européen, européenne European

    eux them (m.) 1

    évidemment evidently, obviously 10

    évident(e) evident, obvious 10

une **excursion** excursion, trip

    excuse-moi excuse me

une **expérience** experience 8

    expliquer to explain 11

un **express** espresso (coffee) 12

F

    fabuleux, fabuleuse fabulous 6

    facile easy

la **faim** hunger

    faire to do, to make; *Ça ne fait rien.* It doesn't matter. 12; *faire de la course* to run, to race 4; *faire de la marche* to go walking, to go for a walk 3; *faire de la natation* to go swimming 1; *faire de la planche à voile* to go windsurfing 1; *faire des courses* to go shopping, to shop; *faire du basket-ball (basket)* to play basketball 1; *faire du bateau* to go boating 1; *faire du camping* to go camping, to camp 3; *faire du canoë* to go canoeing 3; *faire du cheval* to go horseback riding 9; *faire du jogging* to go jogging 1; *faire du patin à roulettes* to roller-skate, to go roller-skating 4; *faire du sport* to play sports 1; *faire du vélo* to go bicycling 1; *faire du volley-ball (volley)* to play volleyball 1; *faire du ski* to go skiing, to ski; *faire du ski de fond* to go cross-country skiing, to cross-country ski; *faire du ski* *nautique* to water-ski, to go waterskiing; *faire + du (de la, de l', des) + school subject* to study, to learn...; *faire la connaissance de* to meet 12; *faire la queue* to stand in line 6; *faire le pitre* to clown around; *faire le toréador* to act like a bullfighter; *faire un tour* to go on a tour, to take a trip; *faire un voyage* to take a trip; *faire une promenade* to go for a walk (ride) 1; *Il fait beau.* It's (The weather's) beautiful (nice).; *Il fait chaud.* It's (The weather's) hot (warm).; *Il fait du soleil.* It's sunny.; *Il fait du vent.* It's windy.; *Il fait frais.* It's (The weather's) cool.; *Il fait froid.* It's (The weather's) cold.; *Il fait mauvais.* The weather's bad.; *Il fait moins...(degrés).* It's...below. It's minus...(degrees).; *Il fait...(degrés).* It's...(degrees).

fait (past participle of *faire*) 3

une **falaise** cliff 10

falloir to be necessary, must, to have to; *il faut* it is necessary, one/we/you must, have to

une **famille** family

fatigué(e) tired 1

se **fatiguer** to get tired 8

fauché(e) broke (out of money) 2

un **fauteuil** armchair 10

une **femme** woman; wife

une **fenêtre** window

une **ferme** farm 9

fermer to close 5; *fermer à clé* to lock 6

une **fête** festival; holiday

fêter to celebrate

un **feu** fire 3; *un feu (de circulation)* traffic light 5

une **feuille de papier** sheet of paper

une **fève** bean

février February

la **fièvre** fever 8; *avoir de la fièvre* to have a fever 8

une **fille** girl; daughter

un **film** movie, film P

un **fils** son

la **fin** end 2

finir to finish

une **fleur** flower 9

un **fleuve** river

une **flûte** flute 3

la **fois** time; *à la fois* all at once; *une fois* once

folklorique folk

foncer to charge

font is (from *faire* = to do, to make); *Combien font 1 et 1?* How much is 1 and 1?; *Combien font 2 moins 1?* How much is 2 minus 1?

le **football (foot)** soccer 1

formidable great, terrific

fort loudly, in a loud voice 10; *fort(e)* strong; good 1

un **fou, une folle** crazy person 5

un **foulard** scarf 7

une **foule** crowd 12

une **fourchette** fork

frais, fraîche fresh, cool

une **fraise** strawberry

une **framboise** raspberry

un **franc** franc

le **français** French (language)

français(e) French

la **France** France

franchement frankly 3

francophone French-speaking

un **frère** brother

une **friterie** french fry snack bar

des **frites (f.)** (french) fries

froid(e) cold

le **fromage** cheese

un **front** forehead 8

un **fruit** fruit

la **fumée** smoke 3

G

gagner to win; to earn 1

une **galette** flaky, flat cake

un **gant** glove 7; *un gant de toilette* bath mitt 10

un **garage** garage 9

un **garçon** boy; waiter

garder to keep 7

un **gardien de but** goalie 2

une **gare** railroad (train) station; *en gare* in the station

garer to park 5

un **gâteau** cake; *un petit gâteau* cookie

gauche left; *à gauche* to the left, on the left

génial(e) bright, terrific, fantastic, great

les **gens (m.)** people 5

gentil, gentille nice

gentiment nicely 10

la **géographie** geography

une **glace** ice cream; ice; mirror 8

une **gomme** eraser

une **gorge** throat

gothique Gothic 10

grand'chose: pas grand'chose not much 2

grand(e) tall, big, large

une **grand-mère** grandmother

un **grand-parent** grandparent

un **grand-père** grandfather

une **grange** barn 9

gratuit(e) free 4

grave serious 8

la **grippe** flu 8

gris(e) gray

gros, grosse fat, big, large

grossir to gain weight

un **groupe** group 3

une **guerre** war 12

un **guichet** ticket counter, ticket window; counter 6

un **guide** guidebook; guide 11

une **guitare** guitar 3

H

s' **habiller** to get dressed 10

il **habite/elle habite** he/she lives; *j'habite* I live; *tu habites* you live

habiter to live

les **habits (m.)** clothes

un **hall** large room 6

un **hamburger** hamburger

un **haricot** bean

hein? huh? right? 1

l' **heure** hour, o'clock, time (of day); *à l'heure* per/an hour 11; *à quelle heure* (at) what time; *Quelle heure est-il?* What time is it?

heureusement luckily 8; fortunately 10

heureux, heureuse happy 9

hier yesterday 3

l' **histoire (f.)** history, story

l' **hiver (m.)** winter

un **homme** man

un **honneur** honor P

un **hôpital** hospital 6

un **hôtel** hotel

une **hôtesse de l'air** flight attendant 12

l' **huile (f.)** oil 11

huit eight

huitième eighth

humain(e) human

I

ici here

une **idée** idea

il he; it

il y a there is, there are

une **île** island

ils they (m.)

un **immeuble** (apartment) building

l' **impatience (f.)** impatience

un **imperméable (imper)** raincoat 7

important(e) important

impressionnant(e) impressive 12

l' **impressionnisme (m.)** Impressionism 6

impressionniste Impressionist 6

inattendu(e) unexpected 4

incroyable unbelievable 8

incroyablement incredibly 10

indiquer to indicate 11

influencer to influence 7

un **informaticien, une informaticienne** computer specialist

l' **informatique (f.)** computer science

un **ingénieur** engineer

s' **inquiéter** to worry 11

inscrire to enroll 8

insister to insist 4

s' **installer** to settle 8

un **instrument** instrument 3

intelligent(e) intelligent 10

un **inter** inside (soccer) 2

interdit(e) forbidden 5

intéressant(e) interesting

intéresser to interest 4

s' **intéresser à** to be interested in 10

interminable interminable 8

un(e) **interprète** interpreter

interviewer to interview

inviter to invite 2

irrégulier, irrégulière irregular 10

l' **Italie (f.)** Italy

l' **italien** Italian (language)

italien, italienne Italian

J

jamais ever 5; *ne (n')...jamais* never 2

une **jambe** leg
le **jambon** ham 12
janvier January
japonais(e) Japanese 5
un **jardin** garden, lawn, park 1
une **jauge** gauge 11
jaune yellow
je (j') I
un **jeu de mots** play on words 12
jeudi (m.) Thursday
jeune young
le **jogging** jogging 1; *faire du jogging* to go jogging 1
joli(e) pretty
une **joue** cheek 8
jouer to play 1
un **jouet** toy 7
un **joueur, une joueuse** player 1
un **jour** day; *Quel jour sommes-nous?* What day is it?
un **journal** newspaper 4
une **journée** day 8
juillet July
juin June
une **jungle** jungle 2
une **jupe** skirt
le **jus** juice 12
jusqu'à up to, until 5
justement exactly, precisely 3

K

le **ketchup** ketchup
un **kilogramme (kilo)** kilogram
un **kilomètre** kilometer 11
un **kiosque à journaux** newsstand 6

L

là there; here
là-bas over there
un **laboratoire** laboratory
un **lac** lake 1
laisser to leave 6
le **lait** milk
une **lampe** lamp 10
une **langue** language; tongue 8
un **lapin** rabbit 9
large wide 5
se **laver** to wash (oneself) 8
le, la, l' the; him, her, it 2
une **leçon** lesson
la **lecture** reading 4
un **légume** vegetable

le **lendemain** the next day 4
lentement slowly 4
les the; them 2
une **lettre** letter 5
leur their; to them 5
se **lever** to get up 8
une **librairie** bookstore 6
libre free (not busy) 4
lieu: avoir lieu to take place 10
une **ligne** line 7
une **limite** limit 11
une **limonade** carbonated drink like 7-Up 12
lire to read 4
un **lit** bed 10
un **livre** book
une **livre** pound
loin far
long, longue long 8
longtemps (for) a long time 4
un **look** look(s) 12
lu (past participle of *lire*) 4
lui him 1; to him, to her 5
lundi (m.) Monday; *le lundi* on Monday(s)
des **lunettes (f.)** glasses 7; *des lunettes de soleil* sunglasses 7
le **Luxembourg** Luxembourg (country)
luxembourgeois(e) Luxemburger
un **lycée** high school
un **lycéen, une lycéenne** high school student

M

Madame Mrs., Madam
Mademoiselle Miss; young lady
un **magasin** store 7; *un grand magasin* department store 7
un **magnétophone** tape recorder
un **magnétoscope** VCR
magnifique magnificent 4
mai May
maigrir to lose weight
une **main** hand
maintenant now
mais but
une **maison** house, home
un **maître, une maîtresse** master, mistress
mal badly, poorly
un **mal** pain, ache
malade sick 8
une **maladie** disease, illness 8
malheureusement unfortunately 10

malheureux, malheureuse unhappy 10
maman (f.) mom, mother
la **Manche** English Channel
manger to eat
une **manière** manner
un **manteau** coat
se **maquiller** to put on makeup 10
un(e) **marchand(e)** merchant 6
la **marche** walking 3; *faire de la marche* to go walking, to go for a walk 3
un **marché** market
marcher to work, to function; to walk 1
mardi (m.) Tuesday
un **mari** husband
se (re) **marier (avec)** to (re)marry, to get (re)married (to) 12
le **Maroc** Morocco
marocain(e) Moroccan
une **marque** make, brand 5
marron brown
mars March
la **Martinique** Martinique
un **match** game, match 1
les **mathématiques (maths) (f.)** math
un **matin** morning; *du matin* A.M. (in the morning); *le matin* in the morning
un **Maure, une Mauresque** Moor 12
mauvais(e) bad; wrong 11
la **mayonnaise** mayonnaise
me me, I 2; to me 6; myself 8
un **mécanicien, une mécanicienne** mechanic
méchamment meanly 10
méchant(e) mean 10
un **médecin** doctor
un **médicament** medecine 8
la **Méditerranée** Mediterranean (Sea)
meilleur(e) better 1; *le meilleur, la meilleure* the best 11
même same; even 4
Mémé Grandma
un **menhir** menhir, standing stone 10
un **menton** chin 8
un **menu** menu
une **mer** sea
merci thanks
mercredi (m.) Wednesday
une **mère** mother
une **merveille** wonder, marvel 10
merveilleux, merveilleuse marvelous 7

mesurer to measure 12
un **métier** trade, profession, craft
un **mètre** meter 6
un **métro** subway
mettre to put, to put on, to set, to turn on
des **meubles (m.)** furniture 10
mexicain(e) Mexican
le **Mexique** Mexico
midi noon
mieux better 8; *Ça va mieux.* It's better. 8
mignon, mignonne cute 12
mille, mil one thousand
un(e) **millionnaire** millionaire 4
mince thin, slender 12; *Mince!* Darn!
minéral(e) mineral
minuit midnight
une **minute** minute
mis (past participle of *mettre*) 4
un **mi-temps** half 2
la **mode** fashion; style
moi me, I
moins minus; less 1; *le (la, les) moins (+ adjectif)* the least 11
un **mois** month
un **moment** moment; *en ce moment* right now, at the moment 2
mon, ma; mes my
le **monde** world; people 5; *tout le monde* everybody
un **moniteur, une monitrice** (camp) counselor 3
le **Monopoly** Monopoly 1
la **monnaie** change
Monsieur Mr., Sir; *Monsieur/Madame qui sait tout* Mr./Mrs. Know-it-all 3
un **monsieur** gentleman, man
une **montagne** mountain 3
monter to go up, to get on 5
une **montre** watch 7
montrer to show
un **monument** monument P
un **morceau** piece
mort (past participle of *mourir*) 7
un **mot** note, word 10
une **moto** motorcycle 2
mourir to die 7
une **mousse** mousse
la **moutarde** mustard
un **mouton** sheep 9

moyen, moyenne average, medium 12
un **mur** wall
un **musée** museum 6
un **musicien, une musicienne** musician 3
la **musique** music
mystique mystical 10

N

n'est-ce pas? isn't she?; isn't that so?
nager to swim 1
une **naissance** birth
naître to be born 7
la **natation** swimming 1; *faire de la natation* to go swimming 1
ne (n')...jamais never 2
ne (n')...pas not
ne (n')...pas encore not yet 2
ne (n')...personne not anyone, no one, nobody 2
ne (n')...plus no more, no longer; not anymore, not any longer 2
ne (n')...rien not anything, nothing 2
né (past participle of *naître*) 7
neiger: Il neige. It's snowing.
nettoyer to clean 9
neuf nine
neuvième ninth
un **neveu** nephew 7
un **nez** nose
Noël Christmas
noir(e) black
un **nom** name, noun 5
un **nombre** number
non no; *non seulement* not only 5
le **nord** north
une **note** grade
notre; nos our
nourrir to feed 9
nous we, us; to us 6; ourselves, each other 8
nouveau, nouvel, nouvelle new
des **nouvelles (f.)** news 10
Nouvelles Frontières New Frontiers (travel agency)
novembre November
une **nuit** night
un **numéro** number 6

O

observer to observe 11
obtenir to obtain, to get 7
une **occasion** chance, opportunity 4

occupé(e) busy 2
s' **occuper de** to take care of 10
un **océan** ocean
octobre October
un **œuf** egg 12; *un œuf sur le plat* fried egg 12
offert (past participle of *offrir*) 6
offrir to offer, to give 6
oh oh; *Oh là là!* Wow! Good grief! Oh no!
un **oignon** onion
un **oiseau** bird 9
OK OK
une **omelette** omelette 12
on one, you, we, they, people
un **oncle** uncle
onze eleven
onzième eleventh
orange orange
une **orange** orange
un **ordinateur** computer
une **ordonnance** prescription 8
une **oreille** ear 8
original(e) original 11
une **origine** origin
ou or
où where; *Où ça?* Where? 1
ouais yeah 1
oublient forget
oublier to forget
l' **ouest (m.)** west
ouf whew 8
oui yes
ouvert (past participle of *ouvrir*) 6
un **ouvrier, une ouvrière** (factory) worker, laborer
ouvrir to open 6
ovale oval 12

P

pacifique Pacific
le **pain** bread
une **paire** pair 7
un **palais** palace 11
une **panne** breakdown 11; *tomber en panne* to have a (mechanical) breakdown 11
un **pantalon** (pair of) pants
papa (m.) dad, father
Pâques (f.) Easter
par by 2
un **parapluie** umbrella 7

parce que (qu') because

un **parcmètre** parking meter 6

pardon excuse me

un **pare-brise** windshield 11

un **parent** parent; relative

parfait(e) perfect 6

parisien, parisienne Parisian 6

un **parking** parking lot 5

il **parle/elle parle** he/she speaks; *je parle* I speak; *tu parles* you speak

parler to speak, to talk

une **partie** game 4; part 11

partir to leave 2

partout everywhere

pas not; *pas du tout* not at all 3; *pas grand'chose* not much 2; *pas mal* not bad

un **passager, une passagère** passenger

un **passeport** passport 6

passer to spend (time); to pass by

se **passer** to happen 11

un **passe-temps** pastime 4

le **pâté** pâté 12

patiner to skate 4

une **patinoire** skating rink 4

des **patins à roulettes (m.)** roller skates 4; *faire du patin à roulettes* to roller-skate, to go roller-skating 4

une **pâtisserie** pastry; pastry store

pauvre poor

payer to pay; to pay (for) 2

un **pays** country

une **pêche** peach; *la pêche* fishing 3

pêcher to go fishing, to fish 3

un **peigne** comb 10

la **peine: Ce n'est pas la peine.** Don't bother. 4

un **peintre** painter 6

une **peinture** painting 6

pendant during 4

une **pendule** clock

penser to think 2; *penser à* to think about/of 9

Pépé Grandpa

perdre to lose, to waste; *perdre la tête* to lose one's mind; *perdre son temps* to waste one's time

un **père** father

se **perfectionner** to improve 11

une **période** period 6

permettre to let, to permit 9

un **permis (de conduire)** driver's license 5

une **personne** person; *ne (n')...personne* not anyone, no one, nobody 2

petit(e) short, little, small

un **petit-enfant** grandchild

des **petits pois (m.)** peas

(un) **peu** (a) little, not much, not many

la **peur** fear 1; *avoir peur (de)* to be afraid (of) 1

peut-être maybe 1

un **phare** headlight 11

une **pharmacie** pharmacy, drugstore 8

un **pharmacien, une pharmacienne** pharmacist 8

la **photo** photography; photo, picture 4

un **piano** piano 3

une **pièce** room 9; *une pièce (de monnaie)* coin 6; *une pièce (de théâtre)* play 4

un **pied** foot; *à pied* on foot 1

une **pierre** stone 10

piocher to draw (at cards) 4

un **pion** marker 4

une **piqûre** shot 8

une **piscine** swimming pool 2

pittoresque picturesque 10

une **place** seat; (public) square; place 2

une **plage** beach 3

plaire to be pleasing 6

un **plan** map; plan 6

la **planche à voile** windsurfing 1; *faire de la planche à voile* to go windsurfing 1

une **plaque d'immatriculation** license plate 6

un **plat** dish; course 12

plein(e) full 11; *en plein air* outside, outdoors 3; *faire le plein* to fill up the gas tank 11

pleuvoir to rain 7; *Il pleut.* It's raining.

plu (past participle of *pleuvoir*) 4; (past participle of *plaire*) 6

plus more; *le (la, les) plus (+ adjectif)* the most 11; *ne (n')...plus* no more, no longer; not anymore, not any longer 2

un **pneu** tire 11

une **poche** pocket 12

un **poème** poem 4

un **poids** weight 3

une **poire** pear

un **poisson** fish

le **poivre** pepper

une **pomme** apple; *une pomme de terre* potato

un(e) **pompiste** gas station attendant 11

un **pont** bridge 6

un **port** port 3

une **porte** door

un **portefeuille** billfold, wallet 6

un **porte-monnaie** coin purse 6

porter to wear; to carry; to bring 4

une **portière** (car) door 11

le **portugais** Portuguese (language)

portugais(e) Portuguese

le **Portugal** Portugal

poser to ask (a question) 4

possible possible

une **poste** post office 5; *un bureau de poste* post office 5

poster to mail 5

une **poule** hen 9

un **poulet** chicken

pour for; (in order) to

un **pourboire** tip 11

pourquoi why

pourtant however 11

pousser to push 8

pouvoir to be able, can, may

précis(e) precise, sharp, on the dot

préfère prefer

préféré(e) favorite, preferred

préférer to prefer

premier, première first

premièrement first (of all) 10

prendre to take, to have (referring to food or drink)

prennent take

préparer to prepare

se **préparer** to get ready 10

près (de) near 1

presque almost

pressé(e) in a hurry 8

la **pression** pressure

prêter to lend C

principal(e) principal; main 6

le **printemps** spring

pris (past participle of *prendre*) 4

une **prison** jail 4

un **prix** price

probablement probably

un **problème** problem

prochain(e) next

un **professeur (prof)** teacher, professor

professionnel, professionnelle professional 1

une **promenade** walk, ride 1; *faire une promenade* to go for a walk (ride) 1

promettre to promise 9

promis (past participle of *promettre*) 9

proposer to propose 10

propre clean; own 7

pu (past participle of *pouvoir*) 4

puis then

puisque since 12

un **pull, un pull-over** sweater

un **pupitre** student desk

Q

qu'est-ce que what; *Qu'est-ce que c'est?* What is it?

qu'est-ce qui what 11; *Qu'est-ce qui ne va pas?* What's wrong? 8

un **quai** platform 7

quand when

quarante forty

un **quart** quarter; *et quart* fifteen (past), quarter (after); *moins le quart* fifteen (minutes) of/to, quarter of/to

un **quartier** neighborhood 6

quatorze fourteen

quatre four

quatre-vingt-dix ninety

quatre-vingts eighty

quatrième fourth

que (qu') that; what; than, as 1; because 12

quel, quelle what, which; *Quel temps fait-il aujourd'hui?* How's the weather today? What's the weather like today?; *Quel, Quelle...!* What (a)...!; *Quelle barbe!* What a drag! 12; *Quelle heure est-il?* What time is it?

quelqu'un someone, somebody 2

quelque some; *quelque chose* something, anything

quelquefois sometimes

une **question** question 4

une **queue** tail; line 6; *faire la queue* to stand in line 6

qui who, whom; that, which 4; *qui est-ce qui* who 11

une **quiche** quiche 12

quinze fifteen

quitter to leave 2; *Ne quitte(z) pas.* Hold on (telephone). 2

quoi what 2

R

raconter to tell (about) 8

une **radio** radio 2

raide straight 12

un **raisin** grape

une **raison** reason

ralentir to slow down 11

ramer to row 1

rapide rapid, fast 6

se **rappeler** to remember 12

rapporter to bring back 11

se **raser** to shave 10

un **rasoir** razor 10

un **rayon** (store) department 7

recevoir to receive, to get 11

recommencer to begin again, to start again 2

reçu (past participle of *recevoir*) 11

réfléchir to think 4

un **réfrigérateur (frigo)** refrigerator 10

regarder to look (at), to watch

se **regarder** to look at oneself 8

un **régime** diet

une **région** region

remarquer to notice 6

un **rempart** city wall 10; rampart 12

remplir (de) to fill (with) 11

une **rencontre** encounter

rencontrer to meet

un **rendez-vous** meeting; date 4; appointment 8; *avoir rendez-vous* to have an appointment/date 8

rendre to give back, to return

renseigner to give information

la **rentrée** first day of school

rentrer to come home, to return

un **repas** meal

répéter to repeat

répondre to answer

une **réponse** answer 4

se **reposer** to rest 8

réserver to reserve 4

un **réservoir** gas tank 11

ressembler à to resemble, to look like

un **restaurant** restaurant

rester to remain; *il reste* there is (are)...left (remaining); to stay

retourner to return

retrouver to meet again 7

réussir to succeed, to pass (a test)

un **rêve** dream 12

se **réveiller** to wake up 8

revenir to come back, to return 5

rêver to dream 3

une **révolution** revolution P

une **revue** magazine 4

le **rez-de-chaussée** ground floor 6

un **rhume** cold 8

rigoler to laugh

risquer to risk 4

une **rivière** river 3

une **robe** dress

le **rock** rock (music) 3

un **roi** king

un **rôle** role P

un **roman** novel 4

roman(e) Romanesque 10

rond(e) round 12

rose pink

rouge red

rouler to drive, to go 11

une **route** road 6

roux, rousse red, red-haired 12

une **rue** street

S

s'il vous (te) plaît please

sa his, her, one's, its

un **sac** bag; *un sac à main* purse 7; *un sac de couchage* sleeping bag 3

une **saison** season

une **salade** salad 12

une **salle** room; *une salle à manger* dining room; *une salle d'attente* waiting room 8; *une salle de bains* bathroom 9; *une salle de classe* classroom

un **salon** living room 9

salut hi; bye

une **salutation** greeting

samedi (m.) Saturday

un **sandwich** sandwich 10

sans without 4

le **saucisson** salami 12

sauf except 6

un **saumon** salmon

savoir to know (how) 3

le **savon** soap 8

un **saxophone (saxo)** saxophone 3

une **science** science
un(e) **scientifique** scientist
scolaire school
un(e) **scout(e)** scout 3
la **sculpture** sculpture 6
se himself, herself, oneself, themselves, each other 8
second(e) second
un(e) **secrétaire** secretary
une **section** section; *une section fumeurs* smoking section; *une section non-fumeurs* non-smoking section
seize sixteen
un **séjour** family room 9
le **sel** salt
selon according to, in...opinion
une **semaine** week
sembler to seem 5
le **Sénégal** Senegal
sénégalais(e) Senegalese
un **sens** meaning 12
sentir to smell
se **sentir** to feel 8
sept seven
septembre September
septième seventh
sérieux, sérieuse serious 10
un **serveur, une serveuse** waiter, waitress
une **serviette** napkin; *une serviette (de toilette)* towel 10
servir to serve 10
seul(e) alone; single 12; *tout(e) seul(e)* all by itself (oneself), all alone 1
seulement only 5; *non seulement* not only 5
un **short** (pair of) shorts
si so; yes (on the contrary); if
un **siècle** century 10
un **siège** seat 11
signer to sign 6
simple simple 6
six six
sixième sixth
le **ski** skiing; ski
une **sœur** sister
la **soif** thirst
un **soir** evening; *ce soir* tonight; *du soir* P.M. (in the evening); *le soir* in the evening
soixante sixty
soixante-dix seventy

le **soleil** sun
une **solution** solution 11
sommes are
son, sa; ses his, her, one's, its
sonner to ring
sont are
une **sorte** kind; *toute sorte* every kind 5
la **sortie** exit 6
sortir to go out, to come out, to take out, to leave 2
S.O.S. emergency 11
souffert (past participle of *souffrir*) 8
souffrir to suffer 8
une **souris** mouse 9
sous under
souterrain(e) underground 5
un **souvenir** souvenir; memory 6
souvent often
une **spécialité** specialty 10
spectaculaire spectacular 6
un **sport** sport; *faire du sport* to play sports 1
sportif, sportive athletic
un **sportif, une sportive** athletic person 1
un **stade** stadium 6
une **station** station 7; *une station de ski* ski resort
le **stationnement** parking 5
une **station-service** gas station 11
un **stylo** pen
le **sucre** sugar
le **sud** south
suédois(e) Swedish 5
suffisamment enough, sufficiently 10
suffisant(e) enough, sufficient 10
suis am
suisse Swiss
la **Suisse** Switzerland
suivi (past participle of *suivre*) 2
suivre to follow; to take 9
super super, terrific, great; *un Super-Cola* Super-Cola
superbe superb 6
sur on
sûr(e) sure 4
une **surprise** surprise 8
surtout especially
un **symbole** symbol P
sympa (sympathique) nice
un **symptôme** symptom 8
un **synthétiseur (synthé)** synthesizer 3

T

un **tabac** tobacco shop 5; *un bureau de tabac* tobacco shop 5

une **table** table

un **tableau** painting 6; *un tableau de bord* dashboard 6; *un tableau noir* blackboard

une **taille** size; height 12

un **taille-crayon** pencil sharpener

un **tailleur** woman's suit 7

tant pis too bad 2

une **tante** aunt

un **tapis** rug 10

taquiner to tease 9

tard late; *plus tard* later

une **tarte** pie

une **tasse** cup

un **taxi** taxi 7

te to you; you 3; yourself 8

un **tee-shirt** T-shirt

un **téléphone** telephone 2

téléphoner (à) to phone, to call 2

une **télévision (télé)** television set

le **temps** time; weather

tenir to hold 7

des **tennis (f.)** tennis shoes

le **tennis** tennis 1

une **tente** tent 3

une **tenue** outfit, suit

une **terrasse** terrace, porch deck

une **tête** head

le **thé** tea

un **théâtre** theater 4

un **ticket** ticket 6

Tiens! Hey!

un **timbre** stamp 5

toi you

toilette: faire sa toilette to wash up 10

les **toilettes (f.)** toilet, restroom 9

une **tomate** tomato

tomber to fall 7

ton, ta; tes your

tôt early 8

toucher (un chèque) to cash 6

toujours still; always

un **tour** tour, trip; turn 8

une **tour** tower 5

un(e) **touriste** tourist 6

tourner to turn 5

tousser to cough 8

tout everything, all; *tout à coup* all of a sudden 5; *tout de suite* right away, right now; *tout(e) seul(e)* all by itself (oneself), all alone 1

tout, toute; tous, toutes all, every 7; *tous/toutes (les) deux* both (of us/you/them) 8; *tout le monde* everybody

un **tracteur** tractor 9

un **train** train

un **transport** transportation 7

le **travail** work

travailler to work

traverser to cross 5

treize thirteen

trente thirty

très very

un **trésor** treasure 2

triste sad 3

trois three

troisième third

une **trompette** trumpet 3

trop too much, too many, too

un **trottoir** sidewalk

trouver to find

se **trouver** to be (located) 9

un **truc** trick; thing 12

tu you

typique typical 12

U

un, une a, an; one

une **université** university

utile useful

utiliser to use 4

V

va: Comment ça va? How's it going?; *Comment va...?* How is...?; *Il/Elle va bien.* He's (She's) fine.

les **vacances (f.)** vacation; *en vacances* on vacation; *les grandes vacances* summer vacation 3

une **vache** cow

une **valise** suitcase 11

Vas-y. (Allez-y.) Go on. 7

vécu (past participle of *vivre*) 9

une **vedette (de cinéma)** (movie) star 12

un **vélo** bicycle, bike; *faire du vélo* to go bicycling 1

un **vendeur, une vendeuse** salesperson

vendre to sell

vendredi **(m.)** Friday

venir to come 1; *venir de (+ infinitif)*
to have just 1

le vent wind

un ventre stomach

venu (past participle of *venir*) 7

un verbe verb 12

vérifier to check 4

la vérité truth 5

un verre glass

vert(e) green

vertical(e) vertical 10

une veste sport coat, jacket

un vétérinaire veterinarian 8

la viande meat

vide empty 11

la vie life

vieux, vieil, vieille old

un village village

une ville city; *en ville* downtown

le vin wine

vingt twenty

violet, violette purple

un violon violin 3

un visage face 8

une visite visit 6

visiter to visit

je visiterai I will visit 12

vite fast; quickly 4

la vitesse speed 11

une vitre window pane 11

vivant(e) alive, lively, living

Vive la reine! Long live the queen!

vivre to live 9

voici here is, here are

voilà there is, there are; here it is

voir to see

voisin(e) neighboring

un voisin, une voisine neighbor 4

une voiture car 2

un vol flight

un volant steering wheel 11

le volley-ball (volley) volleyball 1;
faire du volley-ball (volley) to play
volleyball 1

votre; vos your

je/tu voudrais I/you would like

il/elle/on voudrait he/she/one would like

vouloir to want; *vouloir bien* to be
willing, to want to 1

voulu (past participle of *vouloir*) 4

vous you; to you 6; yourself, your
selves, each other 8

un voyage trip

voyager to travel

vrai(e) true 3

vraiment really

vu (past participle of *voir*) 4

W

un wagon (train) car 8

les W.-C., les vécés **(m.)** toilet, restroom 9

un week-end weekend

Y

y there, (to/about) it 7

des yeux **(m.)** eyes

Z

zéro zero

Vocabulary

English/French

All words introduced in *Le français vivant 1* and 2 appear in this End Vocabulary. It includes both active words listed at the end of each lesson and passive words. The number following the meaning of each word or expression indicates the lesson in which it appears for the first time. When the same word or expression is introduced passively in one lesson and actively later on, only the lesson number where it first occurs is given. Verbs are listed in their infinitive forms even though a specific form may appear in an earlier lesson. If there is more than one meaning for a word or expression and it has appeared in different lessons, the corresponding lesson numbers are listed. Words and expressions that were introduced in *Le français vivant 1* do not have a number after them.

A

a, an un, une, de (d'); *a lot* beaucoup
abbey une abbaye 10
to be **able** pouvoir
about de (d'); *about it* y 7; *about it/them* en 9; *about (the)* des, du; *to tell (about)* raconter 8; *to think about* penser à 9
accessory un accessoire 7
according to selon
account (bank) un compte 6
ache un mal
acquaintance une connaissance 12
acrobatic acrobatique; *acrobatic trick* une acrobatie
actor un acteur 4
actress une actrice 4
address une adresse
to **adore** adorer
adult un(e) adulte
adventure une aventure
advice (piece of) un conseil 4
afraid: to be afraid (of) avoir peur (de) 1
Africa l'Afrique (f.)
African africain(e)
after après
afternoon un après-midi; *in the afternoon* l'après-midi; *P.M. (in the afternoon)* de l'après-midi
afterwards après

again encore; *to begin/start again* recommencer 2; *to meet again* retrouver 7
against contre 2
age un âge
ahead: straight ahead tout droit 5
air l'air (m.)
air-conditioned climatisé(e) 11
airplane un avion
airport un aéroport
album un album 2
Algeria l'Algérie (f.)
alive vivant(e)
all tout; tout, toute; tous, toutes 7; *all alone/all by itself (oneself)* tout(e) seul(e) 1; *all of a sudden* tout à coup 5; *not at all* pas du tout 3
allergy une allergie 8
almost presque
alone seul(e); *all alone* tout(e) seul(e) 1
already déjà
also aussi
always toujours
am (see **to be**)
to **amaze** étonner 3
America l'Amérique (f.)
American américain(e)
among entre 10
amusing amusant(e) 1
and et

animal un animal 9; *(animal) collar*
un collier 7

anniversary un anniversaire

annoying énervant(e) 4

another autre

answer une réponse 4

to answer répondre

any de (d'), des, de la (l'), du; en 9;
in any case de toute façon 4; *not*
any longer ne (n')...plus 2

anymore: not anymore ne (n')...plus 2

anyone: not anyone ne (n')...personne 2

anything quelque chose; *not anything*
ne (n')...rien 2

anyway de toute façon 4

apartment un appartement; *(apartment)*
building un immeuble

appearance l'air (m.)

apple une pomme

appointment un rendez-vous 8; *to*
have an appointment avoir
rendez-vous 8

April avril

are (see **to be**)

arm un bras

armchair un fauteuil 10

to arrange arranger 10

arrival une arrivée 5

to arrive arriver

art l'art 6

artist un(e) artiste

as aussi, comme, que (qu') 1; *as*
usual comme d'habitude 8

to ask (a question) poser 4; *to ask for*
demander

at à; *at first* d'abord; *at (the)* au, aux;
at the moment en ce moment 2

athletic sportif, sportive; *athletic*
person un sportif, une sportive 1

Atlantic atlantique

attendant: flight attendant une
hôtesse de l'air 12; *gas station*
attendant un(e) pompiste 11

August août

aunt une tante

autumn l'automne (m.)

avenue une avenue P

average moyen, moyenne 12

B

back un dos; *(soccer) un*
arrière 2; *to bring back* rapporter 11;
to come back revenir 5; *to have a*
backache avoir mal au dos

bad mauvais(e); *The weather's bad.* Il
fait mauvais.; *too bad* tant pis 2

badly mal

bag un sac; *sleeping bag* un sac
de couchage 3

baker un boulanger, une boulangère

bakery une boulangerie

ball (inflated) un ballon 2

banana une banane

bank une banque 6

barn une grange 9

basketball le basket-ball (basket) 1;
to play basketball faire du
basket-ball (basket) 1

bath un bain 10; *bath mitt* un gant de
toilette 10

bathroom une salle de bains 9

bathtub une baignoire 10

bay une baie 10

to be être; *Be careful!* Attention! 1; *he/she is*
c'est; *they are* c'est; *to be afraid (of)*
avoir peur (de) 1; *to be bored*
s'ennuyer 9; *to be born* naître 7; *to*
be interested in s'intéresser à 10; *to*
be (located) se trouver 9; *to be*
pleasing plaire 6; *to be willing*
vouloir bien 1

beach une plage 3

bean un haricot, une fève

beautiful beau, bel, belle

beauty la beauté 11

because parce que (qu'); que (qu') 12

to become devenir 7

bed un lit 10; *to go to bed* se coucher 8

bedroom une chambre (à coucher) 9

beer une bière 12

before avant

to begin commencer; *to begin again*
recommencer 2

behind derrière 1

beige beige

Belgian belge

Belgium la Belgique

to believe croire

to belong appartenir 7

bench un banc 6

beret un béret

beside à côté de

best: the best le meilleur, la meilleure 11

better meilleur(e) 1; mieux 8; *It's better.* Ça va mieux. 8

between entre 10

beverage une boisson 10

bicycle un vélo

bicycling: to go bicycling faire du vélo 1

big grand(e), gros, grosse

bike un vélo

bill une addition; *(money)* un billet

billfold un portefeuille 6

biology la biologie

bird un oiseau 9

birth une naissance

birthday un anniversaire

black noir(e)

blackboard un tableau noir

blond blond(e) 12

blouse un chemisier

blue bleu(e); *navy blue* bleu marine

boat un bateau 1

boating: to go boating faire du bateau 1

body un corps

book un livre

booklet un carnet 5

bookstore une librairie 6

boot une botte 7

bored: to be bored, to get bored s'ennuyer 9

boring ennuyeux, ennuyeuse 12

born: to be born naître 7

both (of us/you/them) tous/toutes (les) deux 8

bother: Don't bother. Ce n'est pas la peine. 4

to **bother** embêter 4

boulevard un boulevard 4

boutique une boutique 7

box une boîte

boy un garçon

bracelet un bracelet 7

brand une marque 5

Brazil le Brésil

Brazilian brésilien, brésilienne

bread le pain; *long loaf of bread* une baguette

to **break** se casser 10

breakdown une panne 11; *to have a (mechanical) breakdown* tomber en panne 11

breakfast le petit déjeuner

bridge un pont 6; *(card game)* le bridge 4

bright génial(e)

to **bring** porter 4; apporter 11; *to bring back* rapporter 11

broke (out of money) fauché(e) 2

brother un frère

brown marron

brush une brosse 10

to **brush** se brosser 8

to **build** construire 9

building un bâtiment 5

bus un bus; *(city) bus* un autobus (bus)

busy occupé(e) 2; animé(e) 10

but mais

butter le beurre

to **buy** acheter

by en; par 2; *by the way* à propos; au fait 4

bye salut, ciao

C

café un café

cake un gâteau; *flaky, flat cake* une galette

calendar un calendrier

to **call** appeler; téléphoner (à) 2

camera un appareil-photo (appareil) 4

camp un camp 3; *(camp) counselor* un moniteur, une monitrice 3

to **camp** faire du camping 3

camping le camping 3; *to go camping* faire du camping 3

can (gas) un bidon 11

can pouvoir

Canada le Canada

Canadian canadien, canadienne

candy: piece of candy un bonbon

canoe un canoë 3

canoeing: to go canoeing faire du canoë 3

capital une capitale

car une voiture 2; *(car) door* une portière 11; *(train) car* un wagon 8

carbonated drink like 7-Up une limonade 12

card une carte; *ID card* une carte d'identité 6

care: to take care of s'occuper de 10

careful: **Be careful!** Attention! 1
caretaker un(e) concierge
carrot une carotte
to **carry** porter
case: in any case de toute façon 4
to **cash** toucher (un chèque) 6
cash register une caisse
cashier un caissier, une caissière 6;
    cashier's (desk) une caisse
cassette une cassette
castle un château 6
cat un chat 9
to **catch** attraper 3
cathedral une cathédrale 10
to **celebrate** fêter
Celtic celtique 10
center forward (soccer) un avant
    centre 2
century un siècle 10
certainly certainement 11
chair une chaise
chance une occasion 4
change la monnaie
to **change** changer; *to change one's mind*
    changer d'avis
to **charge** foncer
cheap bon marché 7
check un chèque 6; *(at a*
    restaurant) une addition; *traveler's*
    check un chèque de voyage 6
to **check** vérifier 4
cheek une joue 8
cheese le fromage; *open-faced*
    grilled ham and cheese sandwich
    un croque-monsieur 12
cherry une cerise
chicken un poulet
child un(e) enfant
chin un menton 8
chocolate un chocolat; *hot chocolate*
    un chocolat
choice un choix
to **choose** choisir
Christian un Chrétien, une
    Chrétienne 12
Christmas Noël
church une église 6
city une ville; *city wall* un rempart 10;
    (walled-in) city une cité 12
clarinet une clarinette 3
class une classe, un cours

classroom une salle de classe
clean propre 7
to **clean** nettoyer 9
clerk un(e) employé(e)
cliff une falaise 10
clock une pendule
to **close** fermer 5
clothes les habits (m.)
clown un clown
to **clown around** faire le pitre
club un club 2
coach un entraîneur 2
coast une côte 3
coat un manteau; *sport coat* une veste
Coca-Cola, Coke un Coca-Cola,
    un coca
coffee un café; *espresso (coffee)*
    un express 12
coin une pièce (de monnaie) 6; *coin*
    purse un porte-monnaie 6
cold froid(e); un rhume 8; *It's cold.*
    Il fait froid.; *to be cold* avoir froid
collar (animal) un collier 7
color une couleur; *what color* de
    quelle couleur
Columbia la Colombie 2
comb un peigne 10
to **come** venir 1; *to come back* revenir 5; *to*
    come home rentrer; *to come out*
    sortir 2
compartment un compartiment
to **compose** composer 10
computer un ordinateur; *computer*
    science l'informatique (f.);
    computer specialist un
    informaticien, une informaticienne
concert un concert 3
continent un continent
to **continue** continuer 2
contrast le contraste 10
conversation une conversation 12
cookie un petit gâteau
cooking une cuisine
cool frais, fraîche; *It's cool.* Il fait frais.
corner un coin
corridor un couloir 9
Corsica la Corse
to **cost** coûter; *to cost a lot* coûter cher 10
couch un canapé 10
to **cough** tousser 8
counselor (camp) un moniteur, une

monitrice 3
to **count** compter
counter un guichet 6
country un pays; la campagne 8
countryside la campagne 9
course un cours; un plat 12;
Of course not. Bien sûr que non. 3
courtyard une cour
cousin un(e) cousin(e)
to **cover** couvrir 8
cow une vache
craft un métier
crazy person un fou, une folle 5;
It's enough to drive you crazy.
C'est à devenir fou. 7; *to go crazy*
devenir fou/folle 7
cream la crème 12
to **create** créer 11
crêpe une crêpe 10; *crêpe restaurant*
une crêperie 8
croissant un croissant
to **cross** traverser 5
to **cross-country ski, to go cross-country
skiing** faire du ski de fond
crowd une foule 12
cup une tasse
curly bouclé(e) 12
currency exchange un bureau de
change 6
customer un(e) client(e)
to **cut** couper
cute mignon, mignonne 12

D

dad papa (m.)
dance une danse
to **dance** danser
dangerous dangereux, dangereuse
dark-haired brun(e) 12
Darn! Mince!
dashboard un tableau de bord 6
date une date; un rendez-vous 4;
to have a date avoir rendez-vous 8
to **date (historically)** dater 6
daughter une fille
day un jour; une journée 8; *the next
day* le lendemain 4; *What day is it?*
Quel jour sommes-nous?
dear cher, chère 6
December décembre
to **decide** décider 2

degree un degré; *It's...below. It's
minus...(degrees).* Il fait
moins...(degrés).; *It's...(degrees).* Il
fait...(degrés).
delicious délicieux, délicieuse
dentist un(e) dentiste 8
department (administrative division)
un département 6; *department
store* un grand magasin 7; *(store)
department* un rayon 7
departure un départ
to **descend** descendre
to **describe** décrire 12
to **design** dessiner 11
desk (teacher's) un bureau;
student desk un pupitre
dessert un dessert
dictionary un dictionnaire
to **die** mourir 7
diet un régime
different différent(e) 5
differently différemment 10
difficult difficile; *with difficulty*
difficilement 10
dining room une salle à manger
dinner le dîner
direction une direction 5
to **disappear** disparaître 12
disaster un désastre 2
to **discover** découvrir 9
disease une maladie 8
dish un plat 12
diskette une disquette
to **do** faire
doctor un médecin; un docteur 6;
(doctor's) office un cabinet 8
dog un chien 9
Don't bother. Ce n'est pas la peine. 4
door une porte; *(car) door* une
portière 11
doorkeeper un(e) concierge
double le double 4
drag: What a drag! Quelle barbe! 12
to **draw** dessiner 11; *(at cards)*
piocher 4
dream un rêve 12
to **dream** rêver 3
dress une robe
dressed: to get dressed s'habiller 10
drink une boisson 10; *carbonated
drink like 7-Up* une limonade 12

to **drink** boire

to **drive** conduire 5; rouler 11; *It's enough to drive you crazy.* C'est à devenir fou. 7

driver un chauffeur 7

driver's license un permis (de conduire) 5

drugstore une pharmacie 8

drum set une batterie 3

to **dry (oneself)** s'essuyer 10

duck un canard 9

during pendant 4

dynamic dynamique

E

each chaque; *each other* nous, se, vous 8

ear une oreille 8

early en avance; tôt 8

to **earn** gagner 1

east l'est (m.)

Easter Pâques (f.)

easy facile

to **eat** manger; *to eat dinner (supper)* dîner; *to eat lunch* déjeuner

eclair un éclair

edge: on the edge of au bord de 11

efficient efficace 7

egg un œuf 12; *fried egg* un œuf sur le plat 12

eight huit

eighteen dix-huit

eighth huitième

eighty quatre-vingts

elevator un ascenseur 10

eleven onze

eleventh onzième

elsewhere ailleurs

emergency S.O.S. 11

employee un(e) employé(e)

empty vide 11

encounter une rencontre

end la fin 2

endive une endive

engineer un ingénieur

England l'Angleterre (f.)

English anglais(e); *(language)* l'anglais (m.)

English Channel la Manche

enormous énorme 5

enormously énormément 4

enough assez; suffisamment, suffisant(e) 10; *It's enough to drive you crazy.* C'est à devenir fou. 7

to **enroll** inscrire 8

to **enter** entrer (dans) 6

entertainment un divertissement 2

entrance l'entrée (f.) 7

eraser une gomme

especially surtout

espresso (coffee) un express 12

Europe l'Europe (f.)

European européen, européenne

even même 4

evening un soir; *in the evening* le soir; *P.M. (in the evening)* du soir

ever jamais 5

every chaque; tout, toute; tous, toutes 7; *every kind* toute sorte 5

everybody tout le monde

everything tout; *Everything's fine.* Ça va.

everywhere partout

evident évident(e) 10

evidently évidemment 10

exactly justement 3

except sauf 6

exchange un change 6; *currency exchange* un bureau de change 6

excursion une excursion

excuse me excuse-moi, pardon

exit la sortie 6

expensive cher, chère 6

experience une expérience 8

to **explain** expliquer 11

eyes des yeux (m.)

F

fabulous fabuleux, fabuleuse 6

face un visage 8

facing en face (de)

fall l'automne (m.)

to **fall** tomber 7

family une famille; *family room* un séjour 9

fantastic génial(e)

far loin

farm une ferme 9

farmer un agriculteur 9

fashion la mode

fast vite; rapide 6

fat gros, grosse

father papa (m.), un père

favorite préféré(e)

fear la peur 1

February février

to **feed** nourrir 9

to **feel** se sentir 8; *to feel like* avoir
    envie (de) 2

festival une fête

fever la fièvre 8; *to have a fever* avoir
    de la fièvre 8

field un champ 9

fifteen quinze

fifth cinquième

fifty cinquante

to **fill (with)** remplir (de) 11; *to fill up the gas
    tank* faire le plein 11

film un film P

finally enfin

to **find** trouver

fine bon, bonne; *He's/She's fine.* Il/Elle va
    bien.

finger un doigt 10

to **finish** finir

fire un feu 3

first d'abord, premier, première;
    first (of all) premièrement 10

fish un poisson

to **fish** pêcher 3

fishing la pêche 3; *fishing rod* une
    canne à pêche 3; *to go fishing*
    pêcher 3

to **fit: That fits you.** Ça vous (te) va. 6

five cinq

to **fix one's hair** se coiffer 10

flag un drapeau

flight un vol; *flight attendant* une
    hôtesse de l'air 12

floor un étage 6; *ground floor* le
    rez-de-chaussée 6

flower une fleur 9

flu la grippe 8

flute une flûte 3

folk folklorique

to **follow** suivre 9

foot un pied; *on foot* à pied 1

for pour; depuis 8; *(for) a long time*
    longtemps 4

forbidden interdit(e) 5

forehead un front 8

foreigner un étranger, une étrangère 6

to **forget** oublier

fork une fourchette

fortunately heureusement 10

forty quarante

forward: center forward (soccer)

un avant centre 2

four quatre

fourteen quatorze

fourth quatrième

franc un franc

France la France

frankly franchement 3

free gratuit(e) 4; *(not busy)* libre 4

French français(e); *French-speaking*
    francophone; *(language)* le français

(french) fries des frites (f.); *french fry snack
    bar* une friterie

fresh frais, fraîche

Friday vendredi (m.)

fried egg un œuf sur le plat 12

friend un(e) ami(e), un copain,
    une copine

from de (d'); *from it/them* en 9; *from
    (the)* des, du

fruit un fruit

full plein(e) 11

fun, funny amusant(e) 1; *to have fun*
    s'amuser 9

to **function** marcher 1

furniture des meubles (m.) 10

future l'avenir 8

G

to **gain weight** grossir

game un match 1; une partie 4

garage un garage 9

garden un jardin 1

gas: (gas) can un bidon 11; *gas
    station* une station-service 11; *gas
    station attendant* un(e) pompiste
    11; *gas tank* un réservoir 11; *to fill
    up the gas tank* faire le plein 11

gasoline l'essence (f.) 11

gauge une jauge 11

gentleman un monsieur

geography la géographie

German allemand(e); *(language)*
    l'allemand (m.)

Germany l'Allemagne (f.)

to **get** chercher 2; obtenir 7; recevoir 11;
    to get bored s'ennuyer 9; *to get
    dressed* s'habiller 10; *to get off, to
    get out* descendre (de) 7; *to get on*
    monter 5; *to get on one's nerves*
    embêter 4; *to get ready* se préparer
    10; *to get (re)married (to)* se

(re)marier (avec) 12; *to get tired* se fatiguer 8; *to get up* se lever 8

gift un cadeau

girl une fille

to **give** donner; offrir 6; *to give back* rendre; *to give information* renseigner

glass un verre

glasses des lunettes (f.) 7

glove un gant 7

to **go** aller; rouler 11; *Go on.* Vas-y. (Allez-y.) 7; *to go bicycling* faire du vélo 1; *to go boating* faire du bateau 1; *to go by* dépasser 11; *to go camping* faire du camping 3; *to go canoeing* faire du canoë 3; *to go crazy* devenir fou/folle 7; *to go down* descendre; *to go fishing* pêcher 3; *to go for a walk (ride)* faire une promenade 1; *to go for a walk, to go walking* faire de la marche 3; *to go horseback riding* faire du cheval 9; *to go into* entrer (dans) 7; *to go jogging* faire du jogging 1; *to go out* sortir 2; *to go roller-skating* faire du patin à roulettes 4; *to go swimming* faire de la natation 1; *to go to bed* se coucher 8; *to go up* monter 5; *to go windsurfing* faire de la planche à voile 1

goal un but 2

goalie un gardien de but 2

good bon, bonne; fort(e) 1; *good evening* bonsoir; *Good grief!* Oh là là!; *good-bye* au revoir

Gothic gothique 10

grade une note

grandchild un petit-enfant

grandfather un grand-père

Grandma Mémé

grandmother une grand-mère

Grandpa Pépé

grandparent un grand-parent

grape un raisin

gray gris(e)

great formidable, super, génial(e); chouette 1; Chic alors! 9

green vert(e)

greeting une salutation

grilled: open-faced grilled ham and

cheese sandwich un croque-monsieur 12

grocer un épicier, une épicière

ground beef le bifteck haché

ground floor le rez-de-chaussée 6

group un groupe 3

to **guess** deviner 2

guide un guide 11

guidebook un guide 11

guitar une guitare 3

guys les copains

H

hair des cheveux (m.) 8; *to fix one's hair* se coiffer 10

half demi(e); à moitié 2; un mi-temps 2; *30 (minutes), half past* et demi(e)

halfback (soccer) un demi 2

hall un couloir 9

ham le jambon 12; *open-faced grilled ham and cheese sandwich* un croque-monsieur 12

hamburger un hamburger

hand une main

handsome beau, bel, belle

to **happen** se passer 11

happy content(e); heureux, heureuse 9

hard difficile; dur(e) 9; dur 10

has (see **to have**)

hat un chapeau

to **have** avoir; *one/we/you have to* il faut; *(referring to food or drink)* prendre; *to have a fever* avoir de la fièvre 8; *to have a good time* s'amuser 9; *to have a (mechanical) breakdown* tomber en panne 11; *to have a toothache* avoir mal aux dents 8; *to have an appointment/date* avoir rendez-vous 8; *to have fun* s'amuser 9; *to have just* venir de (+ infinitif) 1; *to have to* falloir, devoir

he il

head une tête

headlight un phare 11

headphone un écouteur

to **hear** entendre 2

height une taille 12; *in height* de hauteur 6

hello bonjour; *(on telephone)* allô 2

to **help** aider

hen une poule 9

her son, sa; ses; elle 1; la, l' 2; *to her* lui 5

here ici, là; *here is, here are* voici; *here it is* voilà

herself se 8

Hey! Tiens!

hi salut

to **hide** cacher 12

high school un lycée; *high school student* un lycéen, une lycéenne

highway une autoroute 11

him lui 1; le, l' 2; *to him* lui 5

himself se 8

his son, sa; ses

history l'histoire (f.)

to **hold** tenir 7

Hold on (telephone). Ne quitte(z) pas. 2

holiday une fête

home une maison; *at the home (house) of* chez; *at/to the home of* chez

honor un honneur P

to **hope** espérer

horse un cheval 9; *to go horseback riding* faire du cheval 9

hospital un hôpital 6

hot chaud(e); *It's hot.* Il fait chaud.; *to be hot* avoir chaud

hotel un hôtel

hour l'heure; *per/an hour* à l'heure 11

house une maison

how comment; *How is...?* Comment va...?; *How's it going?* Comment ça va?; *how much, how many* combien; *How much is 1 and 1?* Combien font 1 et 1?; *How much is 2 minus 1?* Combien font 2 moins 1?

however pourtant 11

huh? hein? 1

human humain(e)

(one) **hundred** cent

hunger la faim; *to be hungry* avoir faim

hurry: in a hurry pressé(e) 8

to **hurry** se dépêcher 8

to **hurt** avoir mal (à)

husband un mari

I

I je (j'), moi; me 2

ice cream une glace; *coffee-flavored ice cream dish* un café liégeois

ID card une carte d'identité 6

idea une idée

if si

illness une maladie 8

impatience l'impatience (f.)

important important(e)

Impressionism l'impressionnisme (m.) 6

Impressionist impressionniste 6

impressive impressionnant(e) 12

to **improve** se perfectionner 11

in à, au, en, dans, de (d'); *in a hurry* pressé(e) 8; *in a loud voice* fort 10; *in fact* en effet, en fait; *in front of* devant; *in order to* pour; *in that case* eh bien; *in (the)* au, aux, des, du

incredibly incroyablement 10

indeed en effet

to **indicate** indiquer 11

to **influence** influencer 7

information desk un bureau d'information

inside dedans

inside (soccer) un inter 2

to **insist** insister 4

instrument un instrument 3

intelligent intelligent(e) 10

to **interest** intéresser 4; *to be interested in* s'intéresser à 10

interesting intéressant(e)

interminable interminable 8

interpreter un(e) interprète

to **interview** interviewer

to **invite** inviter 2

irregular irrégulier, irrégulière 10

irritating énervant(e) 4

is (see **to be**) *Is everything OK?* Ça va?; *is (from* faire *= to do, to make)* font; *is it? is that? is he? is she?* est-ce?; *isn't she? isn't that so?* n'est-ce pas?

island une île

it ça, elle, ce (c'); le, la, l' 2; *It doesn't matter.* Ça ne fait rien. 12; *it is* c'est; *It's better.* Ça va mieux. 8; *It's enough to drive you crazy.* C'est à devenir fou. 7; *It's just as well.* C'est tout aussi bien. 10; *It's raining.* Il pleut.; *It's snowing.* Il neige.; *of (about, from) it* en 9;

(to/about) it y 7

Italian italien, italienne; *(language)* l'italien (m.)

Italy l'Italie (f.)

its son, sa; ses

itself: all by itself tout(e) seul(e) 1

J

jacket une veste

jail une prison 4

jam la confiture

January janvier

Japanese japonais(e) 5

jeans (pair of) un blue-jean (jean)

jewel un bijou 7

jogging le jogging 1; *to go jogging* faire du jogging 1

juice le jus 12

July juillet

June juin

jungle une jungle 2

just: to have just venir de (+ infinitif) 1; *It's just as well.* C'est tout aussi bien. 10

K

to **keep** garder 7

ketchup le ketchup

key une clé 6

kid un(e) enfant

kilogram un kilogramme (kilo)

kilometer un kilomètre 11

kind une sorte; *every kind* toute sorte 5

king un roi

kiss une bise 10

to **kiss** embrasser 6

kitchen une cuisine

knife un couteau

know: Mr./Mrs. Know-it-all Monsieur/Madame qui sait tout 3

to **know** connaître, savoir; *to know how* savoir 3

L

laboratory un laboratoire

laborer un ouvrier, une ouvrière

lady une dame; *young lady* mademoiselle

lake un lac 1

lamp une lampe 10

language une langue

large grand(e), gros, grosse;

large room un hall 6

last dernier, dernière 4

late en retard, tard; *later* plus tard

to **laugh** rigoler

lawn un jardin 1

to **learn** faire + du (de la, de l', des) + *school subject*, apprendre

the **least** le (la, les) moins (+ adjectif) 11

to **leave** partir, quitter, sortir 2; laisser 6

left gauche; *to the left, on the left* à gauche

leg une jambe; *to have sore legs* avoir mal aux jambes

to **lend** prêter C

in **length** de longueur 6

less moins 1

lesson une leçon

to **let** permettre 9

letter une lettre 5

library une bibliothèque 4

license plate une plaque d'immatriculation 6; *driver's license* un permis (de conduire) 5

life la vie; *in real life* en naturel 6

light (traffic) un feu (de circulation) 5

like comme 1

to **like** aimer

limit une limite 11

line une queue 6; une ligne 7; *to stand in line* faire la queue 6

to **listen (to)** écouter

little petit(e); *(a) little* (un) peu

to **live** habiter; vivre 9

lively vivant(e)

living vivant(e)

living room un salon 9

located: to be located se trouver 9

to **lock** fermer à clé 6

long long, longue 8; *(for) a long time* longtemps 4

Long live the queen! Vive la reine!

longer: not any longer ne (n')...plus 2

to **look** avoir l'air; *to look (at)* regarder; *to look at oneself* se regarder 8; *to look for* chercher; *to look like* ressembler à

look(s) un look 12

to **lose** perdre; *to lose one's mind* perdre la tête; *to lose weight* maigrir

lot: parking lot un parking 5

loud: **in a loud voice** fort 10
loudly fort 10
love: in love (with) amoureux, amoureuse (de) 12
to **love** aimer, adorer
low: (in a) low (voice) bas 10
luck la chance; *to be lucky* avoir de la chance
luckily heureusement 8
lunch le déjeuner
Luxembourg (country) le Luxembourg
Luxemburger luxembourgeois(e)

M

Madam Madame
magazine une revue 4
magnificent magnifique 4
to **mail** poster 5
mailbox une boîte aux lettres 5
main principal(e) 6
make une marque 5
to **make** faire
makeup: to put on makeup se maquiller 10
man un homme, un monsieur
to **manage** arriver à 9
manner une manière
map une carte; un plan 6
March mars
marker un pion 4
market un marché
married: to get married (to) se marier (avec) 12
to **marry** se marier (avec) 12
Martinique la Martinique
marvel une merveille 10
marvelous merveilleux, merveilleuse 7
master un maître
match un match 1
math les mathématiques (maths) (f.)
matter: It doesn't matter. Ça ne fait rien. 12
may pouvoir
May mai
maybe peut-être 1
mayonnaise la mayonnaise
me moi; me 2; *to me* me 6
meal un repas
mean méchant(e) 10
meaning un sens 12
meanly méchamment 10

to **measure** mesurer 12
meat la viande
mechanic un mécanicien, une mécanicienne
medecine un médicament 8
Mediterranean (Sea) la Méditerranée
medium moyen, moyenne 12
to **meet** rencontrer; faire la connaissance de 12; *to meet again* retrouver 7
meeting un rendez-vous 4
memory un souvenir 6
menhir un menhir 10
mention: Don't mention it. De rien. 6
menu un menu
merchant un(e) marchand(e) 6
meter un mètre 6; *parking meter* un parcmètre 6
Mexican mexicain(e)
Mexico le Mexique
midnight minuit
milk le lait
millionaire un(e) millionnaire 4
mineral minéral(e)
minus moins
minute une minute
mirror une glace 8
Miss Mademoiselle
mistress une maîtresse
mitt: bath mitt un gant de toilette 10
mom maman (f.)
moment un moment; *at the moment* en ce moment 2
Monday lundi (m.); *on Monday(s)* le lundi
money l'argent (m.)
Monopoly le Monopoly 1
month un mois
monument un monument P
Moor un Maure, une Mauresque 12
more plus
morning un matin; *A.M. (in the morning)* du matin; *in the morning* le matin
Moroccan marocain(e)
Morocco le Maroc
the **most** le (la, les) plus (+ adjectif) 11
mother maman (f.), une mère
motorcycle une moto 2
mountain une montagne 3
mouse une souris 9
mousse une mousse

mouth une bouche 8

to **move** déménager 8; *to move (something)* déplacer 5

movie un film P; *(movie) star* une vedette (de cinéma) 12

movie theater un cinéma P

movies le cinéma 2

Mr. Monsieur; *Mr. Know-it-all* Monsieur qui sait tout 3

Mrs. Madame; *Mrs. Know-it-all* Madame qui sait tout 3

much, very much beaucoup; *not much* pas grand'chose 2

museum un musée 6

mushroom un champignon 12

music la musique

musician un musicien, une musicienne 3

must falloir, devoir; *one/we/you must* il faut

mustard la moutarde

my mon, ma; mes

myself me 8

mystical mystique 10

N

name un nom 5; *his/her name is* il s'appelle/elle s'appelle; *my name is* je m'appelle; *your name is* tu t'appelles

named: to be named s'appeler 8

napkin une serviette

near près (de) 1

neat: really neat chouette 1

to be **necessary** falloir; *it is necessary* il faut

neck un cou 8

necklace un collier 7

necktie une cravate

to **need** avoir besoin de

neighbor un voisin, une voisine 4

neighborhood un quartier 6

neighboring voisin(e)

nephew un neveu 7

nerves: to get on one's nerves embêter 4

never ne (n')...jamais 2

new nouveau, nouvel, nouvelle; *New Frontiers (travel agency)* Nouvelles Frontières

news des nouvelles (f.) 10

newspaper un journal 4

newsstand un kiosque à journaux 6

next ensuite, prochain(e); *next to* à côté (de) 5; *the next day* le lendemain 4

nice sympa (sympathique), gentil, gentille; *It's nice.* Il fait beau.

nicely gentiment 10

night une nuit

nine neuf

nineteen dix-neuf

ninety quatre-vingt-dix

ninth neuvième

no non; *no more, no longer* ne (n')...plus

no one ne (n')...personne 2

nobody ne (n')...personne 2

noon midi

north le nord

nose un nez

not pas, ne (n')...pas; *not any longer* ne (n')...plus 2; *not anymore* ne (n')...plus 2; *not anyone* ne (n')...personne 2; *not anything* ne (n')...rien 2; *not at all* pas du tout 3; *not bad* pas mal; *not many, not much* (un) peu; *not much* pas grand'chose 2; *not only* non seulement 5; *not yet* ne (n')...pas encore 2

note un mot 10

notebook un cahier; un carnet 5

nothing ne (n')...rien 2

to **notice** remarquer 6

noun un nom 5

novel un roman 4

November novembre

now maintenant; *right now* en ce moment 2

number un nombre; un numéro 6

O

o'clock l'heure

to **observe** observer 11

to **obtain** obtenir 7

obvious évident(e) 10

obviously évidemment 10

ocean un océan

October octobre

of de (d'); *of course* bien sûr; *Of course not.* Bien sûr que non. 3; *of it/them* en 9; *of (the)* du, des; *to think of* penser à 9

to **offer** offrir 6

office (doctor's) un cabinet 8; *at/to the office of* chez

often souvent

oh ah, oh; ben 5; *Oh!* Aïe! 8; *Oh no!*
Oh là là!; *oh really* ah bon
oil l'huile (f.) 11
OK d'accord, OK
old vieux, vieil, vieille; *How old are you?*
Quel âge avez-vous?
omelette une omelette 12
on sur; à 2; dans 9; en 10; *on foot* à
pied 1; *on the dot* précis(e); *on the
edge (side) of* au bord de 11; *to get
on* monter 5
once une fois; *all at once* à la fois
one un, une; on; *no one* ne (n')...
personne 2
one's son, sa; ses
oneself se 8; *all by oneself* tout(e)
seul(e) 1; *to look at oneself* se
regarder 8
onion un oignon
only seulement 5; *not only* non
seulement 5
to **open** ouvrir 6
opinion un avis; *in...opinion* selon
opportunity une occasion 4
opposite en face (de)
or ou
orange une orange; orange
to **order** commander
origin une origine
original original(e) 11
other autre; *each other* nous, se, vous 8
our notre; nos
ourselves nous 8
**out: to go out, to come out, to take
out** sortir 2
outdoors en plein air 3
outfit une tenue; *(coordinated) outfit*
un ensemble 7
outside dehors; en plein air 3
oval ovale 12
over there là-bas
to **owe** devoir
own propre 7

P

Pacific pacifique
pain un mal; *to be in pain, to have
pain (in)* avoir mal (à)
painter un peintre 6
painting une peinture, un tableau 6

pair une paire 7
palace un palais 11
pane: window pane une vitre 11
pants (pair of) un pantalon
paper: sheet of paper une feuille
de papier
parent un parent
Parisian parisien, parisienne 6
park un jardin 1
to **park** garer 5
parking le stationnement 5; *parking lot*
un parking 5; *parking meter* un
parcmètre 6
part une partie 11
party une boum 10
to **pass** dépasser 11; *to pass (a test)* réussir;
to pass by passer
passenger un passager, une passagère
passport un passeport 6
pastime un passe-temps 4
pastry, pastry store une pâtisserie
pâté le pâté 12
path un chemin 9
to **pay** payer; *to pay for* payer 2
peach une pêche
pear une poire
peas des petits pois (m.)
pen un stylo; *pen pal* un(e)
correspondant(e)
pencil un crayon; *pencil sharpener* un
taille-crayon
people on; les gens (m.), le monde 5
pepper le poivre
per/an hour à l'heure 11
perfect parfait(e) 6
period une période 6
to **permit** permettre 9
person une personne; *athletic person*
un sportif, une sportive 1; *crazy
person* un fou, une folle 5
pharmacist un pharmacien, une
pharmacienne 8
pharmacy une pharmacie 8
to **phone** téléphoner (à) 2
photo la photo 4
photography la photo 4
piano un piano 3
picture la photo 4
picturesque pittoresque 10
pie une tarte
piece un morceau; *(piece of) advice* un

conseil 4

pig un cochon 9

pill un comprimé 8

pimple un bouton 8

pink rose

place une place 2; un endroit 5; *at/to the place of* chez; *to take place* avoir lieu 10

place setting un couvert

plan un plan 6

plate une assiette; *license plate* une plaque d'immatriculation 6

platform un quai 7

play une pièce (de théâtre) 4

to **play** jouer 1; *to play basketball* faire du basket-ball (basket) 1; *to play sports* faire du sport 1; *to play volleyball* faire du volley-ball (volley) 1

play on words un jeu de mots 12

player un joueur, une joueuse 1

pleasant agréable

please s'il vous (te) plaît

pleasing: to be pleasing plaire 6

pocket une poche 12

poem un poème 4

police officer un agent (de police) 5

pond un étang 9

pool: swimming pool une piscine 2

poor pauvre

poorly mal

porch deck une terrasse

port un port 3

Portugal le Portugal

Portuguese portugais(e); *(language)* le portugais

possible possible

post office un bureau de poste, une poste 5

postcard une carte postale 5

poster une affiche

potato une pomme de terre

pound une livre

precise précis(e)

precisely justement 3

to **prefer** préférer

preferred préféré(e)

to **prepare** préparer

prescription une ordonnance 8

present un cadeau

pressure la pression

pretty joli(e)

price un prix

principal principal(e)

probably probablement

problem un problème

profession un métier

professional professionnel, professionnelle 1

professor un professeur (prof)

to **promise** promettre 9

to **propose** proposer 10

pupil un(e) élève

purple violet, violette

purse un sac à main 7; *coin purse* un porte-monnaie 6

to **push** pousser 8

to **put, to put on** mettre; *to put on makeup* se maquiller 10

puzzle une énigme 12

Q

quarter un quart; *fifteen (minutes) of/to, quarter of/to* moins le quart; *fifteen (past), quarter (after)* et quart

question une question 4; *to ask (a question)* poser 4

quiche une quiche 12

quickly vite 4

R

rabbit un lapin 9

race la course 4

to **race** faire de la course 4

radio une radio 2

railroad un chemin de fer 6; *railroad (train) station* une gare

to **rain** pleuvoir 7

raincoat un imperméable (imper) 7

rampart un rempart 12

rapid rapide 6

raspberry une framboise

rather assez 4

razor un rasoir 10

to **read** lire 4

reading la lecture 4

ready: to get ready se préparer 10

real: in real life en naturel 6

really bien, vraiment; *really neat* chouette 1

reason une raison

to **receive** recevoir 11

recently dernièrement 10

red rouge; roux, rousse 12

red-haired roux, rousse 12

refrigerator un réfrigérateur (frigo) 10

relative un parent

to remain rester; *there is (are)...left (remaining)* il reste

remarried: to get remarried (to) se remarier (avec) 12

to remarry se remarier (avec) 12

to remember se rappeler 12

to repeat répéter

researcher un chercheur, une chercheuse

to resemble ressembler à

to reserve réserver 4

to resign démissionner 12

to rest se reposer 8

restaurant un restaurant; *crêpe restaurant* une crêperie 8

restroom les toilettes (f.), les W.-C., les vécés (m.) 9

to return rentrer, retourner, rendre; revenir 5

revolution une révolution P

ride une promenade 1; *to go for a ride* faire une promenade 1

riding: to go horseback riding faire du cheval 9

right droit(e) 5; bon, bonne 11; *right?* hein? 1; *right away, right now* tout de suite; *right now* en ce moment 2; *to be right* avoir raison; *to the right, on the right* à droite 5

ring une bague 7

to ring sonner

rink: skating rink une patinoire 4

to risk risquer 4

river un fleuve; une rivière 3

road une route 6

rock (music) le rock 3

rod: fishing rod une canne à pêche 3

role un rôle P

roll (muffin-shaped) une brioche

roller skates des patins à roulettes (m.) 4

to roller-skate, to go roller-skating faire du patin à roulettes 4

Romanesque roman(e) 10

room une salle; une pièce 9; *family room* un séjour 9; *large room* un

hall 6; *living room* un salon 9; *waiting room* une salle d'attente 8

rooster un coq 9

round rond(e) 12

to row ramer 1

rug un tapis 10

to run courir, faire de la course 4

running la course 4

S

sad triste 3

salad une salade 12

salami le saucisson 12

on sale en solde

salesperson un(e) employé(e), un vendeur, une vendeuse

salmon un saumon

salt le sel

same même

sandwich un sandwich 10; *open-faced grilled ham and cheese sandwich* un croque-monsieur 12

Saturday samedi (m.)

saxophone un saxophone (saxo) 3

to say dire 5; *say (now)* dis donc

scarf un foulard 7

schedule un emploi du temps 8

school une école; scolaire; *first day of school* la rentrée

science une science

scientist un(e) scientifique

scout un(e) scout(e) 3

to scream crier 2

sculpture la sculpture 6

sea une mer

season une saison

seat une place; un siège 11

seated assis(e) 12

second second(e), deuxième

secretary un(e) secrétaire

section une section

to see voir; apercevoir 11; *See you in a little while.* À tout à l'heure.; *See you tomorrow.* À demain.

to seem avoir l'air; sembler 5

to sell vendre

to send envoyer 5

Senegal le Sénégal

Senegalese sénégalais(e)

September septembre

serious grave 8; sérieux, sérieuse 10

to **serve** servir 10

service: At your service! À votre service! 5

to **set** mettre

to **settle** s'installer 8

seven sept

seventeen dix-sept

seventh septième

seventy soixante-dix

sharp précis(e)

to **shave** se raser 10

she elle

sheep un mouton 9

shirt une chemise

shoe une chaussure; *tennis shoes* des tennis (f.)

shop une boutique 7; *tobacco shop* un bureau de tabac, un tabac 5

to **shop, to go shopping** faire des courses

shopping les achats (m.)

short petit(e); court(e) 12

shorts (pair of) un short

shot une piqûre 8

to **shout** crier

to **show** montrer

shower une douche 10

sick malade 8

side: on the side of au bord de 11

sidewalk un trottoir

sign (traffic) un écriteau 5

to **sign** signer 6

simple simple 6

since comme 1; depuis 8; puisque 12

to **sing** chanter

singer un chanteur, une chanteuse

single seul(e) 12

Sir Monsieur

sister une sœur

to **sit down** s'asseoir 8

six six

sixteen seize

sixth sixième

sixty soixante

size une taille 12

to **skate** patiner 4

skates: roller skates des patins à roulettes (m.) 4

skating rink une patinoire 4

ski, skiing le ski

to **ski, to go skiing** faire du ski

ski resort une station de ski

skirt une jupe

to **sleep** dormir 2

sleeping bag un sac de couchage 3

slender mince 12

to **slow down** ralentir 11

slowly lentement 4

small petit(e)

to **smell** sentir

smoke la fumée 3

smoking section une section fumeurs; *non-smoking section* une section non-fumeurs

to **sneeze** éternuer 8

so si, donc; *so-so* comme ci, comme ça

soap le savon 8

soccer le football (foot) 1

sock une chaussette

sofa un canapé 10

solution une solution 11

some de (d'), des, quelque, de la (l'), du; en 9

somebody quelqu'un 2

someone quelqu'un 2

something quelque chose

sometimes quelquefois

son un fils

soon bientôt 11

south le sud

souvenir un souvenir

Spain l'Espagne (f.)

Spanish espagnol(e); *(language)* l'espagnol (m.)

to **speak** parler

speaking à l'appareil 2

on **special** en promotion

specialty une spécialité 10

spectacular spectaculaire 6

speed la vitesse 11

to **spend** dépenser 7; *to spend (time)* passer

spinach des épinards (m.)

spoon une cuillère

sport un sport; *to play sports* faire du sport 1

spring le printemps

square une case 4; *(public) square* une place

stable une étable 9

stadium un stade 6

stairs, stairway un escalier 9

stamp un timbre 5

to **stand in line** faire la queue 6

standing debout 12; *standing stone* un menhir 10

star (movie) une vedette (de cinéma) 12

to **start** commencer; *to start again* recommencer 2

station une station 7; *gas station* une station-service 11; *gas station attendant* un(e) pompiste 11; *in the station* en gare

to **stay** rester

steak un bifteck

steering wheel un volant 11

stereo une chaîne stéréo 10

still toujours, encore

stilt une échasse

stomach un ventre; *to have a stomachache* avoir mal au ventre

stone une pierre 10; *standing stone* un menhir 10

stop un arrêt 7

to **stop** arrêter 2

store un magasin 7; *department store* un grand magasin 7

story l'histoire (f.)

stove une cuisinière 10

straight raide 12; *straight ahead* tout droit 5

stranger un étranger, une étrangère 6

strawberry une fraise

street une rue

strong fort(e) 1

student un(e) élève

to **study** étudier, faire + du (de la, de l', des) + *school subject*

style la mode

stylish chic

subway un métro

to **succeed** réussir

sudden: all of a sudden tout à coup 5

to **suffer** souffrir 8

sufficient suffisant(e) 10

sufficiently suffisamment 10

sugar le sucre

suit une tenue; *man's suit* un costume; *woman's suit* un tailleur 7

to **suit: That suits you.** Ça vous (te) va. 6

suitcase une valise 11

summer l'été (m.); *summer vacation* les grandes vacances 3

sun le soleil

Sunday dimanche (m.)

sunglasses des lunettes de soleil 7

sunny: It's sunny. Il fait du soleil.

super super; *Super-Cola* un Super-Cola

superb superbe 6

superintendent: building superintendent un(e) concierge

supper le dîner

sure sûr(e) 4

surprise une surprise 8

to **surprise** étonner 3

to **swallow** avaler

sweater un pull, un pull-over

Swedish suédois(e) 5

to **swim** nager 1

swimming la natation 1; *swimming pool* une piscine 2; *to go swimming* faire de la natation 1

Swiss suisse

Switzerland la Suisse

symbol un symbole P

symptom un symptôme 8

synthesizer un synthétiseur (synthé) 3

T

table une table

tablet un comprimé 8

tail une queue 6

to **take** prendre; suivre 9; *to take care of* s'occuper de 10; *to take out* sortir 2; *to take place* avoir lieu 10; *to take (someone) along* emmener

to **talk** parler

tall grand(e)

tan: to get a (sun)tan bronzer

tank: gas tank un réservoir 11; *to fill up the gas tank* faire le plein 11

tape recorder un magnétophone

taxi un taxi 7

tea le thé

to **teach** apprendre

teacher un professeur (prof)

team une équipe 1

to **tease** taquiner 9

telephone un téléphone 2

television set une télévision (télé)

to **tell** dire 5; *to tell (about)* raconter 8

ten dix

tennis le tennis 1

tent une tente 3

tenth dixième

terrace une terrasse

terrific formidable, super, génial(e); Chic alors! 9

test: unit test un contrôle

than que (qu') 1

thanks merci

that ce (c'), cela, ça, que (qu'), ce, cet, cette; ce (cet, cette)...-là; qui 4; *that is to say* c'est-à-dire; *That's right.* C'est ça.; *That suits you. That fits you.* Ça vous (te) va. 6

the le, la, l', les

theater un théâtre 4; *movie theater* un cinéma P

their leur

them les 2; *both of them* tous/toutes (les) deux 8; *of (about, from) them* en 9; *them (f.)* elles 1; *them (m.)* eux 1; *to them* leur 5

themselves se 8

then puis; *(well) then* alors

there là; y 7; *there is, there are* voilà, il y a

therefore donc

these ces; ces...-ci

they on; *they are* ce sont; *they (f.)* elles; *they (m.)* ils

thin mince 12

thing une chose; un truc 12

to **think** croire; penser 2; réfléchir 4; *I think so.* Je crois que oui.; *to think about/of* penser à 9

third troisième

thirst la soif; *to be thirsty* avoir soif

thirteen treize

thirty trente

this ce (c'); ce, cet, cette; ce (cet, cette)...-ci

those ces; ces...-là

(one) **thousand** mille, mil

three trois

throat une gorge; *to have a sore throat* avoir mal à la gorge

Thursday jeudi (m.)

ticket un billet; un ticket 6; *one-way ticket* un aller; *traffic ticket* une contravention 5

ticket counter, ticket window un guichet

time la fois, le temps; *(at) what time* à quelle heure; *(for) a long time* longtemps 4; *on time* à l'heure; *time (of day)* l'heure; *to have a good time* s'amuser 9; *What time is it?* Quelle heure est-il?

tip un pourboire 11

tire un pneu 11

tired fatigué(e) 1; *to get tired* se fatiguer 8

to à, en; *to it* y 7; *to (the)* au, aux

tobacco shop un bureau de tabac, un tabac 5

today aujourd'hui

toe un doigt de pied 10

together ensemble

toilet les toilettes (f.), les W.-C., les vécés (m.) 9

tomato une tomate

tomorrow demain

tongue une langue 8

tonight ce soir

too aussi; *too, too much, too many* trop; *too bad* dommage; tant pis 2

tooth une dent 8

toothache: to have a toothache avoir mal aux dents 8

tour un tour; *to go on a tour* faire un tour

tourist un(e) touriste 6

towel une serviette (de toilette) 10

tower une tour 5

toy un jouet 7

tractor un tracteur 9

trade un métier

traffic la circulation 5; *traffic light* un feu (de circulation) 5; *(traffic) sign* un écriteau 5; *traffic ticket* une contravention 5

train un train; *(train) car* un wagon 8

transportation un transport 7

to **travel** voyager

traveler's check un chèque de voyage 6

treasure un trésor 2

tree un arbre 9

trick un truc 12

trip un voyage, une excursion, un tour; *to take a trip* faire un voyage, faire un tour

true vrai(e) 3

trumpet une trompette 3

trunk un coffre 11
truth la vérité 5
to **try (on)** essayer 7
T-shirt un tee-shirt
Tuesday mardi (m.)
turn un tour 8
to **turn** tourner 5; *to turn on* mettre
twelfth douzième
twelve douze
twenty vingt
two deux
typical typique 12

U

uhm euh
umbrella un parapluie 7
unbelievable incroyable 8
uncle un oncle
under sous
underground souterrain(e) 5
to **understand** comprendre
unexpected inattendu(e) 4
unfortunately malheureusement 10
unhappy malheureux, malheureuse 10
United States les États-Unis (m.)
university une université
unpleasant désagréable
until jusqu'à 5
up: to get up se lever 8; *to go up* monter 5
up to jusqu'à 5
upon en 10
us nous; *both of us* tous/toutes (les) deux 8; *to us* nous 6
to **use** utiliser 4
useful utile
as **usual** comme d'habitude 8
usually d'habitude

V

vacation les vacances (f.); *on vacation* en vacances; *summer vacation* les grandes vacances 3
VCR un magnétoscope
vegetable un légume
verb un verbe 12
vertical vertical(e) 10
very très
veterinarian un vétérinaire 8
village un village
violin un violon 3
visit une visite 6

to **visit** visiter; *I will visit* je visiterai 12
voice: in a loud voice fort 10; *(in a) low (voice)* bas 10
volleyball le volley-ball (volley) 1; *to play volleyball* faire du volley-ball (volley) 1

W

to **wait (for)** attendre; *can't wait for...* attendre...avec impatience
waiter un garçon, un serveur
waiting room une salle d'attente 8
waitress une serveuse
to **wake up** se réveiller 8
walk une promenade 1; *to go for a walk* faire une promenade 1; faire de la marche 3
to **walk** marcher 1
walking la marche 3; *to go walking* faire de la marche 3
wall un mur; *city wall* un rempart 10; *(walled-in) city* une cité 12
wallet un portefeuille 6
to **want** désirer, vouloir; avoir envie (de) 2; *to want to* vouloir bien 1; *What can I do for you? What would you like?* Vous désirez?
war une guerre 12
wardrobe une armoire 10
warm chaud(e); *to be warm* avoir chaud
was: he/she/it was c'était 10
to **wash (oneself)** se laver 8; *to wash up* faire sa toilette 10
to **waste** perdre; *to waste one's time* perdre son temps
watch une montre 7
to **watch** regarder
Watch out! Attention! 1
water l'eau (f.)
to **water-ski, to go waterskiing** faire du ski nautique
way un chemin 9; *by the way* au fait 4
we nous, on
to **wear** porter
weather le temps; *How's the weather today? What's the weather like today?* Quel temps fait-il aujourd'hui?
Wednesday mercredi (m.)
week une semaine
weekend un week-end
weight un poids 3

welcome bienvenue (f.); *You're welcome.* De rien. 6

well bien, bon, bonne; enfin 2; ben 5; *It's just as well.* C'est tout aussi bien. 10; *well then* eh bien

west l'ouest (m.)

what comment, quel, quelle, qu'est-ce que, que (qu'); quoi 2; qu'est-ce qui 11; *What (a)...!* Quel, Quelle...!; *What a drag!* Quelle barbe! 12; *What is it?* Qu'est-ce que c'est?; *What's wrong?* Qu'est-ce qui ne va pas? 8

wheel: steering wheel un volant 11

when quand

where où; *Where?* Où ça? 1

whew ouf 8

which quel, quelle; qui 4

while en 10

white blanc, blanche

who qui; qui est-ce qui 11

whom qui

why pourquoi; ben 5

wide large 5

in width de largeur 6

wife une femme

willing: to be willing vouloir bien 1

to win gagner 1

wind le vent; *It's windy.* Il fait du vent.

window une fenêtre; *window pane* une vitre 11

windshield un pare-brise 11

windsurfing la planche à voile 1; *to go windsurfing* faire de la planche à voile 1

wine le vin

wing (soccer) un ailier 2

winter l'hiver (m.)

with avec; à 9

without sans 4

woman une femme; *woman's suit* un tailleur 7

wonder une merveille 10

woods, wood un bois 1

word un mot 10; *play on words* un jeu de mots 12

work le travail

to work travailler; marcher 1

worker: factory worker un ouvrier, une ouvrière

world le monde 5

to worry s'inquiéter 11

would like: he/she/one/ would like il/elle/on voudrait; *I/you would like* je/tu voudrais

Wow! Oh là là!

to write écrire 5

wrong mauvais(e) 11; *What's wrong?* Qu'est-ce qui ne va pas? 8; *What's wrong with you?* Qu'est-ce que tu as?

Y

yeah ouais 1

year un an, une année; *to be...(years old)* avoir...ans

to yell crier

yellow jaune

yes oui; *(on the contrary)* si

yesterday hier 3

yet: not yet ne (n')...pas encore 2

you tu, toi, vous, on; te 3; *both of you* tous/toutes (les) deux 8; *to you* te; vous 6

young jeune

your ton, ta, votre; tes, vos

yourself te, vous 8

yourselves vous 8

Z

zero zéro

Index

Photo Credits

Abbreviations: top (t), bottom (b), left (l), right (r), center (c).

All photos not taken by the authors have been provided by the following:

Armstrong, Rick: xiv (r), 105, 174

Billings, Henry: ix (l)

Bourgeois, Steve: 22 (tr, bl), 23 (tr), 124

Brett, Robert: 389

Freeman, Tony/PhotoEdit: 253 (b)

Fried, Robert: vi (b), vii (l), viii (t), ix (r), x (r), xi (r), xiii (l, r), xv (l, r), xvi (l), xviii (r), xxiv (c), xxvi (c), xxviii (tr, b), xxix (t), xxxii-1 (t), 2 (c), 7 (r), 11, 13, 20, 22 (br), 23 (c), 27, 35 (l, r), 42 (r), 43, 44, 50, 52 (t), 62 (r), 64, 68 (r), 69, 70 (t), 77, 81 (r), 89, 107, 117 (tl), 118 (bl, br), 122, 132, 136, 140, 143 (r), 145, 146, 147, 149, 151, 153 (t, br), 154 (l), 155 (l), 156, 157 (l), 160, 162, 163 (r), 166 (c), 170, 176, 178, 188 (t, b), 192, 220, 223, 226, 227 (t), 232 (r), 241, 248, 253 (tl, tr), 258 (br), 260, 262, 263 (b), 264 (t, b), 265, 266 (c, b), 273, 278, 279 (t), 281 (b), 285 (t), 287, 288 (t), 292, 293, 296 (c), 297 (l, r), 298 (r), 299, 310 (b), 317, 329 (b), 330 (t), 331, 332 (l, r), 334 (tr, cl), 337 (t), 352, 354 (t, b), 355, 356 (r), 358 (t, b), 359 (t), 360, 371, 372, 374 (b), 379, 384 (t, b), 386 (b), 387, 388, 390, 391 (t, b), 392, 393 (b), 394 (t), 401 (l), 402, 403 (t, b), 405 (l, r), 409 (t), 415 (t), 422 (tl, tr), 423 (l), 424, 425, 426, 427 (b), 430, 435, 443 (l, r), 447 (t, b), 448 (r), 449 (l, r), 451 (l, r)

Kraft, Wolfgang: xxix (b), 76 (t), 83

Maso, Bruno/PhotoEdit: 228 (t), 255 (b)

McArdle, Michael: xxii (l)

McNamara, Eileen: xxix (c)

Meland, Don: xxvi (b), xxvii (tl)

Ministre du Tourisme du Québec: xxx (tr, br), 109

Module des communications - Ville de Montréal: xxxi (tl, tr, b)

Museum of Modern Art, New York: 194 (t)

Neubauer, John: 254 (t)

Simson, David: vi (t), vii (r), viii (b), x (l), xi (l), xii (l), xvi (r), xvii (l), xxiii (tr), xxxii (l), 1 (b), 5 (l), 7 (l), 8, 9, 10, 18, 19, 25, 28, 33, 34, 37 (t), 39 (r), 42 (l), 46 (l, r), 48, 52 (c), 55, 56, 58 (t, b), 59 (tl), 60, 62 (l), 68 (l), 72, 78, 79, 80, 81 (l), 88, 90, 99, 101, 102 (l, r), 103, 104, 114, 116, 125, 127, 130, 131, 134, 135, 137, 138, 141, 152, 154 (r), 155 (r), 157 (r), 161 (l, r), 163 (l), 164, 173, 180, 182, 183 (b), 184, 185 (t), 195, 197 (b), 213, 214, 227 (b), 239 (t, b), 245 (t, b), 246, 247, 274, 279 (b), 281 (t), 288 (c), 289, 291, 294, 295 (t, b), 296 (t), 300, 303, 304, 305 (t), 319, 320, 321, 323 (t, b), 324, 330 (b), 337 (b), 353, 356 (l), 357, 359 (b), 361, 365 (b), 375, 376 (b), 381, 386 (t), 393 (t), 394 (b), 396 (tl), 397 (b), 399, 418, 422 (bl, br), 423 (r), 427 (t), 428, 429, 432, 436, 437, 439, 440, 441, 444, 445, 446, 448 (l)

Sisler, Gary: 397 (tr)

Swiss National Tourist Office: 76 (b), 242

Vaillancourt, Sarah: xiv (l), xxii (tr, br), xxiii (b), xxiv (t, b), xxx (l), 4 (t), 189 (b), 231 (l), 249, 250, 334 (tl, cr, b), 335 (l, r), 336 (l), 396 (tr, b), 397 (tl), 398 (tl, tr, b), 406

Zermuehlen, Sophie: xxv (t, c, b)

Cover photo by John Dickison